一緒にいてもスマホ

SNSとFTF

シェリー・タークル

日暮雅通 訳

青土社

一緒にいてもスマホ　目次

私の家には三脚の椅子があった。ひとつ目は孤独のための、
二つ目は友情のための、三つ目は社交のための椅子が。
——ヘンリー・デイヴィッド・ソロー
『森の生活　ウォールデン』より

レベッカ、ケリー、そしてエミリーへ　キッチンでの会話に感謝しつつ。

一緒にいてもスマホ　SNSとFTF

私たちは充分におしゃべりをしたが、会話と言えるものではなかった。

——サミュエル・ジョンソン『ランブラー』（一七五二年）より

1

会話の効用

共感の記録

十二歳の生徒たちも、運動場で遊ぶ様子は八歳と変わりません。……
彼らはほかの子たちの立場になって考えることができないようです。
――生徒たちの〝共感の欠如《エンパシー・ギャップ》〟について（ホルブルック中等学校学生部長）*

なぜ会話についての本なのか？　私たちは始終しゃべっているではないか、と思われるかもしれない。メールをしたり、ＳＮＳに投稿したり、チャットしたり。画面に映る世界のほうが居心地よく感じてさえ、いるかもしれない。家族や友人たち、同僚たちと一緒だろうが、恋人どうしでいようが、私たちはお互いの顔でなくスマートフォンの画面に目を向ける。このごろでは、直接会ったり電話をかけたりするより、メッセージやメールを送信することのほうが多いということに、異論はないだろう。

そうした新しい媒体を介した生活が、私たちを困った事態に陥れているということはないだろうか。対面会話（フェイス・トゥ・フェイス・カンバセーション）は、何よりも人間らしい――そして人を人間らしくす

＊ホルブルックは仮名。本書では、引用する人物および訪問したあらゆる組織――学校、大学、企業――の実名を伏せている。実名を使うのは、公表された記録を抜粋する、または公開の場で述べられた言葉を引用する場合に限る。筆者の手法について詳しくは注15を参照。

る——行為である。互いにまともに向き合って、私たちは聞く姿勢を身につける。そこで共感する能力をはぐくむ。自分の話を聞いてもらう喜びを、理解してもらう喜びを味わう。そして会話が内省を、つまり初期の発達段階の土台となり、生涯を通じて土台でありつづける自分自身との会話を、促すのだ。

ところが、このごろの私たちは会話を回避しようとしている。互いに絶えずつながっている《コネクテッド》というのに、互いに隠れ合っているのだ。なぜなら、画面上では自分をそうありたい自分に見せたくなるものだから。もちろん、直接会う場合にもどこかで演技《パフォーマンス》はつきものだが、オンラインで、しかも暇な時間だったりすれば、みずからを創作し、編集し、修正することも造作なくできる。

私たちがスマートフォンに向かうのは、〝退屈な〟ときだといわれる。つねにつながっていて、情報や娯楽が絶え間なく与えられるのに慣れきってしまっているからこそ、ふと気づくと退屈していることがある。(1) 私たちはしょっちゅう、今いるところとはどこか別のところにいることがある。教室や教会で、あるいは会議の席で、自分の関心を引くものがあればそれに注意を向け、そんなものがないとなったら、手もとにある装置《デバイス》に向かって何かおもしろいものを探すのだ。最近の辞書には、〝ファビング（phubbing）〟という見慣れない単語(2)が載っている。これはスマートフォンに気を取られて相手を無視する行為を言うが、その場にいる相手とアイコンタクトを保ったままメールを打つことも含まれ、学生たちが言うには、彼らはいつもそうしているし、さほど難しいことでもないらしい。

私たちはいわば、自分たちのことを仲間《パーティ》に忠誠なひとつの種族《トライブ》だと考えている。ちょっとでも暇があれば、あるいはただオンライン世界の誘惑に抵抗できなくなって、自分へのメッセージをチェックする。子供でさえ、友だちとフェイス・トゥ・フェイスでしゃべらずに、メールをやりとりするのだ。自分の思考をはぐくむ時間をもつこともできるのに、空想にふけることすらしない。

そういうことが積み重なった結果が、〝会話離れ〟となる。開放型《オープン・エンディイド》の自発的な会話や、アイデアと戯れる会話、傷つくのを恐れず面と向かって行う会話は、めったにおこなわなくなった。そういう会話のなかでこそ、共感や親密さが芽生え、社会的行為《ソーシャル・アクション》の力がつくというのに。教育上、職業上の有意義な協調心が育つのも、その種の会話のなかである。

だが、そうした会話には時間と空間が必要だから、現代人には忙しくて無理だという。夕食の席や居間で、会議の席で、街なかで、どこにいても心ここにあらず。新たな〝沈黙の春〟到来の気配がする[3]——かつてレイチェル・カーソンが、テクノロジーの変化がもたらす環境への脅威にきちんと目を向けるべく、そう名づけた世界だ。私たちは今また、認識を新たにすべきときを迎えている[4]。今回テクノロジーが脅威を及ぼしそうなのは、共感《エンパシー》だ。よくわかっていることだが、〝沈黙〟しているスマートフォンでさえ[5]、大事な会話を妨げる。スマートフォンが視界に入ること自体が、互いのつながりが足りない、互いのかかわりが足りないという気分にさせるのだ。

ただ、深刻な事態であるとはいえ、本書の内容は楽観論である。気づきさえすれば、私たちは自分の習慣を再考することができるし、ひとたび考え直せば、会話は取り戻せる。デジタル世界とつながらないようにするために効果があるのは、しゃべることなのだ。

「知り合いにはなっても、うわべだけのつながりしかないようなんです」

二〇一三年十二月、私はニューヨーク州北部にあるホルブルック中等学校の学生部長から連絡をもらった。生徒たちの友人関係づくりが心配なので、教職員の相談に乗ってほしいという依頼だった。来校を頼んできた学生部長の女性は、こう言った。「生徒たちが、以前のような友人関係を結ぼうとしないように思えるんです。知り合いにはなっても、うわべだけのつながりしかないようで」

中等学校［米国では通例、中等学校の生徒は教育制度の五、六〜八学年（小学校高学年と中学生）に相当］でただの〝知り合い〟にしかならないとは、看過できない問題だ。ほかの学校でも同じような問題を耳にしたことがあるが、そのときはもっと年上の生徒たちのことだった。そこで、私はホルブルック校の研修ミーティングで教師たちと会うことにした。未使用のノートを一冊持参し、その表紙に「共感の記録」と書きつけた。

ホルブルック校の教師たちが気にしていたのは、まさにそのことだったからだ。ホルブルック校の子供たちは、しかるべき時期に共感をはぐくんでいないということになる。エイヴァ・リード学生部長によると、生徒の人づきあいのしかたにはできるだけ介入しないことにしているが、最近ではそうせざるをえないという。たとえば、七年生のある生徒が、学校行事でクラスメートのひとりを仲間はずれにしようとしたことがある。リードは思いやりに欠けるその七年生を自分の事務室に呼び出して、なぜそんなことになったのか問いただした。だが、その少女にはろくに言い分もなかったという。

「その七年生は」ほとんど感情のこもらない返答をしました。「なんとも思ってませんけど」と。ほかの生徒が傷ついたというシグナルを読み取れていないんです。

そういう子たちは、意地が悪いわけじゃありません。情緒的に未発達です。十二歳の生徒たちも、運動場で遊ぶ様子は八歳と変わりません。互いにのけ者にし合っているところなんか、八歳の子の遊び方そのままで、ほかの子たちの立場になって考えることができないようです。ほかの生徒たちに「遊んでやらないよ」なんて言って。

耳を傾け、互いの顔を見て話を聞くというかかわり方を、あの子たちはしていないんですね。

ホルブルック校の教師たちは、教育関係のテクノロジーを熱心に活用している。だが、教室を離れると、予防の原則とでもいうもの[6]に従う。「害となる証拠ではなく、害となる徴候があれば、行動を起こす必要あり」だと。教師たちは、害となる徴候が目に見えるのだと考えている。教室で子供どうしが話をしたり、互いに声をかけ合ったりするようにさせるのは、ひと苦労だ。子供たちが教職員に会いに来るようにさせるのも、ひと苦労。ある教師はこう言っていた。「彼ら〔生徒たち〕は大食堂で席についているとき、自分のスマホを見ているんです。みんなで一緒にいるときに、みんなが同じようにやっているのが、スマホ上にあることとはね」

これは新しいかたちの会話なのだろうか？　もしそうだとしても、新種の会話は従来の会話のような成果をあげていない。教師たちの考えているとおり、従来の会話は共感を教えてくれた。これで生徒たちが互いを理解し合うようになるとは思えない。

私がホルブルック校に呼ばれたのは、何十年ものあいだ子供の発達とハイテク時代の文化について研究してきたからだ。研究を始めたのは一九七〇年代、いくつかの学校が教室や特別実習室にパソコンを備えて実験していたころだった。多くの子供たちが、自分の、あるいは学校が支給したタブレットやノートパソコンを携えて登校するようになった今も、この問題に取り組んでいる。

当初から、子供たちがデジタルの世界でアイデンティティの問題をもてあそんでいることには気づいていた。一九七〇年代末から八〇年代初頭にかけて、子供たちは簡単なプログラミングを、表現するための媒体として使っていたのだ。自分でグラフィックの世界をプログラミングした十三歳児は、こう言っていた。「コンピュータをプログラミングするって、自分の頭《マインド》の一部をちょっぴりコンピュータの頭《マインド》に移してやることだね。自分自身が違ったふうに見えるようになるんだ」

のちにパソコンがオンライン・ゲームへの入り口となったころ、子供たちはアバターをつくってはアイデンティティの実験をしていた。新しいゲーム、新しいコンピュータが登場するたびにそれぞれの詳細が変わっても、つねに本質的に変わらないものがあった。仮想空間《バーチャル》は自己を探究する場だということだ。(7)

つねに変わらないといえば、子供たちとマシンをめぐる大人たちの心配もそうだった。親や教師たちは、最初からコンピュータが魅力的すぎるのを気にしていた。大人たちが苦々しげに見守るなか、子供たちはゲームに熱中してまわりにいる人たちのことを忘れ、いつまでもマシンの中の世界にいたがった。

ある十六歳は、これを逃避と称する。「コンピュータ上では、予測できなさそうなことがあっても、予測がつくようになってるんだ」。プログラミング可能な世界は、刺激的なものにすることもできるが、〝フリクション・フリー〟（摩擦なし）と呼ばれる、新たな現象が生まれる可能性も出てきた。そこではニュートンの法則を適用しなくてもかまわない。バーチャルな物体は、すべるように動かすこともできるのだ。そして、そのようにプログラミングさえしてあれば、自分もすべるように動ける。バーチャル世界では、悪党や魔法使いや呪文など、遭遇するさまざまな難事に立ち向かうことができる。最後にはきっとうまく切り抜けられるとわかっているから。または、死んでも生まれ変わることができるから。ある程度の期間、シミュレーションの中で過ごしたあとでは、言動が予測できない現実世界の人々を満足させるのは難しく思えるかもしれない。

私は最初のころ、コンピュータは友情を求められない仲間づきあいという幻想を提供すると思い、その後プログラムがすばらしくよくなると、親密さを求められない友だちづきあいという幻想を提供すると思うようになった。なぜなら、フェイス・トゥ・フェイスになると、人はコンピュータが決して求めないことを求めるからだ。対人関係がうまくいくのは、きめ細かく配慮《アテンション》し、ほかの人の身になって考えるすべをわきまえている場合だ。現実世界の人々は、自分が感じていることへの反応を要求する。そのうえ、何か反応しさえすればいいというわけでもない。

シミュレーションを知った子供たちには、シミュレーションの時間がもっと必要になる。人と一緒の時間は子供たちに、会話をする能力をはじめとして、人間関係の築き方を教える。ここから私は、ホルブルック校の教師たちの心配に立ち戻る。ホルブルックの生徒たちは、メールに費やす時間が増えはじめて、フェイス・トゥ・フェイスでしゃべる習慣をなくした。感情移入（共感）のわざを磨く場を失ったということだ。視線《アイコンタクト》を合わせ、耳を傾け、他者に気を配ることを身につける場を。親密さ《インティマシー》、親睦《コミュニティ》、交際《コミュニオン》という経験へ向かう途上にあるのが、会話だ。会話を取り戻すことが、人間のいちばん基本的な価値を取り戻す第一歩となる。

モバイル・テクノロジーは、それに伴うあらゆる驚異とともに、すっかり定着した。それでも、今は考えてみるべきときだ。そのテクノロジーが、ほかにも私たちが大切にしていることのじゃまになっているかもしれないと。そして、それに気づきさえすれば、私たちは行動を起こせるのだと。私たちにはテクノロジーを改めることも、生活への取り入れ方を変えることもできるのである。

会話の熱心な支持者《パルチザン》

社会学者、教師、臨床心理学者としての訓練を受けた私は、職業上、会話の研究者として生きてきた。これらの職業を通じて私は、会話の熱心な支持者《パルチザン》になった。教室でのソクラテス式問答から、ちょっとした気楽なおしゃべりまで、会話が成果をあげてくれるありがたさを教えられたからだ。

私の指導教官だった社会学者のデイヴィッド・リースマンは、そういう職業を〝しゃべる商売《トーキング・トレード》〟と呼んでいた。そのとおりだった。しゃべる商売の人たちは会話を頼りにし、大いに期待をこめて会話に取り組む。

それぞれが、「会話の成果とは何か?」という問いに対する答えをもっているのだ。

社会学者や人類学者は、会話をもとに、家庭や職場、公的生活に張りめぐらされた複雑な人間関係の意味を解き明かしていく。順当にいけば、社会学者のインタビューは打ち解けた気楽なやりとりになる。そうなるのは、信頼関係ができあがったときになることが多い。研究者がノートを閉じ、ほんの数分前までその研究者の「協力者」だった人が、その研究が実は自分のためにもなると気づいたとき、研究者の問いはその人にとっての問いにもなる。そこで会話が始まるのだ。

教室での場合、会話はあるテーマの内容を詳しく伝えるだけのものではない。教師がいるのは、生徒たちが質問のしかたを身につけ、安易な答えでは満足しないようにするためだ。さらに、よい教師との会話は、答えを知ることがすべてではないと教えてくれる。学ぶのは、その答えの意味についてなのだ。会話の力を借りて、生徒たちは物語《ナラティブ》をつくる――銃規制について、あるいは南北戦争について語る。そのナラティブによって、自分たちにとって意味があるのだと学び、記憶する。そういうナラティブ抜きでは、新しい事実を知ることはできても、どういう関係があるのか、どう理解すればいいのかはわからない。精神療法《セラピー》においては、会話によって私たちの生活に命を吹き込む人間関係の意味を探る。言葉の途切れ、言いよどみ、連想といった、沈黙で表わされることにも耳を傾ける。〝助言〟するのではなく、人々が自分自身に隠していることを発見して、内面的な指針を見いだせるように力を貸す会話を目指すのだ。

こうした流儀の会話には、共通するものが多い。最高の成果があがるとき、人はただ話すばかりでなく、他者と自分自身、両方の声に耳を傾ける。彼らは傷つくのを恐れず、面と向かっての会話ができるし、まわりに対して注意を向けることができる。

会話の効用に気づくには、しゃべる商売についている必要はない。私は、あらゆる年齢、境遇の人たちに対し、自分のいちばん重要な会話について教えてほしいと頼んできた――子供との、友人との、配偶者、親、恋人、仲間との会話について。みんなが進んで答えてくれる質問だった。恋に落ちたとき、あるいは親が衰えて介護しなくてはならないと気づいたとき、自分の子がもう子供ではなくなったと悟ったとき、人は会話しようとする。あるいは、指導教官がいっぷう変わった着想を進めるチャンスをくれたために職業選択が固まったとき、人は会話しようとする。

そういったことを念頭に置いていると、恋人たちがスマートフォンでメールを編集して〝おしゃべりする〟ほうがいいと言うのを聞くとき、あるいは家族の不和や不満をメールで送り、フェイス・トゥ・フェイスの緊張状態を避けるという話を聞くとき、企業の副社長が会議を「メールの受信箱を空にするための休憩時間」と称するのを聞くとき、私には気晴らしや慰めや効率を望む気持ちが聞こえる。だが、わかってもいる。こういう傾向が進めば、いずれは会話が本来のはたらきをできなくなるだろうということを。

善循環

私たちは、テクノロジーによって沈黙させられている。「おしゃべりという悪癖をやめさせられている《キュアード》」とでも言おうか。テクノロジーによる沈黙は――子供のいる場でのことも多いが――共感の危機につながり、家庭や職場、公的生活で私たちを傷つけてきた。ここまで述べてきたとおり、その傷を癒やすのは、「おしゃべりによる治療《キュアー》」だ。本書は私の会話を支持する弁論なのである。

弁論を始めるにあたって、おしゃべりから逃れようとした隠遁者だとたいていの人が思っている（誤解なのだが）、ある人物に目を向けてみたい。一八四五年、ヘンリー・デイヴィッド・ソローは、マサチューセッツ州コンコード、ウォールデン池のほとりの丸太小屋《キャビン》に移り住んだ。もっと「ゆっくり」生きることを学ぶため、しゃべり声のうるさい雑踏を離れようとしたのだ。ところが、その大志がゆるがぬようにキャビンにしつらえた家具から、それがただの〝ひきこもり〟でないことがうかがえる。彼のキャビンにあったのは[8]「三脚の椅子――ひとつ目は孤独《ソリチュード》のための、二つ目は友情《フレンドシップ》のための、三つ目は社交《ソサイエティ》のための椅子」だったのだ。

この三脚の椅子は、共感する能力や内省する能力に会話を結びつける、〝善循環〟上のポイントを示すものだ。孤独のなかで、私たちは自分自身を見いだす。自分の、本来的と言っていいものとの会話に向かう態勢を整えるのだ。自分が安定していれば、ほかの人の話を聞いて、その言い分をきちんと聞き取ることができる。すると今度は、ほかの人との会話のなかで、私たちは自分の内なる対話《ダイアローグ》に上達していく。

もちろん、この善循環は理想のタイプだが、それを考慮に入れれば、うまくいく。孤独が自己の安定感を強化し、安定感があれば共感能力が生まれる。そして、他者との会話が内省のための素材をもたらす。ひとりきりのときと同じように、ともに語り合う態勢になって、より豊かな孤独にひたることをともに学ぶのだ。

テクノロジーは、この善循環を崩壊させる。

崩壊するのはまず、孤独。ソローのひとつ目の椅子だ。最近の研究によると、人はほんの数分でも、ひとりにされて物思いにふけっていると落ち着かなくなるという。スマートフォンや本などを持たずに、十五分間黙って座っていてもらうという実験がある。実験開始にあたって被験者は、もし退屈したら自分で自分に電気ショックを与えようと思うか、とも聞かれる。彼らは、まさかそんなことはしないと答える。どんなことがあっても、自分に電気ショックなど問題外だと。ところが、ほんの六分たっただけで[9]、かなりの人数の被験者が、そのまさかのことをしたのだった。

唖然とする結果ではあるが、ある意味、意外ではない。このごろよく目にするではないか。ひとりで信号待ちをしたり、スーパーでレジの行列に並んだりしている人たちが、焦っているとでもいうような様子でスマートフォンに手を伸ばすのを。四六時中どこかとつながって《コネクティド》いるのに慣れきってしまい、ひとりでいることはテクノロジーが解決すべき問題のように思っているのだ。

そして、ここから善循環が断ち切られる。ひとりになることを恐れて、私たちは自分への配慮《アテンション》にやっきとなる。そのあおりを受けて、相手に対する配慮をしなくなる。自分自身のことがおぼつかなければ、他者に自信をもって差し出せるものもなくなるだろう。

あるいは、循環の反対方向へたどってしまうかもしれない。相手に配慮することに必死になるあまり、自分自身を知る能力が損なわれるということもあろう。

私たちが直面している会話離れは、ソローの三脚の椅子が象徴する三つの〝善〟である内省、共感、指導《メンターシップ》を、おろそかにすることでもある。しかし、そういう状況が回避できないわけではない。善循環が断たれたときには、会話が治療してくれるからだ。

心強い情報もある。テクノロジーに引っぱられたとしても、私たちには復元力があるのだ。たとえば、電子機器使用禁止のサマーキャンプでたった五日過ごしただけで、子供たちの共感能力は高くなった。写真やビデオに映った人の顔を見て、他者の感情を識別する能力が高くなったのだ。[10]私自身も、電子機器なし《デバイス・フリー》のサマー・キャンプを調査したときに、この復元力を確かめられた。

ある晩、キャビンで歓談しているとき、十四歳の男の子集団が話題にしていたのは、最近あった自然保護区ハイキングのことだった。考えてみると、ちょっと前ならそういうハイキングの何よりのおもしろさといえば、「不便をしのぶ」という考えか、手つかずの自然の美しさだったものだ。このごろ最大の感銘を与えるのは、スマートフォン抜きの時間である。ある男の子は「黙って考えるか、友だちとしゃべるかしかすることが何もない時間」と称する。また別の男の子は、キャビンでの雑談から、最近自分が沈黙を味わうようになったことを思い出す。「みんな知らないのかな？ 車の窓から外を眺めるのもいいもんだって。通り過ぎていく世界を見るのもなかなかいいんだよ」

岐路

「なぜ会話についての本なのか？ 私たちは始終しゃべっているではないか」と不思議がる人がいるように、「なぜ否定的なとりあげ方をするのか？ ネット上ですばらしい会話が新しく生まれているのに！」と言う人もいるだろう。確かにそうだ。私は先ごろ、ブルックリンにある公立学校六年のクラス会に出席したのだが、もしフェイスブックがなかったら、あの会は開かれなかったことだろう。二十三歳になった娘がアメリカ大陸の反対側で仕事に就いたときも、メールのおかげで近くにいてくれるような気がしたものだ。二〇一四年秋のメールには、こんなものがある。「ハイ！ 『ライフ・アフター・ライフ』［*Life After Life*：ケイト・アトキンソンの小説］、すっごくいいよ！」「ハラー［ユダヤ教徒が安息日や祝祭日に食べる、ねじった形の発酵白パン］って、どこで買ったらいいの？」『アナ雪』のエルサとアナになりきって、ルームメイトとパーティに行ってきます」。何の前触れもなく突然、私の手にしたスマートフォンに本や食べものやハロウィーンの仮装の話が現れて、私たちの親密さ《インティマシー》を思い出させ、私の生活に娘の存在感を吹き込む。うれしいことだし、大切にしたいと思う。問題になるのは、親密さを「思い出させてくれるもの」が、私たちを親密さそのものから遠ざけていく場合である。

たいていの人間関係には、オンラインとオフラインのやりとりが混じり合っている。プロポーズもメールでしたりする時代だ。ウェブサイトで政治をめぐる激論が起こったり、社会的運動を動員したりもする。新しい会話のやりとりがもてはやされている。「なぜ、そういう肯定的な面に目を向けないのか？」とおっしゃる向きもあろう。

なぜならそういう肯定論は、「だからテクノロジーは進歩のあかしだ」と、互いに言い聞かせている話でしかないからだ。新しいものを――新たな快適さ、新たな気晴らし、新たな商業形態を――追い求める気持ちに水を差さないから、そういう肯定論は耳に心地よい。そして、私たちが肯定的な話を聞きたがるのは、重要なのが肯定論だけならば、ほかのしつこくつきまとう違和感を気にしなくてもすむからだ。昔より孤独になっているような気がする、(11) 子供たちが年齢相応の共感をもたなくなっている、(12) 家族で囲む食卓でさえぎられずに会話するのは無理と言っていいようだ、などという違和感を。

私たちは、子供の目をのぞき込んだりすることをせず、メールにひとこと書き添えるだけで、子供とのおしゃべりをすませてしまうような状態に陥っている。十年後、ひとりになるのは怖いが、愛着はわずらわしいという子供たちが、何が犠牲になったのか教えてくれるときになってやっと、配慮する気持ちを奮い立たせようというのだろうか？　そんな不穏な気がかりと、フェイスブックの友だちだのツイッターのやりとりだのといった楽しい話とで〝釣り合い〟をとろうとしても、意味がない。ひたすら幸運を祈って勧善懲悪を期せばいいゲームのようには、いかないのだ。テクノロジーではあがなえない犠牲を払うことがないようにするには、よいことを受け入れると同時に、必要な変化も起こさなければならない。

世代

一九八〇年代から一九九〇年代にかけて、通信網につながったパソコンに初めて出会った世代を、私は覚えている。当時のマシンは、ゲームで遊ぶ、文書を作成する、スプレッドシートで作業する、メールを送信するといったことを望むときに、こちらから〝わざわざ向かう〟ものだった。コンピュータは生産性に寄与し、さまざまな新しい楽しみをもたらしたが、それでも、メールがおしゃべりの代わりになるような気配はなかった。

それからほんの数年たつと、子供の世代が携帯電話やソーシャルメディア、あるいはやたらにしゃべるデジタル機器とともに育つようになる。今、そういう子供たちがもう子供ではなくなって、教師や会社員や医師に、そして親になった。

そういう新世代が〝会話離れ〟という発想に接すると、たいていは不思議がる。「それが何か？ メールしたりチャットしたり、〝おしゃべり〟してるんじゃないの？ それに、言いたいことを〝正しく〟伝えられるんだから、何か問題でも？」と。私が開放型《オープン・エンディド》の会話について話すと、その〝価値提案《バリュー・プロポジション》〟を明確にしてほしいと言われることもある。つまり、対価を払うにふさわしい行為なのか、ということだ。会話は〝疲れる仕事〟に思えるという発言もある。うまくいかなくて危ない方向に向かうことも多く、手に負えなくなったり、退屈したりする。そんな苦労をするほどのことがあるだろうか？ と。

私たちは、誰しも愛や仕事に苦労するものだが、たいていのことは会話に助けてもらえる。会話がなければ共感に乏しく、つながりが少なく、創造性や達成感に欠けるようになることは、さまざまな研究によって示されている。私たちはだんだん〝ひきこもり〟になろうとしているのだ。スマートフォンでメールやメッセージをやりとりして育った世代には、そういう研究が取り沙汰している失われたものに、覚えがないのだろう。フェイス・トゥ・フェイスでおしゃべりせずに育ったのだから。

もちろん、会話の価値を説き聞かせるまでもない人々は、どの世代にもいる。ところが、そういう会話の熱心な支持者《パルチザン》にも、驚かされることが多い。敗北を認めてしまった風情の人がなんと多いことか。将来が乗っ取られたと言わんばかりだ。二〇〇九年に大学を卒業したある映画制作者は、自分が卒業した年が会話の死んだ年だったと言う。私が特に衝撃を受けたのは、「子供たちには食事中にメールするのをやめてほしいが、スマートフォンが出現したとき制止できるとは思わなかった」と言う親がいることだ。叱っても手遅れだ、新しいものを受け入れないと取り残されてしまう、という。

私が述べようとしているのは、会話離れという問題にとどまらない。これはもう、指導者としての責任放棄ではないだろうか。テクノロジーは人を魅了する。人生の知恵を忘れさせてしまう。新しいものと――かつて新しかったものもそうだが――進歩との見分けがつかなくなってきている。だが、新しいものを熱望するあまり、新しいものに対する、私たちに続く世代に対する、責任を忘れているのではなかろうか。私たちが扱い方を知っている、このうえなく貴重なことを伝えていくのが、私たちの責任というものだ。私たちの経験を、歴史を、次の世代に語り継いで、していいと思うこと、よくないと思うことを教えていくのが。

子供に対してスマートフォンを手放せと言うだけでは、足りない。自分からスマートフォンを手放して、手本を示さなくてはならないのだ。子供たちが人の話に耳を傾けることを、教室や家族の食卓でみずから進んで他者と話し合うことを身につけないとしたら、良好な人間関係を結ぶのに必要な、もっと言うなら民主主義国家に暮らす市民たちの議論に不可欠な意見交換のしかたを、いつ学ぶというのか？　会話を取り戻すにはまず、相手に配慮しながら話したり聞いたりするのはひとつのスキルであると認めることだ。スキルだから、教えることができる。練習で身につくものだし、その練習は今すぐ始められる。家庭でも教室でも職場でもだ。

あと戻り《ステップバック》でなく前進《ステップアップ》を

本書には、少なくとも二通りの読者がいる。まず、会話離れに問題があること、会話離れは進化などではないことを、納得してもらう必要のある読者。その問題に解決策があることも、知ってもらわねばならない。会話のためのスペースをあけさえすれば、私たちはまたお互いに向き合い、また自分自身に向かうのだから。それから、敗北感を抱えた読者。〝避けられない〟会話離れを嘆きつつ傍観するしかない読者には、別の言い方をしよう。あと戻りしている場合ではない。会話の効用を理解している人たちは——年齢を問わず——前進《ステップアップ》して、自分たちの知識を伝えていかなくてはならないのだ。

自分の家族や友だちのなかでステップアップできても、まだソローの三つ目の椅子にあたる、公的な会話が残っている。公的な会話にも、やはり指導者が必要だ。そこで思いつくのが、教師と生徒である。教室は、生徒が意見の出し方を知る公的空間となる。大学教員が、教室に電子機器を持ち込まないよう学生たちに言いたがらないことも多かった。つい何年か前には、ほとんどの教授たちが、学生たちの〝お守《も》り〟などしたくない、〝見張り〟は自分たちの仕事じゃないと言っていた。だが、もうわかったはずだ。教室でノートパソコンを広げている学生は内職《マルチタスク》をするものだと。そして、それが当の学生ばかりでなく、まわりにいる学生全員の成績を下げるのだと[13]。最近は教員が遠慮しなくなってきた。学期のはじめに教室に電子機器を持ち込まないという方針を公言したり、〝ツールに頼らない〟会話をする授業を特別に設けたりすることも多い。

企業の経営者に関して言えば、従業員に対して、意見の相違を解決し、互いに本人が直接謝るよう、しっかり指導するようになったという人たちもいる。三十代なかばのある男性新任マネージャーは、自分では苦手なフェイス・トゥ・フェイスの会話を避けていたが、〝ただしゃべるだけ〟のため週に一度開かれる全員ミーティングに、啓発されたと言う。自分の発言に自信のなかった彼は、このミーティングが「会話のしかたを学ぶ場になった」のだった。また、別の会社の女性マネージャーは、全員のノートパソコンやスマートフォンを入り口に置いたバスケットの中に預けてからチーム会議を始める。みんながメールをしながらの会議に、うんざりしたからだという。

そうした学校や職場の先にあるのが、公共の場だ。

メディアでよく耳にする、独特のフレーズがある。「国民全体で会話(14)しなくてはならない」というものだ。だが、そう言う賢者たちも鋭い短評や偏向する口論に慣れてきて、次の大きなニュースが出回りはじめると、それまでの話題を切り上げてしまう。その話題が戦争だろうと天候だろうと人種差別だろうとだ。また、ニュースを伝える画面の、彼らの映像の下には、いつも無関係な話題の〝クロール〟[画面に流すクレジット、文字情報]が流れるようになった。ニュース画面のクロールが始まったのは、一九八一年、イラクの米国大使館人質事件が起きたときだ。アメリカ人たちはイラクでとらわれの身になった同胞について、どんなニュースだろうと即時に最新情報を知りたがった。人質事件は終息したが、私たちの注意力を分割するクロールは残った。満足のいく公共の会話には、手間がかかることだろう。だが、重要なのは困難と不可能を混同しないことだ。その気になりさえすれば、どうしたらいいのかはわかっているのだから。

例外があれば問題はなくなるのか?

私が〝会話離れ〟と要約した問題は、必ずしも注目されているわけではない(テクノロジーのほうは注目されるのに!)。したがって、考えるのをあとまわしにされやすい。人は今でも一緒になって〝トーク〟はするから、これが会話《カンバセーション》らしく思え、私たちの生活がどんなに変化したのか気づかないのだろう。こうしてみると、会話離れは気候変動のようなものだ。平穏な日々の生活のなかで、私たちはふだん「今から三十年後」を思いわずらったりしない。そして、気候変動の場合も会話の場合も、ひとつ例外があれば、問題は実在しない、あるいはなくなってしまうと考えたくなる。

地球上の気象パターンに不穏な変化が起きているのかもしれないのに、気持ちよく晴れ渡った、それまで最高のすばらしい日和に恵まれたりすれば、問題を忘れてしまいやすい。それと同じで、私たちは互いに関心を持ち合うことがめっきりなくなったが、たまにそうすることもある。それがどんなに珍しいことか、忘れてしまっている。夕食の席でも、親や友だちと連れだって歩きながらでも、さえぎるもののない会話をした経験がなく育つ若い人たちが多いことを、私たちは忘れている。彼らにとって、スマートフォンはいつでもそばにいてくれるものなのだ。

私は親を相手に講演することもよくあるが、自分の子供と話すのが難しいという声をよく聞く。するとそこへ誰かが手を挙げて、「うちの息子は大のおしゃべり好きですよ、十六歳になりますけど」と言う。それで一件落着だとでもいうように。

だが、一件落着ではない。私たちはデジタルメディアが人間に及ぼす影響を充分に分析してこなかった。デジタルメディアがもたらす喜びにばかり目を向けたがっていた。問題は、そんなつもりではなかったという影響が出ているところにある。その影響の大きさを測るのに、⒂私はソローの三脚の椅子が象徴する道をたどる――第一に孤独、第二に友情、第三に社交と。

ソローによると、会話が発展してきたときには客を戸外の自然の中に連れ出すのだという。そこから私は、〝四つ目の椅子〟――ソローには思いも寄らなかったような会話のイメージを思い浮かべる。ふと見れば、私たちは〝第二の自然〟、つまり人工的な自然をつくりあげ、その自然と対話しようとしているではないだろうか。話をする機械をつくり、[16]機械に話しかけしているうちに、人間性をもたないものに人間性を付与せずにはいられなくなっているのだ。

私たちは忘却の旅路へ出てしまった。その旅には、いくつかの停泊所がある。第一の停泊所で、私たちは機械を通して話し、人間関係や創造性、共感能力にはフェイス・トゥ・フェイスの会話が不可欠だということを忘れる。第二の停泊所では、もう一段階先へ進み、機械を通してばかりか、機械に対しても話をする。ここが転換点だ。ごく人間らしい悩みまで機械との会話にもちこもうと思うようになったら、忘却の果てがすぐそこだと考えていい。人間らしさとは何かを再確認する好機でもある。

今こそ会話を取り戻すとき

私は二〇一一年に、常時接続状態にある生活のなかで人が互いに無頓着になっていると論じる本、『一緒にいるのにひとりぼっち』*Alone Together* を上梓したが、たいていの人が見たくもない問題をとりあげていると自覚していた。ひとつの文化として、私たちはテクノロジーに惚れ込んでいたからだ。うら若い恋人たちさながら、多くを語りすぎればロマンチックな雰囲気がこわれそうでいやだった。だが、ほんの数年しかたっていないのに、今はもう、その雰囲気がすっかり変わってしまった。語るべきときになったのだ。モバイル機器を携えているとき、私たちは子供や恋愛相手や仕事仲間から注意をそらしてしまう。無邪気に熱中するあまり、「つながればつながるほど離れていく」状態を、再考すべきときになったと言えるだろう。

そこでまず、私たちがどれほどコミュニケーションに駆り立てられるものなのかを、考えてみよう。私たちはつながり《コネクティング》によって神経化学的にハイになるとわかっている。全力を尽くすことや最高の状態でいることから自分たちを遠ざける、〝常時オン〟状態という感覚を、願ってやまない。だからこそ、テクノロジーが可能にしてくれたことに、ある種失望することもある。

ソーシャルメディアが妨げているものが、実は私たちにとって必要なのだということも、私たちはわかっている。私の前著は問題提起の本だったが、本書では、行動を起こすように呼びかける。今こそ軌道修正をすべきときだ。とりかかるために必要なものを、私たちはすべてもっている。お互いのなかにもっているのだ。

会話離れ

私が思うに――今後、時間をかけて議論されていくことになるでしょうが――人間というのはたいへん話好きですし、だからこそより多くの相手とより短く一気にコミュニケーションをとるという、ネット上では当たり前のことが増えているのではないでしょうか。(1)

――エリック・シュミット（グーグル会長）

ごく短いツィート、ちびちびと飲むようなオンライン接続をどんなに積み重ねたところで、リアルな会話の一気飲みにはなりませんよね。(2)

――スティーヴン・コルベア（俳優・コメディアン）

このごろの私たちが、誰かと一緒にいながら互いに別のところにもいたい、どこでも望むところにつながっていたいと思うのは、注意を向ける場所を自在に選べることに最大の価値を置くからだ。私たちの態度は、徐々に新しい優先事項に順応してきた。友だちどうしで食事に出かけても、その場にみんなの注意が集中することは想定できない。ニューハンプシャー州の大学三年生、キャメロンは、友人たちが食事するときに、「いやでたまらないんだけど、食べているあいだもみんなスマホをそばに置いてる。それで、しょっちゅうチェックしているんだ」という。つい前の晩も食事中、自分のほうを向かせるためだけに、すぐ隣に座っている友だちにメールを（「おい、やめてくんない？」と）送らざるをえなかったという。

キャメロンのような不服は、よく耳にする。身につまされる現実なのだ。食事に出かけるときの大学生たちは、友だちと連れだって食卓を囲みたいと思っていながら、自由に自分のスマートフォンに向かいたいとも思う。両方を同時に叶えるために、彼らは〈三の法則〉とでも言うようなきまりを守っている。グループでの食事中は、少なくとも三人がちゃんと顔を上げているのを確認してからなら、自分のスマートフォンに目を向けてもいいというのだ。そうすれば会話が続く。ただし、〝顔を上げて〟会話をする顔ぶれは、そのときどきで違っている。

私はキャメロンの友人七人にも話を聞いた。そのひとり、エレナーは、三の法則を〝断続的情報検索《スキャニング》〟の戦略だと言う。

たとえば七人で食事してるとします。全員がスマホを持っています。スマホに向かったりうつむいて何やら――グーグルの映画紹介とかフェイスブックとか――チェックしたり、そういうことをしてない人が少なくとも二人いるのを確かめなくちゃなりません。だから、二だか三だかの法則みたいなものが必要になりますね。そしたら、集まったなかの二人か三人ほどで場をもたせて、あとの人たちがメールでも何でもしてて大丈夫でしょ。それが私なりの礼儀です。まあ、会話のほうは、なんて言うか、かなり、そうですね、ばらばらになっちゃいます。誰もが加わったりはずれたりしてるみたいなもんだから。「えーっと、何だっけ……」って、聞きもらしたことを教えてもらわなくちゃならなかったりして。

三の法則の結果がどうなるか、予測がつくだろう。エレナーも言っているとおり、会話がばらばらになる。そして、誰もが軽い会話ばかりしようとするようになるのだ。

沈黙しているスマートフォンさえも、つながりをじゃまする

スマートフォンの見えるところでは重たい話をしないというのが、新しい社交場のたしなみになっている。エレナーの友人のひとりによると、食事の席での会話が深刻になってきたところで誰かがスマートフォンに目をやったら、「話を軽くしろ」の合図なのだという。そして、三の法則は夕食の席でなくとも一種の礼儀になっていると指摘する。スマートフォンに「注目している」限り、「夕食のあともずっと会話は軽いままだという。

本書にまとめるための調査を計画した当初、私は新しいパターンのメールやメッセージに着目するつもりだった。どんなところが魅力なのか？　どこがユニークなのか？　と。ところが、研究を始めてすぐにこのニューハンプシャー州の学生たちに会って、当初の私の質問に対する彼らの答えに、彼らがもっと重要だと考えているまた別の問題を教えられた。

「こういう言い方でいいかもしれない」とキャメロン。「会話が減っているんだ。メール相手との会話じゃなくて、自分のまわりにいる人たちとの会話がね」。このとき私たちは八人で輪になってしゃべっていたが、ついつい顔をうつむけてスマートフォンをチェックしていた。何人かはうつむくまいとがんばっていたが、苦行のようだった。

キャメロンは自分のまわりの状況をこう要約した。「メール自体は悪くない。問題なのは、ぼくらが一緒にいるときの会話をメールがじゃますることだよ」

説得力のある洞察だった。生《なま》の会話へのスマートフォンの影響こそが、問題なのだ。いくつかの研究によると、(3)テーブルの上にスマートフォンがあるだけで（電源が切ってあっても）、人々がしゃべる内容が変化す

る。じゃまが入るかもしれないと思えば、会話は論争になりにくい、あまりたいした影響を及ぼさない話題をとりあげた、軽めの会話に終始するのだ。そして、スマートフォンが目に入るところでの会話は、共感というつながりを閉め出してしまう。二人の人間が話しているとして、すぐそばの机の上にスマートフォンがあると、二人とも相手とのつながりがスマートフォンがないときよりもおぼつかなく感じる。[4] 沈黙しているスマートフォンさえも、つながりをじゃまするのだ。

だから、過去二十年間に大学生の共感度を示す指標が四十パーセント落ち込み、その減少分は大部分が過去十年以内のものだったというのも、不思議ではない。研究者たちはこの動向を、新たに出現したデジタル・コミュニケーションと結びつけて考えている。[5]

互いのつながりが薄らぐように感じるはめに陥るのに、どうしてそんなにも時間をかけて互いにメッセージをやりとりするのだろう? 簡潔に言うなら、オンライン・コミュニケーションだと、私たちは自分の時間や自己表現をしっかり管理している気分になるからだ。おしゃべりではなくメールにすれば、やりとりする分量を自在に調整できる。おまけに、メールや投稿なら、自分を好きなように見せられる。編集や修正が可能だからだ。

私はそれを〈ゴルディロックス［英国の昔話。三匹のクマの家を訪れて大中小の椅子や食事、ベッドを試したあげく、ちょうどいい大きさのベッドで眠った女の子］効果〉と呼んでいる。互いにデジタル空間にいれば、近すぎず、遠すぎず、ちょうどいい距離を保つことしかしないのだ。

だが、人間どうしのかかわりというのは、濃密で煩雑で手間ひまのかかるものだ。そのめんどうくささをテクノロジーで一掃してしまえば、私たちは会話をやめて、効率よくただつながるだけになってしまう。その違いを忘れているのではないだろうか。そして、デジタル機器の世界で育った子供たちが、違いがあることも、昔は違っていたことも知らないのを、私たちは忘れている。大人がしゃべるのを耳にする機会が減った子供たちは、[6] 自分もあまりしゃべらなくなると、いくつもの研究が示している。大人がスマートフォンのほうばかり見て子供たちから目をそらしていると、子供は最初から何かが足りないまま、いつまでも気づかず成長することになるだろう。たくさんおしゃべりをするかどうかの問題ではない。話し相手のことをどれだけ理解するかが問題なのだ。

若い人たちが「メールは便利だから」と言うとき、彼らは重要なことを見落としている。快く感じるのは一瞬であり、その瞬間はデジタルな方法で自分の好きなように拡張されて感じるが、物事の一部分でしかない。オンラインならばそうした満ち足りた瞬間はたくさんあるだろう。だが、一日の大部分がデジタルにつながるようになれば、物足りない生活に終わってしまうおそれがあるのだ。

しゃべるよりメールしたい

多くの人の心情を表わす、もはやうんざりするようなお題目となってしまったフレーズがある。「しゃべるよりメールしたい」という言い方だ。そこには、メールしたいという意味だけではなく、ある種のおしゃべりが苦手だという意味も込められている。開放型《オープン・エンディド》の会話を避けているのだ。たいていの目的なら、ごく親密な間柄でさえ、電話で声を聞いたり直接フェイス・トゥ・フェイスで話をするよりも、メールでメッセージを伝えようとする。

「どうして会話じゃだめなの?」と聞くと、率直な答えが返ってくる。ある高校三年生男子は、きっぱりと言ってのけた。「どうして会話じゃだめなのかって? 会話はリアルタイムだし、自分が口に出そうとすることをコントロールできないじゃないですか」

リアルタイムで会話するのは気が進まないというのは、なにも若者に限ったことではない。どの世代の人々も、果てしなく〝入ってくる〟流れのようなもののコントロールに苦労している——吸収し、それに基づいて行動すべき情報や、対処すべきやりとりだ。オンラインでさまざまなことを処理すれば、解決の糸口になるような気がする。ともかく、質問には都合のいいときに答えられるし、返事も編集して適切なものにすることができるのだ。

抑制のないことが不安で自分の時間を管理したいというのは、ある種の会話が思うにまかせぬ状況に陥りがちだということを意味している。相手の言うことにじっと耳を傾け、相手も自分の話を聞いてくれることを期待しても、話が脱線したり一巡してもとに戻ったりする、あるいは、ある人物やある考え方について予想外のことが見つかったりするというのは、危険なことだ。生《なま》の会話では、顔つき、声、しぐさで伝わるメッセージに接することになり、神経のすり減ることがいろいろあるだろう。だがオンラインなら、それよりもかなり単純にすませられるのだ。ただし、効率も編集の機会も手に入るが、返信メールで答えてもらえるような質問ばかりするようになる。

満ち足りた瞬間がありながら物足りない生活になるという考えは、最近の研究によっても裏づけられている。研究では、大学生の友人を二人ひと組にしてそれぞれにフェイス・トゥ・フェイスの会話、ビデオチャット、音声チャット、オンライン・インスタントメッセージという四通りの方法でコミュニケーションしてもらった。その後、二人の両方に感想を聞き、互いが相手に対してどうふるまうかを観察して、友人どうしの感情的きずなの程度を査定すると、はっきりした結果が出た。生《なま》の会話が感情的つながりを最も強くし、オンライン通信ではつながりが最も弱かったのだ。(7) 学生たちは絵文字《エモティコン》を使ったり、笑い声を文字で書き表したり（〝Hahaha〟など）、わざわざ大文字ばかりにして切迫感を出したりしてデジタル・メッセージを盛り上げようとした。だが、それでも充分な効果があがらなかった。お互いが最も人間らしくなるのは、相手の顔を見て相手の声を聞くときなのだ。[8]

そういう考えは、だいたいのところ常識のように思える。いや、常識なのだ。ただし、ほかにも何かがそこに働いている。テクノロジーの魔法だ。それが私たちに人生の知恵を忘れさせている。

いつもつながっていれば孤立《ロンリー》しなくなるのだと、私たちはつい考えてしまう。だが、実際にはその反対なのだ。ひとり《アローン》になれないとしたら、やがてはもっと孤立していく。そして、子供たちにひとりでいられるすべを教えなければ、彼らはやがて、孤立することしか知らなくなるだろう。[9]

それなのにこのごろは、大人も子供も、オンラインの刺激が絶えず与えられていないと不安になってしまう。何もすることがなくなると、すぐにスマートフォンを取り出してメッセージをチェックしたりメールを送信したりする。私がインタビューしたなかにも、〝退屈な時間〟とか〝中だるみ〟とか、ばかにしたように言われることはあったが、そうした時間を我慢できない人たちがいるのだ。だが、相手に自分のことをいちばんよくわかってもらえるのは、ためらったり口ごもったり、黙り込んだりするときではないだろうか。自分で自分のことがよくわかるのも、そういうときだ。

「私の小さな神さま」

私はなにも、電子デバイスから顔をそむけろと言っているわけではない。その反対で、もっとじっくり見て、もっと自覚をもってかかわっていくようにしようと言っているのだ。

一例として、私の同僚の話をしよう。シャロンは三十四歳で、自分は二〇〇二年以来「楽しくメールをしている」と言う。その彼女も、友人が自分のスマートフォンを「私の小さな神さま」と呼ぶのを聞いて、愕然とした。そのコメントを聞いてシャロンは、自分自身のスマートフォンとのかかわり方について考えたという。自分のスマートフォンを神さま扱いするようなことがあるだろうか？　あるかもしれない。シャロンと話をしていて、彼女の主な懸念はソーシャルメディアが彼女の自我意識をかたちづくっているのではないかということだとわかった。フォロワーにいいところを見せようとして、よりよい自分を〝演じる〟時間が長すぎるのが心配なのだ。どんなやりとりにも演技《パフォーマンス》の要素があるのは確かだが、と前置きをして、彼女は話しはじめた。オンラインでは、演技に没頭するうちに何が演技で何が素なのかを忘れてしまうほどになっている気がする、と。

　オンラインでいるあいだはずっと、機転がきいて知的で、熱心でいながら、何ごとからも絶妙な距離をとっていたいと思っている。内省というのは、自分が何者で何を望むかとか、本当の自分を見ることに向かうものでしょう？　それが、ありのままの自分に関係なく、他人にどう思われるかばかりを気にしている。自分自身の心、自分自身の考えをきちんと把握しようとしていないんだわ。演技にまぎれて、自分を見失ってる。ツイッターやフェイスブックでは、最高の自分を見せることばかり気にしてる。自分には弱みなんかないって見せて。できるだけ無防備なところを見せないようにしているのよ。

　調査によってわかったことだが、無防備な状態でくつろいでいることが、幸福や創造性、さらには生産性の中核になっている。私たちはどうやら、絶え間なく演技する文化[10]にうんざりしているらしいのだ。それでも、ソーシャルメディア上の生活は、シャロンの言うとおり、「自分には弱みなんかないって見せて、できるだけ無防備なところを見せないように」するよう促す。ありのままの自分を表現したいという願望と、オンラインで最高の自分を見せなければというプレッシャーとのあいだで、葛藤することになるのだ。頻繁なソーシャルメディア利用が抑鬱感や社会不安[11]につながるのも不思議はない。

そして、共感も阻害される。調査によると、ソーシャルメディアを最大限利用する人たちは、自分自身の感情も含めて、人間の感情をなかなか読み取れない。[12]だが、その調査が楽観させてもくれる。私たちには復元力があるのだと。フェイス・トゥ・フェイスで会話をするうちに自尊心が高くなっていき、他者に接する能力が磨かれていくのだ。[13]あらためて言うが、会話が解決してくれるのである。

シャロンのような懸念をもつ人たちに対して、本書ではスマートフォンをあきらめる必要はないと述べている。だが、あなたにとって非常に大きな影響力をもっているのだと理解していれば、もっときちんとした心構えでスマートフォンにアプローチでき、違った人生を歩むことも選択できるだろう。

会話を支持する

だから、私はテクノロジー反対を説いているのではない。これは会話支持論なのだ。一緒にいる人たちとスマートフォン上の世界の二つに注意が分散すると、会話の機会を逸してしまう。静かな時間を取り戻すのではなく、スマートフォンに向かうときもそうだ。ウェブサイトを見て回るのは空想にふけるのと同じようなものだと、私たちは思い込んでいる。同じように内省の場になるのだと。だが、それは違う。

テクノロジーはテクノロジーとして活用しつつ、会話を取り戻すときだ。その行程は、会話には何がなし遂げられるのか、テクノロジーがどのようにそれをじゃますするのか、その理解を深めるところから始まる。今のような状況では、直接会って会話しようと決意しても、往々にしてその計画は頓挫する。どの世代の人も、「メールで関係を終わりにしたりすべきじゃないと、誰だってわかってる。そんなのはおかしい。決裂してもおかしくないのはフェイス・トゥ・フェイスで会話するときなのに」と言う。それでいて、自分あるいは友だちからのメールでつきあいをやめた経験が、ほぼ誰にでもある。なぜだろう？　そのほうが楽だからだ。

私たちは傷つきやすく、電子機器によって無理強いされ、気を散らされる。だが、食べものの消費のしかたを変えてきたように、テクノロジーの消費のしかたを変えるようになってもいいのではないだろうか。食欲をそそるからといって、それが必ずしも必要な栄養分ではないとわきまえるようになった今、私たちの食べものに対する意識はかなり高くなってきた。テクノロジーに対してもそうすべきだろう。

ニューヨークに住むある十歳の男の子は、父親と二人きりで話をしていると必ず電話に中断されると言う。その四十歳の父親に聞いてみると、彼は正直に認めた。「息子の言うとおりです。日曜日の朝、息子と一緒に新聞を買いにいくときも、スマホを持たずに出かけることはありません」。なぜだろう？「緊急の連絡が入るかもしれないからです」。これまでのところ緊急事態が起こったことはないが、すぐそこの店まで行く途中にも電話がかかってくるという。

本当の緊急事態は、互いに笑い合ったり悩みを話したりするような、親子の会話がなくなること、あるいは沈黙の共有がなくなることのほうではなかろうか。デバイスフリー・キャンプに付き添うカウンセラーは、スタッフがよく経験することを話してくれた。手に負えない参加者（けんかをしかけたり、食堂で年少の子たちをいじめたりという子供だろう）を森へ散歩に連れ出すと、黙ったままで一時間ぐらいすぐに過ぎてしまう。二時間過ぎることもある。「するとですよ」とカウンセラーは言う。「するとそこで、質問が出てくる。会話が始まるんです」

三つの願い

妖精からの贈りものさながらに、モバイル機器は三つの願いをかなえてくれたようだ。ひとつ、いつでも話を聞いてもらいたい。二つ、どこでも望むところへ注意を向けたい。三つ、ひとりぼっちになりたくない。そして、その三つの願いがかなうと、おまけもついてくる――もう退屈しなくてすむということだ。しかし、創造的会話をするには――互いに本当にわかり合えるような会話をするには――多少の退屈を我慢しなければならないものだ。それまで知らなかったことに取り組む際、人はたいてい、もがいたりつまずいたりする。発見のある会話は、長い沈黙に陥りがちだ。ところがこのごろは、何かというと沈黙を〝中だるみ〟などと言って嫌い、みんながそれから逃れようとする。沈黙が訪れたときは、「スマホがあるから大丈夫」となる。「いつだってすることがあるから」と。だが、私たちがスマートフォンを持つようになる前は、そういう沈黙を退屈ではなく〝ゆとり〟と見なしていたのではないだろうか。今の私たちは沈黙から逃げてばかりで、それを味わおうともしない。

先に述べたように、私の当初の研究計画では、「しゃべるよりメールしたい」という心情を調査するつもりだった。テクノロジーによって、メールやツイッターをはじめとする、さまざまな新種のつながり方が可能になった。そういった手段のどこに魅力や独自性があるのかを、探ろうと考えていたのだ。

ところが、いろいろな世代の人たちにインタビューを始めると、それとは別の問題が前面に出てきた。人と一緒にいるとき互いに口にする内容は、スマートフォンが教えてくれたことや、その場で調べた単純な事実ばかりだというのだ。常時起動、常時携帯のテクノロジーが――手の中やテーブル上に便利な機械装置《ガジェット》があるという厳然たる事実が――相手に直接しゃべるときの会話を変えてしまう。すでに言及したように、スマートフォンがあると、スマートフォンが目につくところにないときよりも人は互いに自分をさらけださないし、つながりを感じないのだ(14)。

テクノロジーとつきあう壮大な実験のさなかにあって、私たちはしばしば、自分がすべきだと自覚していることとスマートフォンをチェックしたい衝動との、板挟みになる。世代を超えて、テクノロジーが私たちを会話から遠ざけるのに任せながらも、失ったものを惜しんでいる。軌道修正のときを、記憶にあるものをよみがえらせる機会を、つかもうと手を伸ばしている。会話に投資すれば、自己認識、共感、親睦経験《コミュニティ》という見返りがある。会話をやめてただつながるだけになれば、思いも寄らなかった影響をたくさんこうむることになる。

今まで〝何世代もの〟子供たちが、親や保護者がそこにいて半分はいないようなものという状況のうちに育ってきた。朝食や夕食の席でメールする親も多いし、遊び場や公園に連れていったきり子供を無視する親やベビーシッターもいる。食事中も遊び時間も沈黙している保護者たちは、会話するスキルと同様の、人づきあいのスキルの手本とならない。それこそが共感するスキルであり、他者の感情に寄り添い、他者を理解しようとするものだ。子供たちもまた、学校や遊び場で互いにしゃべらずメールしている。会話の応酬に不安を感じる若者たちは、しっかりした愛着をいだかない。そして、愛着に不安を感じる若者たちは、きちんとした会話をしないのだ。

今、スマートフォンとともに育った第一世代の子供たちが、大学をそろそろ卒業する、あるいは卒業したばかりの年ごろになった。知的で独創的な彼らが社会人になりはじめたわけだが、雇用する側からは、彼らは意外な恐怖症や不安感をかかえて働いているという声が聞こえてくる。たとえば、会話の切り出し方と終わらせ方を知らない。視線を合わせること《アイコンタクト》に、てこずる。あるいは、電話でしゃべると不安になると言う。

私たちは知らず知らずのうちに、いざというときに必要となるツールを子供たちから奪っているのではないか？　友情、創造性、愛情、そして仕事にも不可欠なスキルを、子供たちから奪っているのではないか⑮？

――そんな耳の痛い問いかけが出てきそうだ。

ある高校三年生男子は、会話は編集したり見直して修正したりできないので怖いと言う。それでも、彼は会話の価値を察知している。「あとになって、会話のしかたを身につけ、人との妥協点の見いだしかたを身につける必要が出てくるでしょうね」と。だが今のところは、思いわずらっているだけだ。「いつか、今すぐじゃなくて近いうちにいつか、会話のしかたを身につけたい」。口調は真剣だ。彼は自分が知らないことをわきまえている。

操縦室のパイロット

大学の図書館や、企業のオフィスでも、同じような光景が見られる。ひとりずつが自分の殻にとじこもって、さかんにキーボードやタッチパネルをたたいているのだ。ボストンにある法律事務所の所長が、オフィスの光景を次のように説明している。若い所員たちは、机につくとテクノロジーをひとそろい取り出す――ノートパソコン、タブレット、スマホ。そして、ヘッドホンを装着する。「大型のやつです。パイロットみたいな。彼らは自分のデスクを操縦室《コックピット》にしてしまう」。若手弁護士たちがコックピットにこもるので、オフィスは静かなものだ。誰も破ってほしいと思わない沈黙。

後輩たちは効率を名目にコックピットにひきこもるのだと、所長は理解している。それにしても、同僚たちとの交流がなくなれば、「何でもかんでもメールですませる」ことの副産物が、さらに有害なものになるだろうと言う。コックピット生活をする後輩たちが、社内で非公式に進行する会話から取り残されるのを心配する。新人たちもチームの一員なのに。好調な業績を売るためには、最終的には対人的な協調関係が必要だと考えているのだ。

仕事においては、電子的なやりとりが唯一の選択肢というケースもあるだろう。だが、そういう「パイロット」が働く法律事務所でも、積極的に機会を見つけて顔を合わせて会話しようとする人は多い。それなのに、新人たちは電話を受けたりかけたりというリアルタイムのかかわりを、あからさまに避けたがるのだ。その所長が言うには、会話を逃れるという戦略は世代をまたいで急速に「感染しつつある」という。そういえば、最初に「メールするのに忙しい」同僚たちのじゃまをしたくないと言ってから、「実は私もメール派なので。今は人と話をしたくなりました。同僚たちともスマホでやりとりするほうが楽です」と言い直したのは、古株の弁護士だった。彼も「パイロット」になってしまっている。コックピットの孤立《アイソレーション》は若者に限ったことではないのだ。

そして、職場ばかりか家庭でも、私たちはテクノロジーを使って孤立している。家族の中でも直接話すのではなくメールやショート・メッセージで「いろいろな問題を話し合う」ほうがいいという声を聞く。そのやり方を、「メールでけんかする」と言う人もいる。そういう体制にすれば手に負えない衝突がなくなるので、電子的に話すと感情の激発がなく「平和が保たれる」というのだ。ある母親は、激しい言い合いになる恐れがなければ、家族の面々が気持ちを表現しやすいと説く。

三十代のある女性は、パートナーとオンラインでけんかする利点を強調する。「考えていることを冷静に言えるし。あとで後悔しそうなことを言わずにけんかできる」と。さらにもうひとつ。メールでけんかすると、記録に残せる利点があると付け加える。「メールでけんかすると、どんなことを言ったか記録が残りますから」

どの場合も、私たちはテクノロジーを利用して人間らしい接触を〝抑えぎみに調整〟し、その性質と程度を小出しにしながらバランスをとっているのだ。人はフェイス・トゥ・フェイスの会話を避けながらも、感情的に迫ってくることのない相手と――ときには多数の相手と――連絡をとりあっていることに安心している。これもまたゴルディロックス効果の一例だ。会話をやめてただのつながりを求める動向のうちに、含まれる。

家庭で、学校で、職場で、会話離れを目にする。だが、会話から離れているときが多いからこそ、それだけ好機もある。会話は取り戻すことができるのだ。夕食の席を考えてみよう。

テーブルマナー2・0

若い人たちが言うには、食事中、同席している友人に注意を向けているほうがいいとは思うが、実情ではそんなことが期待できなくなってきているという。社会規範がそれにそわなくなっているうえに、「自分のスマホに入ってくるものをどうしても逃したくない」というのだ。メールのやりとりで育った人には、「いつも部分的にしか注意していない[16]」状態が新標準なのだが、そういう日常のために払った犠牲を意識している人も多い。

相手がそこにいても互いに絶えずメールでやりとりするが、友人がスマートフォンから目を離すときを大事にしているという大学生たちに、話を聞いた。彼らが特別な時間と考えるのは、一緒にいる友人がメールの着信を無視して、スマートフォンを消音モードにするときだ。ある大学二年生女子は、こう言う。「誰かがメールに目もくれず、人に目を向けるときは、すごく特別です」。そして大学四年生男子は、「誰かにメールが届いて、その人が謝りながら［スマホの］音を消したら、自分はちゃんとそこにいる、相手の話に耳を傾けているという合図になります」

ある大学一年生女子は、食事のとき友人たちがスマートフォンを見ないでほしいというのが本音だが、社会の趨勢からはずれそうで言い出せないという。「こっちに注意を集中してとは、なかなか頼めません」と。「たとえば私が、『会えてうれしいわ、スマホをしまってもらっていいかしら。朝ごはんを食べながら楽しくおしゃべりしましょうよ』って言ったら、『うわ、へんな女』って思われちゃいますから」。食事中にこちらに注意を集中してほしいと頼むことは、「時代に合っていない」のではないかと言うのだ。

〝時代に合っている〟のは、グループ内の会話に充分な人数が参加していることを確かめてからなら、自分のスマートフォンを見てもいいという食事中の戦略、〈三の法則〉のほうらしい。若者たちも注意の集中が重要なことはわかっていながら、互いに注意を向けたがらない。子供時代、注意力散漫な親に――スマートフォンに向かう親に――傷ついた彼らが、やはり友人たちに同じような接し方をしているのだ。

一方、注意力散漫になるという弱点を受け入れ、それを前提に工夫していこうとする若者たちもいる。彼らは外食の店でするゲームを考え出した。同席者全員が各自のスマートフォンを出して、電源を入れたままテーブルの真ん中に山積みにする。着信音がして、スマートフォンに最初に手を触れた人が、食事代を払うことになる。〝スマホ・タワー〟と呼ぶゲームだ。これは、食事中にみんながメールしたがるが、メールなどしないほうが楽しく会話できるとわかっていることのあらわれだろう。

友人たちに注意を払うよう仕向けるのに、なぜゲームまでしなくてはならないのか？　ある大学三年生女子が言うには、夕食の時間帯に友人へメールしたら、返信が届くのは食後になってからだと〝理性的には〟わかっている。それでちっともかまわない。ところが、食事どきに誰かが自分にメールをよこすと、返信するまでは落ち着くことができないのだという。「自分で自分に『食卓でメールを読んじゃだめ！』って言い聞かせます。でも、読みたいし、読んでしまいます。妙な軽いプレッシャーがあるんですよね」

食事どきのメールにすぐ返信しなければという、この「妙な軽いプレッシャー」の話から、私は体験記をテーマにした学部学生向きセミナーの受講生のひとりと交わした会話を思い出す。その女子学生は質問受付時間に研究室へやって来て、一生懸命セミナーに取り組んでいるつもりだが、受講中についスマートフォンのメールをチェックしてしまった、と言った。ずっとうしろめたくて（そのセミナーでは、学生たちが自分の身の上話をしていた）、メールのことを打ち明けたいと思ったらしい。彼女は、メッセージをチェックしなければならないという〝強迫観念〟を感じると言った。誰が自分に手を差し伸べてくれているか、誰が自分に関心を向けているかを知らなくてはならないのだという。「私たち、テクノロジーの引力には勝てません」と。スマートフォンは、何かを引き寄せようとする伏流のような効果を及す。金銭がからむ〝スマホ・タワー〟ゲームは、ひとりひとりがその流れに逆らって泳ぐ力になるのだろう。

どの話を聞いても、インターネットやパソコンのある生活環境の中で育ってきたいわゆる〝デジタル・ネイティブ〟たちの、無邪気な物語は見当たらない。その逆だ。現代の会話をめぐる話とは、くっきりと見通しのきく情景にある葛藤についての話なのだ。

確かに、今の時代のコミュニケーションのとり方について語るとき、大学生たちは一見矛盾しているような態度を見せる。大学一年生グループのある男子は、開口一番「ぼくがメールするのは一種の後方支援ですよ。便利ってだけですから」と言ったが、スマートフォンのメールに対応しようとプレッシャーを感じるあまり、食事どきの会話をフォローできないと認めた。また別の学生は、コミュニケーションの将来について、「たぶん何か新しいものが発明されるんじゃないかな」などと、希望的観測を述べる。その「何か新しいもの」は、現在の手段のように気を散らさないかもしれないと言いたいのだろう。女子学生二人は、現状のままでは将来を楽観できないと言う――けれども、ほかの方法は思いつかない。ある男子学生は、問題など全然ないのかもしれないと言いだした。人類はスマートフォンと〝共進化〟していき、新しい種《しゅ》になるのだと。だが、その楽観的な口調もそこまでで、彼は自分の「メール依存」ぶりを冗談めかしながら、「しゃべるよりも無難な気がするから」だという。そして、両手を上げてこう言った。「ぼくのせいじゃないですよ。最初にスマホをくれたのは母親なんだから」

広告のつくり手は、消費者のことをよくわかっているようだ。サンフランシスコの地下鉄駅構内で目を上げると、ベイ・エリアの広い範囲にあるレストランからのデリバリ・サービスの看板がある。そのうたい文句にいわく、「人とおしゃべりせずに食べられれば文句なし！」

「ごめんなさい」の送信

こうした情況下、私たちは謝罪もついついメールですませてしまいがちだ。間違いを犯したとき、腰を落ち着けて詫びの言葉を口にするのは困難なものだった。今では代替手段があるので、私たちはさほどのストレスを感じなくなっている。ひとこと添えて写真を送信してもいいし、メールを送ってもいい。相手に向かって謝らなくてすむ。「ごめんなさい」と入力して送信すればいいのだ。だが、フェイス・トゥ・フェイスで謝るなら、自分が他者を傷つけたと改めて確認することになる。謝られるほうは、相手が心を乱しているのを見ることになる。それを見てとることこそが、許しの芽生えるきっかけとなるはずだ。

「ごめんなさい」の送信だけでは、そういう感情が起こらない。自責の念をいだくと、じっくりかみしめる間もないうちにその感情を吐き出してしまう。内心の葛藤を処理もせずに追い出す。感情を未消化のまま送り出すのだ。フェイス・トゥ・フェイスの謝罪は共感するスキルを磨く機会になる。謝る立場に立ったら、ほかの誰かの身になって考えるよう促される。謝罪を受ける立場だとしてもやはり、歩み寄って共感できるよう、反対側からものごとを見るよう頼まれるわけだ。デジタルのつながりでは、そういったことごとくのことを避けて通れる。したがって、フェイス・トゥ・フェイスの謝罪をうとんじると、危うくなるものが多い。共感を教えてくれる状況（フェイス・トゥ・フェイスの謝罪もそのひとつ）を子供たちに経験させていないのだとしたら、自分の言葉が他人に影響を与えるということが子供たちになかなかわからないのも、驚くにあたらない。

〝共感の欠如《エンパシー・ギャップ》〟は幼少期に始まり、一生続く。経済学を専攻するある大学院生が、友だちからのメールによる謝罪に欠けているものについて批評している。メールによる謝罪など、「見せかけの休戦」だと言うのだ。

メールの「ごめんなさい」の意味って、一方では「もう緊張状態を続けたくない。水に流しましょう」というのと同時に、「あなたの気持ちがおさまるまではそばに寄らないようにする。私たちのもめごとがおしまいになったら教えて」ってことですよね。彼氏とけんかして「ごめん」っていうメールで仲直りしたとしたら、また同じけんかを繰り返すことは百パーセント確実です。解決なんかしてないんですから。

「ごめんなさい」メールをする、すなわち機会を失うことだ。だが、そういう機会をつかまえることもできる。親が子供に、謝罪は直接会ってするように言い聞かせればいい。ある母親の話によると、十三歳になるネット漬けの息子には、メールで自分の都合を一方的に告げて家族の予定をキャンセルする癖があった。彼女はその習慣を変えさせた。今では、たとえば祖父母と一緒の食事などといった予定をキャンセルしたかったら、電話をかけさせるようにしているのだ。

リアルタイムの通話なら、彼のとろうとする行動が他者に影響を及ぼすだろう。母親は言う。「息子は、私の母が用意したローストチキンがもうオーブンに入っていると聞かされます。おじいちゃんがもうシロップを買ってきて、アイスクリーム・サンデーをつくろうとしてるんだと聞かされるんです」。つまり、自分は来ると思われている、行かないとがっかりされるのだ、ということがわかるのだ。この新しい習慣が功を奏して、息子がキャンセルすることはめったになくなったという。

仕事の場でも、直接の謝罪に説得力があることは言うまでもない。経営者たちの話では、従業員にフェイス・トゥ・フェイスで謝罪するよう教えることが、彼らの仕事の大きな部分を占めつつあるという。あるCEOによると、「あの人に謝れ。フェイス・トゥ・フェイスで。きみに落ち度があったんだから。すみませんでしたと言うんだ」と、長く勤務している従業員にさえ声を荒げてしまうという。また別のCEOは、ビジネスの世界でフェイス・トゥ・フェイスですみませんと言えないのは、「車を運転していてバックのしかたを知らないようなものだ」と言う。それはもう、運転できないのと同じことだ。彼の見解では、一緒に働いているなかには教習の必要な人間がざらにいるという。

「フェイス・トゥ・フェイスなんてとんでもない。重たすぎます」

会話をやめておいてつながろうとすると、私たちは自分自身をごまかす。気がかりなのは、そのうちに私たちが人を思いやるのをやめてしまうことだ。もっと悪くすると、人には違いがあることを忘れてしまうかもしれない。大学二年生のグレッチェンには、違いがわからない。彼女は私の研究室で、問題があって課題に取り組めないという話をしていた。ルームメイトともめているのだという。彼女はルームメイトの元ボーイフレンドとつきあっているのだ。彼女に悪気はなかったのだが、そのうちに事態がエスカレートした。今ではその男が、彼女をルームメイトへのあてつけの手段にしている。話しているあいだも、グレッチェンは取り乱していた。彼女の成績は目も当てられない。私がカウンセリング・センターに相談してみたらどうかと聞くと、彼女はいいえと言う。ルームメイトと仲直りしなくてはならないと。ルームメイトに謝罪の言葉と「嘘偽りのない本当の気持ち」を聞いてもらわなくてはならない、とグレッチェンは言う。「そうすればまた集中できるはずです」と。

私はグレッチェンに、もう帰ったほうがいいんじゃないかと言った。そろそろ夕食時で、たぶんルームメイトは研究室から歩いて十分とかからない寮にいるだろう。グレッチェンは、私が何を言っているのかわからないとでもいうような困惑顔になった。「彼女にはGChat［Google Playのアプリ］で話します」と言う。「フェイス・トゥ・フェイスなんてとんでもない。重たすぎます」

スティーヴン・コルベアは、口やかましい右翼というキャラクターでテレビの政治トーク番組の司会をしている。その番組に出演したとき、私は彼から深遠な質問をされて驚いた。「ごく短いツィート、ちびちびと酒を飲むようなオンライン接続をどんなに積み重ねたところで、リアルな会話の一気飲みにはなりませんよね？」私はならないと答えた。塵のようなつながりがたび重なって積もっても、山のような会話にはならないのだ。

ただ、ちびちびとした接続も、分散している情報を集めたり、「私はあなたのことを考えている」と言ったりするのには役立つ。「愛してる」と言うのにも。だが、謝罪には、ちびちびした接続ではあまり役に立たない。事態を他者の視点から見ることを求められるときには、あまり役に立たないのだ。そういう場合に、私たちは耳を傾けなければならない。リアルタイムで反応しなければならない。そうしたやりとりで、私たちは自分の気質や個性を見せ、信頼関係を築いていくのだ。

フェイス・トゥ・フェイスの会話は、ゆっくりと展開し、忍耐を教えてくれる。私たちは口調やニュアンスに留意する。デジタル機器でコミュニケーションをとると、それとは違う習慣が身についてしまう。オンライン接続の量と速度が増したことで、私たちはすぐに返事を欲しがるようになった。そのせいで、質問は単純になってきている。きわめて重要な問題をめぐってさえ、コミュニケーションの質を落としている。そして、私たちは絶え間なく中断される生活に慣れていくのだ。

じゃま？「人生はこうでなくちゃ」

六月のあるさわやかな晩、私は夏期講習プログラムでボストンに来ている十八歳から二十四歳までの若者二十五人のグループに、インタビューした。二時間をともに過ごすうち、自分たちのコミュニケーションのしかたを本当に知りたいなら、グループ・チャットに加わってみるといいと言われた。彼らはWhatsApp（ワッツアップ）というスマートフォン向けアプリケーションでチャットするのだという。それを使って、同じ部屋で一緒にオンラインにつながると、様子ががらりと変わった。誰もがみんな、つねに〝どこかよそに〟いるか、ちょうどどこかへ行こうとしているところなのだ。みんながアプリケーション上にいながら、部屋の中でかわされている話と電話のチャットとをめまぐるしく切り替えている。電話のチャットのうち少なくとも半分は、マンガ、写真、映像などといった画像のかたちで、大半が室内での会話に注釈をつけるものだ。学生たちはそれを見て、メールやおしゃべりと同じように画像でつながっている。

室内では、大学生になったら家族と高校時代の友人たちが同じ扱いになりやすいという話題になる。しかし、オンライン・チャットと画像キュレーションの並行作業とも競合しているため、この議論はなかなか発展していかない。

それでも、学生たちはいかにも楽しそうだ。おしゃべり、メール、画像を行き来するのが好きで、絶え間ない供給が好きなのだ。そして、いつでもどこか〝よそ〟へ行けるのが好きだ。何よりも怖いのは退屈だと彼らは言う。ちょっとでも室内に刺激が足りなくなったら、チャットへ向かう。画像がおもしろくないと思えば、新しいものを探す。だが、ウェブ上で見つけた画像をシェアするというのは、独特な参加のしかただ。自分自身の経験に目を向けるのではなく、外部の情報源から引き出すのだから。自己を表現しつつ、ある程度の距離を保つことができる。

このなりゆきを見ながら、私は娘が三歳のとき言い聞かせた言葉を思い出す。「自分の言葉を使いなさい」だ。最初、それを連想したことが不思議に思えた。学生たちがシェアする画像がいかにもぴったりな（しかも気がきいている！）ことに感心するが、この若者たちが画像に頼るのはある意味、内容が小難しくなってくるとたんにグループの会話からすり抜けるためなのだと、私には思えた。込み入ったことになると、かみ砕きにくい考えを言葉にしようとして苦労するよりも、写真を送信するほうが楽なのだ。もうひとつ、子育ての決まり文句が思い浮かんだ。今度は私の祖母の声で。「私に話しかけるときは私の顔を見なさい」だ。相手にきちんと注意を向けていることを表わすよう子供たちに教えるのは、目に見える行動によって、より深い感情段階へ、つまり愛着と共感的つながりという感情段階へもっていきたいからだ。私たちは感情に結びつく言葉が必要なのに、子供に対して、言葉にして説明するようにとか、いうことをきかせるときにこちらをちゃんと向きなさいとか言わなくなった。アイコンタクトは、人間どうしのつながりへ至る最短の近道なのにだ。[17]

私をWhatsAppに誘ってくれた学生は、自分たちを理解するにはそのアプリケーションを知るのがいちばんだと言った。ところが、私たちがWhatsAppをインストールしたとたん、彼らはスマートフォンに目をやって顔をうつむけてばかりいた。

六月のその晩、おしゃべりとメールと画像のごたまぜのなかで、学生たちは繰り返しデジタル会話は“危険性が低い《ロー・リスク》”から価値が高いという話題に戻っていった。オンラインなら、メッセージを送る前に編集できるという。そして、求職であれ求愛であれ重要なメールならば、書いたものを友だちに見てもらって、“適切に”伝わるかどうか相談することもよくあるという。デジタルのつながりにはそういう特典がある。ところが会話の場合、思いも寄らない方向へ向かう可能性があるし、人は必ずしも“適切に”話そうとはしない。そこで、他者の言うことに驚かされるという経験をする。その意外性を楽しむことも覚える。哲学者のハインリヒ・フォン・クライストはこれを、「話しているうちに思考が徐々にまとまっていく」[18]と言う。フォン・クライストは「食べると食欲がわいてくる」というフランスのことわざを引いて、それと同じように「話すと考えがわいてくる」と述べている。彼の考えでは、最もすぐれた思考はほとんどとらえどころのないかたちで出現する。発見のためのるつぼとして最も重要になるのが、危険《リスキー》でスリリングな会話だ。特に、ソーシャルメディアのもたらす同報通信や投稿のたぐいに、フォン・クライストは関心をもたない。聞き手のいる場で、聞き手と緊密につながっているからこそ、「リスキーなおしゃべり」のスリルがあるのだ。

リスキーなおしゃべりがおもしろいかもしれないなど、WhatsApp上にいる学生たちには思いも寄らない。それどころか、グループのなかには、画像を送信すれば編集済みテキストを送信するよりさらにリスクを低くできるからいいと言う学生もいる。テキスト同様、画像も編集が可能だ。完全なフィルターを通して、トリミングして送ればいい。画像をうまく処理すれば、あいまいで「どうにでも自由に解釈できる」ようにしておけるというのだ。彼はそれを、自分の意見をはっきり出さなければ傷つくこともないので、いいことだと思っている。しかし、自分の意見をはっきり出さなければ、考えを試すことにはならない。感情を表現することにもならない。意思表明と自己弁護を身につけてはじめて、率直になれる。率直にものを言うのは、恋愛にも政治にも有力なスキルなのだ。[19]

ボストンでは、グループが声を出してしゃべり、かつWhatsAppにも参加するようになると、どのコミュニケーションにも絶えずじゃまが入った。スマートフォンがおしゃべりをさえぎり、おしゃべりがスマートフォンをさえぎる。そんなふうにじゃまが入ることをどう感じているのかみんなに尋ねてみたが、私の質問の意味がよくわからないようだ。このグループにとって、WhatsAppがおしゃべりに割り込んでくるのは、じゃまにならないのだ。ある男子学生はその快感を評して、「人生はこうでなくちゃ」と言った。

新しいコミュニケーション文化では、[20] さえぎられることはじゃまではなく、また別のつながりとして体験される。十代、二十代の若者たちは冗談まじりに、友人たちとの食事の席でいちばんよく聞くフレーズは、「えーっと、何だっけ?」だと言う。誰もが画像を探したりメールを送ったりして、しょっちゅう話についていけなくなるのだ。

人が自分はスマートフォン〝依存〟だと言う場合、スマートフォンが提供してくれるものをほしがるというだけの意味ではない。スマートフォンがあれば避けられることはしたくないとも言っている。いちばんよく聞くのは、スマートフォンがあれば退屈や不安を避けやすくなるという話だ。だが、退屈も不安もともに、何か新しいこと、何か活気があって混乱するようなことを学んでいるというきざしではないだろうか。新しい方向へ伸びていこうとしているのかもしれない。退屈や不安は、回避するのではなくもっとじっくり取り組むようにという合図なのだ。

私たちは、おしゃべりのない沈黙の世界に生きているわけではない。だが、おしゃべりにいきなり加わったり、そこからふと抜けたりしている。そして、継続して注意を払っていなくてはならないおしゃべりには、耐えられなくなっている。難しい話になったりつまらなくなったりすると、どこかよそに行ってもいいことにしてしまう。人生の難問や退屈な場面を避けるために。

人生の退屈な場面

ある大学四年生が、男の子を寮の自室に連れてきた。二人はベッドをともにする。ところが、彼がバスルームに行ってしまうと、彼女はスマートフォンを取り出して、近辺で出会いを――あるいはそれ以上のことを――求めている男性を物色できるTinderというアプリケーションに向かった。彼女は言う。「なぜそんなことをしたのかわからない――あの人のことは本当に好き……あの人とデートしたい。なのに、どうしてもやめられなかった。フェイスブックじゃ何も起きていなかったし、新しくメールも届いていなかったんです」。ベッドに横になって恋人がバスルームから出てくるのを待ちながら、彼女は人生の退屈な場面というものに出くわしたのだった。

三十歳未満の人たちにこの話を聞かせると、たいていは肩をすくめられてしまう。まあそんなもんでしょ。することのない時間なんて必要ないもの、と。そして、誰か自分に手を差し伸べようとしていないか、あるいは自分につきあえそうな人がいないか、それを知らずにはひとときもいられない。だが、絶え間なく流れる刺激を求め、人生の〝退屈な場面〟を削除したいと思う感性は、三十歳以上の人々のあいだでも顕著になっている。

三十四歳のある若い父親の話では、二歳の娘を風呂に入れながら、ふと気づくと退屈しているのだという。それをうしろめたく感じている。つい数日前の夜、上の子供たちにしてやったように、根気よく娘につきあっておしゃべりしたり歌を歌ってやったりする代わりに、彼はスマートフォンのメールをチェックしはじめた。それが初めてのことではない。「よくないとわかっていてもやってしまう」と彼は言う。「バスタイムは娘と一緒にゆっくりくつろぐ時間にするべきなのに。でも、無理なんです。スマホを見てはやめ、見てはやめばかりしている。娘を風呂に入れているあいだの時間が退屈なんです」

状況はまるで違うが、上院でシリア問題を聴聞中だったジョン・マケイン上院議員も、手持ちぶさただったらしい。彼はiPhoneでポーカーをして気をまぎらすことにした。ゲーム中の写真が報道されたマケインは、ツイッターで自分の窮地を冗談めかしてつぶやいた。「スキャンダルだ！　三時間以上に及ぶ上院公聴会中にiPhoneでゲームをしているところを撮影された――最悪なのはゲームに負けたことだ」[21]

退屈になってきたらコンピュータ上のポーカーのようなものに逃避するというのは、もはや当たり前になっている。しかし、シリア危機について聴聞中の上院議員が〝どこかよそへ〟行っているのが当たり前だと言ってはばからないとなると、いかに授業中だろうと会議中だろうと、ある状況下できちんと注意を払うことを誰にも期待しにくくなる。残念なことだ。研究によれば、画面が開いていると、持ち主ばかりでなくそのまわりに座っている人まで、それが目に入る人の能力がことごとく落ちるのだから。[22]

だが私たちが避けている〝退屈な場面〟の価値は、再考してみなければならない。仕事、恋愛、友だちづきあいといった相互の人間関係では、話を聞かされるほうには退屈かもしれないが、相手にとっては、話に耳を傾けてもらえるかどうかという問題になる。会話をしていると、〝中だるみ〟がいつのまにか何か別のものになっていくこともある。会話に活気がなくなったら、会話を続ける以外にいつ話が盛り上がるのかを知るすべはない。人は時間をかけて考え、それから新しいことを考えつくものなのだ。

もっと広げて言えば、退屈な経験こそが創造性や革新に直接結びつく。[23]すでに述べたように、不安と同様に退屈もまた、新たな学びのきざしとなるのだ。退屈に飽くことなく興味をもちつづければ、うしろへ下がって新たなつながりをつくる時間として活用できる。あるいは、フォン・クライストなら聞き手を探して、聞き手とのつながりのなかでしか見えてこない考えを話すことだろうが、退屈はそういう時間にもなる。

　ところが、今の私たちはそういう空想やつながりから顔をそむけている。デジタル機器でマルチタスクができるおかげで、てっとりばやくいい気分になれるからだ。私たちの脳がほしがるのは新しい情報《インプット》(24)――最新の、刺激的な、社交上の情報だ。テクノロジーによっていつでもどこにでもいられるようになるまでは、ほかの人たちとの会話が、脳の要求する刺激を充足させるのに大きな役割を果たしていた。それが今は、デジタル機器が私たちの脳に、継続的でいつまでも気晴らしになる、労力のいらないメニューを提供している。

　そこで私たちは、待つ、耳を傾ける、考えをめぐらせるといったことをしなければならない、緩慢なペースから離れていく。人間らしい会話のペースから離れていく。協議事項《アジェンダ》などない会話、進んでいくうちに発見のある会話をするのが、だんだん難しくなっている。おしゃべりをやめてはいないものの、きちんと注意を払うことを要求されるような会話からは、無意識のうちに身を引いている。人前でスマートフォンをチェックするたびに、その場限りの刺激、一服の神経化学物質を得ながら、そのとき友人や教師、親、恋人、仕事仲間などが口にしたりほのめかしたり感じたりしていることを、失うのである。

テクノロジーは感情を楽にしてくれるか?

　認知心理学者のクリフォード・ナスは、スタンフォード大学情報工学教授時代に、新入生寮にカウンセラー兼学問上の相談役として住み込んで〝寮父〟も務めていた。そのナスが、ある新入生に、自分自身が高校生だったころの感情の起伏について話し聞かせて、彼女とつながろう《コネクト》としたときのことを語っている。それに対して学生は、自分やまわりの友人たちにそういうたぐいの悩みはなかったと応じたのだという。ナスは驚いた。十代の苦悩はなくなったというのか？　その新入生はまさにそう言って、彼女なりに理由も考えていた。ソーシャルメディアが介入して解決してくれたのだ、と。彼女はこう要約した。「テクノロジーが感情を楽にしてくれるんです」

その新入生の言葉をきっかけに、ナスはオンライン生活の人間関係と十代女子の感情生活を調査した。[25]　この女子学生の洞察したとおりなのか？　答えをひとことで言うなら、違う。テクノロジーは感情を楽にしてはくれない。それどころか、ソーシャルメディアは感情生活を非常につらくしてしまいかねないのだ。

ナスは、〝メディアとの接続を多用している〟と自覚する女子たちと、オンラインにいる時間が少ない女子たちの情緒的発達を比べてみた。接続を多用する女子は、他人の感情を識別する能力が、それどころか自分自身の感情を識別する能力もあまり高くなかった。仲間にあまり受け入れられていないと感じているし、ソーシャルメディアをあまり利用しない女子たちのようには、友人たちと交流してポジティブな感情を抱かない。オンライン生活は、共感の喪失や内省能力の低下とつながっていたのだ。

それも、さほど意外なことではない。自分の一部しかその場に存在していない、つまりうわのそらであれば、人が話していることに含まれる言外の感情的、非言語的《ノンバーバル》意味をとらえそこないやすい。そして、自分自身の感情にも注意を集中していないわけだ。[26]

ナスは、ソーシャルメディアの雰囲気も、また別の問題を引き起こしかねないと考える。学生たちがオンラインに引き寄せられるのは、そこが明るい話題《グッド・ニューズ》の世界だからでもある。ナスが改めて指摘するように、フェイスブックは〝よくないね〟を受け付けていない。みんなに教えた話題が思ったほど多くポジティブな反応を得られずにがっかりすることはあっても、人を喜ばせるような投稿をするよう励むだけだ。

かくして、ソーシャルメディア上では誰もがポジティブな話題を公表するようになる。しかし、ナスが指摘するように、ネガティブな感情にはもっと大々的に脳を使った処理が必要になる。したがって、オンラインで長いことポジティブな感情にばかり反応していると、それ以上複雑な感情処理をしなくなってしまうだろう。その結果、反応に時間がかかるようになるとナスは言う。ソーシャルメディアを多用する人たちに起こっているのは、そういうことなのかもしれない。他者にも自分自身にもすばやく反応することができないのだ。他者に対する反応に時間がかかると、〝いかにも鈍感で思いやりがなさそう〟と思われてしまう。自分自身に対する反応に時間がかかると、内省のための重要な能力[27]を失ってしまう。

ナスは、オンライン生活の『いいね！』という世界のなかで若者たちが間違った人生勉強をしていると心配する。たとえば――一、ネガティブな感情はできの悪い子がいだくものであって、言葉にしてうまく処理する必要がある、ごく普通の生活の一部ではない。二、気が散ったりじゃまが入ったりして相手から注意がそれても、大目に見るのは当たり前だ。

これではバッド・ニューズ（暗い話題）だらけではないか。だが、繰り返すが、グッド・ニューズ（明るい話題）もある。会話が解決してくれるのだ。ナスは、感情を処理する脳の部位を筋肉にたとえる。使わずにいれば退化するし、フェイス・トゥ・フェイスの会話で鍛えることもできるというのだ。ナスいわく、「健全な感情的やりとり、そして社会でうまくやっているという感情（たとえば「同じ年代の人たちは私を理解してくれている」とか「友人たちに受け入れられていると思う」といった意見）へ、積極的に導いてくれるもの、それがフェイス・トゥ・フェイスの会話をふだんにすることです」。ナスはこう要約する。「テクノロジーは感情教育をしてくれません[28]」。感情教育をするのは人間たちだ。

テクノロジーは感情教育をしてくれない

会話を取り戻すための第一歩は、注意を取り戻すことだ。このごろ、米国の成人は平均して六分半ごとに[29]自分のスマートフォンをチェックしているという。始まりは幼いころだ。ベビーバウンサー［はずみで揺れる椅子］にまで（幼児用補助便器にも）、デジタル機器を収める枠がちゃんと設けてあるご時世だ。[30] 十代のアメリカ人の四分の一は、起きてから五分以内にデジタル機器にコネクトする。[31] 十代のほとんどが一日に百通のメールを送信する。[32] 八十パーセントはスマートフォンをそばに置いて眠る。[33] 教会に参列中だろうがスポーツ競技や練習の最中だろうが、ずっと〝電源を切る〟ことがない者は、四十四パーセントにのぼる。[34]

こうしたことを考え合わせると、典型的アメリカ人家庭では夕食どきに、六、七種類の情報の流れ[35]をやりくりしていることになる。まわりに散在するノートパソコン、タブレット、スマートフォン、デスクトップ・コンピュータ、そのうえ背景にはもちろんテレビ、しかもひょっとしたら二台。なんらかのメディアを利用している大学生はたいてい、同時に四つのメディアを使いこなす。[36] 学生たちがフェイスブックにいるとすれば、NetFlixと音楽ブログと教室での講義にもやはりいるわけだ。こういう状況で会話はどうなるのか？ 私たちは、ほかのことに払っているのと同じように注意を払える程度の会話を望むようになる――つまり、ぱっと加わったり抜けたりできるような会話を。ケーブルテレビのニュース画面に流れる〝クロール〟のようなものだ。

ここでもやはり、私たちは意図せざる結果の世界に生きている。ハイパーコネクトされてずっと効率がよくなったとばかり思っているが、惑わされているのだ。どんなことをするにも、マルチタスクだと、私たちの能力《パフォーマンス》は落ちてしまう。[37] どんなに何もかもうまくこなしているような気がしてもだ。だから、たとえ気分はよくなるとしても、マルチタスクによって私たちの生産性は下がる。[38] そして、テクノロジーが〝感情教育〟に向かないことを思い出してほしい。マルチタスクを頻繁に繰り返していると、抑鬱や社会不安[39]につながったり、人の感情を読み取るのが困難になったりしかねないのだ。

最大の希望は、私たちの復元力である。幼いうちから画面に向かっている子供たちが、自己評価や共感に問題をかかえた[40]としても、会話の効果はてきめん、様子を一変させてしまう。だから、娘を乗せたベビーカーを押しながらメールするのをやめて、娘に話しかけることだ。ベビーバウンサーに座る息子にタブレットを見せておくのをやめて、本を読み聞かせておしゃべりすることだ。会話がおもしろくなくなったからといって、すかさずメールしたりせず、向き合った相手の話にきちんとつきあう努力をすることだ。

ただし、おしゃべり治療《トーキング・キュア》は簡単ではない。ひとつには、即座に得られる満足感や、速いペースや意外性を求めていらいらする。つまり、ツイッターの情報をくまなくスクロールしていく体験のような、神経学用語で言う〝追求衝動[41]〟がほしくて、じらされるのだ。そのうえ、慢性的にマルチタスクをする人は、マルチタスクを求めるように自分の脳を訓練していることになる。どんなにマルチタスクをしようが、マルチタスクに上達することはない。ただもっとやりたくなるだけだ。ということは、集中力を要する会話が困難になる一方だろう。

二十四歳のある女性は、一度にひとつのことや、ひとりの人に注意を集中することが、もはやできないと言う。それこそが、会話のやっかいなところだ。会話には、彼女がもう思い起こすことのできなくなったスキルが求められる。「ひとつのことだけやろうとすると、うまくいかないんです。爪を抜き取られた感じ。できない。ひとつのことがまったくできないんです」。最初はマルチタスクのおかげでワンダー・ウーマンにでもなったような気分だった。だが、今は助けを必要としている。

ある大学三年生は、「会話についての悩み」をやはり同じような言葉で表現する。会話にマルチタスクはもってのほかで、彼女は生活をマルチタスクで切り盛りしている。「みんなとフェイス・トゥ・フェイスで接するときは、一度にひとりだけしか見ませんよね。フェイスブックのグループとメッセージをやりとりするのに慣れてしまって、一度にひとりとだけだと、のろのろしゃべっているように思えるんです」。彼女は放課後にフェイスブックを休んでみた。ノートパソコンとスマートフォンからアプリケーションを削除した。ほんの数週間フェイスブックを離れていただけだったが、その体験で「気分が落ち着いた」と言う。「人に対してあまりいらいらしなくなりました。それに、自分はひとりでもいられるんだって初めてわかったんです」

私たちは〝マルチタスク依存〟になっていると言ってもいいが、それはこの問題を表わす最も適切な言い方ではない。スマートフォンは私たちのメディア環境の一部だ。スマートフォンのある生活を、よりよいものにする方法を見つけなくてはならない。私はこれを、テクノロジカル・アフォーダンス、つまりテクノロジーが可能に（そしてしばしば魅力的で簡単に）してくれることと、人間の脆弱性《ぜいじゃく》という観点から考えてみたい。もし依存症だったら、ドラッグを断たなくてはならない。脆弱なのであれば、努力して弱さを克服することもできるではないか。

テクノロジカル・アフォーダンスと人間の脆弱性という観点から考えれば、脆弱性を考慮してデザインするという立場が見つかる。(42) 私はある発明家に、人々がスマートフォンに向かうとき、油断なく番をしていなければいけないとでもいうようなふるまいをする、という話を聞いた。「何か見逃していないか確かめたいんですね。だから、ひっきりなしにデジタル機器を操作しつづけるんです」。そこで彼はおもしろい提案をする。「特定のタスク（たとえば友人や家族とのメッセージのやりとり）だけしやすくする、スマホ・インターフェイスをデザインしたらどうでしょう。そして、できる限り長く接続していることを助長するのではなく、接続から解放されるのを助長するようにしては？　なんとなく使う習慣を減らすようにインターフェイスをデザインして、スマホを意図的に使う時間を増やすようにするんです」[43]。重要なのは、接続を不可能にしたり困難にしたりすることではない。意図を求めようということだ。ずるずるひきずり込んでしまうようなシステムにするのではない。「そうすれば、常時スマホにとらわれているのではなくて、私たちに本来やるべきことをさせてくれるスマホにしたくなるだろうし、やがて私たちも解放されるのではないでしょうか。私たちにとってそれが最善のことですから」

利用に際してははっきりした意図が必要なテクノロジーのデザインは、可能だ。そして、家庭内に電子《デバ》機器《イスフリー》なしの専用領域をつくりだすといい。リビングやダイニング、台所、車の中などで電子機器を使わないようにするのだ。職場でも同じようにできる――特定の会議の場や教室では電子機器を使わない。私たちを最善の状態に導いてくれるようなデザインのツールや社会環境がある将来を、目指すことができる。デジタルメディアの利用者としての目標は、私たちに製品を利用してもらうためにはもちろん、私たちの心身の健全性にも献身する事業と手を携えることだろう[44]。

「ヘッドライトで身動きがとれなくなったシカみたい。もう一度会話なんかしたくないんですね」

会話には動的なものが含まれる。会話（カンバセーション）という単語は、〝互いに向かい合う、互いのほうに身体を傾け合う〟という意味の、結びつく行動を表わす言葉、カンバースに由来する[45]。その人の〝この世界で、あるいは社会での行動のしかた――ふるまい、存在のしかた、生き方〟を意味しているのだ。会話をするには、ただ向かい合うだけではなく、相手の話に耳を傾け、相手の身体や声色や口調、そして沈黙を読み取らなくてはならない。会話に自分の関心と経験を注ぎ、相手にも同じことを期待するのだ。

会話をめぐる状況が不安だというのは、そういった何もかもをする私たちの能力に、不安を感じるということだ。ある十六歳の少年が母親に、たった今親友からメールが届いたと話す。親友の父親が亡くなったのだと。彼は母親に、お悔やみのメールを返信したと言う。母親はよく理解できず、「どうして電話しなかったの?」と聞く。母親は友人を慰めることを考えているのだ。息子のほうはこう言う。「ぼくがじゃましたら悪い。あいつ、悲しくて電話で話すどころじゃないよ」。この少年は、親密さを示して当然のときでさえ、会話は押しつけがましいとみなしているのだ。

もう何カ月も私のところに日参して、アーカイブ用の書類整理を手伝ってくれている、二十一歳の大学四年生に、この話を聞かせた。彼女は、もし私の家族に不幸があったと聞いたら、自分も電話はしないだろうと言う。電話のほうが慰めになるし、電話のほうが私には大事だとわかっている。それでも、その十六歳の少年とそっくりな考えなのだ。「肉声がついてるとじゃまになるような気がするんです」

ある高校三年生が、自己改善プログラムを自分に課そうとしていると話した。〝無理にでも〟電話を使うようにするつもりだという。私は理由を尋ねた。「会話の勉強になるんじゃないかと思うんです……みっともなく沈黙したまま人生を送るよりは。今電話で話していれば長い目で見て役に立つような気がするんです」

痛切な告白だ。この若者は、メールやメッセージのやりとりに明け暮れて、自分が人の話を聞いて反応するすべを身につけていないと認めている。訃報に接したら、彼もやはりメールを送るのだろう。最近は大学で会話の履修課程を設けるところもある。カリキュラムには、デートの相手への配慮のしかたや、政治的なことで相手に異議を唱える方法なども含まれる。学生たちが、ベッドをともにするのは平気でも、互いにおしゃべりはしないのを認めているということだ。しゃべらなければ、互いの性的嗜好を知ることにはなっても、相手に妻に先立たれた父親や自閉症の姉がいるかどうかを知ることはないだろう。相手にきょうだいがいるのかどうかさえ知らないかもしれない。(46)

雇用者たちは、新世代の脆弱性を正しく認識するようになってきている。会話する能力をはっきりと選抜基準にする企業もある。ある大手製薬会社の副社長は、私に新入社員の採用戦略を教えてくれた。「非常に単純ですよ。求人応募者たちと会話するんです」

応募者のほとんどが会話一回分の予習をしています。その会話のおしまいに、見込みのある新人に宿題を出すんです。今話し合ったことをまとめて、次の会話におもしろそうなテーマの覚え書きをつくってくるように……できれば明日か明後日までに、と。みんな呆然とします。まるでヘッドライトで身動きがとれなくなったシカみたい。もう一度会話なんかしたくないんですね。フォローアップにメールでもすればいいと思っていたんですよ。

三脚の椅子

次章からは、自分の丸太小屋《キャビン》にしつらえた三脚の椅子を描きつつ、ソローが考察した会話の種類を見ていくことにする。まず、〝ひとつ目の椅子の会話〟、つまり孤独のための会話から語りはじめよう。孤独とは、必ずしもひとりぼっちでいることではない。意識的に隔絶し、自己に意識を集中する状態のことだ。孤独を味わう能力があれば、他者と本物の関係を結ぶことができる。ありのままの自分を知っているから、他者もかくあるべしという姿ではなく、ありのままに見ることができる。だから、孤独は会話を豊かなものにしてくれる。だが、今の生活様式は私たちの孤独を味わう能力をむしばんでいる。

前述したように、このごろではひとりでいることが解決を要する問題でもあるように思えて、みんながその問題をテクノロジーで解決しようとしている。だが、この場合、デジタル接続は治療というより症状のほうだ。発現しているのであって、ひとりでいる不安という、内在する問題を解決しはしない。症状であるばかりか、絶え間ない接続は自己についての考え方を変えてしまう。新しい存在のしかたが、かたちづくられていくのだ。私はそれを、『われシェアする、ゆえにわれあり』と呼ぶ。私たちは全能感を味わおうとして思考や感情をシェアするのだ。

もっと感情を働かせるために、そしてもっと自分らしく感じるために、私たちは接続する。ところが、どんどん接続しながら、私たちは孤独から逃避している。そのうちに、隔絶して自己に意識を集中する能力が衰えていく。ひとりでいるときのありのままの自分を知らなければ、ほかの人に頼って自我意識を支えるようになる。すると、他者をありのままに知ることは不可能になるのだ。他者から断片的に自分が必要とするところだけをもらう。他者を、自分の脆《もろ》い自我を支える予備の部品扱い[47]しているようなものだ。

ひとりきりで考える習慣がないと、自信をもって堂々と自分の考えを話題にのぼらせられなくなる。協調《コラボレーション》する力がつちかわれない。革新も生まれない。それは絶え間のない接続によって衰えていく、孤独を味わう能力を要するものだからだ。

孤独と内省を愛することから、社交性が生まれる。ソローのことを隠遁者だと思っている人は多いが、とんでもない。それどころか、彼は森の中のキャビンにいてもエマソン家の夕食開始ベルが聞こえるらしい、と友人たちがからかっていたほどだ。ソローの〝二つ目の椅子の会話〟は、友人、家族、恋人とのものだ。

このごろよく聞かれる親たちの愚痴だが、子供が食事時にもせっせとスマートフォンをいじっていて、ろくに話もしないという。子供たちのほうも親に対して同じような不満を口にする。子供はそんな文句を言えた〝身分〟ではないと、親たちははね返す。食事時になると、子供たちはやはりスマートフォンに向かう。私たちは、親子どちらにとってもありがたくない奇妙な膠着状態に陥っているのだ。

フェイスブックのテレビ・コマーシャルのなかで、大家族が食卓を囲んでいるシーンがある。ノーマン・ロックウェル［米国の市民生活をユーモラスにリアルに描いた画家］の絵から抜け出たような光景だ。神話のような静かなたたずまいの、心温まる家族の食卓を連想する。子供たちのその後の人生を予言するのにいちばんいいのが、家族とシェアする食事⑱の回数だという。フェイスブックのコマーシャルに出てくるのは、そんな誰もが好感をもつと思われる夕食の場面である。

無条件に〝いい〟と思うようなこのイメージに視聴者の目がくぎづけになったまさにそのとき、心に描いた物語がぶちこわされる。テーブルについたひとりの年配女性が——〝人をうんざりさせるおばさん〟とでも呼ぼうか——市場で鶏肉を買おうとしたときのどうしようもなくつまらない話を始めるのだ。同席している十代の女の子が、やっぱりそうかと思うような行動をとる。そう、スマートフォンを取り出してフェイスブックに向かうのだ。たちまち、テレビ画面いっぱいに彼女のニュースフィード場面が映し出される。友だちがドラムをたたいている。また別の友だちがバレーを踊っている。はたまた、雪合戦に興じている子たちもいる。女の子はもう食卓にはいない。どこかよそへ行っているのだ。

かつて私たちは、食事時は電話が鳴っても無視するよう子供に教えたものだ。電話セールス⑲というじゃまが入るのをわずらわしく思うようにもなっていた。それが今、みずから食事をじゃまするのが望ましいことだとフェイスブックが提唱しているようなものではないか。

その次は〝三つ目の椅子の会話〟、社交の世界での会話だ。本書では、仕事の世界の例から始めることにする。私自身の職場のような教育の世界と、事業と法人組織の世界も見ていこう。教育界と実業界のあいだ、教室とオフィスの心理力学のあいだには、驚くほど共通性があった。私は会話が学習文化の核であることに気づき、会話が収益をあげてくれることを学んだ(50)。

そして、どちらの分野とも同じような会話文化への脅威に直面している。教室やオフィスで、マルチタスクは当然という文化が会話をむしばみ、絶え間なくじゃまが入るために業績が脅かされている。友だちと一緒に外食に出かけても、ちゃんと食事をともにすることにはならず、まっとうなものにならない授業や会議に出席しているようなものだ。きちんと向き合うことをしない状態に共通しているのは、誰もが遠慮なくなんらかの電子機器に向かってうわのそらになってしまうことだ。

また、ごく最近では、遠隔教育や遠隔労働という試みのせいで、会話が新たな試練にさらされている。たとえば、オンライン履修課程で、遠隔学習が数字の上では〝効率的〟になると見込まれる(51)。そのオンラインの試みでの予期せぬ結果から、教師と生徒がフェイス・トゥ・フェイスで話す価値が、これまでになくはっきりとわかった。教室の前で教師が実演《ライブ》をしてみせることは、退屈な場面だろうがなんだろうが、生徒が人の考えている姿を見る機会になっていたのだ。教師は、出だしのつまずきやあと知恵も含めて、どうやって考えるのかという手本になっていた。職場でも同じような展開になってきている。在宅勤務を奨励していた会社の多くが、協同して生産性をあげてくれる要員を確保するために、従業員をオフィスに呼び戻している。

もちろん、遠隔労働を経費節減の方策にしている企業は多い。私は、多国籍企業の重役でソーシャルメディア・サイト担当のクリエーター、ハワード・チェンに話を聞いた。いくつかの地方支社をたたむことになったため、彼は社内の先進的ソーシャルメディアに熱中している。職場にあるのは、〝ホテリング〟［被雇用者に当座のデスクスペースを用意すること」という新システムだ。オフィス設備が必要な場合、自前のコンピュータを持参して自動システムが一室を割り当ててくれるビルに行く。割り当てられた部屋でコンピュータをつなげば、画面にバーチャル電話がぱっと現われる。それが当座の社用電話となる。それで〝勤務中〟というわけだ。

というわけで、チェンがオフィスに出勤すると、いつもの同僚たちがまわりにいないし、同僚との交流もまったくないわけだ。ところが、だからこそ彼は、自分がデザインした新しいSNSに胸躍らせていた。慣れ親しんだモノや人を今やすっかりそぎ落とし、自分の労働環境に活力をよみがえらせてくれるだろうと夢想したのだ。当日、私は新しい当座オフィスで彼に会った。なじみの薄いものに囲まれて、彼は自分がつくったソーシャルメディアの「社交性《ソーシャビリティ》」を激賞した。いくつかキーをたたくだけで、国際色豊かな全従業員と彼らの趣味をまとめたデータベースを呼び出せる。これをオンライン会話と新たなつながりの基礎にできるだろう、というのだ。「そう、もしサッカーのファンだったら、社内にいるサッカーファン全員と語り合ったらいい。クールでしょう?」とはいえ、余談として、最近めっきり寂しさを感じるようになったと彼は言う。

先週のこと、机に向かって仕事を切り上げようとしていてまわりを見回したら、ピン一本落ちる音さえ聞こえるほど静かなんですよ。すると、なんというか、ぞっとするというか。ちょっと怖かった。それで、iPhoneを取り出すと一分間ほどその静かな部屋を記録したんですよ。妻に見せようと思って。これが勤務中の様子《サウンズ・ライク》、というか、音《サウンド》のなさだよ、とね。

私たちはオンラインでつながることに一生懸命だ。オンラインを大いに頼っている。しかし、行き着くところ、電子機器相手ではただ寂しい思いをするだけではないということに気を配らなくてはならない。会話離れが私たち個人に影響を及ぼす一方で、共同体《コミュニティ》のなかでの私たちの生活まで変えてしまうわけだから、それはなおさら重要になる。ここで私は、未曾有のデジタル環境をめぐる政治や社会政策について、三つの疑問を考えてみたい。

第一に、インターネットによって世界中の誰とでも意見をシェアできるようになったものの、インターネットは自分と意見を同じくしない相手とは誰も話をしない情報貯蔵庫《サイロ》と化すおそれがある。研究によると、人はフォロワーが賛同してくれそうにないことをネットに投稿したがらない——誰もが好感をもたれたがっているのだ。ゆえに、しゃべるのがどんどん困難になっていくような柔軟性のない協調関係をテクノロジーが持続させ、私たちは違う意見を唱える声の入ってこない情報のドーム構造物《バブル》の中で生きていくのではないか。

第二に、政治がオンラインに進出すると、人々は自分たちがオンラインでできることという観点から政治活動について話しはじめる。『いいね!』をクリックしたり団体に寄付することによって、社会的変化を起こせるという考えに引き寄せられる。研究、分析、意見聴取、違う観点から人を説得する試みといった、地道で骨の折れる政治の仕事はなくなっていくかもしれない。インターネットはきっかけづくりや人集めには向いているが、政治は会話のなかで、時間をかけてはぐくまれる人間関係のなかで続いていくものだ。私はこれまで、テクノロジーが私たちに友情を必要としないつきあいという幻想をいだかせると言ってきた。今私が心配するのは、テクノロジーが行動を必要としない進歩という幻想までいだかせるかもしれないということだ。

第三に、デジタル通信のおかげでらくに監視ができるようになっている。ネット上でしゃべる手段（メールやチャット）を提供する企業は、私たちのオンライン活動をデータとみなす。そのデータの所有権を主張し、私たちにいろいろなものを売り込むために利用する。そして、もうわかっていることだが、政府も日常的に私たちの通信情報をコピーしている。私的な通信と日常的監視とのあいだ、私的な通信とその商品化とのあいだの境界がぼやけてしまった。そこで、プライバシーのない親密さとは何かという疑問に加えて、もうひとつ考えてみたい。プライバシーのない民主主義とは何か？

四つ目の椅子

そして、私は〝四つ目の椅子〟に思い至る。先に述べたように、会話が発展してくると、ソローは客を戸外の自然の中に連れ出した。この場合、自然が彼の四つ目の椅子、最も思慮を深める椅子なのだと思う。このごろの私たちは、思慮を要するような事態になると、テクノロジーを活用して第二の自然、人工的な自然をつくりあげようとするほうへ向かう。長きにわたって私たちは、重要な会話とはほかの人々と交わす会話のことだとみなしてきた。近年、頭のよさではなく社交性で私たちを誘惑するコンピュータ・プログラムがその考えを揺るがしている。私は、〝社交的に〟有能なマシン相手にもっと親密な会話をしようという新たな提案を——人間の本質そのものを変えてしまう可能性をもった展開を——探究してみたい。今の私たちのような〝四つ目の椅子の会話〟は、ソローには思いも寄らなかったことだろう。私たちはマシンを介して話すばかりでなく、マシンに対して話しかけ、マシンと話し合う気にもさせられている。

最初に登場したのは、Siri［アップルのアプリケーションソフト］という、いつでも喜んでつきあってくれるデジタルの話し相手だ。だが、それはほんの始まりにすぎなかった。本書の執筆中も、感情シミュレートというマジック[52]でいかにも話しかけられたことを理解しているようにふるまい、いつでも〝親友のような話し相手〟となってくれる初めての〝家庭用ロボット〟が売り出されたという話題で、メディアはもちきりだ。会話とはどんなものかを、私たちはもう忘れてしまったのだろうか？　友情とはどんなものかも？　マシンに話しかけるのは親しい交わりになるのか？　人づきあいの放棄ではなくて？

私たちは自分が使う言葉の意味を見失っている。インテリジェンス（知能）とはかつて、アーティフィシャル・インテリジェンス（人工知能）よりも豊かな意味をもっていた。感性、感受性、意識、認識力、思考力、才覚、機知といったものをこめた意味で使われていた言葉だ。それなのに、私たちはもうマシンのことを躊躇なくインテリジェントだと呼ぶようになっている。〝情動的〟という言葉もやはり、かつてはマシンが伝えられるものをはるかに超える意味だった。それなのに、感情の状態を演じたり私たちの感情の状態を感知できたりするマシンを〝情動的コンピューティング〟の見本[53]と、この言葉で描写するようになっている。そういう新しい意味が私たちの新しい標準となり、私たちはほかにもこめられていた意味を忘れてしまう。私たちは失われた言語を、失われた意味を、そしてひょっとしたら今にも失われようとしている経験も、必死で取り戻そうとすべきだ。

私が出席したある大会で、ロボットが「思いやりのある《ケアリング》マシン」と呼ばれていた。私が異議を唱えると、その言葉を使うのはロボットが思いやる《ケア》からではなく、私たちの世話をする《テイク・ケア》からだと教えられた。思いやりのある《ケアリング》とは行動のことなのだ。機能であって、感情ではない、と[54]。大会参加者たちは不思議そうな顔をしていた。私はどうしてそんなに意味論が気になっ《ケア》たのだろう？　私はどこかおかしいのだろうか？

時とともに環境が新たになると言葉の意味が変化するのは、自然のなりゆきだ。〝知能〟も〝情動的〟も意味が変化して、マシンにできることに適応するようになった。それにしても、思いやり、友人、つきあい、会話といった言葉までもなのだろうか？

こういう言葉には多くのものがかかっている。言葉はまだ失われていない。どういう使い方をするのかわからなくなる前に、これらの言葉とこの会話を忘れないようにしなければならない。マシンのことに使ってもかまわないと考えるようになる前にだ。

私たちはみずからを、言葉以上のものを危険にさらすという窮地に追い込んでいる。

私は前著で〝ロボティック・モーメント（ロボットの時代）〟に到達したという表現をしたが、それは私たちの相手ができるロボットをつくったからではなく、私たちがロボットの相手になろうと考えるのをいとわなくなったからだ。どうやら人々はどんどん、近い将来にマシンが充分つきあえる相手になるという考えを、受け入れやすくなっているようだ。マシンが自分を親密に理解してくれているという〝感情〟を示してくれるなら、それはマシンが充分に理解しているということだと、人は言う。つまり、それで充分に親密なのだと。

なんという皮肉だろうか。私たちが会話をしようと人工知能に向かうのが、まさに私たちが人間どうしの会話とは疎遠になっているそのときだというのは。

もっと一般化して四つ目の椅子の会話を想像すれば、私たちがいるのはマシンどうしが話し合って私たちの生活を楽にしてくれる世界だ。マシンが（私たちはまったくしゃべらずに）私たちの望みを、ときには私たちが望むよりも先に知っているような、〝フリクション・フリー〟（摩擦なし）と呼ぶ世界に生きるようになることを、誰が望むというのだろう？　マシンが私たちのオンライン生活をくまなく知るようになるのだから、音楽や絵画、政治、衣服、本、食べものの好みも知られるだろう。好きな相手も旅行先も知られるだろう。

その世界では、お気に入りのコーヒーショップにスマートフォンが、あなたが朝のカフェラテを飲みにくるという信号を送り、もちろん、あなたが店に着くとまさに望みどおりカフェラテが用意されていることだろう。フリクション・フリー精神から、あなたのスマートフォンは元ガールフレンドと出くわさないよう、途中で指定された友人たちとだけ出会うよう、迂回路を案内してくれるだろう。しかし、過去の間違いや過去の苦痛を思い返すこともなく、めんどうな相手とのつきあいも避けられるような人生を、誰が望ましいと言うだろうか？　人生に退屈な場面などいらないと言った、その人だろうか？　この場合、テクノロジーがコミュニケーションを完全にコントロールできるような気にさせるとしたら、人生の偶然性が問題となる。テクノロジーが〝問題〟解決の力になってくれるからというだけで、そもそもそれが問題だということにはならないのだ[55]。

この先の進路

本書では、デジタル文化における会話離れを、大きな疑問を念頭にして細部まで調べることによって探究していく。ひとりきりの会話から始めて、恋愛、友人関係、家族生活での会話をとりあげ、ロボットとのおしゃべり願望でしめくくる。学校、大学、企業での会話の現状を報告しつつ、成長途上にある子供たちと、恋をし、学び、働く大人たちの姿を見ていく。いずれの場合にも、単なる接続に甘んじている私たちの脆弱性について述べる――なぜ接続に引き寄せられるのかについても。そして、豊かな会話を取り戻そうという弁論をしていく。

会話を取り戻すのは、容易なことではないだろう。私たちには抵抗感がある――重要な会話からはずれていたいと思うこともあるようだ。だから、会議の席でもノートパソコンが開き、スマートフォンの電源が入っている。絶え間なくじゃまが入ればグループワークの妨げになると出席者たちが認めているのにだ。出席者に、なぜみんないつまでも電子機器を会議に持ち込みつづけるのか聞くと、彼らは「緊急事態に備えて」と言う。さらにつっこんで聞くと、緊急事態はあまり関係ないと白状する。退屈するから、もしくは、ついでにメールをチェックするいい機会だと思っているからなのだ。ほかにも理由が挙がった。仲間たちに抜きん出ようと意気込むあまり、いけないと思いながらもスマートフォンに向かって、進行中の会議よりも「差し迫った」別件に対応しているふうを装うという人もいる。スマートフォンに「緊急」の知らせが入るという考えは、互いから、そして互いの違いから距離を置いて、また別の日、別の会議まで時をかせぐ戦略なのだ。

また、気の向くままの自然な会話は積極的に避けたいという話も聞いた。編集された生活への願いは世代を問わずにあるが、若者たちはそれを生得権だとみなしている。ある大学四年生は、教授の研究室に質問しにいくことはないという。その学生の言い分は、教授にじかに会ったら何か「へんな」ことを口走るかもしれないからというのだ。アイビーリーグの大学への進学準備を本気で始めた九年生のとき以来ずっと、両親も一緒になって彼が「正しい」ことばかりを言うよう努力してきた。チーム競技に加わる時間がとれなくなったら、父親がコーチに会ってかけあってくれた。カレッジボード［米国の大学入学試験委員会が実施する適正・学力テスト］の点数が足りなかったときは、家庭教師をつけてくれた。科学に興味はなかったが、高校の進路カウンセラーが大学志望の仕上げとして神経生物学の夏期講習受講を決めてくれた。かくてアイビーリーグ校で三年間学んできた彼は、今ロースクールを目指している。いまだに正しいことをしようと努力しているのだ。「直接会って話をすると、失言してしまいがちなものです」と、彼は言う。

彼は、研究室を訪ねない方針は道理にかなった戦略だと思っている。私たちの文化はミスをすることに対して〝不寛容〟だと言う。政治家が〝失言〟すれば、それが経歴にずっとついてまわる。そして、そういうミスをしでかしてしまうのは、たいていしゃべっているときだ。「ぼくの世代の者は誰でも、書いて表わしたがるんじゃないかな——ともかく、ぼくは書くほうがいい。読み直して、大丈夫だってことを確かめられますから。へんなことを言いたくないんです」

会話の現状を研究するなかで、これに類したコメントには多数行き当たった。それによって、何もかも〝正しい〟ことを期待する私たちの文化を、新たな目で見直そうという気になる。そして、完璧性をひとつの価値として子供たちに植えつけた結果がどうなっているかを、新たな目で見直してみたい。会話の現状を研究していると、自然発生的なものの重要性を再発見すべきときだと思わされる。意見の違う相手の観点も重要だということを、再発見すべきときだと思わされる。そして、速度を落としても一度にひとりずつの相手に耳を傾けられるようにしようと思わされるのだ。

これはたやすい課題ではない。でも、私は今の時代に希望をもっている。アメリカで最も時代に即した〝事情通《プラグドイン》〟たちのなかにも、会話が途絶えていることに気づいて、会話を取り戻そうとあれこれ努力している人々がいるのだ。企業は、職場でフェイス・トゥ・フェイスの会議をすることでチームを育てる戦略を考案している。従業員たちに、休憩をきちんととって、[56]終業後はメールをチェックしないように求める。あるいは、平日のうちひと晩はスマートフォンなしで過ごすよう説得する。あるCEOは、スマートフォン抜きで、予定の打ち合わせなしの始業前朝食会を設けている。始業時にテクノロジーなしの〝立ち話ミーティング〟をするという経営者もいる。これらは、接続過多の時代に感情を自力で救済しようという、企業の新しい試みだ。私は、テクノロジー〝小休止《タイムアウト》〟、安息日、充電休暇《サバティカル》[57]について経営者たちに話を聞いてきた。シリコンヴァレーでソーシャルメディア企業に勤務する親たちまでもが、自分の子供はテクノロジーフリーな学校に通わせていると言う。そういう学校のほうが子供たちの感情的、知的な幅を広げてくれるのではないかというのだ。意外に思う人も多いだろうが、スティーヴ・ジョブズは自分の子供たちにiPadやiPhoneの利用を勧めなかった。伝記作家の報告によると、ジョブズの家庭で重視されるのは会話だった。「毎晩、台所の大きな長テーブルについて、本や歴史その他、さまざまなことがらについて話し合いながら夕食をとるのを、スティーヴは大事にしていた。iPadやコンピュータを取り出したりする者は誰ひとりいなかった」(58)と。われらがテクノロジー界の大立者たちは、必ずしも他者のためにつくりあげたのと同じ生活をしているわけではないのだ。かえって〝電子機器なし《デバイスフリー》〟と思われる場所で休暇を過ごしたりするものだ。そうすると、アメリカでは新たに奇妙なデジタル格差が生じていることになる。メディア利用においては、持てる者と持たざる者、さらには、たっぷり持っていてしまうべきときを心得ている者が存在するのだ。

　会話離れを察することがあっても、テクノロジーで会話を復活させたいと思う人々もいる。幼い子供たちに会話の重要性について話をしたとき、私の発表が終わるころ、聴衆に交じっていた教師が現われて、本当にお説のとおり（「子供たちにはもう話すことができなくなっています」）とは言いながら、続けて私に、生徒たちの社交性を高めるようにiPadでメッセージをやりとりしている話をして聞かせることもあった。社交性をはぐくむためのアプリケーションは、アプリケーション上での社交性を高めてくれるかもしれない。しかし、子供たちは相手とフェイス・トゥ・フェイスでいる安心感、つまり共感が芽生える背景《コンテクスト》を失っていくだろう。確かに、共感をはぐくむためのテクノロジーも独自にある。大学生の共感能力が過去二十で四十パーセントも下がったことに気づいた研究者が、共感を生むような習慣を促すスマートフォン用アプリケーションの開発に着しているのだ(59)。

　この女性研究者が発見した共感能力の落ち込みは、なるほど受け入れたくない事態ではある。行動を起こす必要があるように思える。それにしても、十代の共感能力が下がったからといって、共感アプリケーションが必要ということになるのだろうか？　それよりも、十代の子供たちに話をする時間を増やすことではないのだろうか？

会話を始めるよりも新しいテクノロジーを考案するほうがらくに思えることもあるのだ。

新しいテクノロジーが生まれるたびに、それが人間らしい使い道にかなうかどうかを問う機会ができる。テクノロジーをその目的のためにうまく使いこなすという仕事は、そこから始まる。食品に内容物表示ラベルが貼られるようになるには、何世代もかかった。道路に走行スピード制限が設けられ、シートベルトやエアバッグが自動車に装備されるには何世代もかかった。食べものや乗りもののテクノロジーは、もうきちんと機能を果たしているので、安全性は高くなった。だが通信テクノロジーの場合、私たちは着手したばかりなのだ。

どんな場面に出くわしても、私たちはそれを切り抜けるのにふさわしいツールを使わなくてはならない。特定のことにはフェイス・トゥ・フェイスの会話がツールとして向かないこともある。しかし、生身の人間が目の前にいるのなら、手始めに会話をするのが確実に最善の方法だ。先へ進むにはどのコミュニケーション・ツールが必要か決めるために、情報を何よりも多くもたらしてくれる。ところが私の気づいたところでは、人々はメールやチャットが使えるようになるやいなや、それがふさわしいツールではなさそうだと思うときにまで使いつづけている。なぜか？　便利なのだ。思いのままにできるような気分になる。だが、弱みを見せることができたり、[60]思いどおりにならなかったりするときこそ、人との結びつき、創造性、生産性が育っていくのではないだろうか。

私たちは岐路に立っている。あまりにも多くの人が話を——まともな話を——する暇がないと言いながら、昼といわず夜といわず、のべつまくなしでネットに接続している。退屈がきざしてきたら、スマートフォンで何かを——なんでもいいいいからというときもある——検索して気をまぎらわすのが常になってきた。次にとるべきステップは、そういうときに検索するのは自分自身の内部にすることだ。そうすれば、情報源としての自己をつちかうことになる。孤独を味わう能力から始めようではないか。

2　ひとつ目の椅子

孤独——われシェアする、ゆえにわれあり

自分ひとりきりでいて、何もせずにいることができる力を、つちかう必要がある。それはスマートフォンが奪おうとしているものだ。ただじっと座っていられる能力。それこそが、ひとりの人間として存在することなんだ。[1]

——ルイ・C・K（俳優・コメディアン）

二〇一三年、ルイ・C・Kが、孤独の必要性、特に子供たちにとっての必要性を、深夜のテレビ番組で話題にした。彼は最初、司会のコナン・オブライエンに対し、自分の娘二人に携帯電話を持たせない理由をどう説明したかを語った。そして、自分の子供たちのことを長い目で見ているのだと、はっきりさせた。「ぼくは子供を育てているつもりはない。やがて成人する人間を育てているんだ」。スマートフォンは「子供たちにとって毒になる」と彼は考えている。

子供たちは人に話しかけるとき、相手の顔を見ない。すると、共感が生まれないことになる。知っていると思うけれど、子供というのは意地が悪い。それは小手調べをしているからなんだ。ある子供に向かっていきなり、「おまえ、でぶだな」と言ったりする。すると、言われた子の顔がぎゅっとゆがむ。それを見て、「へえ、いい気がしなかったんだな、あんな顔をするなんて」とわかる。……でも「おまえ、

でぶだな」と書くのなら、「うん、こいつは楽しいや。おもしろいぞ」となるだけだ。……

自分ひとりきりのときに何もせずにいることができる力を、つちかう必要がある。それはスマホが奪おうとしているものだ。ただじっと座っていられる能力。それこそが、ひとりの人間として存在することなんだ。……なぜなら、人生は無、永遠の無のうえに成り立っているからだ。すべては無に帰すということ、自分はひとりきりだと知ることが、大事なんだ。そしてときおり、いろんなことが片づいて警戒心を解き、自分の車の中にいるときなんかに、ふと思いはじめる。ああ、ひとりになるときが来た、ちょうどこの悲しみのように、そのときが訪れはじめるようだぞ、と。人生はとてつもなく悲しい。……だからつい、運転しながらメールしてしまう。百パーセントと言っていいほどたくさんの人が、運転中にメールしている。そうやって互いに、車で殺し合いをしているわけだ。けれど、人がそうやって自分の命を危険にさらし、他人の人生をめちゃめちゃにしようとしているのも、ほんのわずかのあいだでもひとりになりたくないからだ。……ぼくがひとりで車に乗っているとき、ブルース・スプリングスティーンの歌が聞こえてきた……その歌を聞いているうち、ふっと落ちていくような、休み明けに憂鬱で登校したくないような気分に襲われ、すっかり悲しくなった。それで、「そうだよ、おれはとことん悲しいのさ」と思って、スマホを取り出してメールを、そう、ざっと五十人ばかりに打とうとした。「わ……ともかく、そういう悲しい気分になったんで、スマホに手を伸ばして、それからこう思った。「わかってるだろ。やっちゃいけない。たんに悲しくなってりゃいいんだ。悲しみを感じて、トラックに轢かれるような気分にまかせてればいいんだ」

それで、ぼくは車を停めて、弱虫野郎みたいにさめざめと泣いた。さんざん泣いたら、きれいさっぱり。……悲しみには詩的な美しさがある。……悲しいときを生きるから幸いなんだ。ぼくが幸せな気分になるのは、悲しい気持ちに身をゆだねたときに、悲しい気持ちを迎え討とうとする抗体のようなものが身体の中にどっと湧くからだ。でも、ぼくらはそもそもの悲しい気持ちを味わいたくないばっかりに、スマホでそれを払いのけてしまう。だから、心からの幸せも心からの悲しさも、決して感じることがない。成果に満足するくらいのことしか感じない。そうこうするうち……死を迎える。

だからなんだ、ぼくが自分の子供たちにスマホを持たせたくないのは。(2)

孤独の効用

孤独とは、必ずしも活動していないということではない。そのときの行動がもとでふと自分に引き戻され、孤独を味わうということがあるだろう。作家のスーザン・ケインは、内向性の人には孤独が大切であり、(3)私たちのなかの相当数が内向性であると、説得力をもって論じている。ルイ・C・Kの話は、さらに一般的な論を詩情たっぷりに支持するものだ。孤独は誰にとっても——きわめて外向的な人たちにとっても、大切なのだ。それは自分自身にうちとけて、満足するようになっていく時間である。そして、孤独を味わう能力をつちかうのは、あらゆる人にとって子供時代に最も重要な仕事《タスク》のひとつなのだ。

他者に手を差し伸べることができるのも、他者を別個の独立した人格として見ることができるのも、孤独を味わう能力あってのことだ。ありのままの姿以外を他者に求めなくてすむ。それはつまり、他者の話に耳を傾け、その言い分を聞くことができるということだろう。そのため、共感をはぐくむには孤独を味わう能力が不可欠となる。だからこそ、孤独が会話の善循環のきっかけになる。自分自身に満足していれば、ほかの人の立場に立ってみることができる。

ルイ・C・Kは孤独についての独白のなかで、子供たちとテクノロジーのことを心配する数々の会話の、根本にある懸念をとりあげている。もし子供たちがスマートフォンに夢中になって、孤独という魔力も、共感する能力も芽生えなかったらどうなるのか？　彼が指摘するように、共感しなければ、他者をいじめても、相手を自分と同じような人間と見ていないので、相手の受ける衝撃を理解できないのだ。

発達心理学は、長らく孤独の重要性を論じてきた。今では神経科学者も孤独は重要だと論じている。自伝的記憶［人がそれまでに経験した出来事に関する記憶］の安定感の育成をつかさどる脳の基盤部位を私たちが機能させるのは、ひとりになって――外部の刺激に反応せずに――考えるときだけなのだと。これが〝デフォルト・モード・ネットワーク〟(4)である。だから、孤独がなければ、私たちは安定した自己感覚を構成することができない。それなのに、デジタル環境で育った子供たちは、いつも何かしら外部の刺激に反応してばかりなわけだ。オンラインに向かうとき、彼らの心はさまよっているのではなく、むしろとらわれ、分裂している。

このごろの私たちは、ネット上にいる時間を孤独と勘違いしているのかもしれない。それは間違いだ。それどころか、自分の内部ではなく画面に目を向ける習慣に孤独がおびやかされている。また孤独は、絶え間なくシェアしつづける文化にもおびやかされている。(5)ソーシャルメディアとともに育った人々がそのうち、本来の自分ではないような気がするとたびたび言うようになるだろう。いや、投稿したりメッセージやメールをやりとりしていないと自分だと感じられないことにもなりそうだ。人は、考えたり感じたりするためにはその思考や感情をシェアしなくてはならないと、よく言う。『われシェアする、ゆえにわれあり』という感性。言い方を変えれば、「私は感情をもちたい。（だから）メールを送信しなければ」である。

こういう感性だと、他者が楽しんでくれると思う演技をもとに、偽りの自己をつくってしまう(6)おそれがある。ヘンリー・ソローの言葉を借りるなら、まず自分自身を知るのではなく、まわりの世界に反応ばかりしていて、私たちはあまりにも密《シックリー》に生きすぎているのだ。[7]

近年、孤独な空想から創造的アイデアが浮かぶ過程が、心理学者たちによって詳しくわかってきた。[8] 私たちが心をさまよわせていると、脳が解放される。脳はいつでも反応できる状態でいることを要求されないときに、最も生産的になる。それでは文化的な期待に反しているという意見もあろう。アメリカ文化は社交性を崇拝する傾向にあるからだ。[9] 私たちが最も創造的になるのは〝ブレインストーミング〟や〝集団思考〟のあいだだと思いたいのだ。しかし、そうではないと判明した。新しいアイデアは人がひとりで考えるなかからのほうが現われやすい。[10] 孤独のなかで、私たちは自分の想像力に頼ることを学ぶ。

成長する子供たちがひとりで考える時間をもてば、自分の足もとの基盤に安定感を得る。想像力が子供たちを満足させてくれる。いつも自分の外部の何かに反応していたら、その資質をつちかうことにならない。だから、今の若者たちが電子機器を持たずにひとりでいると不安になるのも、不思議はない。彼らはややもすると退屈だと言う。幼いころからデジタル文化に構築された遊びや〝シャイニー・オブジェクト〟［次から次へと表われる魅力的なもの］で気晴らしをしてきているのだから。

シャイニー・オブジェクト

私たちは、子供たちという人間を被験者にした壮大な実験を始めているのだ。

授乳する母親たち、ベビーカーを押す父親たち――彼らの視界にスマートフォンが入らないことはめったにない。最新の研究によって、携帯電話台数の増加と遊び場での事故件数増の相互関係[11]が明らかになっている。公園で、親や管理人が注意を払っているのは子供ではなくスマートフォンだからだ。

どんな文化だろうと、幼い子供たちは大人の好きなものを欲しがる。だから、私たちの子供はスマートフォンやタブレットを欲しがり、それが無理でない限りだめだと言う親はほとんどいない。親たちのあいだで通用する言葉で、歩き始めの子を車の後部座席におとなしく座らせておくためにスマートフォンを渡すことを〝バックパス〟と言っているくらいだ。

おとなしくしているとき、子供たちは内面に目を向ける以外のことをしているわけだ。そのうえ、子供たちは人間の顔や声とも疎遠になっている。たとえば、子供に本を読み聞かせたり一緒にゲームをしたりといった、人がするものだった仕事を、私たちは電子機器画面に任せるようになっている。祖父母とチェッカーをするのは、おしゃべりをする機会になるが、コンピュータ・プログラムとのチェッカー対戦では、戦略を練る、あるいは勝たせてもらう機会でしかない。知育、情操教育、芸術方面の体験からエロティックな体験まで、電子機器画面にはありとあらゆるものが盛られているが、孤独を勧めてはくれない。豊かなフェイス・トゥ・フェイスの会話を教えてはくれないのだ。

十四歳の女の子が、フェイスブック上で一時間過ごした感想をこう要約している。「私の投稿にいくつも『いいね!』がつくのを見るだけでも、達成感があるの」。彼女は何を達成したのだろう？　フェイスブックでは、予測のつく結果が（好ましい写真を投稿すればいくつも『いいね!』がつくだろう）偉業のように思える。私たちはオンライン上で、結果がほぼ保証されているという考え方に慣れていく。感情が起伏する孤独には、結果の保証など望めない。そしてもちろん、人間を相手にする時間にもそんなものは望めないのだ。

子供たちは会話を経験することにより、どんなに練習しても完璧にはならないが、完璧かどうかは問題でないことを学ぶ。しかし、たとえばコンピュータ・ゲームなど、シミュレーションの世界では完璧を目指せる。もしシミュレーションに教えてもらったとしたら、コントロールなど問題ではないときでも、コントロールされていないと不安になってしまうだろう。

八歳の男の子が、公園で大きな木に寄りかかっている。彼はシャイニー・オブジェクトに没頭している——最新の小型タブレット・コンピュータだ。ネットワークで世界中のプレイヤーたちと接続する宝探しゲームをしている。男の子は一心に唇を噛みながら指を操る。公園にいるほかの子供たちの目には、ホテルの部屋で『起こさないでください』という札を出しているように映る。彼の集中ぶりが、たぶんフリスビーとか、ジャングルジム登り競争などの仲間入りはできないことを表わしている。今はそんな誘いを受けたり、自分のほうから誘いかけたりしているような場合じゃない、ほかの子供たちに質問したり、彼らの答えに耳を傾けたりして学んでいる場合じゃない、と。そして、公園にいる大人たちもほとんどが画面に釘付けになっている。八歳の子はゲームにつながってはいるものの、公園の中ではまったくのひとりぼっちなのだ。

けれども、自然の中で、あるいは本を携えて過ごす時間とは違って、彼の心はさまよっていない。オンライン・ゲームの経験は彼を当面のタスクに引き戻すだけだ。バーチャルな宝探しのルールには精通しても、彼がジャングルジムに足をひっかけてぶらさがり、逆さまに見る冬空の模様を鑑賞することはない。

画面上の活動は子供たちを興奮させるが、粘土や積み木といった実在の世界は子供たちを落ち着かせる。粘土のねっとりした濃さ、積み木のしっかりした硬さなど、素材の質感が非常にリアルな抵抗となって、子供たちに考える時間を、想像力をはたらかせたり自分だけの世界をつくりあげたりする時間をもたらすのだ。

思春期の発育についての専門家、精神分析家のエリク・エリクソンは著書のなかで、子供たちは時間と静けさを与えられたときに成長すると述べている。(12) だが今の子供たちのシャイニー・オブジェクトは、時間を要求し、静けさをじゃますする。

もちろん、子供たちの創造力を伸ばすようなコンピュータの使い方も、たくさんある。例を挙げれば、ただコンピュータ・ゲームをするのではなく、プログラミングを学んで自分でゲームをつくれるようにするといったことだ[13]。それにしても私たちは、子供が画面に向かっていると思っても、それがすっかり当たり前になっていて、細かいことに気にしなくなってしまった。子供たちが見ている画面にいったい何が映っているのか、気にするのをやめてしまったのだ。だが私たちは、子供と画面の組み合わせが自然だと思うのをやめなくてはならない。そして、うしろに下がって子供たちが見ている画面にいったい何が映っているのか注意して見るのだ。そうすれば、子供時代に達成してほしいと思うことについて話ができるようになる。

〝二人きり〟

孤独を味わう能力はつちかうことができるのだろうか？　配慮《アテンション》と、ていねいな会話さえあれば、できるはずだ。

子供たちは思いやりがあり配慮のできる他者がいるところで、孤独を味わう能力を育てていく[14]。幼い男の子を自然の中に連れ出してゆっくり散歩しているとき、ふと沈黙が訪れたとしよう。その子はしだいに、この体験に自分をいざなってくれる人と〝ともに〟いることに支えられて、自然の中にただ二人きりでいるとはどんな気分なのかを知るようになる。やがて、その子はひとりきりで散歩するようになるのだ。

あるいは、母親が二歳の娘を風呂に入れ、おもちゃを相手に娘が気ままに物語をつくるにまかせているとしよう。母親がいつでも手の届くところにいてくれると思いながら、その子はひとりきりで考えることを学ぶ。やがて、ひとりきりのバスタイムは、その子が気持ちよく想像にひたる時間になる。愛着があってこそ孤独になれるのだ。

だから、私たちは〝二人きり〟になろうとする――そして、うまくいくと、ついには何よりも大切な人たちで満たされた自己と二人きりになる。ハンナ・アーレント［一九〇六～七五、ドイツ生まれ、米国の政治思想家」は、孤独な人はいつでも自由に自分自身を話し相手にできると語った。ひとりぼっちなのではなく、その人にはつねに同伴者がいる、「自分とともにいる」のだと。「厳密に言えば、思考とはすべて孤独のなかでなされる、自分と自分自身との対話です。ただし、ひとり二役のこの対話は、仲間たちのいる世界と無縁なわけではありません。自分が思考の対話を進める相手である自己のうちに彼らも表われているのですから[15]」

パウル・ティリッヒ［一八八六〜一九六五、ドイツ生まれ、米国のプロテスタント神学者、哲学者］のすばらしい記述がある。「言語のなかに……ひとりきりでいる苦痛を表現する〝孤立《ロンリネス》〟という言葉が生まれた。そして、ひとりきりでいるという恵みを表現する〝孤独／ソリチュード〟という言葉も生まれた[16]」。孤立は、私たちに愛着が最も必要な幼少期に〝愛着の欠乏〟から生まれ、感情的にも身体的にも痛みを伴う[17]。孤独とは安んじて建設的にひとりでいられることであり、まさにその幼少期に人間的なつながりがうまく結べてから、できていく。しかし、もし孤独を経験しなかったら——今ではよくあることだ——私たちは孤立と孤独とを同一視するようになる。そこには私たちの体験が貧弱になったことが反映されている。孤独の喜びを知らないとしたら、孤立の恐怖しかわからないことになるのだ。

最近私は、ボストンからニューヨークまで列車に乗っているあいだにパソコンで仕事をしていて、雪景色のコネティカット州を通過した。コーヒーを飲みに食堂車へ向かおうとして目を上げなければ、気づかなかっただろう。そのとき、列車内にいる大人たちみんなが画面に見入っていることにも気づいた。私たちが孤独の恩恵を受けようとしないのは、孤独になるために必要となる時間を、活用すべき資源と考えるからだ。ひとりきりで考える（あるいは考えない）ために時間を使うのではなく、ネットで時間をつぶそうと考える。

そして、私たちは子供たちにも同じような生き方をさせている。ボストン＝ニューヨーク間を走る列車に乗った子供たちは、それぞれ自分の電子機器を持っていた――タブレットやスマートフォンを。先ほど私は、退屈だという幼い子にデジタル機器を〝バックパス〟してなだめるという話をした。つまり、退屈なのは想像力が呼んでいるからなのだということを、子供に教えていないのだ。

もちろん、孤独を美化しすぎるのは正しくない。孤独は共感と創造性の試金石かもしれないが、必ずしもいい気分がするものでないことは確かだ。詩人のライナー・マリア・リルケ［一八七五～一九二六、プラハ生まれ、オーストリアの詩人］にとっては、「広い心、根気、受容力、孤独、それがすべて」[18]だった。それでも、ルイ・C・Kもよく知っているように、リルケはその困難に直面した。「そして、孤独にあっては、そこから抜け出したい思いがどこかにあることで自分を見失わないようにしよう」[19]。現に、思春期の孤独を一時的に気分の落ち込む停滞期とする研究もある。ただしそれが、長期的には健全な成長を促進するのだ。[20] 孤独になる暇もなく接続に明け暮れていると、例の〝満ち足りた瞬間がありながら物足りない生活〟に陥るのではなかろうか。

静かにひとりきりで考える時間について、子供やティーンエイジャーに聞いてみると、ほとんどの子がそんなことはしようと思わないと言う。ひとりきりになるやいなや、彼らはスマートフォンに手を伸ばす。どこにいようともだ。すでにほとんどの子が、スマートフォンをそばに置いて眠るようになっている。もし夜中に目が覚めたら、メッセージをチェックする。散歩するにもスマートフォンを手放すことはない。親からひとりでいる時間の大切さを教わったことはないと言う子が、ほとんどだ。私たちが孤独を大事に思うのなら、それを子供たちに伝えなくてはならない。彼らが勝手に引き継いでいってくれるわけではないのだから。そして、私たちは孤独を重んじると子供たちに言うばかりでなく、私たち自身もときには孤独を味わって、それを大事にしていることを見せなくてはならない。[21]

断絶《ディスコネクション》不安

とびきり創造力豊かな人物の、孤独をめぐる発言を見てみよう。[22]「完全に私ひとりきりで、しかも機嫌がいいとき――たとえば馬車で旅しているときや、おいしい食事のあとの眠れない夜に散歩しているときなど――そういう場面でこそ、いちばん豊かにアイデアが湧き出てくる」――モーツァルト。「部屋を出ていくまでもない。テーブルについたままで耳を澄ます。いや、耳を澄ます必要さえない。ただ待つ。心が平穏に、平静になっていくのに、孤独が訪れるのにじっと身をまかせる。やがてその世界がおのずと現われ、正体をあらわすだろう」――カフカ。「孤独が私たちのうちに独創的なものを生む。見たこともない美しいもの、危険なものを――詩を」――トーマス・マン。「大いなる孤独がなければ、真剣に創作などできない」――ピカソ。

こうした血肉の通う詩的な声に、社会科学の成果は冷静に応えている。ライターのスーザン・ケインは、〝コーディング戦争ゲーム〟という研究を引き合いに出して、創造的な仕事をするにはプライバシーが重要だと述べる。その研究は、九十二社に在籍するプログラマー六百人あまりの仕事ぶりを比較したものだ。同一社内のプログラマーたちはだいたい同レベルの成果をあげていたが、各社を見渡すと驚くほど成果に不均衡が見られた。高い成果をあげている組織のプログラマーたちに特徴的だったことがある。プライバシーが確保されていたのだ。トップの成果をあげているプログラマーたちは、「ひとりになれる空間、自分の好きにしていい労働環境、むやみにじゃまが入らないことといった働き手のプライバシーに最も配慮している企業に圧倒的に多かった[23]」という。

プライバシーが確保されれば創造性が高くなるのは当然だろう。自分のまわりの人やものごとから離れて精神を集中させれば、よく考えられるようになる。自分自身の思考に取り組むには決定的で、それが心理学で〝メタ認知〟と呼ぶ過程である。誰もが潜在的にその力をもっている。重要なのは、その力をはぐくむことだ。絶え間なく接続してばかりの生活でメタ認知能力を失ってしまうのは、危険なことだ。

フォーチュン五〇〇社に入るある企業の部長が話してくれたことだが、最近、重要な企画書を書かなくてはならないとき、三時間ほどどんなじゃまも入らないように「守って」くれと、秘書に頼んだという。

とにかく、メールをできないようにしたかった。私のスマホを秘書に預かってもらい、家族の急用以外の電話はいっさい取りつがないように指示しました。彼女はちゃんと望みどおりにしてくれましたが、接続なしで三時間というのが耐えられないんですよ。企画書にもろくに集中できず、ものすごく不安でした。そんなばかなと思われるでしょうが、パニックになってしまった。誰にも気にかけられていない、誰にも愛されていないように思えてね。

この部長の体験は、〝断絶不安〟の典型例だ。つねに接続が誘いかけている状態になった今、人はひとりきりの時間を、自分から頼んでひとりきりにしてもらった時間でさえも、どうしたらいいのかわからなくなっている。ひとりきりだと集中できない、退屈だと言って、スマートフォンに向かってゲームやメールをしたりフェイスブックをアップデートしたりする理由にしている。だが、たいていの場合、繰り返しスマートフォンに戻ってしまう原因は、不安感なのだ。人は帰属意識をもちたがる。私たちのメッセージにこめられているのは、そういう思いだ——私は誰かに関心をもたれている、と。

善循環についてはすでに詳しく述べた。ここでは悪循環について述べよう。退屈なときにはどこか〝よそ〃へ行けるとわかっているので、自分の内面世界を探究する体験が減る。すると、ますますスマートフォン上の刺激がほしくなる。孤独を取り戻すためには、内面に向かう理由として退屈なときを味わうすべを身につけなくてはならない。ともかく、ときどきは〃どこかよそへ〃向かうのをあとまわしにしなくてはならないのだ。

共感の生まれるところ

初めのほうで私は、ニューヨーク州北部にあるホルブルック中等学校の話をした。同校は生徒数百五十人ほどの小規模校で、六年生から八年生の男女がいる。この数年、教師たちは何かがおかしいと感じていた。今年になって、彼らは私をコンサルタントとして呼び寄せた。主な心配ごとは、生徒たちが相手に対して共感を示さないということだ。教師たちのほうでも、この共感の欠如《エンパシー・ギャップ》を子供たちがなかなか孤独になれないことと関係づけて考えている。教師たちが考えるとおり、生徒が自分のための時間をもてないならば、他人のための時間などもとうとするはずがないだろう。

教師たちは、生徒たちにゆっくり時間をかけさせるよう努めていると言う。どの生徒にも〃ひと息つく〃経験をしてほしい、と。目下、生徒たちはじっと座って集中するのにも苦労している。ほとんど根気がないのだ。昔も、長ったらしい課題にくじける生徒というのは必ずいたものだ。だが今は、学習意欲の高い生徒でさえ、分厚い本が一冊以上入った推薦図書リストを見ると、ひどくいやがる。

脳がおしゃべりを求めるようになっていれば、登場人物が複雑に入り交じりながら続く、物語の筋に集中する必要があるような読書に没頭するよう、鍛えることもできる。ホルブルック校の生徒たちがしたくないと言うような読書だ。国語教師たちは何世代にもわたって、そういう小説を読むのが〃子供たちに望ましい〞と説いてきた。それがいかにも教師の言いそうなことに思えたものだ。誰も文字どおりの意味で本気にはしていなかった。ところが今になって、人の顔の表情から感情的状態を推察する能力で測定したところ、文学作品が共感能力を大いに高めてくれるとわかった(24)。国語教師の言っていた、まさにそのとおりだったのだ。まずは複雑な小説に登場する人物たちの身になりきれば、小説の外の世界にまでその効果が広がっていく。

ジェイン・オースティンが今も読み継がれているのは、彼女の代表作の主人公である、高慢と偏見の入り混じる男女に読者が自分を同一視するからだ。二人の行く手に複雑な人間模様がどっと降りかかると読者は苦悶し、それにもかかわらずエリザベスとダーシーが互いの気持ちを確かめ合うと祝福する。文学作品の人物像や感情のニュアンスが読者の想像力を鍛える。会話との類似点は明らかだ。会話にも小説と同様に想像力と関与《エンゲージメント》が求められる。そして会話には静かな時間が必要になるのも、小説と似ている。

今の生徒たちには、そういう時間がないようだ。ホルブルック校の国語教師が、七年生の話を教えてくれる。「彼らは時間をかけて集中しなければならないような課題をいやがります。最後までやり通そうとしません(25)」。ある教師は新種の生徒像をこうまとめようとする。「『日誌が見当たりません。十分ほど探してみたんですが』みたいな言い方をしておいて、こちらの顔を見るんですよ。それを解釈すると、捜索の先に立つのは私の仕事ってことでしょう」

ホルブルック校で話を聞いていると、企業人たちとの会話に出てくる、就職活動で会社訪問してくる最近の大学生に〝特別に必要なもの〞のことが、ふと頭に浮かんでくる。職歴三十五年というある広告会社幹部は、彼女が最近採用した社員たちの感性を語る。彼女の描写する社員たちは、まず間違いなくホルブルック校の生徒たちの将来の姿だ。

このごろの若い人たちは、自分からプロジェクトに取り組もうとしません。昔なら、社員に――今四十代、五十代の人たちですが――社員にプロジェクトを任せたら、彼らは自分がする仕事だと考えました。自分ひとりでね。それが今は、みんなひとりにはなれないんです。絶えず連絡と援助と報酬を必要とする。よくやっていると言ってもらいたがっているんですね。ひとりで仕事をさせてほうっておくと、本当に見捨てられてしまったような気持ちになるようです。彼らはいつもオンラインで互いにつながっていますが、新人の指導担当者に聞くところ、以前よりももっと支えてやる必要があるようです。昔とは違う労務管理をしなくてはなりません。

広告代理店のあるアート・ディレクターは、一流大学卒ぞろいの新規採用者のことを次のように言う。「彼らはすばらしく才能に恵まれているものの、なにぶんフェイスブックの『いいね！』の世界で育ってきています。山ほど激励されるのに慣れている。だから、どうしたものですかね、どんどん励ましてやったらいいのか、それとも、たいへんではあるけれども、ひとりになって自分で自分を『いいね！』と励ますよう教えてやるべきか」

退屈を切り抜ける

ホルブルック校教師陣がかかえるのと同じ懸念は、もっと年上の子供たちを教える教師たちにもある。メイン州のある高校では、どの教科担当の教師もみな、生徒たちに余暇がないことを案じている。教師たちは、高校生ともなれば自主的に考えることを身につける必要があると言う。だが、親たちは教師の味方にならないようだ。ある教師はこう見ている。「親御さんたちは自分の子を休ませたがりません。ピアノのレッスンやらサッカーの練習やら、もっとやれることがあるとでもいうように。……生徒たちは送迎の車の中で夕食をすませて、息つくまもなく飛びまわっています。……子供たちにちょっとでも自由時間があると思ったら、親御さんはわれわれにも子供たちにも、『がんばりが足りない』と言うんです」。つまり親たちは、余暇は退屈と同じで、時間の無駄だと思っているのだ。

だが、子供時代の退屈は一種の牽引力であり、想像力を刺激するものだ。それは内面の感情的な力をつちかっていく。小児精神科医のドナルド・W・ウィニコットは、子供の退屈する能力は、親の静かな存在感のなかで満足してひとり遊びをする能力と密接なつながりがあって、心理的な健全さを示す決定的なしるしになると考えている。退屈を切り抜けるのは、顕著な発達上の成就なのだ。[26]

高校教師たちが言うには、ほとんどの生徒たちがその成就を経験していない。ごく短時間でもひとりになると、生徒たちは落ち着きをなくす。あいた時間があると、大人が何かすることをもってくるだろうと思う。でなければ、スマートフォンに向かって気晴らしに接続したりゲームをしたりしようと思う。彼らにできないのは、じっとしていることだ。ある数学教師は、それで犠牲になるものを指摘する。「ものごとを考えるには時間がかかる。自分自身を見つめるには時間がかかる。友人をつくるには時間がかかる。うまくできるようになるにも時間がかかります。……でも今の子供たちには時間がありません」

ホルブルック校に話を戻そう。美術教師がごく最近、十二歳のクラスでゆとりのある授業を試み、生徒たちに、五分間自分の好きなものの絵を描きましょうと言った。「彼らが中断せずにひとつのことに集中するのは五分が限度だと、何人かに言われたんです。うまく描けないと、生徒たちは怒り、助けを求めました。それで、私が手を貸しにいくことになります。ですが、私がそばを離れると、すぐに興味をなくしてしまう。スマホに向かう生徒もいました」

演劇の教師も、最近、学校劇のリハーサル中に似たような問題が起こったと言う。「私は生徒たちに、演技というのはせりふをしゃべることだけじゃないと教えています。演じるときに実は〝深く傾聴〟しているのだと。つまり、役者はほかの役者たちに反応しているわけです」ところが、生徒は互いの言うことに耳を傾けるほど長くじっとしていられない。しまいに、演劇の教師は彼らに最後通牒をつきつけた。人の話を聞かないなら役を降りろ、と。その効果はあった。ひとつのグループがいっぺんに脱落していったのだ。

ホルブルック校の教師たちは、学校側も問題を悪化させているのではないかと考える。ホルブルック校の生徒たちは全員、教科書を読み、課題を提出し、予定を把握するためにiPadを持たされている。生徒たちの気を散らすまさにその電子機器で、学習させているわけだ。

十五歳の男子生徒が、iPadでの経験を語る。「わけがわかりません。チーム練習の時間を確認するつもりなのに、引き込まれちゃうんです。気がつくとフェイスブックをチェックしていて」。そして「プリントの予定表だったらもっと単純だっただろうに」と言う。十四歳の女子生徒は、教材を全部オンラインで読まなくてはならないのがたいへんだと言う。「課題のためにiPadに向かうと、友だちとメッセージをやりとりしたりゲームしたりしてしまう。学校のことだけにしておくのは難しいんです。どうして本じゃなくしてしまったんでしょう」

現状、ホルブルック校教師陣はiPadを取り上げる立場にはない。そのプラットフォームの〝効率〟と〝オンラインで入手できるコンテンツ〟に頼り切っているからだという。しかし、生徒たちが暇さえあればオンラインに飛びつくことのないようにしておくのは難しい。そして、いったんオンラインに行ってしまうと、抵抗がなきに等しいオンラインへの道から生徒たちを遠ざけておくのは難しい。その道がメールやゲーム、ショッピングへと続き、その道がフェイスブックへ続くのだ。

フェイスブック・ゾーン

私たちがテクノロジーにしっかりと抱え込まれ、内面に向かずテクノロジーに向かってしまうのは、どうしてなのか？　テクノロジーは私たちを〝マシン・ゾーン〟に引き留めてしまう。文化人類学者のナターシャ・ダウ・シュールは、ギャンブラーとスロットマシンとの関係を考察して、このマシン・ゾーンを、どこまでが自分自身なのか、どこからがマシンなのかわからない心的状態だと述べている。シュールがインタビューしたあるギャンブラーは、「催眠術でマシンになったみたいになる」(27)と言っている。マシン・ゾーンにいるギャンブラーには、金などどうでもいい。勝ち負けもどうでもよくなる。大事なのはいつまでもマシンに向かい、マシン・ゾーンに居残ることだ。テクノロジー評論家のアレクシス・マドリガルは、シュールの言うギャンブラーの麻痺状態よりは軽い依存症状態の〝フェイスブック・ゾーン(28)〟を考える。ソーシャルメディア上にいると、いつまでもやめずにいるが、自分がはっきり意識してとどまろうとしているのかどうかが、よくわからないのだ。

大学一年生のマギーが、その状態のことをこう語る。「スマホでフェイスブックとツイッターとメールをチェックしてると、何かチェックし忘れてるような気がして、何か見落としたような気がするもんだから、三回くらい通しで見つづけちゃうんです」。チェックするプロセスが彼女を、さらにチェックするプロセスに引き込むのだ。やはり大学一年生のジュディは、スマートフォン上のフェイスブックを退屈から守ってくれる〝お守り〟だと言う。ところが、彼女がスマートフォンで過ごす時間の話を聞いていると、まるでスマートフォン以外の何もかもに退屈する訓練をしているかのようだ。

退屈だから何かのアプリを呼び出して中身を見ていくとしますよね。小さな丸いボタンひとつ押すだけで、いくつもあるアプリをぐるっと一巡できるんです。何ごとも起きてなくたって、メールが届くかもしれないし。ただ座って誰かとおしゃべりしてるときとか、退屈な授業に出てるときとかのこともあります。だから、何ごとも起きてないとわかってたってスマホをチェックするんです。そんなふうに切り換えてると、ただ座ってたり、ひとつのことをしてたりするのはおかしいという気になってきます。

ジュディが言うように、フェイスブック・ゾーンでは決して「ただ座って」いたり「ひとつのことをして」いたりできない。それが問題なのだ。そのできないことこそが、孤独の基本構成要素なのだから。

フェイスブック・ゾーンを、心理学者のミハイ・チクセントミハイの言う〝フロー〟と比べてみると、わかりやすい。フローというのは、頭をつかわないでいられるほど簡単ではないが、絶対に無理というほど難しくないタスクを求められる状態だ。たとえばスキーをしていて、あまりうまく滑れないながらも、雪山とのつながりを感じられるほどの滑走はできているとき、フローを経験していることになる。チクセントミハイは、フローの状態を経験すれば必ず、新たな学びや自我意識の強化につながると考える。[29] シュールのとりあげるギャンブラーたちは、成長を経験せずにとらわれた状態で反復している。マドリガルは、マシン・ゾーンを〝フローの暗黒面《ダーク・サイド》〟と呼んでいる。

フローとその暗黒面とのあいだのどこで、いつ、私たちはフェイスブック・ゾーンに入り込むのだろう? マギーとジュディは二人とも、アプリケーション巡りをしているうちにほかのことから——しかも、二人ともゆゆしきことだと考えているが、散歩に出かけたり絵を描いたり本を読んだりといった、以前はよくしていたことから離れていくと言う。彼女たちはもう、そういう活動に時間を割かなくなったが、スマートフォンの束縛からは逃れられず、逃れたいのかどうかもよくわからない。二人の話を聞いていると、電子機器が、その目指す究極の目標である、ユーザーをつなぎとめることに〝成功〟しているようだ。

それをあからさまに示す笑い話がある。グーグル会長のエリック・シュミットが自著新刊について話をしにボストンを訪れたときのことだ。ホールに登場したシュミットは聴衆にこう質問した。「講演中にスマホを見ようとしているかた、どのくらいいらっしゃいますか?」会場中でいっせいに手が挙がると、彼は「たいへんけっこう! 私たちの望むところです(30)」と言ったという。アプリケーションは人をアプリケーション上に引き留めるようデザインされている。暇だからといってアプリケーション巡りをすればするほど、自分ひとりきりになる時間は減っていく。

孤独としてのネットサーフィン

一方、大学生たちははっきりしている。彼らはオンラインにいることを孤独とみなしている。ある大学一年生は、空想にふけることはないが、ときどき「熱冷まし《チリング》」になることをすると言う。「あてもなくウェブを探索する」ことだ。それが新バージョンの空想だということか。ただし、それでは空想の役目は果たされていない。それどころか、彼女はウェブを空想に逆らう「安全装置」と呼ぶ。ウェブをさまよう時間が、心を「さまよわせて」しまう「危険」から守ってくれるのだというのだ。また別の大学生は、それと同じような意図で、自分のスマートフォンを退屈に対する「保険契約」と呼ぶ。ひとりきりで机についたあのフォーチュン五〇〇社企業の部長のように、スマートフォンなしのひとりきりの時間が不安を生むことを、この女子学生たちはよくわかっている。

私は、二十歳のカーメンに、じっと座って考えたりするかと聞いてみた。答えは、「しませんね」。暇になったらフェイスブックへ向かうという。フェイスブック抜きに過去のことを考えたくない、と。「写真やメッセージを見ないと、過去の経験を考えるのにずっと苦労しますよね」

彼女は苦労をするつもりがないわけだ。「やっかいですよ。フェイスブック抜きで過去のことを考えるなら、『よし、これから考えるぞ……』って意識しなくちゃなりません。覚悟してひとりにならなくちゃ」。それが彼女には好ましくないことらしい。カーメンの考え方は、孤独とはノートパソコンと、それを介して手の届く人々とともにひとりでいることだという、群衆管理としての孤独という新しい定義の域に達しているのだ。

二十歳のアーニャが、夜間に大学のルームメイトを病院へ連れていったときのことを語ってくれた。治療優先順位を決める看護師が、ルームメイトの腹痛には緊急性がないと判断したため、二人は医者に診てもらうまで五時間以上待たなくてはならなかった。二人ともスマートフォンに向かったが、充電が残り少なくなってきて、アーニャはパニックになった。

スマホの充電がいよいよ切れそうになって、私は自制心を失いはじめました。「ああ、だめだ、もう死んじゃう」とか〔病院にいるのに〕口走って。不安でしかたなかった。スマホがつながらなくなると思うと、心底不安になるんです。それから、スマホが死んじゃいました。冗談でも何でもなく、私、病院中を歩き回ったんですよ。職員ひとりひとり、看護師ひとりひとり、行き当たる人に手当たりしだい、充電器をお持ちじゃありませんかって聞いて回った。やっと、たまたま警備員のひとりが持ってるって言ってくれて。奥のほうの部屋で、充電させてもらえました。そこまでして――人のプライバシーを侵害してまで、私ったら。

これが親友のいる場での断絶《ディスコネクション》不安だ。アーニャもルームメイトも黙って考えていたくはなかったのだという。ついでに言えば、会話は荷が重く思えた。「私たち、ただ黙ってスマホを見て、頭をいっぱいにしておきたかったんです」

ひらめきの瞬間と内面世界の価値

人に独創的なアイデアが思い浮かぶのを、電球にぱっと明かりがつくさまになぞらえることが、よくある。しかし、概してそういう〝ひらめく〟アイデアは長い時間温められてきたものなのだ。

フランス人数学者で哲学者のアンリ・ポアンカレが、自身の経験を踏まえて、一見〝ひらめき〟と見えるアイデアが時間をかけて展開していくさまを書いている。ポアンカレは、「突然の啓蒙」も「それまでの長きにわたって無意識のうちにしてきた仕事の現われ」にすぎないと言う。たいていはひとりきりでしてきた仕事だ。

よくあることだが、難問に取り組むとき、着手したばかりでは何も成果があがらない。そこで、長くても短くてもいい、ひと休みして、また新たに取り組む。最初の三十分くらいは前回同様に何も発見がないが、そのうち、まったく突然に決定的な着想がおのずと頭に湧いてくる。(31)

時間のかかる創造的な仕事を人間ができるように、決まりきった仕事(32)をさっさと片づけてくれるマシンをつくるのが、初期のコンピュータ科学者たちの夢だった。一九四五年、発明家で技術者のヴァネヴァー・ブッシュは、人間の創造性がゆっくりと展開していくのにもっと時間をとれるようにするため、論理的処理を引き受けてくれるメメックス（記憶拡張機）という概念（ウェブの先駆となったアイデアとみなされることが多い）を構想した。皮肉なことに、ブッシュが思い描いた世界に近づいた今、彼が目指したのとは逆の状況になっているようではないか。マシンは私たちに、いくらがんばってもついていけそうにない速度で大量の情報をもたらす。それでも私たちはがんばる。そうして努力し、しばしば通信に忙殺されて考える時間がなくなる。幼稚園から高校までの教師や大学の教授たちが、同じ言葉を使って生徒や学生たちを描写する――性急で根気がない、過程に興味をもたない、ひとりきりで考えることができない。時間をかけることも「それまでの長きにわたって無意識のうちにしてきた仕事」もなしに、ひらめきを待っているようなものだ。

心理学者のジョナサン・スクーラーが、「心をさまよわせること」が創造性への足がかりであることを論証している。「心は本来落ち着きのないものです」とスクーラーは言う。「まわりでいちばんおもしろそうなものを見つけて傾注しようとしているんです[33]」と。子供たちが、まわりでいちばんおもしろそうなのはスマートフォンに向かうことだと思いながら育ったら、私たちは彼らに自分の内面世界にもチャンスを与えてやるよう教えなければならない。いや、それどころか、子供だろうが大人だろうが私たちはみな、暇さえあればまっ先に電子デバイスに向かおうとする衝動と闘わなくてはならない。

デバイスに強制力があるのは、私たちが検索するたび、新たな情報に接するたび（そして新たなメールが届くたび）、それが世間の一大事でもあるような反応をするからだ[34]。そのため、新しい（そしてソーシャルな）ものによる刺激が私たちを手近な目標まで引っぱっていく。しかし、空想が私たちを運ぶ先は長い目で見ないとわからない。空想は私たちが安定した自己の基礎を育てる力になり、新たな解答を思いつく力となる[35]。革新を導くには、もっと時間をかけ、心をさまよわせ、ひとりきりの時間をもつように人々を説得する必要がある。

会話をとりもどすにはまず、孤独を味わう能力を取り戻すところからだ。スマートフォンに手を伸ばして空想を追い払おうとするとき、なぜと問うのを習慣にしよう。私たちはスマートフォンに向かおうとしているのではなく、ほかの何かから離れようとしているのかもしれない。不安から逃げ隠れしているのでは？　難しい仕事を要求されそうないいアイデアから逃避しているのでは？　整理するのに時間がかかりそうな疑問から逃げているのではないのか？

私たちの〝われシェアする、ゆえにわれあり〟という世界では、なかなか孤独にチャンスを与える気にならない。だが、それとは違う姿勢を、まずは子供たちを手始めにはぐくむことはできる。子供たちには電子機器のない時間をもたせよう。そして、子供たちにひとりになる時間をもっともたせよう。親が自由時間は子供の敵だと思っている、とこぼす教師は、リアルな指摘をしている。〝退屈〟して、そして画面ではなく内面に向かう経験をしなかったら、子供たちは孤独を味わう能力を育てられないのだから。

幼い子供が夜寝るときは、スマートフォンやタブレットを寝室に持ち込むべきではない。子供たちが自分のアイデンティティを見いだすには〝静けさ〟が必要だという、エリクソンの考え[36]を思い出してほしい。社会評論家のウィリアム・デレシーウィックは、今の私たちはオンラインによって、自主的に考える状況をみずから奪っていると論じている。リーダーシップとは「自分を一点に集約することであって、至るところに自分を分散させて電子的なソーシャル・インプットの雲《クラウド》になることではない[37]」と。孤独の恩恵に浴するために森の中の小屋へ移り住む必要はないが、孤独は、それがほんのわずかであっても、自分自身の考えに耳を傾けさせてくれる。そこから、内省の場が開けていくのだ。

内省——われつぶやく、ゆえにわれあり

スマホがある限り、ひとりきりで考えたりすることはありません。……暇になったからといって、絶対に考えごとなんかしません。私のスマホは、知らない人に話しかけたり心をさまよわせたりせずにすむ安全装置なんですから。すごくよくないとはわかっています……だけど、メールで時間をつぶすのが私の生き方なんです。

——ヴァネッサ（大学一年生）

孤独がもたらす報酬のひとつに、内省能力が高まるということがある。内省とは、自分は何者なのか、自分はどうありたいのかについて洞察を深めるべく、自分自身と交わす会話である。職業上では、自分にはどんな仕事が向いているのか？　一身上では、生きる目的や意味は何なのか？　自分の罪、他者の罪を許せるか？——そう内省するなかで、私たちは自分自身をよく知るようになり、人間関係を築く能力をはぐくんでいく。

哲学的、宗教的、あるいは心理学的に異なる伝統が、そういう会話に影響を与えてきた。西欧では二十世紀初頭以来、精神分析が独自の手法で内省を促してきた。精神分析の核となるのは治療技術だが、精神分析とは精神分析医と患者との職業上の境界を超えたところで自己について考えるという感性でもあった。精神分析が進展して精神分析文化となり、その中心にある前提は小説や映画や報道で普及していった。

したがって、精神分析医の治療を受けたり、フロイトの著作を読んだりしたことがあろうとなかろうと、自分の過去や現在、自分が変わる可能性といったことに思いをめぐらせるときには、精神分析はある程度なじみのある考え方になっている。精神分析における内省の手法は、個人の履歴、言語の意味、無意識の力を強調する。私たちの人生には、私たちに重大な関係のある人々が〝ひしめいている〟と教える。[1] 良きにつけ悪しきにつけ、私たちのうちにはそういう人たちが生きている。私たちは、自分の強さや弱さのなかにあるその人たちの影響に気づくすべを学ぶ。もし両親が攻撃的だったら、自分が正しいかどうかにかかわらず、自分は守勢に回るかもしれない。両親が内向的だったら、愛する人たちに囲まれていてさえ、よるべない気持ちになるかもしれない。

人間には、自分に最も重要な人間関係が自分自身について教えてくれるというプリズム越しに世界を見る傾向がある——そうしたことを気づかせてくれるのが、精神分析だ。内省の力を借りて、内在化された声の不協和音を乗り越えて、真正と思える〝自分の〟声が聞こえるところへ行き着くことができると、教えてくれる。その場所で私たちは、自分は履歴によってかたちづくられてはいるが、履歴からある程度距離をおくことは達成したのだと知るのだ。

客観化する能力を理解すれば、自分という存在を通してでなく、まわりに何があるかを見ることで過去の葛藤に取り組むための力になる。したがって、精神分析では内省を、リアリズムへ至る道と見る。もし嫉妬や危険が迫っていれば、覆い隠さない。もし愛が差し出されていれば、それが見えるのだ。

こうした内省の報酬が成就するには、時間がかかる。そしてもちろん、今の私たちは自分自身にあまり時間を割かない。そのうえ、内省するには訓練が必要だ。どんな場合も、立ち止まってもつれた思考を、錯綜する人間関係を考え抜く能力をつちかうかどうかにかかっている。——「私が怖れているとしたら、危険や制止があるからだろうか?」「大胆な気分だとしたら、覚悟ができているのか、むこうみずだからなのか?」

「つきあいをやめたがっているとしたら、ひどいことをされたからだろうか、それともかかわり合うのを怖れているからだろうか?」と。

アルゴリズムの自己

精神分析の手法は私たちに、孤独を味わう能力と訓練された内省の能力をともに求める。いろいろありすぎて私たちは気持ちがくじけてしまう。自分を理解するもっと簡単な方法に期待をかけることもある。適切な薬や適切な呪文で、あるいは適切な行動修正で悩みが治療できるものならば、どんなにいいだろう。

そして今、テクノロジーを介してもっと効率よく内省できるようになるかもしれないという見込みがある。その候補に挙げられるテクノロジーは、すでにいくつもある。セラピストのようにふるまうようプログラムされたコンピュータ。心理状態を理解する手助けをしてくれるパターンに沿って、自分の心理状態を自分で探知するのを助けてくれる装置。日記に書いた言葉を分析して、心的状態の診断をくだしてくれるプログラム。このうち最後の分析は、自分の行動、自分のアウトプットについて測定可能なものに基づいているので、〝本当の自分〟と認定される。差し出されるのは、量化された自己、つまりアルゴリズム[問題解決に至る一定の計算手順]による自己だ。(2)

こうした新しい〝喚起的〟対象《オブジェクト》——ほかのことについての思考を引き起こす、思考のためのオブジェクト——の力をみくびることはできない。私たちが自己を量化して報告してくれるテクノロジーを使って自分自身について考えるという筋書きが、まさに始まっているのだ。意図して使えば、私たちはそこから自分自身に近づいていく内省へ駆り立てられるかもしれない。しかし、テクノロジーだけでは無理だ。アプリケーションが与えてくれるのは数字であり、物語をもたらすことができるのは人間。つまり、テクノロジーがあらわにするのはあくまでもメカニズムであり、意味は人間が見つけるしかない。

印象的なのは、フェイスブックなど、最も普及しているアプリケーションのいくつかが、人を語らせようとする設定になっていると思えることだ。つまるところ、フェイスブックの基本プロトコルは、人生に起きた出来事を記録したり説明したりすることである。もちろん、それほど単純な話でないことは見てきたとおりだ。ソーシャルメディアは私たちを内省でなく自己表現へ集中させ、内面の対話を妨げもする。

日記からニューズフィードへ

高校卒業を控えたメリッサは、不穏な家庭生活を送っている。ここ何年か離婚の危機にある両親が、毎回のように食事の席でけんかを始めるのだ。以前はモダンダンスや写真、そして何よりも手書きで日記をつけることがメリッサの救いになっていた。ときどき日記を読み返して、日々の筆跡に変化があるのを確かめるのだと、彼女は言う。それが自分の心の状態を知る手がかりになるのだろう。

私は毎晩日記をつけていました。日記帳に。書くのが好きなんです。それに、あとで読むとおかしくて——私ったら怒ってる、なんてわかっちゃうんです。ときどき、文字が怒ってるみたいに見えるんですよ。つまり、私は怒ってて、怒りを書きつけているわけです。そして……それから——すごく悩んでるときとか——また読み直せます、自分が何て書いたか、どういう気持ちだったか、どんなふうに対処したか。

最近のメリッサは日記の書き方がせっかちになった。ふだんは日記を省略してソーシャルメディアに向かう。私と会ったころは、ちょうどフェイスブックが彼女の感情生活の中心になろうとしていた。彼女は「第一志望」の大学四校に不合格となった。家を出て、ニューヨーク州北部の小規模な地方大学へ通うつもりでいる。彼女によると、フェイスブックに引き込まれていったきっかけは、自分の境遇にまさにぴったりのページを見つけたことだった。『第一志望の大学には不合格だった』というページ。メリッサはそこで、彼女と同じ落胆を味わった人たちとやりとりしている。なかには、「第四志望」の大学へ進学しながらもくじけず、その後りっぱにキャリアを積んだという人たちもいる。今のメリッサは、暇な時間はほとんど全部、フェイスブックに費やしているとのことだ。そして、彼女はこっそり言い添える。「やりたくなかったんですけど、やってます」

なぜそんな葛藤があるのか？　メリッサは仲間の支えを必要としている。思いどおりの進学がかなわず失意を味わっているし、家庭生活は何の慰めにもならない。フェイスブック上の〈あつらえむきの『不合格だった』ページでの〉生活は、彼女が自分語りをする場となっている。だがメリッサは、どんなに肯定的なことがあろうと、フェイスブック上にいるときに「バランスをとるのは難しい」と言う。なぜなら、いったんそこへ行くと、「やみつき」になって、なかなか切り上げられないからだ。さらに気がかりなことに、メリッサはもう気づいている。「本当に必要だと思うことがろくにできなくなっちゃって――ひとりになる、日記を書く、弟と話をする、親友に電話するなんてことが」。その代わり、食べもののことを投稿したりプロフィールを読んだり、クラスメイトたちを「ストーキング」したりして、フェイスブックに「はまっている」気分だ。「いつのまにかふらふらと、ほかの人たちのメッセージやプロフィールを読んだり、彼らとおしゃべりしたりしてる。いつだってすごく他愛もない内容で時間の無駄でしかないし、私、時間を無駄にするのはきらいなんですけど、ついふらふらと。時計を見て七時十四分だなって思って、ちょっとしてもう一度見たらいつのまにか八時半になってるんです」。フェイスブックはなにも内省を奪うようにデザインされたわけではない。だが、往々にして奪ってしまうのだ。

メリッサは、自分がフェイスブックにはまったままでいるのは、仲間はずれになるのが不安なせいでもあると思う。中等学校時代に、彼女は疎外感を味わっていた。「あれはぞっとするような恐怖ですよ。そりゃもう。だから、気心の知れた人たちのなかにいたい、いつもオンラインにいたいって思うのは、『大丈夫、もし怖くなっても、克服できる』って言ってるようなものかな」。だから、彼女はフェイスブックをチェックする。「つねにチェックするしかないんです。……仲間はずれになることや、何かを見逃すことも怖いから」。フェイスブックがその恐怖をやわらげてくれるのだ。

メリッサはフェイスブックを日記代わりにしているわけだが（彼女いわく「日記より手軽だから」）、デジタルページ上では日記の彼女ほど正直ではない。日記を書いているときは、自分だけのために書いているんだという気持ちだったが、フェイスブックに切り換えると、「演技《パフォーマンス》」モードに入ってしまったという。考えていることを伝えはするが、読んだ人がどう「演じる《プレイ》」だろうかとも考えている。日記を書きながらときどき、いつかほかの人がこの日記を読んだらと空想することもあったが、空想するのは遠い将来のいつかだった――彼女が何と書いていようが影響がなくなってしまうころだ。しかし、フェイスブックに書き込むのは、今すぐ自分をよく見せるようなことばかりだ。

だから、メリッサがフェイスブックに載せた人好きのするプロフィールは、彼女がそうありたい人物を反映した、あこがれの自己のものだ。人が関心をもってくれそうなことを言っている。そして、日常的にシェアするときも、彼女は入念に言葉を選ぶ。たとえば、家庭内不和のことは書かない。日記のページにはさんざん書いてきたのに、今、フェイスブックにメリッサはいい知らせ《グッド・ニューズ》しか公表したいと思わない。
人があこがれの自己を内省の対象とした場合、妙にうらやましい気持ちになってしまいかねないということに、私は気づいた。自分自身をうらやむのだ。もちろんそれは、自分のあこがれを知るには役立つかもしれない。自分がどういう人間になりたいと思っているかを熟考するには有益な情報だ。だがフェイスブック上では、その自己を演じ、すでにそういう人間であるふりをするので精いっぱいになってしまうだろう。

フェイスブック上で自己を演じるのは、ゲーム中のアバターをもとに内省するのとはまったく別ものだ。私は長いこと、デジタル・オブジェクトがいかに自分自身について考えているかを知らせてくれるのかを研究してきた。その一環として、ロールプレイング・ゲームの心理学にも長年取り組んできている。オンライン・ゲーム用に私たちがつくりだすアバターは（ほとんどのゲームでは身体と顔、人格特性を選ぶ）、内省を促すようにデザインされているわけではない。それでいて、内省を促すのだ。アバターを組み立てるとき、人はたいてい自分が試してみたいと思う自分自身の姿を表現できるような資質をアバターに付与する。つまり、ゲーム世界がアイデンティティの実験場となるのだ。[3] 三十代のあるソフトウェア・エンジニアが、なかなか自己主張できない自分に失望していた。彼の頭の中では、自己主張の強い男性はガキ大将のような印象だが、自己主張の強い女性は魅力的な〝キャサリン・ヘップバーン・タイプ〟だ。オンライン・ゲームで強い女性を演じることで、自己主張する実験をしてみることにした。そのバーチャル体験が彼にいい効果をもたらした。何年かオンラインで強い女性になってみた結果、彼は男として強く自己主張しても平気でいられるようになったのだった。

意外なことに、アバターを使ってアイデンティティの実験をするほうが、フェイスブックのプロフィールを同じ目的に使うよりもずっとうまくいく。アバターの場合、自分以外の誰かのキャラクターを〝演じてい《プレイン》る〟のだと、初めからはっきりわかっている。ゲームとはそういうものだ。だがフェイスブック上では、人はそのままの自分でいて、自分自身の生活の話をしているという建前になっている。だから、みんなが友だちになる。みんながあなたの行動や考えを知りたがるのだ。

　理屈では、自分自身とフェイスブック上での自己との違いを、自分ではわかっている。しかし、境界線は不鮮明で、なかなかそのまま区別しつづけることができない。時間をかけて、ごくささやかな嘘を重ねていくようなものだ。ついた嘘とさほど変わりがないので、真実を忘れてしまう。

　また最近では、ウェブを内省の場にすることから、ありのままとはどういうことかという疑問が非常にリアルになってきている。ウェブはプライベート空間ではなく、鍵をかけた日記帳などではないとわかっているのだから。これまでにない事態と言えよう。私たちは公共空間であるウェブを、世界でいちばんプライベートな場として経験しているのかもしれない。

世界にたった二人だけ

　内省は私たちを脆弱にする。だからこそ、内省する場では昔からプライバシーを保護し（日記帳に鍵をかけて隠しておく）、秘密を守る（セラピストや聖職者には守秘義務がある）ようにしてきたのだ。ソーシャルメディアは私たちに、それとはまた別のルールでプレイするよう促す。人はシェアしつつ思案する。思案しつつシェアする。ソーシャルメディアのプラットフォームを提供する企業が、そういったことを何もかも見て管理している。おおまかに言うなら、監視されない自由と定義されるプライバシーはなくなってしまった。そこにはどんな犠牲が払われただろうか[4]？

　一九九〇年代なかばのまだウェブが珍しかったころ、歴史を専攻する二十七歳の大学院生アランと、最初期のウェブ・ブラウザのひとつであるネットスケープについて話をしたことがある。彼は「興味のあることを検索すると、検索結果から何が自分の興味を引くのかわかってくる」と言った。こうした初期のブラウザは検索履歴が残らないとアランは思っていた。閲覧の自由について、「図書館で本を借りるのには抵抗がある。借りた本を誰かに見られるかもしれないと思うと」と話していた。プライベート空間にいる気がしないなら、そういった探究のしかたは手控えるものだ。そして今、私たちはオンラインがプライベート空間ではないことを知っている。それなのに、話を聞いているとみんな、あのころのアランと変わらず、まるでプライベートな活動をしているかのようにふるまっているのだ。

たとえば、四十七歳のテレビ・プロデューサー、デイヴィッド。アランと同じ感性の持ち主で、彼もウェブを検索して自分の興味があるものを見つけ出している。しかし、私がデイヴィッドと会ったのは二〇一三年、アランと話した二十年後のことだ。デイヴィッドは熱心に、オンラインで過ごす時間の「とてつもなくいい面」を述べた。「イヤフォンをつけてiPhoneの世界へ行くのが、私の禅体験なんです。それで俗世と隔絶する」。デイヴィッドは、アプリケーション巡りは彼が内省する時間になっていると言う。「スワイプしていくんですよ、音楽、ニュース、娯楽、〝友人たち〟って。自分がコントロールしている。自分の手の内にある。これが私のゾーンですね」。ここでは、内省の定義がせばめられている。自分の接続をコントロールしているという意味だ。前出の、群衆が管理されている時間と定義された、孤独と同じだ。

アランのように、デイヴィッドも自分のオンライン履歴をよく振り返って見ると言う。メール、ツイート、フェイスブック、ショートメッセージ。それらを自分の「足跡」と呼ぶ。アランのように、彼も自分がかつて訪れたところを通じて自分自身を知るのだ。ウェブを放浪するのは、「声に出して考えているようなもの」だと言う。しかし、アランと違って、ネットで興味を引くものを探究するというやり方が不安になりはじめている。オンラインで「声に出して考える」と、聞こえるところにほかの人たちがいるとわかっているのだ。デイヴィッドは接続すると自分自身を感じるが、自分が売買されるデータという、商品になることを承知してもいる。政府の監視対象となる可能性があることも。だからこそ、自分の「足跡」をたどりながら内省の場に入ると、もし自己検閲しなければ、愚かであさはかで、あるいは逸脱さえするような気がしてくる。それなのに、逸脱する可能性が日常的になっていて、それが逸脱かもしれないということを忘れてしまうことにしている。

オンライン生活のリアリティと、私たちがそれをどう経験するかのあいだに隔たりがあるため、インターネット・プライバシーについての議論はなかなか進まない。たとえばメールだ。メールがプライベートでないことは〝わかって〟いる。それなのに、多くの人がメールを、ときどきではあっても、親密なやりとりに使おうとする。私はもう何十年間も、それがなぜなのか質問してきた。そのたびに同じ答えが返ってくる。画面をじっと見ていると、まったくひとりきりのような気がするというのだ。メールを書いている相手と二人きりだという、まるで世界にたった二人だけしかいないような感覚だからとしても、頭でわかっている本当のことを遮断できるものではない。メールは見られているかもしれないし、保存されていて、もう一度見られるかもしれないのだ。画面上で一見はかなげに見えるせいで、本当のことが見えなくなる。書いたことはいつまでも残る。もっと広げて言うと、ネットの経験がネットのリアリティをむしばんでいく。だからデイヴィッドはオンラインを放浪しつづけ、足跡について思案し、自分のしていることを瞑想の一種だと考える。公衆の面前で打ち明け話をしているようなものだということに思い至るまでは。そうなったら彼は、まったく容赦できないことをしていたといって自分をたしなめるだろう。

葛藤があるとき、人は戒められたことはしないものだ。賢明な人は、たとえばこんなことを言いはじめている。「オンラインでは、会社の掲示板に貼り出されてもかまわないようなことだけを言うべきだ」。ところが、その賢明な人もフェイスブックやインスタグラムでは、当の本人のルールに従わなかったりする。

この葛藤のせいで、内省の場としてのデジタル空間の可能性は限られる。時代が進み、誰が見ているかもっとよくわかるようになれば、デジタル空間であまり発言したくなくなるのではないだろうか。その一方で、新しいアプリケーションを試すたびに、どんどんそれにのめりこむようになる。システム上でもはやコントロールができなくなる。そして新しいアプリケーションは、あなたの話に返事をしはじめ、あなたが言ったり見せたりしたものに基づいて、あなたは何者なのかを教えてくれるようになる。

新しい〝喚起的〟オブジェクトが登場するのは悪くないが……

創業十周年を記念して、フェイスブックはあるアルゴリズムをもとに〝ハイライト・コラージュ〟をつくった。メンバーたちがフェイスブックに参加して以来〝最大の瞬間〟をまとめたものだ。コラージュをつくったアルゴリズムは、届けられた『いいね！』とコメントの数がいちばん多かったのは、どの投稿や写真かを勘案するものだ。この例を見ると、アルゴリズムによる内省はたいていの人にとって無害な楽しみらしい。このコラージュについてのある記事では、その筆者の〝最大の瞬間〟は、「誰がフットボールなんか見たいんだ？」と投稿したときだったという。[5]

だが、このフェイスブックの企画にはもっと重大な側面があり、ゆゆしき問題があるのではないかと考えさせられた人もいた。ハイライト・コラージュは一種の〝物語の足場〟になっているが、フェイスブック自身がその最初の筋書きを書いていることを誰も気にしないのかというのだ。つまり、フェイスブックが改訂する可能性もあるのだ。ある三児の父親は、〝ハイライト・リール〟をプリントアウトして、家族との朝食の席で話題にしたという。彼は私に、そのプリントアウトをどんなに喜んでいるか語った。「自分じゃ、あんなにすてきなスクラップブックはつくれないよ！　すごくいいんだ！」

そのハイライト・コラージュが発表されてまもなく、私はシドから手紙をもらった。シドは四十代の男性で、ALS、つまりルー・ゲーリック病（筋萎縮性側索硬化症）を患っている。彼は私に、二〇一三年の〝ハイライト・リール〟を見せられたことへの複雑な反応を語った。それは彼が病気と診断された年だった。

> 目を釘付けにしたまま、どのくらいの時間座っていたかわからない。去年の今ごろ私は、両手がおかしなことになっている原因をつきとめようと、整形外科医の受診を予約していた。虫の知らせくらいあってもよさそうなものだったが、私はちっとも予測していなかった。数ヵ月後、わが家の生活はがらっと変わってしまった。私はALSと診断された。治療法はありません、不治の病気です、お大事に、と。
> 二〇一三年が始まったとき、私は何も知らなかった。

シドはボタンを押して、二〇一三年版フェイスブックを見た。当然ながら、それが彼にとってどういう年だったかフェイスブックは知らない。知りようがない。年表のようなもので、「事実に即しすぎた扱いをするしかないこともある。息子が一歳になった誕生日の写真の次にくるのが、すてきなつなぎの音楽をはさんで、私のALS診断という投稿のシェアだ」[6]

私宛ての手紙の書き出しでシドは、自動システムにALS患者の人生を理解できるわけがないと言っていた。病気が、それまでにあったあらゆること、この先訪れるあらゆることとの意味を変えてしまうことなど理解できないと。ところが、そのあと手紙のなかで、シドはその意見を撤回する。もしかしたらフェイスブックが、「私の代わりに二〇一三年をちゃんととっておいた」というつもりなのかもしれないと。耐えられないほどめまぐるしく場面が転換する一年だった。ほのぼのする誕生日ケーキから医者の診察室、そして死の宣告へ、あっというまに移り変わった年。フェイスブックはそれをとらえていたというのだ。「だからといって、明暗があまりにくっきりしすぎて、心穏やかには見ていられない。……モンタージュ内の次の投稿では、事態が大きく一変するとわかっていて、その映像を見ていられなかった」

　シドの経験には、アルゴリズムの産物をもとに自己について考えることの複雑性が現れている。シドにとって本当に重要なことが何か理解するために必要だったのは、手のほどこしようのない病をかかえて生きるということを想像できる人間だ。人間なら、あまりにくっきりした明暗が痛ましかろうと、理解したのではないか。だが、マシンが管理企画した画像が、シドに自分の一年をそれまでと違うふうに考えさせたのは確かだ。死に向き合うのは、誕生日パーティのために風船を買うのと、いなくなるという確かな見込みという、非現実的な対照を見つめることだ。フェイスブック投稿の急な場面転換から、シドはそんなことを考えさせられた。フェイスブックのアルゴリズム[7]は、そういう効果をもたせようとして書かれてはいない。アルゴリズムの結果から人間が生み出した効果だ。

　シドのメールを読みながら、私は考えた。新しい〝喚起的〟オブジェクトが登場するのは決して悪くない。問題は、私たちがそれをどう使うかだ。だが、私たちの生活のなかのオブジェクトは、私たちの語り方をどうしても束縛してしまう。フェイスブックやツイッター上では、ほかの人たちに好かれるような話、フォロワーがつきそうな話をしたがる。よく「ツイッターは私の自叙伝であり、フェイスブックでは日記をつけている」などと聞かされるが、メリッサの例から非常にはっきりしているように、どんな出版物でもそうだが、日記を書いて他人とシェアしていれば、読者を喜ばせたいという自然な願望に対して無防備になっていくものだ。そして、私たちが身体的に表わす状態をたどって自己認識への手がかりをもたらす電子機器を使っている以上、また別の束縛もある。私たちは、自分にもたらされた数字にぴったりするような物語を見つけようとするのだ。

よくあるやり方のひとつとしては、装着型《ウェアラブル》テクノロジーで心拍、呼吸、発汗、体温、動作、睡眠習慣などを探知するデータを収集するものがある。それらのデータがそのままスマートフォンの画面に表示され、私たちはそれをもとに身体的な自己改善に取り組むことができる。何歩ぐらい歩いたか表示されれば、よく運動する習慣をつける励みになる。また別種のアプリケーションで、心理的徴候から私たちの心理状態をうかがい知ることもできる。

ここで、探知する装置を装着したいというのは、私の年代のほとんど誰もがムードリング〔気分の変化によって色が変わるという、液晶クォーツの人工宝石をつけた指輪〕を買おうという衝動にかられるのと同じような願望である。違いは、ムードリングはおもしろいけれども何の影響力もなかったことだ。新型探知装置には、相当な影響力がある。私たちは測定によって判明することと結びつけて、自分自身（身体と心）を見るようになっていく。

あなたの代わりにセンサーであなたの身体を読み取る探知アプリケーションがあるかと思えば、気分や集中の度合い[8]やパートナーとのけんかを報告するようあなたに求めるアプリケーションもある。そのうちに、微妙な変化が起きる。ある意味で、〝あなた〟は先週に比べて今週はどのくらい歩いたかという歩数になっていく。〝あなた〟というのが、二カ月のあいだに低下した休止心拍数になっていく。少しずつ、自己を測定可能な要素の総計と見るようになっていく。自己探知といえば必ずしもマシンの目で自己を見たり自己の価値を数字で認識したりするという意味ではないが、そのうちに人は、自分自身を計測可能な部分や業績でできていると考えるのが習慣になる。自然に「私のスコアは何点？」と聞くようになるのだ。

一九八〇年代に私は、精神分析文化からコンピュータ文化への進展を、意味から機構《メカニズム》への――深層から表層への――変化だと論じた。当時、コンピュータの動きが心を表現するのに最高の隠喩《メタファ》だとしてもてはやされるなかで、自己を人間の言語と履歴で構成されたものと考えることから、自己をマシン言語でかたちづくることもできるものとみなす風潮へ、という変化もあった。

今の〝量化された〟、つまりアルゴリズムによる自己は、確かにその大きな物語の一部なのだが、新しく付加されたものもある。コンピュータを人間の似たもの扱いするどころではなく、量化された自己は直接人間に向かい、私たちひとりひとりに、自分をコンピュータ操作できるオブジェクト扱いするよう、どんどん認識可能になっていく自分の状態をプリントアウトしたものに従属するよう、求める。精神分析の自己は、言語に痕跡を残すものとしての履歴に目を向ける。アルゴリズムによる自己は、時系列のなかのデータ・ポイントとしてつきとめられるものに目を向けるのだ。

数字と叙述《ナレーション》

数字には魅力がある。人は読み出した情報や点数という観点から自分自身を考えるのが好きだ。それはなにも今に始まったことではない。いつの時代も私たちは、星占いや性格検査、雑誌に載ったテストといったものに引きつけられてきた。ベンジャミン・フランクリンも自己追求者のひとりだったことは、よく知られている。自伝によると、人間の美徳十三項目について、毎日自分を採点していた。今と違うのは、今ではいわゆる〝そのためのアプリケーション〟があるところだ――そのためどころか、もっと何でもできるアプリケーションが。私たちの人生、私たちの身体と精神は、どんどんデータとしてとらえられ、アルゴリズムが分析して私たちにフィードバックするようになっていく。そして、その過程で私たちは、いつも自分自身とアルゴリズムをブラックボックス扱いするよう求められるのだ。

数字だけで叙述《ナレーション》がないのは、欲求不満の種だ。二十一歳の大学生トリッシュは、750 Wordsというオンライン日記を利用している。トリッシュが毎日七百五十語書き、書いたものをプログラムが分析する。日々の書き込みを、彼女が以前に書いたものや世界中の人たちによる大量の書きものすべてと比較するのだ。プログラムは彼女の言葉を評価する――つまり、彼女が考えているように、〝彼女〟を評価する。成熟度、性的満足度について、書き込みに見られる激しさや、ののしり言葉を使った回数について。そして、彼女の関心事を読み取ってくれる。だが、私と話すトリッシュは困惑していた。その前の週のある日、750 Wordsから、書いた日記からすると彼女は死に心を奪われていると言われたのだ。

トリッシュはそれと対照的な人物だ。競争心の強いアスリートで哲学専攻の彼女は、大学を卒業したら演劇学校に進みたいと思っている。彼女がフィードバック・デバイスを知ったのは、歩いた歩数、燃焼したカロリー、眠りの質を日々読み取ってくれる、Fitbitという人気商品を買ったときだ。それをきっかけに、ほかのフィードバック・プログラムにも興味を覚えるようになった。私が会った時点で、750 Wordsの利用歴は六カ月だった。

死に心を奪われていると言われた日、トリッシュは七百五十語を使って、誤解があったような気がして心残りだった友人との会話を書き記した。書き出したほうがいいと思ったのだという。一方でプログラムによる読み取りには不満を感じた。友人とのあいだの誤解がどうして死に関係するのかがわからない。そのアルゴリズムを知りたかった。(9)

自分がほかの人たちより多く死について書いているなんて、ぞっとします。ほんとは、世界中の人たちが書いたものとの比較なんてどうでもいい。やっかいなのは自分自身との比較です。なかなか自分のことじゃないようには思えません。だから、考えさせられました。死とかなんとかって、ほんとに不思議。プログラムはどうしてそんなふうに思うんだろうと不思議な気持ちになりました。

トリッシュの最大の不満は、プログラムが彼女に考えさせたきり、彼女の考えや異議を受け付けてくれないことだ。トリッシュは言う。「あのプログラムはセラピストにはなってくれないみたい。関係がつくれないんだもの。なぜそんなふうに感じるのかって話ができない。私は死のことなんか考えていないと思うんですけど」。それに、もし750 Wordsが、どの言葉が〝引き金となって〟[10]プログラムがああいう反応をしたのかを教えてくれたとしても、それが役に立つかどうかわからない。トリッシュは会話がしたいのだ。

テクノロジー評論家のエフゲニー・モロゾフが、トリッシュが受け取ったようなデータの限界を論じている。物語《ナラティブ》が無理やり数字に変えられているというのだ。そして、その数字が結果のように思えてしまう。モロゾフは、ブラックボックスの読み取った情報を受け取った人が、そこでやめる気になるのを危惧する。[11] 喜んで。あるいはうろたえて。

だが、自己観察デバイスが私たちに返してくるようなデータの扱いにたけてくれば、必ずしも最初の衝撃が最後の衝撃とはならない。数字のまわりに物語《ナラティブ》を築いていけばいいのだ。実際に、トリッシュにはその衝動がある（「プログラムはどうしてそんなふうに思うんだろうと不思議な気持ちになりました」）。〝量化された自己ムーブメント〟への参加を宣言する人たちに出会ってみると、人はセンサーやプログラムからのデータをしっかり取り入れつつ、そのまわりに物語を築こうとしている。

そういう意味では、離婚したての三十代女性が、ブログに「数量化された破綻」という内省を投稿していた。彼女は離婚後何カ月もかけて、自分が書いたメール、かけた電話（およびその相手）、聴いた歌（楽しい歌と悲しい歌に分類してある）、訪れた場所、不必要な買いものとその値段の数を記録した。眠った時間と起きていた時間、いつ、どのくらいの時間運動や外食をしたか、映画に行ったかをつきとめた。いつ人前で泣いたり、ソーシャルメディアに投稿したかも。

このデータを読んでいると興味深い。それでも彼女のブログを読んでいると、買いものや涙や歌の意味にまつわる別の物語を書くためのデータのように思える。この経験は彼女を、自分はひとりきりだと感じたときに連れ戻すのではないのか？　彼女はまた喪失感をいだくのではないだろうか？

ここでは、どういう戦略が働いているのだろう？　彼女の履歴から、つまずきの石となりそうなものが見つけられるのだろうか？　彼女はどんな支援を必要としているのか？　ブログにそういう話はあまり出てこない。だが、彼女がオンラインで交際相手を探して、気に入った人と会ってみて、「最初の四週間だけで千百四十六、平均して一日四十・九〔通のメール〕」をやりとりしたことはわかる。そこでブログは終わった。ここから何がわかるというのか？　彼女はどうなったのだろう？　「数量化された破綻」の数字たちは物語《ナラティブ》を必要としている。

身内に不幸があって、服喪の過程のどこも省略したくないという意図を表現したうえで悲嘆にくれる期間を数字でたどる、量化された自分に夢中な者に対しても、私は同じように反応する。その衝動たるや賞賛に値するもので、感動的だ。しかし、それほど悲嘆をたどるのに忙しくしていて、悲嘆を感じられるだろうかとも思う。感情的刺激を受けてそれに数字をふっていれば、私たちはその感情にとどまるのか、それとも、いったん分類したことでその感情に〝建設的な〟取り組みをし終え、もう対応する必要がなくなったからといってそこから気をそらされるのだろうか？

悲嘆をたどるのは、私たちが悲しむ助けとなるのか。それとも、私たちの物語を数字で始めて数字でしめくくらなければならないとなれば、限られた物語しか語れなくなるために、悲しみから気をそらせてしまうのか？

前述の文化人類学者ナターシャ・ダウ・シュールは、量化された自己ムーブメントの意味を民俗学の立場から研究している。彼女は会合を開いて、〝自己追跡〟をしてきたムーブメント参加者たちに自分の話をしてもらった。そして、こう書いている。「QS〔量化された自己ムーブメント〕の典型的な活動は、〝見せてお話〟の会である。個々の自己追跡者が登壇しては、自分が何を追跡したか、何を学んだかなどについて、話をするイベントだ」。シュールは、QSの『見せてお話の会』に感心したうえで、こう書いている。「数字とは物語《ナラティブ》のプロセスにおける単なる一要素ではないのだろうか？[12]」

私はその質問に単純な答えは出せない。数字は物語のプロセスにおける要素ではあるが、単なる一要素ではない。数字を見せられると、物語構成がしにくくなったとしても、特別に重要な気がするものだ。しかし、私たちの語る物語にはその数字をもちだす正当な理由があるはずだから、そういう構成にせざるをえない。量化されたデータの履歴は物語を構成する素材となりうるのだ。しかしここで、私たちの言語が期待にそむく。私たちは追跡プログラムのアウトプットを〝結果〟として語ってしまう。結果などではないのに。それは糸口なのだ。ところが、その糸口が次に踏み出すべきステップを示してくれないケースのなんと多いことか。

それというのも、プログラムの示す結果が私たちにとって何の意味もなさず、私たちは行き場をなくしてしまうからだ。だから、750 Words はトリッシュを当惑させるような〝結果〟を出しておきながら（彼女は自分が不健全なことを考えているとは思っていない）、だからどうしたらいいかという指導をするでもなければ、対話するでもない。困惑状態に置き去りにされたトリッシュには、なぜ自分の言葉が数字としては死を連想させるのか、知るすべもない。

インテル社でもう十年以上、心身の健康状態の記録と可視化を手助けするアプリケーションに取り組んできた心理学者、マーガレット・E・モリスと[13]、私は追跡と内省について話をした。モリスは長年の研究を振り返り、自分がつくったフィードバック・デバイスに関する印象を、「結末ではなく、出発点として最高の力を発揮する」ものだと言う。そして、「どのデバイスも会話を引き起こす」と。健康や家族の心理力学を変えるという意味では、変化を起こすのは会話なのだ。

モリスによれば、家族の一員や友人が会話を始めることもあったという。モリスが接したケースのひとつでは、慢性の病気をかかえて家にひきこもっている女性が、携帯電話のアプリケーションに気分を報告するよう求められた。Mood Mapというプログラムが一日数回、表示画面上で自分の気分を示すよう求めてくるのだ。彼女が悲しいときは、認知的行動療法に基づいた前向きなものの見方をするテクニックを、プログラムが提示してくれる。このケースでMood Mapがもとで会話を始めたのは、患者の息子だった。そのテクノロジーが、彼が母親の寂しさという、それまで自分だけではもちだせずにいたことを話題にするきっかけとなった。モリスはこうまとめる。「こういうテクノロジーに影響力があるとしたら、それはついでに会話を誘発してくれるからです」[14]

アルゴリズムに対して演技し、アルゴリズム任せにする

経済学を学んでいる三十三歳のリンダは、トリッシュに輪をかけて750 Wordsに熱中している。リンダ

はそのプログラムを一種のセラピー代わりにしているからだ。プログラムを利用しはじめたのは、学業の重圧、知らない街での暮らし、働いていたころほどにはままならないお金といったことに対処する、ストレスをかかえていたころだった。生活を軌道に乗せようとしていたリンダは、自分の状態を知りたいと思っていた。750 Wordsのアルゴリズムが、やさしい、幸せ、落胆している、不安といった彼女の状態をきちんきちんと報告してくれた。だが、プログラムを使いだして何週間かたつと、リンダは不満をかかえた。「思いのたけをぶちまけてみたら、自分がうぬぼれの強いはにかみ屋だってわかって、誰がうれしがるもんですか。ほかのたいていのユーザーより悲しそうだって言われたい人なんかいますか？　そればかりじゃない、あなたは先週ほど幸せじゃないとまで言うんだから」

ただし、リンダは明るい面も見ている。二週間ばかりプログラムから「建設的な批評」をちょうだいしたあと、彼女はプログラムに「訓練」されだした。プログラムが聞きたがっているだろうと思うことを書くようになったのだ。七百五十語の範囲で快活な書き方を心がけ、他人についての話題を多くするようにしている。プログラムによれば、リンダはかつてのようなうぬぼれ屋ではなくなったという。

リンダは750 Wordsとの関係をグループ内で話している。リンダのやり方で彼女の人格は向上するものだろうかという質問が出る。確かに、彼女はシステム相手に勝負をしているが、システムのほうも彼女と勝負しているのだろう——いい意味で。それはセラピーだろうか？　毎日自分の生活を肯定的に書くのはよくないことだろうか？　誰かが、「『ふりをしているうちに本当になる』ってことはあると思います」と発言する。ある研究によると、笑うことは幸福感につながる化学物質の放出を誘発するという。[15] リンダは、しょっちゅう他人のことを話していれば、実際に自己陶酔しなくなっていくかもしれないと思っている。ということは、内省の練習のつもりで始めたことが、少なくともリンダにとっては、結果的に行動療法となっているわけだ。

トリッシュとリンダが直面しているのは、同じジレンマだ——自分の感情が読み取りの結果と一致しない場合に、どうすべきか。Happiness Tracker という iPhone のアプリケーションを使っている大学生、キャラには、また違った問題がある。追跡プログラムのアウトプットを、自分の感情を知るどの程度の手がかりとみなすべきだろうか？ Happiness Tracker は何週間にもわたって、幸福感のレベルとともに、どこへ出かけ何をするか、誰と一緒かという情報をキャラに尋ねてきた。そして、彼女の幸福感が低下していると知らせている。何かひとつの要因にはっきりと結びついているわけではない。

この結果が出て、キャラはボーイフレンドと一緒にいるのがあまり楽しいと思わなくなっている自分に気づいた。アプリケーションが彼を幸福感の低下に結びつけているわけではないが、彼が自分の不満の原因ではないかと彼女は疑いはじめたのだ。そして自分の感情がはっきりしないまま、なかばアプリケーションにひきずられるようなかたちで、ボーイフレンドと別れてしまう。追跡アプリケーションが出した結果は「内々の助言」のようなものだったと言う。自分が正しい進路をとっていないと外から「証明してくれた」ような気がした、と。

〝幸福追跡《ハピネス・トラッキング》〟では、解釈の過程で多くのものが失われかねない。すべてはアプリケーションが伝えようとすることをどう解釈するかにかかっている。もしキャラが〝不満をかかえている〟という読み取り結果持参で心理療法医にかかったとしたら、ボーイフレンドと難しい問題について話し合ったのではないかと質問されたかもしれない。——必ずしも避けるべき話題ではなく、対処に骨が折れるために彼女の気持ちをかき乱すような話をしたのではないかと。ひょっとして、緊張するような会話をもちだせるほど信頼できる相手が、そのボーイフレンドだったということかもしれない。それは悪いことではなく、いいことではなかろうか。

もしかしたら、〝不満をかかえている〟という読み取りは、プログラムがストレスとして記録するような感情を引き起こすのがそのボーイフレンドの存在だったとしても、あれこれ考え合わせると彼が肯定的な力となっているしるしだったのかもしれない。すべての不満が一律というわけではないのだ。私たちを新たな英知へ向かわせてくれる不満もある。

キャラの〝幸福追跡〟は、そういうたぐいの思案に彼女を導いてはくれなかった。それどころか、彼女はプログラムが出した数字を〝落第点〟と受け止め、それがもとでもっといい成績を出したいという願望をいだいた。それに背中を押されて行動を起こした。だが、その数字に隠された意味を人と話し合わず、彼女の感情を履歴と関係づけて見る方法論がなかったキャラは、目隠しをして飛んでいたようなものなのだ。

洞察と実践——精神分析文化

心理学者として私は、話す技術、精神分析流の会話技術の訓練を受けているので、キャラの不幸せを違った視点から見ることができる。最近では古典的精神分析にも、たいていは〝精神力学《サイコダイナミクス》〟［意識過程と無意識過程とのあいだの力動的な相互作用として心を研究する学問］と称される学問由来の非古典的治療法が取り入れられてきている。ここでは、私が治療的な会話という意味で言うようなものと考えて、それを〈トーク・セラピー〉と呼ぶことにしよう。量的な自己を映す鏡となるテクノロジーとは対照的に、トーク・セラピーがもたらすのは自分の経歴を理解するための解釈戦略である。ここで、トーク・セラピーが促進してくれるような会話に趣を添える二つの戦略を挙げておく。

第一の戦略：言葉を文字どおりの意味にとらないで、その言葉に耐えること。

その言葉がどこかへ導いてくれるのをじっと待つのだ。セラピストが、自己検閲なしで頭に浮かぶことを口に出すよう促すような会話が生まれる余地をつくってくれる。(16) アルゴリズムは、はっきり特定することを求める。トーク・セラピーでは、心をさまよわせることを勧められる。

第二の戦略：過去の人間関係が現在になごりをとどめていることに特別な注意を払うこと。

そのためにトーク・セラピーは、セラピストが標準的な会話相手を務めるのではなく、もっと中立的な立場をとりつづける場となる。そうすることで、私たちは過去の感情を相手に投射しやすくなる。肯定的、否定的を問わず、あらゆる種類の感情――自暴自棄、愛慕、依存、憤怒などだ。そうして感情を治療者に移すことを、感情転移という。相手が何かをしたからではなく、ありのままの自分から、診察室にもちこんだ過去のなごりから引き起こされた、セラピストに対する感情だ。

転移された感情を明らかにして話し合えば、得るところが大きい。この投射を、もっと感情を認識したり整理したりすることが難しい、ほかの人間関係にももちこめるようになるからだ。

トーク・セラピーという安全な場で、人は自分に小さな無意識の嘘をつくことを学ぶ――大きな効果を得るために。そして、立ち止まり、熟考し、訂正することを学ぶ。セラピストを無愛想だと非難しながら、それが実際には過去に自分を無視した相手に対する発言であることに気づくようになる。自分自身のうちにある嫌いでたまらない性質をもっている知人を非難するときがあることにも、気づくようになる。夫のことを金づかいが荒いと思っているとしたら、自分自身のお金の無駄づかいを心配しているのではないか自問してみるといいだろう。

治療的な会話が時間をかけて続けられると――時間をかけるのが目的の会話なのだから――ある種の内省がかたちづくられる。注意を払いながらも心をさまよわせている状態になるのだ。細部に焦点を合わせ、日常的なことがらの隠れていた側面を発見する。トーク・セラピーは、ものごとの速度を緩めて外に開けるようにする。時間がたつと、診察室戦略によって日常の会話の意味が明快になっていく。

ここでの私の目的は、精神分析の手引きをすることではない。ただ、これだけ伝えれば充分だ。意味を重視する、治療を進めるのに効果的な関係を根気よくはぐくんでいく、連想によって考えの連鎖をたどって、どんなに無関係と思えようと最終的には大きな成果があがると信じる、といった精神力学《サイコダイナミクス》の感性には、デジタル文化に対し提案すべきことが多々ある。特に精神分析の手法は、アルゴリズムによって私たちをとらえようとするテクノロジーへのアプローチ方法を、さまざまに示唆してくれる

コンピュータ・プログラムに不満をかかえていると告げられたキャラは、不満の原因だとしてボーイフレンドとの関係を終わらせた。〝証拠〟を手にしたからには、何もせずにいるのががまんできなくなったのだ。キャラのしたことを、精神分析の手法では〝行動化〟という。自分の感情に葛藤をかかえた彼女は、何かを変えることに慰めを見いだした。〝読み取り〟と確たる関係のない行動を起こした。精神分析ならば、何かを〝確定〟する必要にとらわれたなら、内省を促す。そして、強調するが、精神分析の示唆するところ、自己認識より先に行動して状況改善につながることは、めったにない。すでに述べたように、セラピストならキャラに、ボーイフレンドに負の感情をぶつけることができたのは彼の存在に安心感があったからだと話したのではないだろうか。それは捨てるべきでない考えだ。かかえるに値する不快感なのだから。

行動化すれば変化は生まれるが、同時に危機も引き起こされるかもしれない。もともと理解に苦しんでいた感情がもとで、それまでと違う不満が噴き出す可能性もあるのだ。それでも、人はとにかく行動化してしまいがちだ。トーク・セラピーの中心的手法は、会話のなかで自分自身に耳を傾けながら、自分の考えを知ることである。自分自身が招いた危機にとらわれていては、できないことだ。「立ち止まって考えよ」という格言に、トーク・セラピーはこう付け加える。「立ち止まって自分の考えに耳を傾けよ」

トーク・セラピーの会話は、前もって整えられたプロトコルに沿うものではない。治療的会話に効果があるのは、セラピストが情報を渡してくれるからではなく、セラピストが会話のなかで関係性をかたちづくってくれるからだ。精神分析医のアダム・フィリップスは、精神分析を「二人の孤独」[17]と呼ぶ。治療がうまく運べば、治療が終わって患者はセラピストの声を「内面に取り込んで」帰っていく。患者は、自分自身の対話の相手になることを学んだのだ。人はまず反応し、もう一度見直すことを覚える。「今実際に話しているのは誰だろう？　私の感情はどこからもたらされているのだろう？　世界が私を無視していると責める前に、私は世界を無視していないだろうか？」と問うことを覚えるのだ。

アクティブ・リスニング［傾聴］のモデルともなるトーク・セラピーのなかで、人は世界に心を傾注するばかりでなく、音楽や沈黙にも、人が話す声の響きにも心を傾注するようになる。自己検閲を避け、自分自身を真剣に受け止めるようになる。自分の行動パターンを見るようになる。経歴を尊重し、油断なく警戒していなければ経歴は繰り返されがちなことを重視するようになるのだ。

精神分析の手法は、会話から私たちの得るものがいかに多いかを実証するものであり、会話の文化を深めてくれる。会話はその人の経歴によって、また話し相手の経歴によって独自の展開を見せるものだと教えてくれる。会話には重要な特質がある。冒頭で述べたように、精神分析には治療以上のものがある。根気、意味、物語《ナラティブ》の中心的役割という、真価を示すひとそろいの語彙に寄与するものだ。

語彙それ自体に批評が伴い、批評すべきことがらがある。しかし、今のようなきわめてテクノロジカルな時代においても、語彙は強力なアプローチとなる。Happiness Tracker から頭を悩ませるような数字をもらったとしても、その意味を調べるすべがわかるだろう。答えは読み取り結果のなかにあるのではなくて、読み取りからスタートして答えを受け取る準備ができるようにしてくれる会話のなかにあると、わかるようになるのだ。私たちの量的自己は、私たちの物語の始まりとなるデータの痕跡を残すだけで、それは結果でも結論でもない。

私は、人々がコンピュータ科学者にアルゴリズムの仕組みを説明してもらい、それぞれが追跡アプリケーションのアウトプットを見るようになる未来を空想している。そして、セラピストが力を貸して、読み取り結果をひとりひとりの人生という文脈《コンテクスト》にはめこむことになると。もっと現実的な方向としては、人々が二重の感性をはぐくむようになる。精神分析文化とコンピュータ文化が、それぞれに有効妥当な点を見いだして、相乗効果を発揮するようになるだろう。

3　二つ目の椅子

家族——「パパ！　グーグルやめて！　パパと話がしたいのよ！」

うちの家族はGchatの会話でけんかします。そのほうが無難ですから。互いにフェイス・トゥ・フェイスでけんかするのには、どんな価値提案があるんでしょう？

——コリン（大学一年生）

親しい友人が私を、メイン州の自宅へ夕食に招いてくれた。私はボストンから車で訪ねていき、長年の友人たちと会った。政治や仕事、子供、地元の噂をめぐって会話に花が咲く。ふと見ると、十代後半の女の子、アレクサがうつむいてスマートフォンをじっと見ている。私たちはちょっと言葉を交わした。彼女の対応はていねいだが、スマートフォンが明るくなると中途半端な笑顔を私に向けたので、彼女と一緒の時間は終わりなのだとわかった。彼女はSnapchat［スナップチャット。スマートフォン向けの写真共有アプリ。閲覧後十秒以内に投稿が見られなくなる。］を受信したのだ。開いてから数秒で消えてしまう画像。彼女は始めたくてうずうずしている。そこで私は会話を中断し、彼女はスマートフォンに向かった。その後何時間かのあいだに、おそらく四、五回、それぞれ五分ばかり、アレクサはスマートフォンを置いてほかの客たちの輪に入った。まわりの子供たちを見回してみると、彼らもやはりスマートフォンに向かっている。

五十代なかばの友人、スタンも、アレクサを観察している。彼と私は、私たちが子供だったころの親族の集まりを振り返って、思い出話を始めた。ときには子供たち用のテーブルにつかされたが、無理をして大人たちの会話に耳を澄ましたものだ。ほかの大人たちと話している両親が、いつもと違う言葉でしゃべっているように思えた。ご近所のきわどいゴシップが取りざたされたり、いることとさえ知らなかった親戚の話が出てきた。スタンが言う。「いつかは大人たちにものが言えるようになると思って、わくわくしてたな。自分の言うことに興味をもってもらえでもしたら、『ぼくもおしゃべりできるようになった！』なんて思ったもんだ」。私たちのように昔をなつかしむ人は多い。ところが、懐旧の念が確実に行動につながるわけではない。メールで伝えただけでつきあいを終わらせるのはよくないと言いながら、言葉とはうらはらにそうしてしまう。昔の食事中の会話を詩的に賛美する人たちが、自分も今は家族と食事中にスマートフォンに向かってメールしていると白状する。

だから、子供たちは幼いうちから、親に注意を向けてもらおうとスマートフォンに対抗しなければならないことに、不満をいだく。食事中、母親のスマートフォンが三度目の振動音をたて、五歳の女の子が「ママったら、やめてよ！　約束したでしょ！　五分前にもかかってきたよ！」とたしなめる。八歳の男の子が席を立って、食事中にスマートフォンを取り出す母親の袖を引っぱる。「だめ。今はだめ。今はだめだよ！」と訴える。母親が自分の子に背を向けて、「ママはちょっとだけ電話しなくちゃならないのよ」と言う。男の子は不機嫌な顔で席に戻る。

私にとって象徴的なのは、十五歳のチェルシーの話だ。夏休みにデバイスフリーのキャンプに参加したチェルシーは、週末に夕食の席で、父親がスマートフォンで検索を始めて会話に水を差したときの落胆を語ってくれた。

このあいだの晩、パパと食事に出かけたんです。ちょうどこんなふうに会話していて、何か答えのわからないことが出てきて。一緒に見た映画の監督が誰だったか、みたいな。パパったら、すぐスマホで調べようとしたんですよ。だから私、言いました。「パパ、グーグルやめて。パパと話がしたいのよ。正しい答えなんかどうでもいい！　パパとおしゃべりしたいだけなんだから」

チェルシーは父親が自分に対して注意を集中してほしいと願っている。それなのにスマートフォンに注意を向ける父親に、腹を立てている。だが、キャンプに行っていないときの自分も、会話を中断しては検索をしたりインスタグラムの自分のアカウントをチェックしたりと、父親がしたのとまさに同じ扱いを友だちに対してしていると、彼女は言う。私たちの今は、かくも複雑であり、矛盾をいくつもかかえているのだ。

家族2・0——家庭内会話の役割

一見したところ、今日の家庭生活はこれまでのものと大差ないように思える。家族で食卓を囲み、子供を遠足に送り出し、親族で集まるという、昔からずっとあったかたちを保っている。

私たちは正しく家庭生活を送っているようにも見える。ビデオ、写真、ゲーム……家族で共有できるものがたくさんあるし、新しい方法で家族と〝ともに〟いることができ、ある意味で決して離れることはない。私は今でも、当時一歳だった娘と初めてひと晩離れたときのことを覚えている。ワシントンDCのホテルにひとりで泊まっていて、マサチューセッツ州西部にいる娘に電話で話しかけた。夫が受話器を耳に当ててくれている娘に対して、その電話の向こう側に母親がいるとわかってもらおうとした。電話を切ると、娘には何もわかっていないだろうと思って泣けてきた。今はスカイプで娘と話をするし、FaceTime［iPhoneどうしの無料通話・テレビ電話アプリ］のこともある。離れていても、娘が遊んでいるのを何時間でも見守ることができるわけだ。

しかし、さらにもう一度見直してみると、家族内でのテクノロジーの役割にはもっと複雑なものがある。人生のほかのさまざまな局面でもそうだが、私たちはともにいながら、どこかよそにも行きたくなりがちだ。食卓でも公園でも、親子それぞれがスマートフォンやタブレットに向かう。かつてはフェイス・トゥ・フェイスでするものだった会話は、オンラインに移っている。いくつもの家族が私に、けんかはメールやGchatでするほうがいい、そのほうが自分の意見を的確に言いやすい、と言う。それを「メールでけんかする」と表現することもある。

家庭内で会話離れが進むと、教育は危機に瀕する。私たちに家庭内会話が必要なのは、それが子供たちに自分自身のことや、他人とうまくやっていく方法を教えるという役割を果たすからだ。会話に加わるとは、他者の心を想像し、共感し、話を媒介に身ぶりやユーモアや皮肉を楽しむことだ。言語習得にも似て、そういう微妙な人間らしさを身につける能力は生得のものだと言える。しかし、その能力が育つかどうかは、子供が置かれた環境しだいである。(1) もちろん、学校や遊び場での会話は重要だ。だが、家庭こそ子供が最初に置かれる、どこよりも密な感情的関係が長く続く環境なのだ。大人が会話に耳を傾ければ、聞くとはどういうことかを子供に示すことになる。家庭内での会話のなかで、話を聞いてもらい、わかってもらうという心地よい喜びを知っていくのだから。

家庭内の会話は、ほかの人たちが自分とは違い、理解するに値する存在だということを、子供が最初に学ぶための手段だ。それにより子供は、ほかの誰かの立場に、多くはきょうだいの立場に立って、考えることを学ぶ。子供がクラスメートに腹を立てているなら、ほかの子供の考え方をわかろうとするように助言するといい。

ほかの人たちの言葉（およびその言い方）は、その人の感情を理解する鍵だと、そしてそれを理解することが重要なのだと子供が学ぶ絶好の機会は、家庭内会話にある。つまり、家庭内会話は共感の養成所なのだ。不機嫌な子供に大人が「どういう気持ちなの？」と問いかければ、怒りや失望も受け入れられる感情であること、人間にはそういう感情もあることを、はっきりさせられる。不機嫌な感情を隠したり否定したりしなくてもかまわない。大事なのはその感情にどう対処するかなのだ。

どんなに強い感情があろうと、それに従ってしまうのでなく、言葉にして説明することができると子供が学ぶのも、家庭内会話を通してだ。だから、家庭内会話はいじめの予防接種としての役割も果たす。自分を他者の立場に置いて、その行動がどう影響するかよく考えることができれば、いじめは防がれるのだ。

プライバシーのある家庭内会話はまた、人生の一時期を保護された内輪の世界で過ごすことができるのだと、子供に教えてくれる。つねに一抹の虚構が混じってはいるが、人間関係には当てにできる境界線があるという意味から、保護された家庭空間という観念には大いに効用がある。そのため、家庭内会話はさまざまな考えを自己検閲せずに伸ばしていく場となる。前述した『われシェアする、ゆえにわれあり』という世界で、家庭内会話は本来の自分でいられる場なのだ。また、家庭内会話は物事を整理するには時間が――かなりの時間が――かかることもあるとも教えてくれる。そして、時間を割いてくれる人たちがいるから、時間を見つけることが可能なのだとも。それもみな、食卓のスマートフォンがぶちこわしにしてしまいかねない。スマートフォンがそこにあるだけで、ほかの何もかもを後回しにしてしまうのだ。

家庭内会話という内々の世界の扱いは難しい。二十一歳のロバータは、母親が家族との夕食の写真をフェイスブックに投稿しはじめたことに不満をいだいている。何かが壊されてしまったような感じで、もう家族水入らずという気がしないのだ。「気の置けない家族と一緒なのに、母がフェイスブックに上げるかもしれないと思うと、スウェットパンツ姿でいられなくなりました」。ロバータは冗談めかして言うが、彼女の不機嫌はスウェットパンツ姿でくつろいでいられなくなったからだけではない。〝自分自身〟らしく感じられる時間、人にどう見られるかを気にしない時間がほしいのだ。

保護された空間にいるときは、ひとことひとことに気をつけていなくてもすむ。だが最近は、相手に〝適切なこと〟を言いたいのだという話を、親からも子供からも聞かされる。家庭内というのは、いつもうまくやろうと気をもんだりしなくていい場ではなかったのか。家族は自分の味方だと感じられ、信頼感と安心感があるはずだ。子供に報酬としてそういう感情をもたせるには、大人が手本を示さなくてはならない。スマートフォンをしまい、子供の顔を見て話を聞く。それを繰り返し行うのだ。

そう、繰り返すことが重要だ。自分は明日でもあさってでもまた戻ってこられる場にいるのだ、と子供が知ったら、家庭内会話の役割はほとんど果たされたようなものだ。デジタルメディアに押されて自分自身を編集し、〝適切なこと〟ばかり言うようになると、私たちは大切なことを見失いかねない。人間関係が深まるのは、必ずしも何か特別なことを言うからではなく、たっぷりと時間をつぎこんでまた会話をしたくなるからなのだ。大切なのは情報のシェアでなく、人間関係が続いていくこと——子供はそれを家庭内会話のなかで学ぶ。

つねにスマートフォンに向かっていると、人間関係を維持するのは難しい。

どこかよその場所——注意力散漫の研究

二〇一〇年、ジェニー・ラデスキーという若い小児科医が、幼い子供を連れているときにスマートフォンを使っている親や養護者がどんどん増えていることに、着目しはじめた。「レストラン、公共交通機関、遊び場、どこにでも必ずスマホがある」。子供と一緒のときは、子供から注意をそらさないことが不可欠であり、それが「人間関係を築く基本」なのだとラデスキーは言う。

子供の話に耳を傾け、言葉でも言葉以外でも反応し、新たな難問や感情的な反動をめぐる問題解決の手助けをしたり、子供たちが自分自身や自分の経験を理解する手助けをしたりすべきです。……そのようにして子供は、強い感情を統制する方法やほかの人たちの出す社交上の合図を読み取る方法、会話する方法を——あとになって、十歳から十五歳になると身につけるのが格段に難しくなるスキルのすべてを——学んでいくのですから。[2]

子供の世話をする人がスマートフォンに向かっていると、そういうきわめて重要な幼少期の会話が妨害されると、ラデスキーは考えている。どんなふうに妨害されるのか？　そして、実際に子供の養護者はどの程度スマートフォンに向かっているのか？　ラデスキーはファストフード店で、子供と食事中の大人五十五人を調べてみた。その結果、大人たちは全員、子供よりもスマートフォンのほうにより多くの注意を払っていた。[3]ときどき子供とやりとりする大人もいたが、ほとんどはまるっきり電子機器にひきこもっていた。一緒にいる子供はといえば、おとなしく放っておかれるか、大人の注意を引こうとばかりに行儀悪くあばれはじめるかだった。

こうした場面には、これまでと違う沈黙の家庭生活が見える。何をしようと大人をテクノロジーから引き離せはしないと学んでいる、子供たち。言葉ばかりか、まともに自分の目を見ようとする大人の存在をも奪われてしまった、子供たち。ファストフード店で必死にアイコンタクトしようと、子供たちは内心で知恵をはたらかせる。幼少期から、情緒の安定と円満な社会性の基礎は、子供がアイコンタクトをして、積極的に関心を向けてくれる顔を見てやりとりするなかで、つちかわれていく。アイコンタクトを奪われ、親の〝無《ステ》表情《イル・フェイス》〟と向き合うことになった幼児[4]は、落ち着かなくなり、そのうち内向的になり、抑圧されていく。最近の神経科学者たちは、子供を連れた親たちが家庭でも外食先でもスマホに向かっているのは、有害な世話のしかたによって「〝スティル・フェイス〟の典型例をシミュレーションしているのではないか」とまで言っている[5]。言葉をかけてもらえず、アイコンタクトも表情豊かな顔も奪われた子供たちが、他者に対してよそよそしく無反応になるのは当然のなりゆきだ。

親たちは、携帯電話の使用がアスペルガー症候群につながるのだろうかと疑う。だが、議論に決着はついておらず、はっきりそう言い切れるほどになってはいない。だが、私たちが子供の顔を見て会話でかかわりをもつという行為をしなければ、落ち着きのない内向的な人間に育ったとしても不思議はない。話をするのが不安にもなるだろう。

〈欠けたチップ〉仮説

レスリーの家では、家族がうつむきながら、黙って食事をする。十五歳のレスリーが言うには、その沈黙が始まるのは、母親が自分で決めた「食事中に電話を取り出さないこと」というルールを破るときだという。母親がスマートフォンを取り出したとたんに「連鎖反応」が起き、食事どきの家族の会話はもろくも崩れ去るのだ。

ママはいつもメールしてます。ずっとスマホに向かってる。いつだって食卓の自分のすぐそばにスマホを置いてるんです。……スマホからちょっとでも音がしたりすれば、そっちを見ます。いつも言い訳して。みんなで外食するときは、しまっているふりをするけど、膝の上に置いています。うつむいてのぞき込むんで、見え見えだわ。私とパパと妹で口をそろえて、電源を切るように言うんですけど。私だって、ママにだめだって言われてるのに食卓でスマホを見てたことはあります。でも、そのママがスマホを出してきちゃね。……夕食の席でママがスマホで自分だけのことをしていると、パパがぼうっと座ってるだけになって、私も妹もぼうっとなって、誰も何にもしゃべらなくなっちゃうんです。

連鎖反応っていうのかな。誰かひとりが始めるだけで、誰かたったひとりが話すのをやめるだけで、そうなるんです。

レスリーは機会が失われた世界で暮らしている。自分の感情の価値、思いのたけを語る方法、他者の感情を理解し尊重する方法といった、家庭内の会話が教えてくれることを、彼女は学べない。彼女は私に、「今のところ」自分が「いちばん大事」に思っている場所は、ソーシャルメディア上にあると言う。だがソーシャルメディアというのは、また別のことを教えるようにできている。ありのままでいる価値を大事にするのではなく、演技《パフォーマンス》を促す。欠点にもいいところがあると教えるのではなく、最高にいい顔をしてみせるように勧める。ソーシャルメディアから学べるのは、どのように耳を傾けるかではなく、どんなことが効率よく広まっていくかだ。レスリーはほかの人たちのことを〝読み取る〟のがうまくはならない。ただほかの人たちから〝好かれる〟ように順応していくだけだ。

最近、若い人たちが不満をいだいているのは、有望な兆候だと思える。失望感をあらわにしているのはレスリーだけではない。ごく幼い年ごろも含めて子供たちは、親がスマートフォンにばかり注意を向けているのが悲しいと言うのだ。自分の子供に対しては、自分たちが育てられたのとは違う育て方をするつもりだと明言する子もいる。

では、違う育て方とはどういうものだろう？　レスリーの場合は、親が自分で破ってしまうようなルールを決めるだけでなく、朝食や夕食の場にスマートフォンが出てこないような家庭で育てるということだ。彼女は食事をしながら会話する家庭を望んでいる。ところが、幼いころ沈黙の食卓で育ち、どうやって会話のある家庭をつくればいいのかわからない子供たちもいる。「いつか、今すぐじゃなくて近いうちにいつか、会話のしかたを身につけたい」と私に話してくれた若者を、思い出してほしい。彼がわざわざ「今すぐじゃなくて」と付け加えているのは、まさにそのとき、その瞬間には、話すよりもメールするほうがいいからだ。彼には、自分の伝えたいことを編集するチャンスもなしに自己表現する、自信がない。会話の練習をする必要があるとわかっているのだ。

その練習という考えが、鍵になる。神経科学者は、私たちの脳の「使わなければ失われる」性質について語っている。「浅薄なもの《シャロウズ》」という概念を導入して、人の脳がウェブ上での生活にどう順応するかを解明しようとしたニコラス・カーは、「神経学的に言うと、私たちは自分が考えるような人間になっていく」(6)と述べている。脳のある部位を使わないでいると、その部位は発達しない。あるいは結合が弱くなっていく。したがって、注意を傾注してくれる親とのやりとりによって活性化される脳の部位を、幼い子供たちが使わずにいれば、適切な回路をつくっていけなくなるということだ。私はそれを、〈欠けたチップ〉仮説と考える。もちろん、いささか軽率な名づけ方ではあるが、私の懸念は深刻だ。幼い子供が積極的に会話しなければ、発達に一歩遅れをとることになる。

子供と会話の関係と、子供と読書の関係には、類似がある。教師たちによると、中等学校以上の生徒たちの、注意力を維持しなければならないような本を読む能力が、ほんの十年前と比べて劣っているというのだ。認知神経科学者のメアリアン・ウルフは、この彼女が言うところの〝精読《ディープ・リーディング》〟からの移行を研究した。文学作品を読んで育った大人たちは、長い文章に注意を集中することができ、読書よりもオンラインで過ごす時間が多くなると失われてしまいがちな精読の神経回路を再活性化するよう、自分に強制することができる。しかし、子供たちにはまずその回路をつくる必要がある。ウルフは、子供たちにまた読書させるために大切な第一歩は、本を読み聞かせたり子供と一緒に読書したりすることだろうと言う。(7)

会話との共通点は明らかだ。子供たちにまた会話させるために――そして、会話からもたらされる共感のスキルを学ばせるために――大切な第一歩は、子供とおしゃべりすることだ。テクノロジーがじゃまになることが多すぎると臆することなく指摘するのは、往々にして子供のほうだ。

失われた機会

もちろん、テクノロジーが家庭内会話のじゃまになるのではないかという危惧は今に始まったことではない。かつて、テレビも似たような心配を引き起こした。テレビの場合を考えてみると、私たちはテクノロジーをある状況のもとで使うのだが、その状況が重要なのだとわかる。一九五〇年代に子供だった私は、『Mama』［一九四九年のテレビシリーズ］や『The Goldbergs』［一九四九～一九五六年のテレビシリーズ］を家族と一緒に見ていた。コマーシャルで番組が中断されるあいだは、登場人物のかかえる問題や自分たちならどうするかといったことを話し合う貴重な時間となった。ごく最近、本書の「孤独」の節を執筆していたとき、私は娘と一緒に『TRUE DETECTIVE/二人の刑事』［二〇一四、一五年放送のテレビドラマ］の録画を見て、十分ごとに画面を一時停止しては、よくできたプロットの細部について議論した。「友情」の節を執筆しているときは『ゲーム・オブ・スローンズ』［二〇一一年からシリーズが続くファンタジー小説原作のテレビドラマ］を見ていて、私たちの会話には作品へのつっこみがかなり混じった。(8) あんな場面、ありえない！主な登場人物で殺される役が多すぎる！　と。

テクノロジーには〝アフォーダンス〟［知覚や行為をうながすものとして環境が内包している一種の力］が伴う。テレビは人と一緒に見ることもできれば、自分の部屋でひとりきりで見ることもできる。テレビが家族をばらばらにすることもあるが、社交的に活用することもできるという利点を生かせば、家族を結束させることもできるのだ。

十五歳のアリに話を聞いた。自宅のキッチンに最新の薄型テレビが設置されたのに、そこが家族の団欒の場とはならなかった。食事中、アリはテレビを見ながら黙々と食べ、両親はスマートフォンにひきこもっている。両親がそこにいないも同然なのが寂しい。助言がほしいとき、男の子の問題、学校の問題、友だちとの問題で聞きたいことがあるとき、彼女はインスタグラムの匿名アカウントへ向かう。そこで彼女には二千人のフォロワーがついているのだ。

目下の彼女は「友だちとの問題」についてアドバイスがほしくて、インスタグラムに写真と質問を投稿し、世界中から何百もの返事をもらったところだ。インスタグラムを「慎重に」利用し、安全を保つようわきまえているとアリは言う。誰かに直接メッセージを送ってもいいかと聞かれても、断っている。アリがインスタグラムでうまくやっているところに、オンライン世界のよさが認められる。今の十代には質問できる場所があり、自分が暮らしている近くでは気楽にできなさそうな会話もできる場所があるのだ。典型的な例を挙げてみよう。保守的な雰囲気の小さな田舎町に住むゲイやトランスジェンダーの若者たちが、オンラインでもっと大きなコミュニティを見つけられる。かつてなら孤立してしまいがちだった境遇が、必ずしもそうではなくなったのだ。自分自身の価値観や志向が家族や地域コミュニティのものから逸脱していても、その向こうに広がる同志たちの世界を発見しやすくなった。

しかし、この場合、アリが望んでいるのは両親と話すことだ。両親がそれぞれのスマートフォンに向かおうとするから、彼女はネットへ向かう。

皮肉なのは、アリが家族と遠く離れたところにいるとか、母親が別の街で働かざるをえなくなったという状況なら、スマートフォンやコンピュータのアプリケーションを活用することで家族の結びつきが生まれるだろうということだ。夕食どきがスカイプの時間となっても、おかしくない。家族がソーシャルメディアを利用して、ひとりひとりに大きな出来事や画期的事件の情報をもれなく知らせることができる。だが、一緒に暮らしているアリの家族は、電子機器によってばらばらにされているのだ。

アリと同じように、十五歳のヒラリーも、個人的なことはネットより母親に話したいと言うが、「メールしているときの母には声が届きません」という。そして、やはりアリと同じで、彼女にはどうやったら母親の注意を引けるのかわからない。だがインスタグラムやフェイスブックなら、いつでも誰か耳を傾けてくれる人がいる。

ヒラリーは、母親が会話を制止する様子をこう語ってくれた。「誰かにメール中のママに話しかけると、『待ってて』って言います。私に話しているまっ最中にも、ふっと話をやめて、メールをすませてから話を続けるんです。そしてまた話しをやめたり、始めたり……」。話しをやめたり始めたりのおかげで、信頼感がどんどんなくなっていくとヒラリーは言う。「信頼感って……相手が自分を理解していない、注意を払ってくれないってわかったら、すぐに信頼できなくなっていきますよね。……相手がスマホに向かってて、会話がそっちのけだったら、そんな相手を信頼できるはずないって思うんです」

精神分析家のエリク・エリクソンによると、基礎となる信頼感が基本構成要素となって、その上にあらゆる発達が重ねられていくのだという。幼児にとっての信頼感は、「おなかがすいたら食べさせてもらえる」[9]という単純なかたちのものだ。その後、さまざまなかたちで信頼が築かれていく。食べさせてもらう以外にも、人は話を聞いてもらいたいと願う。ヒラリーは、スマートフォンのことで母親と対決したことはないと言う。対照的に、十五歳のオースティンは、「わが家のルール」で禁じられているときにスマートフォンに向かっている両親を、どなりつけることがしょっちゅうだと言う。「ママはぼくにいつも、『スマホを使うのはやめなさい、スマホ依存症よ』って言うんだ」。そのくせ、ほんのちょっとあとには、母親が自分のスマートフォンに向かっているのだという。「夕食どきやなんかにぼくが話をしてると、いつもママがスマホを取り出すんだ……質問したら、返ってくるのは『いいわよ』とか、これ以上短くできないくらい短い答えだし。ぼくの言うことを聞こうともしないことだってある。頭にガラスのドームでもかぶってるみたいに。［ママは］スマホの中にいて、まわりにいる人間に気づかないんだ」

だから、オースティンは母親にくってかかる。「ぼくは言ってやるんだ。『なんでママはいつも自分のスマホに向かってんのさ?』って」。母親はたいてい、仕事にスマートフォンを使っているのだと答える。だが、母親のスマートフォンをのぞくと、メールやゲームが目に入ることが多いとオースティンは言う。オースティンは考え込みながら言う。「いつもスマホばかり見てると、人生のすごくたくさんのことを見逃してしまうだけだよね」。口にはしなかったが、母親が彼のことを〝見逃して〟いるのを、寂しく思っているのだ。

別の人生を夢見る

子供を無視しているように思える親たちが、もしスマートフォンを持っていなかったら、もっと子供に注意を払うのだろうか。それはわからない。わかっているのは、スマートフォンには人を引きつける力があるということだ。そばにスマートフォンがあると、私たちはついそれに引き込まれ、自分が大事に思っている人を無視してしまう。それを考えたら、子供と一緒の食卓にスマートフォンを持ち込むのは、とんでもないことだ。自分の脆弱《ぜいじゃく》性を認識し、誘惑を取り除かねばならない。

もうひとつの例を紹介しよう。地域社会とのつながりが希薄になるにつれて、親たちはテクノロジーに夢中になってきた。十五歳のトッドは、自分の両親は地域社会が今より重要だった世界で育ったのだとなつかしむように想像するが、彼はその世界を見ていない。近所の学校に通っていないのだ。住んでいるのは町の荒廃した地区で、両親は彼が通りに出ていくのも、自宅近くに住んでいる友だちと一緒に出かけるのも、いやがる。両親としては、トッドがスクールバスを降りたらまっすぐ家に帰ってきてほしいのだ。自分の家族への依存ぶりを、彼は「住んでいる町なんかない」と表現する。彼が言いたいのは、近所のことをよく知らないということだ。そのうえ、両親はそれぞれスマートフォンに吸い込まれて姿を消してしまった。彼にはソーシャルメディアがもたらしてくれるものしか存在しないような気が、しはじめている。そして、携帯電話などなかった時代をこう想像する。

昔、近所の人たちは仲がよかった。十マイルも離れて住んでる人と友だちになったりしなかった。それが今じゃ、近所とはあまり親しくしない。友だちはすぐ近くに住んでない。旅行することが増えたし、至るところで人とかかわり合うけど、昔は、要するに知っているのは慣れ親しんだものだったわけでしょ。住んでいる町とか、その住人たちとか。

今、スマホを持っていなかったら、ひとりきりだ。……昔は近所の人たちと知り合いだった。今は自分のスマホしかないんだ。

トッドとの出会いは、デバイスフリーのキャンプだった。[10] 同じ宿泊所の男の子たち十人が、こんな悪循環を語っていた。親が子供にスマートフォンを持たせる。親の注意をスマートフォンから引きはがせないものだから、子供は自分自身のデバイスに逃避する。すると、子供がスマートフォンに熱中するのを免罪符にして、親が自分のスマートフォンを好きなだけ取り出す。

ほかのみんなは頭がいっぱいでうわのそらだと、誰もが思っている。この悪循環を断つ最も現実的な方法は、親に指導者としての責任をとらせることだ。子供が親の注意を引こうとしているのにメールにかまけていては、指導などできるはずがない。

もちろん、注意力散漫な親というのは今に始まったことではないが、ノートパソコンや携帯電話と張り合って親を取り合うのは、読みかけの本やテレビや新聞と親を取り合うのとは別の話だ。メールをやりとりしている人は、集中の度合いもかかわり方も、ずっと強力な世界へ連れ去られているのだから。その違いにも、子供たちはコメントしている。ある十代の男の子はこう話してくれた。「父が新聞を読んでいるときなら、話しかけられるんです。ぼくら、日曜日にスポーツ番組を見ながら新聞を一緒に読んでましたから、何か話したいことがあればそう言うだけでよかったんです。ノートパソコン相手だと、そうはいきません。あっちに行っちゃってますから」

ある十五歳の少年の場合は、失望し、あきらめている。「学校からうちに帰ると、ママはたいていコンピュータで仕事してる。……ぼくが話しかけても、画面から目を上げようともしないこともあります」。彼の友人が、自分の母親もたいてい相手をしてくれないと言う。休暇をとって家族で出かけた先で、インターネット接続がうまくいかなかったため、母親がいらいらして休暇を切り上げそうになったこともあると。「ママは、『休み明けまで待ってられない、やらなくちゃならないことを全部やり忘れてるような気がする』って言ってました」。彼は母親がいらいらする原因をこうまとめる。「確かに、インターネットはたくさんの仕事を生み出す助けになっているけど、生活のじゃまになることもありますよね」

ペンシルヴェニア州の田舎に住む十五歳のミッチは、スマートフォンで両親を失ったような気がしている。母親は夕食の席ではスマートフォンなしというルールを決めたくせに、自分はいつも食卓にスマートフォンを持ってくる。私がこれまで繰り返し聞いてきた考えを、彼も口にした。両親の過ちから学ぼうとしているのだ。「ぼくは自分に子供ができたら、うちの両親がぼくに対してしてるつもりの育て方で育てる。実際の育て方は見習わずにね」

ミッチはどんなふうに育てられているか。……夕食の席にスマートフォンがあって会話がないのだが、両親は彼をどんなふうに育てているつもりなのだろう？　自分たちが育った今よりも単純でローテクなやり方と、大差ない育て方だと思っていることだろう。ミッチは、両親がそういう理想像を相変わらず思い描いているところは、間違っていないと思う。「それはいいしるしだと思う。どうしても使うのをやめられないとしても、テクノロジーがいいことばかりにつながるわけじゃないってことは、わかってるしるしだと」

ミッチは、なぜ会話が消えてしまったかについて、自分なりの説を考え出している。みんなが練習しないでいるからだ。

ママはしゃべり方を忘れちゃったんじゃないかな。すごくたくさんの人が、役に立つ会話から遠ざけられるのにスマホを使ってばかりいるのは、長いことスマホを使ってるうちに、メールするほかに何をしたらいいかよくわからなくなって、ちゃんとした会話のしかたを忘れたんじゃないかって、そんな気もする。生身の人間に向かって話をするのが気まずくなっちゃってる――そんなこと、したことがないからね。ほんとに、どうしたらいいのかわからないだけだと思う。

私が話を聞く若者たちは、みな葛藤している。インターネットが〝生活のじゃま〟になると話す。将来築きあげていく自分自身と家族の生活は、自分の親が与えてくれているのとは違うものにしたいと言う。しかし、今のところは、自分の親がつくってくれた生活を送っている。感情面で支えが必要なときには、親に話すよりもネット上に投稿するという若者もいる。そのほうが楽なうえ、きちんと整理するために必要な時間、親の注意を引きつけておく自信がないのだ。また、自分を助けてくれる資質が親にあるかどうか疑っている者もいる。適切な情報の入手先として、不案内でも検索すればいいオンラインのほうを頼りにしているのだ。

今の若者たちは検索の世界で育ってきており、彼らにとっての情報とは検索の終着点だ。情報がものごとを向上させる――それどころか、あらゆることを向上させる鍵だと教えられてきた。だが、家庭内会話が教えることは、それとは違う。親に話をして得られるのは、情報だけではない。生涯にわたって続く、人とのかかわり合いを経験するのだ。〝解決策〟そのものは授けられなくても、親ならただ「何があっても、いつでもおまえを大事に思っているよ」と言ってくれるだろう。そして、「いつでもそばにいるから、また話をしよう。この話し合いを続けていこう」と。それが、家族がばらばらになって親子が離れて暮らそうとも、どんな状況下だろうとも子供が聞きたいと願う、かけがえのないメッセージとなるのだから。

電子機器のもとに放置されて

アリの言うように、インスタグラムに質問を添えた写真を投稿すれば、すぐに何百という教えが返ってくる。それで気分がよくなるし、ひとりきりじゃないと思えると、彼女は言う。ただし、フォロワーからの肯定的なフィードバックがうれしいとはいえ、インスタグラムでもらうハートマーク『「いいね！」の意味』やフェイスブックでもらう『いいね！』は、愛情ではないとアリは知っている。それは、彼女のかかえる問題が興味を引くかどうかを示す、評価システムのようなものだ。オンラインでは、問題を打ち明けることさえパフォーマンスになる。

すでに述べたが、ある意味で私たちのふるまいはすべてパフォーマンスだ。しかし、パフォーマンスのなかにも重大な違いがある。母親相手の涙ながらの会話も、悲しいブログを投稿するのも、ともにパフォーマンスでありながら、そこに求められるものも、そこからもたらされるものも、まったく違うのだ。理論的に言うなら、母親との会話は共感のはたらきを教えてくれる。母親が自分の表情や声に気を配ってくれるのを、よく見る機会となる。母親が自分に注意を払っていると、母親の反応に自分の口調や身体言語が反映するようになると気づく機会となる。母親が「どういうこと？」と言いながら、相手の身になって考えようとしているしるしに身を乗り出すのを、目の当たりにすることができる。他者が自分に共感しようと努力する姿を見て、子供は共感を学ぶのだ。

なぜ、親たちはスマートフォンに向かい、自分の子に向かわないのだろう？ オンラインで目にするものに気が散っているだけで、それもたいてい仕事関係のことに気をとられているのだと、親たちは言う。そしてそこから、ずるずると別のことへつながっていく。それ以上の意味がこもることもある。親たちが家庭生活のストレスを〝遮断〟したがっているのだ。前述した十八歳、高校三年生のメリッサの両親は、離婚する瀬戸際という状態だ。家庭内でしょっちゅういさかいがあり、夕食の席で最悪の事態になることがよくある。

メリッサの父親が、つまらない攻撃に出る――妻がコショウ嫌いなのを知っていて、スパゲティ・ソースにコショウをどっさり入れるとか。ほとんど毎晩と言ってもいいくらい、けんかが始まると母親が怒りに激高し、それに続いてメリッサも叫ぶ。

そういうことが起こるたびに、メリッサは母親と話がしたいと思うのだが、誰もがわめき散らす阿鼻叫喚の食卓にスマートフォンが登場する。スマートフォンで友人から心の支えを得ようとして、母親がいなくなる。そしてメリッサも、自分のスマートフォンで同じようなことをする。フェイスブックへ――自分のネットワークへ向かうのだ。

メリッサの母親が娘の求めている平静な会話をするのは難しい。スマートフォンが新たに起こる家庭内の沈黙の原因になっているわけではないが、スマートフォンのせいで、難しい会話から逃げやすくはなっている。子供の発達という観点からすれば、そういう困難な会話こそ必要不可欠な会話なのだが。

電子機器のもとに放置されて、メリッサには必要な助けが得られない。誰かに共感してもらえれば、自分の話を聞いてくれる人がいる、ずっと寄り添うと約束してくれていると、わかるようになるのだ。メリッサの母親は、娘にその約束を伝えるべき立場にいる。「ひどい状況になってしまってごめんなさい。大人として、あなたをこんな目にあわせてることを謝るわ。どんな気持ちでいるか教えて。今すぐには力になれなくても、ここに一緒にいて、私たちがこの状況を抜け出せるようにするから」と。それなのに、母親はスマートフォンに向かう。

スマートフォンを手放さないのは、自分にはわからないオンラインのソーシャルメディア世界に生きているように思える子供を、(ともかくある意味では)脅威に感じるからだと言う親たちもいる。「恥をかかされる」のがいやで、ついていこうとがんばっているのだと。時代に遅れている気分になりたくないのだ。「スマホは対等にしてくれる武器《イコライザー》なんです」と、四十代はじめのある母親は言っている。

何もかも対等ではないのだから、親は対等を目指す必要はない。親が子供のテクノロジー知識に臆していては、自分がそれまでの人生で経験してきたことを——子供が経験していないことを——子供に伝えるのを忘れてしまいかねないのだ。

十五歳の娘がプリンターやケーブル、スマートテレビなどをつないで家中のネットワークを設置できるとしても、ちゃんと言葉が出てくるかどうか自信がないため、電話で話すのをいやがったりするものだ。そういう子は、学校でのいじめをどうしたらいいかわからない。教師とフェイス・トゥ・フェイスで話すのが怖い。親を必要としているのだ。

また、すでに見てきたように、親が会話を中断してオンライン検索するのは、それで家族の会話が豊かになると思ってのことだったりする。親の観点からすれば、子供から目をそらしているつもりはまったくない。会話にもっとデータを盛り込んでいるつもりなのだ。だが、子供はめったにそうは思わない。

夕食の席で話題に出た疑問をオンラインで〝事実確認〟しようとした父親を止めた、十五歳少女の話を思い出してほしい。「パパ！　グーグルやめて！　パパと話がしたいのよ！」彼女は目の前に自分がいるだけで充分だと思ってほしい。オンライン世界に負けたり試されたり教えられたり、オンライン世界と競ったりしたくないのだ。ある大学一年生の父親は、夕食どきに会話の内容を正確にしようとしてスマートフォンを取り出すのが習慣になっているという。そのたびに会話が「小休止《タイムアウト》」して、雰囲気は台なしになる。「ふりだしに戻すリセットボタンを押すみたいなもんです。会話が広がっていく余地なんかなくなりますよ」と彼は言う。

大学一年生のヘイリーが言うには、彼女の両親は「家族で食卓を囲んでおしゃべりすることをずっと重んじていた」のに、「二人ともiPhoneを持ってからくずれちゃいました」という。今では「二人ともやみつきになってて、それに気づいてもいないんです」と。

前回ヘイリーが帰省したほんの二日のあいだに、夕食の席で前年の感謝祭のテーブルセッティングをめぐって言い合いになった。両親ともにそれぞれiPhoneを取り出して、証拠となる写真を呼び出そうとした。

ヘイリーは両親に、食事中はスマートフォンをしまっておいてと頼んだが、聞き入れられなかった。「よくないと思っていないんです。さっと調べものをするとか、天気予報をチェックするだけだとか、ちょっとだけメールするとか言って、私に言い訳するだけ」。ヘイリーによれば、スマートフォンを食卓に持ってきていないときも、スマートフォンのことは両親の頭から離れない。食事中ずっと、両親は食事が終わるのを待ち構えていて、できるだけ早く「二人とも席を立ってスマホのところへ行く」のだと、彼女は言う。

つい何週間か前に、一家三人で母方の祖父と一緒に食事したときも、両親はスマートフォンを取り出した。スマートフォンが出てきて祖父は「うろたえた」し、自分は裏切られたような気がしたとヘイリーは言う。四人で食事をしながら語り合っていると、世代をまたいだ近親者の輪という特別な場にいる感じがしていたのに、スマートフォンがその輪をこわしてしまった。「何かが止まってしまったみたいな感じ……ふりだしに戻らざるをえないというか」。だが、ふりだしに戻っても無駄だった。雰囲気が変わってしまったのだ。

ヘイリーが両親にそのことを話すと、偽善者よばわりされる。娘だって自分のスマートフォンに向かうのだから、「テクノロジー警察」になどなれる身分ではないと、両親は思っているのだ。だが彼女は、自分にはりっぱにその資格があると思っている。両親と話をしたがっている子供なのだから。それだけで充分な資格になるはずだ。

最近、両親と話をする戦略として、話を聞いてもらえそうなときに備えて話題をたくわえておくことにし

た と、 ヘイリーは言う。「そうすると、ママに話をするのは次の日まで待つことになったります。ママに次回会えるまで、待つわけです」。親がつねに自分のことを考えてくれているわけではないし、親の頭には自分のことしかないわけではないということを、子供は思春期に知る。だが、必要なときにはいつでも親に注意を払ってもらえるとわかっているから、安心していられるのだ。ヘイリーはそういう確信を失ってしまった。

非対称《アシメトリー》

親と子のあいだの関係は、釣り合いのとれた対称的なものではない。子供が親の注意をほしがっても、必ずしも注意を返そうとはしないのが当たり前だ。それどころか、注意を向けてくれない親と話をしたいと言う子供が、当てつけに親を寄せつけなくなることもある。今二十七歳、大学院生のアメリーが、十代のころの自分の「非対称」ぶりを振り返って話してくれた。

十代のころ、両親が携帯電話を使ってるのに腹を立ててましたけど、母が私に手を伸ばしたりハグしたりしようとすると、私はそっぽを向いて自分の携帯電話を見てました。……母は不満そうでした。私、母から離れる必要があったんです。母親なんか必要じゃないって見せつけるために。

それでも、携帯電話を持ち込まない夕食時の会話はありがたかったと、アメリーは認める。彼女の両親は、昔ながらの食事光景を維持しようとよくがんばっていたと。「ときどきは家族以外にも、近所の人や親戚が加わって、食事のあともおしゃべりが続いたもんです。居間に移って、コーヒーを飲んでケーキを食べながら。姉と私もついていって話を聞いたり、ときには口をはさんだり。口に出したことはないけれど、あれはほんとに楽しかった」

思春期の若者たちと話していると、家族のルール（食卓にスマートフォンの持ち込みを禁じるなど）のおかげで会話ができることをありがたく思っていると、しだいに認めるようになる。そういうとき、私はこのアメリーのことを思い出す。

十五歳のマーニは、ちらりとのぞけるように腿の下にスマートフォンを隠しておいて、自分の家庭の「夕食どきのスマホ禁止」という方針にささやかな抵抗を続けている。それでも、「スマホ禁止」ルールには満足している。

彼女としてはルールがあってほしいし、そのルールをほんのちょっとだけ破りたい気持ちもある。私が教えている学生たちもそうだ。教室内でスマートフォンをちらりと見ることができるといいとは思いつつ、私がそうしているように、ディスカッション中はスマホ禁止と教授が言い張るのにも好感をもつという。ある学生は、「それは教授が気にかけてくれているということですから」と言う。

アメリーの言うように、思春期を迎える若者は親から離れる必要がある。そして、破りたくなるようなルールへの感謝は、発達上こなすべきノルマとも思える。スマートフォン上の世界に忠誠を宣言しつつ、ときどきは手放すよう言い張る親をありがたく思うところに、それが現われているのではないだろうか。

十四歳のドリーンは、家族の問題は何でも直接フェイス・トゥ・フェイスで話し合うと言い張る母親に、不承不承感謝の気持ちを表わしている。家族の問題がもちあがると、「母は私たちとモノポリー［盤上で不動産の売買をするボードゲーム］やクルー［プレイヤーが殺人事件の登場人物になって犯人の割り出しなどを競うボードゲーム］をします」。そして、ボードゲームに興じながら会話が生まれる。「それに、うちでは寝室に電子機器の持ち込みが禁止されてます。ドックって呼んでる場所があって、そこに充電器やなんかが全部あります。一日の終わりには、スマホもタブレットもノートパソコンも、全部そのドック行きなんです」。メッセージを見逃したくないドリーンは、自分のスマートフォンをドックに入れたくない。だが、母親のやり方を認めてはいる。ドックに入れる儀式のおかげで家族はのびのびと話ができるし、スマートフォン禁止のせいで夜ぐっすり眠れるからだ。

よく知っていても、うまくできるわけではないとき

私たちが互いに接続する方法を新たにもたらしてくれるテクノロジーが、逆に互いの出会いを困難にしているとも言える。

三十七歳のジョンは、七歳の娘シモーンと気心の知れた親子になりたいと思っていた。ロサンジェルスで経営コンサルタントとして働くジョンは、離婚したばかりで、シモーンと一緒に過ごす時間を楽しみにしてはいるが、それがストレスにもなっていた。散発的にしか一緒にいられないし、家庭内の日常も以前とは違うからだ。そのせいで、シモーンを博物館や〈アメリカン・ガール〉のドールショップや動物園に連れていくのが無難だと思うようになってしまった。娘と二人で「ただだらだらする」のは難しいと思っている。家にシモーンの母親がいてくれたときは平気だったのに。そのころはシモーンとのやりとりも気楽だった。今では、どこか無理がある。そんなころ、シモーンのいる二年生クラスが遠足に行くと聞いて、彼は一緒にバスに乗るチャンスができたと大喜びした。「自然体で」一緒に過ごす時間が楽しみだった。

ジョンと会ったとき、その遠足の記憶はまだ新しかった。バスの中でのことを、こう語ってくれた。

当然、スマホを持っていきました。あれがなければ、仕事もメッセージを読むことも、大事な女性たちにメールすることもできませんから。シモーンのシッターにメールもできません。娘の写真も撮れないし。何もできない。スマホはもう自分みたいなもんです——身体の延長というか。「これから四時間ほど両手を取りあげられたら、何ができる?」みたいな感じですかね。

そしてまずは、むこうで写真を八百枚ほど撮って、全部送信しました。遠足に出かけているあいだに写真全部を送信したんです。メッセージをつけて投稿すると、「わあ、かわいい! そこはどこ?」っていう返信が来る。それでまた、次々にメッセージを送りまくります。それで突然気づく。シモーンと一緒に座ってたのに、かれこれ一時間くらいひとことも口をきいていなかったって。

そこで、「スマホを使うのはやめなければ」って思いました。確かにそれはすべてシモーンの写真です——私はみんなに、今は遠足に来ているんだと投稿しつづけていました。そしたら「バスの中で」シモーンが、「スマホやめて」と言ったんです。

ジョンはシモーンと一緒にいたいのに、シモーンと話すのが不安なのだ。彼はスマートフォンを手にしていないと、自信を失う。最近、シモーンと博物館にいるときにスマートフォンの充電が切れて、自分の内的世界を失ったような気がしたと言う。「〝ひとりの人間ですらない〟みたいな感じでした」と。そしてまた、七歳の子を相手に話をするには根気と心得がいる。腰を落ち着けて娘に何と言おうか考え出すよりも、写真を撮ってネットに投稿することによって愛情を示すほうが、ジョンにとっては楽なのだ。

すでに述べたことだが、会話を取り戻すための第一歩は、会話が生まれるようにデバイスフリーの時間と場所をつくりだすことではないだろうか。家族だったら、キッチンやダイニングルーム、車の中(ジョンの場合はバスの中）などを、そういう場所にするのだ。ただ、例外もあろう。いかにして家庭内で人を引きつける会話を引き起こすかという点に目を向けるほうが、有意義ではないかという意見もある。電子機器が会話の内容を向上させてくれると思えるなら、電子機器を自由に使えばいいと。

そういう議論になった場合、私は例を挙げて説明してもらうようにしている。たとえば、十代の子が二人いる母親の話では、家族で『ゲーム・オブ・スローンズ』の話をしながら、みんながタブレットに記憶に残る名場面を呼び出すのだという。またある母親は、今は二十代になっている三人の子と、休日に大勢で囲んだディナーの席で、政治の話をしたことを振り返る。彼女は、政治家が全国民を巻き込んだ有意義な会話を引き起こせることを指摘したいと思って、スマートフォンを取り出すと、バラク・オバマが最初の大統領選の運動中、人種問題について演説した数分間の映像を見せた。「スマホを取り出してそれを見せたら――会話が盛り上がりました」

こうしたやり方をジョンの場合に応用するとしたら、シモーンと一緒にいて話がしにくいようなときは、一緒に旅行したときの写真をスマートフォンで探すなりして、それを話題に会話を始めればいい。あるいは、最近一緒に見た映画の場面をスマートフォンで再生して、その登場人物たちの話を始めてもいいだろう。

だが、ジョンがしたのはそういうことではなかった。いちかばちかの親子交流の場で（それまで父には娘と一緒に過ごす時間が充分になかった――遠足はチャンスだ）、スマートフォンを取り出した彼は、結果的に娘にとっても父親としての自分の感情にとっても好ましくない使い方をしてしまったのだ。

三人の子の母親が政治演説を〝上映〟してみせた話などから、私たちは、スマートフォンを携帯していると会話の質を高めることができると考える。確かにそうなることも――ときにはあるだろう。しかし、スマートフォンが現われたが最後、ついでにメールをチェックしようという誘惑に抵抗できなくなることのほうが多い。あるいは、メールが届いていることに気づくかもしれない。すると、すぐに返信してしまう。手の中にスマートフォンがある限り、その世界にとどまるよう誘惑される。スマートフォンは何も要求せずに多くのものを与えてくれるという、間違った感覚が生まれるからだ。家族の研究から私が学んだ最大の教訓は、私たちはもっと自分自身のことを思いやらなければならないというものだった。私たちは脆弱である。スマートフォンには強く引きつける力があって、私たちはそれと密着していたくなる。だが、家族が必要としているのは私たちだ。

スマートフォンを持たずに遠足に行くことなど、ジョンは考えてもみなかった。スマートフォンなしの時間を考えるだけで、自分が〝ひとりの人間でない〟、〝両手を失った〟人間になったような気がした。だがジョンには、スマートフォンなしで一人前の人間だと思えるようになる必要がある。そうすればシモーンと会話できるようになるだろう。シモーンのほうも、スマートフォンなしで一人前に成長できるのだと知る必要がある。現状で父親が娘にそれを教えるのは無理だ。

ジョンの話からは、私たちがメールや画像、通話でやりとりしているうちに、いかにフェイス・トゥ・フェイスの交流を〝一時停止〟するようになってしまったかが、如実にわかる。そして、ジョンは考えもせずにそういう行動をとっていた。道中で娘にひとことも口をきいていないと気づいたのも、一時間以上たってからのことだった。

ルイ・C・Kが深夜テレビで、自分の娘たちに携帯電話を持たせたくないわけについて語ったとき、彼はそこから人生の深い悲しみを感じる重要性について沈思するに至った。悲しみが訪れると、最初はそれを感じまいとして、「スマホを取り出してメールを、そう、ざっと五十人ばかりに打とうと」する衝動に駆られる。そして、返信が届くのを待つのだ。(11) ルイ・C・Kの話ではスマートフォンを使って悲しみを閉め出すのだが、私たちはスマートフォンを使って悲しみ以外の感情も閉め出している。不安感をいだいたジョンは、友人や親戚やつきあっている女性に猛然とメッセージを送り、シモーンとゆっくり過ごすはずだった時間を台なしにしてしまった。

メッセージを送りまくったジョンの話は、大きな物語の一部にすぎない。私たちは、人生を記録するために、あるいは別のスレッドを立てるために、ネットにつなげて別の情報を得るために、人生を一時停止してもいいという考え方に慣れてきている。もはやそういう中断を、じゃまになる行為とも思わず、接続だとみなしているのだ。私たちはそれを求め、なければつくりだす。中断があれば、やっかいな感情も気まずい時間も避けられ、便利なものになっていく。時とともに、私たちはそれを切望するように自分の脳を訓練してきたのだ。当然ながら、そうなると落ち着いて会話するのは難しくなる。

ジョンの話では、彼自身にもわかっているとおり、娘と一日を過ごそうとして遠足に出かけたのに、スマートフォンにじゃまされてしまったことは明らかだ。自宅にいるときも、シモーンと話をするのをスマートフォンがじゃましていると彼は認める。「誰かと何か話がしたいとき、娘にはアニメを見せておくんです。いつもは何とも思わないんですが、今考えると……。あの子にそれほど悪いことをしてるつもりじゃなかったんですが、やっぱり悪いんでしょうね」

テレビアニメの前に置き去りにされるシモーンは不服そうだと、ジョンは語る。バスの中でしばらくがまんしてから異議を唱えたときのように。シモーンの不服について話すとき、ジョンはシモーンを三人称で〝彼女〟と言い、自分自身を二人称で〝おまえ〟と言う。「彼女はおまえに、スマホをどこかにしまってと言う……するとおまえは悲しくなる。『しまった！　スマホの使いすぎだった』ってなふうに。……子供たちはすごく傷ついているんだろうと思う」

とはいえ多くの親たちにとって、子供がかわいそうだとわかっているだけでは、スマートフォンをやめさせるのに充分でない。親子関係が疎遠になっていることが問題なのだ。その問題に取り組まねばならない。まず、親は子供との会話不足で危険にさらされるものを、十二分に理解する必要がある――信頼感や自尊心の発達、共感し友情をはぐくんで親密になる能力などだ。

第二に、親は自分自身のスマートフォンへの愛着を、依存症という単純な比喩で考えたり、もっとよくあるのは〝やや依存症気味〟と笑いごとにしたりすることをやめ、先に進む必要がある。「ちょっとスマホ依存症みたいで、どうにもならない」などと言っていないだろうか。実際には、私たちはみんな、スマートフォンがもたらす感情面での欲求充足に対して脆弱だ。そして、スマートフォンから絶え間ない刺激を受けると、私たちには神経化学的な報酬がもたらされる。

テクノロジーにはアフォーダンスがある――テクノロジーによって簡単になったり魅力的になったりすることがある――と認めさえすれば、私たちは自分の脆弱性を曇りのない目で見られるようになる。「スマホに依存している」という気がしても、それは個人の弱さではない。完璧に実行されたデザインに対して当然の反応を示しているのだ。そういうレンズ越しにものごとを見れば、やがて新たな選択をして必要な変化を起こせるようになるだろう。

家庭内では、口にする食品について責任を負うのと同じように、使うテクノロジーにも責任を負うことだ。砂糖の生化学的な力をどんなに宣伝販促されようと、私たちは健康的な量の健康的な食品を摂ることが、家族にとって最善だと認めているではないか。そして、私たちは時間をかけて、販売するものを変えるよう食品製造業者に圧力をかけてきた。そして、スマートフォンのアプリケーションは、私たちをスマートフォンに引き留めるようデザインされている。アプリケーションのデザイナーたちは、私たちが望むとおりの人生を送れるようテクノロジーにサポートさせるのでなく、私たちの注意を奪って利益を得ているのだ。

口論の場を移す

コリンの一家では、三人の子が親の期待とは大きく違う道を進んでいる。手堅い職に就いてほしいとの思いから、三人ともニューイングランドの寄宿制私立高校にやられたのだが、今大学一年生のコリンはミュージシャンを目指しているし、兄はベイル［スキー場で有名なコロラド州の町］でスキーの指導をしている。両親は折々に家族一緒の旅行に出かけたがるが、そういう家族再会の集いに時間をやりくりして参加してもいいと思うのは、ニューヨークのインターネット会社でプログラマーとして働く姉くらいしかいない。家族で口論がもちあがると、それはたいてい子供たちが親の期待に応えてくれないことをめぐってだが、「うちの家族はGchatの会話でけんかします」とコリンは言う。彼がそのやり方を気に入っているのは、「そのほうが無難」だからだ。無難なやりとりをするあいだに、考えをまとめる時間ができるのがありがたいという。だが、彼はそこで言葉を切ると、何か失われるものもあるんだろうかと、私にというより自分自身に向けた問いを、ビジネスのメタファを使って口にした。「互いにフェイス・トゥ・フェイスでけんかするのには、どんな価値提案《バリュー・プロポジション》があるんでしょう?」

彼は答えを思いつかない。彼の家族は、口論を落ち着かせるためにオンラインで処理する。自分たちは以前よりも〝生産的《プロダクティブ》〟な家族になったとコリンは思う。だが、家族の生産《プロダクト》するものとは何なのだろう? うまくいっている家族が生み出す《プロデュース》のは、〝激しい〟感情にも落ち着いていられる子供ではないだろうか?

二人の子をもつ四十代後半の母親、マーゴットは、手こずる家庭内会話にはメールやメッセージを利用する。コリンの家族のように、彼女もそれがほかのどんな方法よりうまくいくと思っている。彼女がそのやり方を始めたのは、高校三年生の息子、トビーとのフェイス・トゥ・フェイスの会話がうまくいかなかったときだ。腹を立てたトビーは、両親と話がしたいが、口をはさまずに自分の主張をさせてほしいと言ってきた。彼には言いたいことがあって、「最後までじっくり聞いて」ほしがっていた。これまでのところ、親の期待には応えられていないかもしれないが、学校では一生懸命がんばって勉強していることを認めてほしい、と。

彼らは自宅のキッチンで話をした。ところが、トビーの父親がルールを破った。黙って話を聞かずに父親が意見したため、トビーは怒り狂って寝室に引っこんでしまった。それから、父と母の両方にメールで猛攻撃を始め、怒りのメッセージをどんどん送りつけてきた。トビーの父親はそれに応じようとしなかったが、マーゴットは返信した。それに応えてトビーはさらにメールをよこし、母親からのメールを読むつもりはないと言ってきたが、マーゴットは屈しなかった。「同じメッセージをコピペしては、息子が読んでくれるまで何度も何度も送りつづけました」

以前だったら、ちょっと興奮を冷ましてから〝家族の交流〟を、という状況だ。かつては家族が集まって、互いの話にじっくり耳を傾け合ったものだ。あるいは、夕食の席で話し合うような問題でもある。張りつめた雰囲気になったとしても、いつもながらの夕食の場なら、家族は翌日もまたテーブルを囲むし、また話し合う機会があるとわかっている。ところがこの場合、マーゴットは意識的に話し合いを〝対面〟の場にもちこむまいとした。口論は完全にオンラインでやりとりする世界に移された。〝家族の交流2・0〟である。マーゴットはそのやり方が気に入り、一家はそのやり方を続けることにした。

家族でメールをやりとりして問題に取り組むことを、マーゴットは〝会話〟と呼ぶ。彼女の思っているとおり、それは家族の誰かがあとになって悔やむようなことを口走る危険を、最小限にとどめるよう意図されたやりとりだ。マーゴットは、結果的に家族がうまくいくようになったと言う。初回のやりとりでトビーは、成績が上がらないのはいつも実力を発揮できたわけではないからだと思っていると、両親に伝えることができた。そしてマーゴットのほうは、自分の考えを言えたのがうれしかった。トビーは援助の申し出を生かそうとしないと、彼女は思っているのだ。

マーゴットは、うまい家庭内会話の鍵は準備と編集だと考えている。トビーとうまくやりとりできるようになったのは、自分の考えを組み立ててから送信するようにしているからだ。メールの「間《ま》」がなかったら、息子にきちんと届く適切な言葉を見つけられそうにないし、適切な言葉こそが大事なのだと考えている。そして、感情のこもった、気づかいはあるが冷静な語調を、面と向かって絶やさずにいるのは無理だとも言う。

もちろんマーゴットは、トビーに対して言いたいことをじっくり考えてからフェイス・トゥ・フェイスで会話することもできた。その選択肢をしりぞけたのだ。最初の言い合いのときのような状況で息子とフェイス・トゥ・フェイスでいたら、感情が先走ってしまうだろうとマーゴットは言う。同じことを何度も言いつづける自制心はありそうにないし、「そんなことをするのはおかしいでしょう」と。しかし、テキストボックスでコピー・アンド・ペーストを繰り返すのは、おかしくないように思えた。あの状況には必要なことだったと彼女は確信している。

そんなふうに、マーゴットは心から信じている。家族間の重大な意見の相違を解決するにあたって、なにも感情をもつれさせることはあるまいと。それどころか、トビーとの口論の余波で夫婦のあいだでも意見が食い違ったが、彼女は夫婦げんかもオンラインのやりとりでするようになった。高校での成績にむらがあるトビーは、一流大学へ進学せずに、入れることになった大学に通う予定だ。大学進学がそんな終わり方をしたことに夫が不服そうなので、マーゴットは腹が立った。夫は家族が互いを全面的に認め合う機会をだめにしている、と思ったのだ。

このけんかの原因は、ささいなことではない。子供の進学に端を発してはいるが、最終的には家族のかかわり合いの意味を問うものになった。それでも、マーゴットと夫は終始メールで議論する道を選んでいる。おかげで「理性を失ったみっともない」場面の数々を避けることができたと、マーゴットは言う。息子とのやりとりを語るときと同様、メールを介すれば自分の考えを組み立てる時間ができると力説する。マーゴットの言うとおり、デジタルけんかのコントロールされた世界には、「とりかえしのつかない傷」がつく危険が少ないからだ。

マーゴットによれば、テクノロジーのおかげで、かくあるべきとされてきたような家族のけんかが――公正で、冷静で、よく考えたうえでのけんかが、できるという。セラピストは家族の一員に対して、落ち着いて時間をかけるようにと言いつづけているではないか。その助言の趣旨は、互いに相手の話にじっくり耳を傾けるのに力を貸すことである。マーゴットは、自分の言う「メールでするけんか」は、そういう精神にのっとった方法だと考えている。フェイス・トゥ・フェイスで接しなくても、家族の話を互いにじっくり聞いて、時間をかけて互いの考え方を熟考するわけだから。

確かに、メールというツールは家族コミュニケーションの新しい路線を開くものだ。だが、「話をするために目の前からいなくなろう」と子供やパートナーに言うわけだから、そこに含まれる意味自体に害があるのではないだろうか。つまり、リアルタイムで、相手の目の前で、考えていることや感じていることを平静に聞くのはかんべんしてほしいと、暗に言っているのだ。自分の感情を充分にコントロールして他者に耳を傾けられるというのは、共感の必要条件である。親がその手本を示さなければ――まっ先にメールに頼っていては――子供はその資質を身につけられないだろうし、それを大事なこととも思わないだろう。

家族関係が難しい展開になったとき、いったん離れ、心を整理してから戻ってくると家族に伝えるのは、昔からある対処法だ。「メールでするけんか」がそれと違うのは、機会が手法と化してしまうところだ。そうすること自体、自分の反発があまりにも大きくて、リアルタイムで感情を処理する気もない、あるいは処理できないという、メッセージになっているかもしれない。そして、そういうメッセージをこめたつもりはなくとも、相手はそう受け取るかもしれないのだ。

また、メールでけんかをすると、〝適切な〟メッセージを出すことを重視するようになるため、相手からも〝適切な〟メッセージが返ってくることを期待するようになる。つまり、双方が適切なことを言いつつ話し合う方法があるのだと考えているわけだが、家族関係というのはそもそも、やっかいで見苦しいものだ。それをテクノロジーできれいに整頓してしまうのは、必ずしも公正な扱いではない。

コリンとマーゴットはテクノロジーを介した会話に満足しているが、感情的なことがらについてはフェイス・トゥ・フェイスの会話をするしかないと思う人たちもいる。たとえばヘイリーの場合。彼女の家では、大学の休暇で帰省中、ひと晩じゅう外出するなら親にメールか電話で知らせなくてはならないというのがルールとなっている。ときどき連絡し忘れることがあると、予想どおりの反応が引き起こされる。母親から警告のメールが届くのだ。「警察に連絡しようとするところだとか、ひと晩じゅう眠れなかったとか、こんなことはもうやめてもらうとか。……『もう、ばかばかしいったら！』って思います」。だが彼女は、そんなメールは受け流すと言う。慣れっこになってしまったからだ。

ところが、つい一週間前のこと、ヘイリーは連絡せずにひと晩家をあけた。スマートフォンに不具合があり、両親にメールしたが送信されなかったのだった。今回、母親はメールをいっさいよこさなかった。翌朝、朝食に現われた母親は、娘にフェイス・トゥ・フェイスで話をした。自分がひと晩じゅう起きていたこと、泣いていたことを。ヘイリーは言う。「ママが面と向かって怒ったのは、初めてです」

何年ものあいだに、母親からの警告メールは帰省にともなう季節の風物詩のようなものになっていた。そこへ口論が生《なま》で起こって初めて、ヘイリーにはリアルなものとなった。「ものごとをメールで処理するのは、能率的だし……きれいだし……〔だけど〕メールからは、ママに面と向かって怒られたときみたいな考えは起こりません」

ママの顔が見えました。今にも泣きだしそうだった。そんなことはメールじゃ伝わりません。泣き叫んでたっておかしくなかったんです。……メールだったら、私にはわからなかった。だから、心からの反省を促すという意味で、感情や表情が伝えるものはないがしろにできません。……私の心を動かしたのはママの言葉じゃありませんでした。

コリンの疑問を思い出してほしい。家庭内でフェイス・トゥ・フェイスのけんかをするのには、どんな〝価値提案〟があるのか？ ヘイリーの話が答えを示唆している。メールでのけんかだと、事態は静まりすぎてしまい、彼女が母親の存在を忘れてしまうほどなのだ。

一九九〇年代はじめから、人がオンラインでの生活に感情を注ぎ込むことを研究してきた私は、精神療法医《サイコセラピスト》が患者を診察する際に、患者の画面上の生活《ライフ・オン・ザ・スクリーン》〔タークルの著書のタイトルでもある〕を利用して会話を促すよう、提言してきた。プロフィール、アバター、ウェブサイト——そういった自分を表現する場はみな、自分のアイデンティティを考え直す好機となる場でもある。セラピーでオンライン生活の話をすれば、患者自身についての新たな会話[12]が成り立つかもしれない。長いあいだ、私はこの考えを表明しては少なからぬ抵抗にあったものだ。このごろではめっきり抵抗が減った。今、セラピストたちは、オンライン生活が自己について考えるための〝喚起的〟オブジェクトでありツールであるとまで、認識している。オンライン生活はデジタル時代に分析すべき夢空間なのだ。

それどころか、このごろではセラピストが患者に、オンラインで何をしているかと聞くまでもないことが多い。患者のほうから進んで話すからだ。ある家族関係セラピストは言う。「自分の生活で起きていることを伝えようとするとき、患者はスマートフォンを参照します。患者はたいてい、子供や妻からのメール、上司からのメールを私に読んで聞かせます。そういうメールが「本当はどういう意味なのか」を、私に分析してほしいんです」。したがってセラピストは、画面上の生活をシェアするよう促すのに加えて、セラピーに全神経を向けるためにスマートフォンから離れるよう、患者に頼まなければならない。

だが、患者がセラピストに自分の画面を見せたがる理由はわかる。そこには、何よりも自分を不安にさせたり大喜びさせたり、当惑させたりするやりとりが記録されているのだから。

感嘆符に苦労する

私自身、家族とのあいだで困惑することがある。たとえば、十六歳くらいだった娘から、ママは私のことを怒っているのか、と聞かれたことがあった。

それは、私が書くメールに感嘆符などの記号が少ないせいだった。感嘆符がなかったり、疑問符や絵文字《エモティコン》がふんだんにちりばめられていないと、私のほうは実際的で愛情のこもったメールを書いたつもりでも、ぶっきらぼうだと受け取られるのだ。

メールの文面では、記号が万事なのである。どの句点、どの読点、どの感嘆符ひとつにも、重要な影響力がある。ルールがいくつもできあがっている。(13) 異文化の地で通じているボディランゲージを覚えるのと、そう変わりはない。ルールを知らずに間違った思い込みをすれば、意味のあるつながりが途切れてしまうこともある。メールの世界では、そういう慣行に堪能でなければ、世代間や家族のあいだにも食い違いが生じかねない。

私からのメールで娘は、なぜ私が怒っていると思ったのだろうか？　娘はこう説明する。「ママのメールはいつだって、『すごいね《グレイト》』みたいな感じでしょ。私、ちっともすごくないってわかる。どうして？　ほんとはどう思ってるの？」娘を説得するのは無理だった。私は本当にそう言いたかったから『すごいね』とメールしただけだ。娘が目の前にいたら、『すごいね』と言ったはずだ。ところが、メールにすると『すごいね』はいかにもよそよそしくなる。最低限でも、感嘆符をたくさんつけなければならないのだ。

そこで私が最初にしたのは、ぎこちないながら、メールに親愛の言葉を入れることだった。だが、あまりうまくいかなかった。「ねえ、《スイートハート》今夜話ができるかしら？」というメールを送ると、娘から「身内の誰かでも亡くなったのかと思った」と言われた。そのうち私は、「電話しても？？？　いつごろ都合いい？？？？」のほうがいいのだと学んだ。そして、自分のiPhoneに〝絵文字〟を登録した。〝絵文字〟にはネコ、ハート、ビル、稲妻などの小さな絵が何百もそろっていて、そんなものを使うのはばかげているような気がするが、ともかく私は使っている。絵文字は役に立っているかしらと聞くと、娘は、がんばっているのはわかるとはっきり言う。

私たち親子がいくらか進歩したとすれば、それは私のメールの腕が上がったからではなく、私がメールの書き方を知らないことを娘が理解したからだ。彼女の考える「標準的なメールの書き方」に照らせば、私のメールが何を意味しているのか〝聞き取ろう〟とすることが減ったという。言い換えれば、私のメールが娘を警戒させることが減ったのだ。

かつての私は、娘のようなメールの書き方を理解できないことに挫折感を感じていた。あるとき、健康診断で怪しい結果が出て、精密検査を受けることになった。検査に先だって娘に知らせるかどうか、思案した。何でもないかもしれないのに、事前に心配させることもないのでは？　と。そのことを友人たちと相談したところ、万一よくない結果が出たら、母親が自分に知らせずに深刻な問題をかかえていたと思って気分を害するだろう、という結論に落ち着いた。彼女ももう子供ではない。二十一歳の女性なのだ。私が会話を避けているのは気に入らないだろう。

確実に娘をつかまえるにはメールするしかないので、私はそうした。「ダーリン、できれば電話ちょうだい」。すぐに返信があった。「どうしたの？」私も返信する。「どうもしない。ちょっと会いたいなと思っただけ」。娘はくいさがる。「何かあるんでしょ？」私の次のメールは、「会って話したいのよ、スイートハート」だ。すると、また娘からのメール。「何ごとなの？　何があったの？」もう電話するしかない。「ベッカ、どうしてそんなに心配するの？　ちょっとお茶でもしようと思っただけなのに」。そのとき、娘はマサチューセッツ州ケンブリッジで大学に通っていた。私が住んでいたのはボストンで、一緒にコーヒーを飲むこともしょっちゅうあった。

彼女の心配には理由があった。「ママのメールよ。記号が全然使ってない。ずっとメールの書き方がへんだもの。何かあったっていうメールよ、あれは」。もうあとには引けなくなった。直接会ってしたかった会話を、電話ですることになった。検査のことを話し、知らせておいたほうがいいと思ったからと話した。娘は私から何もかも聞き出した。あとになって私は、もしこう書いていたら望みどおり娘とコーヒーを飲みにいくことにつながっただろう、というメールの文面がわかるようになった。別のメッセージや記号を添えて、もののついでであるような、さりげない書き方をすればよかったのだ。たとえばこんなふうに。「ねえ……明日スクウェアを通りかかるのよ:)会合に行く途中で!!!!　……都合がつくなら早めの朝ごはんでもどう???〈ヘンリエッタのテーブル〉とか?　寮食じゃなくて???」

ここで、あることが明らかになってくる。"適切な"記号《コード》使いをしていれば、私は口実をつくって娘とフェイス・トゥ・フェイスの話ができた。私が慣例に従えなかったため、私はあっさり真実を言うしかなかった。結果として問題はなかったが、私はあの会話を電話ではしたくなかったのだ。世代の違う者どうしの行為からは、どうしたらいいのか学ぶべきことが多い。

〈友達を探す〉

"メールでするけんか"を信奉するマーゴットは、高校三年生の息子トビーが、友だちと出かけるときに行き先を言おうとしないのが不満だが(彼女は知る権利があると思っている)、しつこく聞きつづけるのはやめることにした。息子と会話して親に対する責務を説くのではなく、テクノロジーに頼って問題を回避するほうを選んだのだ。

マーゴットはトビーに、〈友達を探す〉というアプリケーションをインストールするよう頼んだ。そのアプリケーションが起動していれば、彼の居場所が母親のiPhoneの地図上に点で示される。当初は無口な息子への対処法だった〈友達を探す〉だが、今では家族全員が使っている。そしてマーゴットの家庭内には新たな合意ができた。スマートフォンの電源が入っていれば居場所がわかるから、連絡する必要はないのだ。

その新たな合意によって、ある種の会話が避けやすくなる。たとえば、ヘイリーの母親が涙ながらに娘に向かい、それに驚いた娘は連絡せずにひと晩家をあけることはもうすまいと痛感したが、そういう会話は避けられるだろう。〈友達を探す〉で、マーゴットは家族それぞれの居場所を確認することができる。しかし、親子の会話が、この場合はトビーとのあいだでかわされるはずの会話が避けられるようになったのは、果たして進歩なのだろうか？　その会話は、自分を大切に思っている人を心配させるということについて、また、互いに対して負っている義務について、理解するためのものでもあるはずなのに。

ぶざまで不快な会話にも、大いに効用がある。トビーの居場所についてフェイス・トゥ・フェイスで会話をすれば、互いの境界線の引き方や、相手の感情を傷つけずに自分を擁護する方法が教えられるはずだ。また、法的なことも教えられるだろう。マーゴットには、未成年の息子に対して責任がある。親離れ、子離れについても教えられるだろう。トビーは秘密をもつ権利を主張したがるかもしれないが、それは悪いことではない。完全に彼の望みどおりにはならないとしても、もっとプライバシーをほしがっていると親にわかってもらえるのは、いいことだろう。両親が息子のプライバシーを尊重する別の方法を探してくれるかもしれない。

マーゴットは、会話をせずに望むものを手に入れようとしている。だが、彼女が捨てようとしているものも多い。彼女の家庭では、位置情報が不安をなだめる役となっている。責任や信頼についての困難な会話をする必要はも、そのための機会も、なくなった。話をする代わりに、[14] 監視を受け入れたからだ。

未来のおしゃべり

かつて家庭内でかわされていた会話を、理想化するつもりはない。ぎこちない会話もあった。親が自分の意見を押しつけたり、従順な子供に一日の出来事を美化して話させたりして、会話を牛耳ることもあった。過去を理想化せずとも、現在を見据えることはできる。デジタル文化は私たちに、新たなおしゃべりの機会や、新たな沈黙の可能性をもたらしている。

私たちは新しいテクノロジーに対して、思いも寄らなかった点で脆弱性を見せている。新しい社会規範によって、スマートフォンをほぼ常時チェックしていても許されるように感じつつ、ある種の人間的レベルで、その規範は正しくないようにも感じているのだ。

ある女性から、長期入院したときの話を聞いたことがあった。その病院ではWi-Fiが使えたので、彼女の夫はベッドのそばで仕事をしながら、ほとんどいつも付き添ってくれた。それでいて、何週間にもわたる入院中、夫はノートパソコンやスマートフォンからろくに顔を上げもしないので、二人はほとんど話をしなかったと言う。

また別の女性からは、母親が亡くなったあとの、ユダヤ教でシヴァと呼ぶ服喪期間の話を聞いた。シヴァのあいだ、故人の近親者は自宅にいて弔問客を迎えることになる。客が食べものを持ってきてくれる慣習なのだ。服喪期間には家の中でWi-Fiネットワークを使えないようにしたが、携帯電話ネットワークは個人ではどうにもならない。シヴァのあいだに訪れた客は、腰をおろして彼女とおしゃべりをする。ところがしばらくすると、隅のほうへ行ってスマートフォンでメールしている。そういう客たちに腹立ちを覚えつつ、彼女は客も「ちょっとメールをしに」いけるからこそ訪問していられるのかもしれない、と言う。

入院した女性と服喪期間の話をしてくれた女性は二人とも、それぞれの状況における相手の「適切な態度」とはどういうものだろうか、と私に質問する。彼女たちは自分に注意を払ってほしいのだ。そのために何かと張り合わざるをえないことに、めんくらっている。傷つき、憤慨さえする。それでいて、自分の感情に自信をもてないのだ。

どちらの女性も、ある種の会話を期待し、期待はずれの沈黙に出くわす。ところが、どちらの女性も、今ではどこへでもスマートフォンを携帯するのが普通なので、自分の言いぶんに自信がもてない。私たちはスマートフォンを自分の一部のように扱っていて、携帯していることもほとんど忘れているくらいだ。どちらの女性も自分の話を、礼儀の問題であるかのように語る。「この状況を正しくはどう見るべきなのでしょう?」と、どちらも声に出して考えている。しかし、二人の話が問題にしているのは礼儀だけではない。テクノロジーが、ごく親密な仲間うちに入り込むと、密接な関係が脅かされるという話でもあるのだ。どちらの場合も、彼女たちが疑問に思う「適切な態度」とは、行動の問題だけではない。どう感じるかも問題にしているのだ。

私たちは脆弱だ。テクノロジーに向かうと、互いに向かい合うよりもいいとは言わないまでも、楽だと感じはじめる。ただそれを念頭に置いておくだけでも、家族のために、より思慮深い選択をする助けになるだろう。

家族がデバイスフリーの〝聖域〟をつくる選択をしようと、あるいは(電子機器のあるなしにかかわらず)日常的に会話する習慣をはぐくむ選択をしようと、子供たちは、それが会話へのかかわり合いだと理解する。そしてそれを、家族や自分へのかかわり合いとしてとらえる。それが、自己表現に苦しむ子供とすらすら話せる子供との違い、あるいは人に手を差し出して友情を築いていける子供と〝友だちを探す〟のが苦手な子供の違いを、生んでいくのではないだろうか。

友情——危機に瀕する共感

友だちと一緒だと、会話なんかしないか、スマホで今起きてることを話するかの、どっちかですね。

——十五歳男子

メールするのにはほとんど手間がいらないし、すぐに満足感が得られます。十五人くらいとはすぐにつながれるし、ちょっと手を伸ばせばプラスの反応が返ってきて、すごく気分がいい。時間のかかる会話をするよりは、メールしちゃいますね。

——二十一歳女性

二十六歳のトレヴァーは、自分のスマートフォンから目を離さずに相手と話す技、(1)〝ファビング〟の名手だ。そして、トレヴァーはスマートフォンを決して手放さない。私が会話に関する本を執筆中だと言うと、彼は鼻で笑った。「会話ですって？　会話は二〇〇九年に死んだんですよ」

それは、彼が歴史学を専攻する大学四年生だった年だ。

ぼくらが、互いに話し合うんじゃなく、フェイスブック上でシェアするようになった年です。プロフィールに力を入れましたね。オンラインにどんな投稿をしたかって話をしました。友だちづきあいの中心が、オンラインで何を見つけたか、それを友だちとどうシェアするかってことになった。このごろじゃ、インスタグラムやSnapchatでシェアしますよね。みんな、プロフィールにあまり力を入れなくなった。でも、考え方は同じです。しゃべらない。投稿する。シェアする。

トレヴァーは、学生時代にソーシャルメディアが自分の「フェイス・トゥ・フェイスの世界」を変えたのだと言う。彼は卒業生の送別パーティをこう振り返る。

ほとんど話はしませんでした。飲みものと食べものを注文して、つきあってる相手と一緒に座った。で、自分のスマホを見るんです。話そうともしませんでした。誰もがわかってるんです、みんな、うちに帰ったらパーティの写真を見るんだって。それまでにコメントを保存しておくんです。別れの挨拶もろくにしなかったな。自分の部屋に着いてフェイスブックにログオンするまでの別れですから。

そして、「教室でしゃべるスタイルまで変わりましたよ」と言う。講義中の意見交換が減ったのだと。学生たちは会話形式の言葉の応酬というよりも、フェイスブック上で「投稿《ポスティング》」を組み立てるのに似たスタイルをとるようになっていった。

気のきいたことを言おうとするんです……前もって用意しておいて……それから、ゆっくりと反応を待つ。実際に参加するまでもありません。思いついたことをそのまま口に出して会話を進めていくって考え方は、過去のものになりました。……教室だけじゃなくて、友だちと一緒のときにも、この新しい方式で行きます。今は、言おうと〔予定〕してたことを口に出すんです。そうしたら、反応が返ってくる。

そういう参加スタイルを使うと、学問上の不安がやわらぐ。そして、友だちは社交上の不安を軽減するためにもそのスタイルを使っていたと、トレヴァーは言う。「自分の考えをあらかじめ組み立てておけば、友だちどうしの人づきあいの不安を追いやれるじゃないですか」。彼のコメントに私は、クリフォード・ナスに「テクノロジーが感情を楽にしてくれます」と言った、スタンフォード大学新入生を思い出す。

二〇〇八〜二〇一四年テクノロジー世代の進撃

マーク・トウェインの口調にも似たトレヴァーの報告は、会話の〝死〟をかなり誇張している。それでも、だいたいにおいて事実だ。最近の若者たちは、フェイス・トゥ・フェイスその他のどんなコミュニケーションよりも、メールすることを選択しつつあるのだ。[2] そして、オンラインでしゃべるスタイルは、新アプリケーションにより共通のイマジネーションをいだくことが、しやすくなっている。

トレヴァーがフェイスブックに出会って以来の若者たちの動向を見ると、フェイスブック・スタイルのプロフィールの扱いに力を入れることから、Snapchatで十秒程度のつかのまのコミュニケーションを楽しむことへ関心が移っている。自分自身について語ることでわかってもらうよりは、むしろ自分のふるまいやシェアするものによって、日常的なありのままの姿を知らせようとしている。Snapchatやインスタグラム、それにVineのごく短い動画が、時のメディアになったのだ。

私は二〇一四年のはじめ、二つの会話のなかに急速な変化を認めた。ひとつはFaceTimeについてある大学四年生が聞かせてくれた話だ。彼女はFaceTimeをはねつける。「私たち、あんなのはやりません。片手で顔のまん前に［スマホを］掲げていなくちゃならないんですよ。ほかに何にもできないじゃないですか」。そのほんの一週間後、高校一年生のグループは私に、FaceTimeの利点について語った。彼らは放課後に友人たちとFaceTimeを使って、iPadやスマートフォンで別のアプリケーションを操作しながら会話している。彼らがFaceTimeを気に入っているのは、会話中にマルチタスクができるからだ。腕が疲れるなどという話はひとこととも出てこない。

中学生たちは、Snapchatの映像を使って会話の〝両サイド〟を記録してやりとりしている。いわば非同期のFaceTimeのようなものだ。最近、Snapchatは新しい機能を導入した。これまで送信できたのは、受信側が見たあとプリセットされた時間がたつと自動的に消える画像だけだったが、自動的に消滅するテキストメッセージ(3)も送れるようになったのだ。つかのまの会話が、今度は送信ボタンを押す前に編集するチャンスが付いて、よみがえったのだ。

かつてソーシャルメディアの典型的コンセプトだったプロフィールが、今や世代に関係なくわずらわしいものになったらしい。トレヴァーはプロフィールのことを、あまりにも「重い」と表現する。ただし、インスタグラムで写真を投稿する「軽さ」についてじっと考え、新旧のさまざまなアプリケーションに「一貫してあるもの」は、「たびたびお茶しに出かけるのはたいへんだってこと」だと指摘する。そして、「向かい合って座って、なりゆきまかせに話をするには大きな危険をともなう」ことも付け加えた。十三歳のFaceTime愛好者グループの話では、彼らはそのアプリケーションを近所に住む友人たちとのおしゃべりに利用しているという。どうして訪ねていかないのか？　彼らの説明によると、オンラインでのやりとりにとどめておくのは、「いつでも立ち去れる」し、「ソーシャルメディアで同時にほかのこともできる」からだという。前述のように二〇〇九年に「会話が死んだ」のだとすれば、友情において継続的な関心《アテンション》は必要ないのだ。

二〇一四年、およびその数年前から、私は北東部の高校生たちにインタビューしていた。その内容には、友情にはいつもひとつの選択肢があるという考えがつきまとっていた。何か言いたいことがあれば、会って話せるまで待てばいい――オンラインで――ということだ。若者たちは最初ゆっくりと、その後はテクノロジーが新しいオプションを提供するのと競うような速さで、オンラインに向かった。折りたたみ式携帯電話《フリップ・フォン》、サイドキック製のバッグ、インスタント・メッセージ。そして、ゲームチェンジャー［流れを変えるもの］が現われる。ＳＮＳのMySpace（マイスペース）、フェイスブック、そしてスマートフォンだ。これらがメッセージのやりとりに新たな流動性をもたらし、通信はまるで魔法のようなものになっていった。

二〇〇八年から二〇一〇年に高校を卒業した学生たちの話には、私もついていけた。彼らが成長するなかで、不変のまま残ったものがある。友だちどうし一緒にいたいと思いながらも、一緒にいるときに重要なのはかならずしもおしゃべりとは限らない――いちばん大事なのは実際に一緒にいることだ。生身の友だちと一緒にいるときは、会話が多層的になることが多いので、一部はオンライン会話になる（その部屋に一緒にいる相手とだが）。

二〇一四年、当時大学四年生だったブリーは、こう言っていた。友だちと一緒のとき、「そこにいる子たちと一緒に、ちょっとだけオンラインにジャンプして、お互いに通じる話題を見つけます。……直接うまくおしゃべりするにはどうしたらいいのか、私、ほんとはよくわかっていないんです」。クラスメイトのジェイムズも、同じようなことをしていた。「友だちと一緒にいても、オンラインに行ってから話をします……うちにいるときのほうが多いですが。オンライン生活のおかげで会話ができるし……メールできる回線が開かれていると、気分的にすごく楽ですね」

フェイス・トゥ・フェイスの会話にときどきテキストメッセージをはさむと、会話が広がっていくのか、それとも台無しになるのか？　ジェイムズは楽になると考えていた。ブリーは、自分には「直接おしゃべりする」スキルがないから、余分の回路が必要だと考えていた。

ブリーのことを考えると、私は登場したばかりのころのスマートフォンが会話の代替手段になっていたことを思い出す。二〇〇八年の、十五歳を迎えた女の子の誕生日パーティで、ほとんどおしゃべりがなかったのを私は覚えている。客たちは少人数のグループに分かれ、いくつかのグループは一緒にスマートフォンを見ていた。ひとりきりでスマートフォンに没頭し、メールしている客もいた。自分や友だちの写真を撮っている客もいた。料理の近くに人が群がって、思い思いにその写真を撮っていた。十五歳といえば、性差を超えたつきあいが難しくなる年ごろだ。そこで、スマートフォンがおしゃべりに代わってもてはやされていたのだろう。

スマートフォンがなかったころ、誕生日パーティなどのイベントといえば、沈黙が長びき、ぎこちなくおしゃべりし、異性とちょっとだけ会話するものだった。気まずい場になりがちだった。しかし、そういう経験をするのは、重要なステップを経ることになる。発育上、十五歳という年齢は、人づきあいに自信をもちはじめる十六歳に近い。だが画面に目を伏せていては、そのための下地が整わないのだ。

二〇〇八年に高校三年生だったエイミーが、どんな友だちづきあいをしていたかを振り返ることで、誕生日パーティの客たちが沈黙していた理由を理解する助けとなるだろう。エイミーは学校やパーティで男の子とほとんど口をきかないが、急いで帰宅したあとはオンラインで彼らとおしゃべりする。オンラインでなら「ひと息つく」ことができると、彼女は言う。緊張を解いて、前もって何と言おうか考えてからメッセージを送信できるのだと。面と向かっていると、会話は収拾がつかなくなったり、気が抜けたり行き詰まったりしかねない。オンラインでなら陽気になれるのだ。

ひとりの人とつきあったり、相手をすてきだなと思ったりしたら、じかに話をするよりもオンラインで会話をしたほうがいいんです。面と向かうとおじけづくから。相手のことを好きでも、相手も自分を好いてくれてるかどうかわからないじゃないですか。オンラインだったら、「ハーイ」って言って向こうも「ハーイ」って言ってくれたら、本格的な会話を始められます。相手とじかにしゃべりたくない理由は、たくさんありすぎて。だって、「もしかしたら、かわいくないって思われてるかも」と考えたりなんかしますから。

そんなふうに不安があるから、男の子とフェイス・トゥ・フェイスで会話することになったら、エイミーはいつも短く切り上げるようにして、できるだけ早めに彼をオンラインへ誘い込む。

オンラインで話していると話題がいっぱいあるのに、男の子と電話したり会ったりすると、なんていうか、「あああ、たまらなく気まずい！」ってなっちゃって。……たとえば二人でフェイス・トゥ・フェイスでいるとします。質問か何か思いつかないと、そうですね、「学校はどう？」とか何とか、そんなことでも言わない限り、話題が見つからないんです。それで相手が、「楽しいよ」とか「まあまあだね」とか答えたとしますよね……やっぱり話すことが何もなくなるじゃないですか。

エイミーが高校三年生になるころには、彼女のような不安をかかえていても生きやすい文化になっていた。携帯電話をめぐる社会的習慣が、デートの約束にとどまらず、友だちづきあいのほとんどがオンラインでのやりとりに移っていたのだ。フェイスブックの友だちづくりやグループメールなども、自分自身の内輪のコミュニティや、いつでも呼び出せる友人集団のように感じられるオンライン・サークルを生み出す、最初の段階に属していた。

家族のような友人たち

二〇〇八年、私は高校三年生のローナに話を聞いた。フェイスブックに参加したての彼女は、その意味するところをこう言った。「友だちが家族のようになって、すごくくつろいで話したくなるんです」。ローナの言う「くつろいで《リラックス》」には、独特の意味があることが判明する。友だちにすぐ連絡がとれて、すぐに返事をしてもらえるという意味だ。子供たちは、友だちの連絡に対していつでも応じなければならないという責任を感じるようになって、新しい習慣が定着した。二〇〇八年に高校生が宿題をするといえば、ローナの言うように「サイドキックのバッグを聞いてノートパソコンを立ち上げて、誰かが私に何か送信していないかなって五分ごとにチェックする」ことだった。彼女にはルールがわかっている。「フェイスブックに誰かが私へのメッセージを送ってくれたら、ほっとけません……読んで、相手がまだオンラインにいるうちに返事しなくちゃって思います」

だが電話だったら、折り返し電話する必要はない。ローナは、もし自分が親友に電話したら、その友だちはメールで応えてくるだろうと言う。彼女はそれを当然だと思っている。通話は「即答を迫る」が、メールなら、適切な言い方をしたり状況を整理する余裕がある。もし「おかしなことをしてしまっても、すぐに修正できる」というのだ。私はきちんと理解したかったので、ローナにもう一度説明してくれるように頼んだ。もし誤解を正したいのなら、通話の相手は今そこにいるのではないか？

「なかなかそうはいきません」とローナ。通話はリアルタイムであり、彼女はリアルタイムを落ち着かない場と考えている。また、くつろぎは内容を編集できて反応時間《レスポンス・タイム》が早いというところから生まれる、という。電話は、「誰かと一緒にいながら自分がどう感じているのか考えられるような」安全な場ではないのだ。

そのためにフェイスブックやメールがある。その過程で自己をシェアする場なのだ。ただし、友人に好まれそうなものをシェアしたいと思うため、編集ができるならば最善のものをシェアすることになる。そして、若者たちは、友人が自分のメッセージを受け取ってくれるはずだと期待するようになる。そこにいてくれることを求める。シェアすることが、何よりも自分にとってリアルなものに感じられるようになるのだ。

そんなふうにオンラインのソーシャルライフに慣れてしまったローナは、人とフェイス・トゥ・フェイスで会うときに未編集の「自分を外に出す」のが怖くなっている。面と向かうと、「相手の気に入らないことをしてしまいそうで……なんだかだんだん自分がばかみたいに見えてくるんじゃないかって、びくびくしちゃいます」と言うのだ。

こうしてみると、会話は自分が大学四年生だった年に死んだというトレヴァーのコメントが、もはやそう軽口にも思えなくなる。私は二〇〇八年から二〇一〇年にかけて高校生と大学生を対象にインタビューしたが、彼らはリハーサルなしで右往左往する〝リアルタイム〟の会話には、〝不必要に〟無防備にさせられてしまうと明言した。そして、それは技術的困難をもたらす。友人たちと一緒にいながら、スマートフォンに向かって、目の前にいる相手やほかの友人たちにメールもしたい、というのだ。同時進行でそれだけのことをやっていては、〝リアルタイム〟で会話する余地などあまり残らない。

そういう極限状態なので、友人たちへのメッセージを組み立てるという真剣作業に取り組むためには、そこにいる友人たちには黙っていてもらわざるをえない。極限状態かもしれないが、それはよくあることで、友だちどうしや恋人どうしが向かい合って座り、互いにメールしながら待ち合わせの日時を決めようとする様子が、マンガにもさんざん描かれている。

われらがスマートフォン、われらが自己――メールの博物学

二〇〇八年春のこと、コネティカット州にある私立男子高の三年生八人が、スマートフォンの話をしていた。彼らのほとんどが、つい何カ月か前にクリスマスプレゼントとしてスマートフォンをもらったところ、メールのやりとりが急増していた。

オリヴァーが、「公認されてることだけど」と口を切る――メールは彼の友だちづきあいの「基盤」となっている。それどころか、もし彼がメールしなくなったら、友だちは何かあったのかと思うだろう。友だちとの会話はたいていメールで始まり、直接会って続くという。彼はメタファを探して言った。「仲のいい友だち相手だと、メールはこれから相手と話そうとしていることのいわばアウトラインなんです」。だが、それから言い直した。それでは正しくない。ほとんどの場合は、直接会っても会話が生まれないから、つい「メールするほうを選ぶ」のだと。すると「アウトライン」が結局は会話そのものなのだが、オリヴァーはもうそれに慣れてしまって、気にしていないのだという。

オリヴァーの友だち、ジャスパーは、自分たちはみな、引き返すことのできない未来へ向かいはじめていると思っている。それでも、自分が先行きは暗いと見ていることを、友人たちには知っておいてほしい。親しい友人たちと直接会っているときでさえ、彼はどこかよそにいるほかの友人たちとメールで会話している。

なぜなのか？　ジャスパーによると、「彼ら〔実際にはそこにいない友人たち〕のことがふと心に浮かんだらすぐに」、黙ったまま送れるからだ。そして、「友だちと一緒のときに、ほかの友だちがメールしてくると、その〝ほかの友だち〟からの件のほうが、今一緒にいる友だちとしゃべっていることよりも差し迫った問題に思えたりする」からでもある。

ジャスパーは気配りをするよう努めている。自分がスマートフォンを手にしたとたん、親しい友人たちに、彼らが「友だちみんな」という生態系の中の存在なのだと言っているようなものだからだ。そして、「友だちみんな」を相手にしたとたん、〔目の前で〕一緒にいる友だちのほうは、ある程度重要性を失ってしまう。彼は自分の言いたいことをもっと大きな疑問に結びつけて、あまり個人的な話に聞こえないようにする。スマートフォンを手にすると、重要性を失うのは目の前にいる人たちだけではないのかもしれない。自分の目の前にある世界が重要性を失うのではないのか？　自分のいる場所が重要性を失うのではないのか？　スマートフォンはいつも、自分がいたかもしれない別の場所が、あまりにもたくさんあることを思い出させる。ジャスパーはこう言っている。

できることがすごくたくさんある……すごくたくさんの接続が、楽々とできるんです。アドレス帳を見ていくと、たぶん百人や二百人、電話したりメールしたりできる相手が見つかります。友だちと遊びにいこうとしたり、友だちが誘いにきたりしても、パーティや何かを探すのにほかの人を頼らなくてもいい。あちこちメールしてみればパーティのひとつくらい見つかります……パーティを見つけるのなんか、アプリのボタン五つ押せば足りるんです。

そういうパワーのおかげで自立している感じがすると、ジャスパーは言う。ところが、彼の話の「ボタン五つ」でパーティを見つけるというくだりは、そのほんの六年後、大学一年生のケイティが経験する、選択肢が多すぎて選べないという漠然とした不安の前兆となる。

二〇一四年春、ケイティは政治とイタリア・ルネッサンスに関心をもち、ボストンマラソンを目指してトレーニングしていた。彼女がパーティに出かけていくと、会場でメールしている人がいっぱいいたという。彼女の話はこうだ。どのパーティでも、彼女の友人たちは別のパーティに行っている友人にメールして、「このパーティに来たのは正解かどうか」をさぐっていた。「もしかしたらもっといいパーティを見つけられるかもしれない。もしかしたら、すぐその先のブロックでやってるパーティのほうがメンバーがいいかもしれない」と思いながら。ケイティが描写するのは、スマートフォンとソーシャルメディアが、友だちづきあいに〝置いてけぼりの不安(4)〟(Fear of Missing Out)を吹き込む様子だ。この感情は今ではよく知れわたり、頭文字をとってFOMOと呼ぶ人が多くなった。狭義では、ソーシャルメディアのせいでほかの人たちの生活が詳しくわかるようになったのに伴う、精神的緊張状態を指す略語だ。たくさんの友人たちがうらやましいほど楽しんでいるのを知って、自己疑念がふくらんでいく。この用語が周知されると、あまりに多くの選択肢を目の当たりにして、何をすべきか、どこへ行くべきか迷うという、世にはびこる不安を表わすようになってきた。

社会学者のデイヴィッド・リースマンは、友人や近所の人たちにどう思われるかや、他人にあるものが自分にもあるかどうかといったことに価値観を左右される、他人指向型の人生について議論している。彼はこの他人指向型を、選択肢を主観的基準に照らして評価する内部指向型と対照させた。このごろでは、ソーシャルメディアが私たちに、友人たちの家庭や仕事、恋人、子供、配偶者、離婚相手、休暇の過ごし方に関する情報をもたらすので、私たちはつい、日常的に、ほかの人がしていることに照らして自分を評価したくなる。私は中等学校で、リースマンの言う〝他人指向型〟(5)の証拠を見つけてきた。

ケイティや彼女の友人たちの生き方も、それだ。彼女たちはどこへ行ったとしても、「ほかに行けた」場所をめぐって戦略を練る。選択肢がありすぎてなかなか選択できなくなるのは、「適切な選択じゃないといや」だからだとケイティは言う。そして、どれも適切な選択ではないように思えてくる。ケイティと友人たちが決めたことは何ひとつ、自分たちがこうしていたかもしれないという夢想にはかなわないように思えてくる。そういう心の状態では、どのパーティに出ても、それが適切なパーティだと確認するための調査プロジェクトになってしまうわけだ。

会場で一緒になった人たちとおしゃべりもせず、私たち、スマホに向かってほかの人を探しては、そっちのパーティでどんなことが起きているのか尋ねて、自分たちもそっちへ行くべきだっただろうかと考えるんです。どこかほかのところへ行くべきかどうか、スマホであらゆる情報を得ようとしているんで、一緒に行った友だちとも話をしなくなっちゃいます。

私はケイティに、そうやって必死で情報を探し回っているあいだ、友だちどうしはグループの一員として互いに温かい気持ちでいるのだろうかと尋ねてみた。「ええ、もちろんです。そこに一緒にいるんだって感じています。パーティに一緒に来ているって。だけどそのうち、どこに行けばいちばんよかったかってことしか話さなくなっちゃうんです。それで、ついには友だちとも話さなくなる。私たちにはほかにどんなオプションがあるか、スマホの言うことにばかり気をとられちゃって。そんなの、もう会話じゃありません」

ボタン五つ、あのころと今

メールがまだ目新しくて、ボタン五つを押すのが斬新だったころ、ジャスパーは自立している感じがしたし、主体的に選択していると思っていた。六年後のケイティは疲れ切っているようだ。二〇一四年には、置いてけぼりの不安が何かを逃す不安と化している。

二〇〇八年、ジャスパーはまだそこに至っていない。オンライン選択が自立をもたらしてくれると意気盛んでいながら、選択肢が無数にあることの悪い面について友人たちに警鐘を鳴らす。彼らはみんな、今自分がいる場所や一緒にいる人たちにあまり注意を払わなくなっている、と。「みんな忘れてる……たった今ここに座ってるのが、自分たちにできる最善のことかもしれないってことを。それがいちばんいいことかもしれないのに」

ジャスパーのコメントのあと、若い男たちは長いあいだ沈黙する。やっと、オリヴァーが口を開く。「もっといいものをって、いつも探しているうちに死ぬことになったらどうなんだ？　死ぬまでずっと探し続けて、それでいて、『たぶん見つけた』なんて、一度も言ったことがないわけだ」。グループはまた黙り込む。

そして、グループのメンバー全員が、心がいつもスマートフォンに向いているから、今はなかなか注意を集中させられないと認め、互いに注意を払いつづけるにはどうしたらいいかという話が始まる。ルールを設けるべきだということになる。いい友だちなら、一緒にいる相手にはスマートフォンに手を出させない、と。

しかし、実際に連れだって出かけるときにはどうかという話になると、二〇〇八年当時でさえ、その「友だちのルール宣言」がすでに大それた抱負じみたものとなっていた。友だちだったらそうすべきだという建前であって、実際にそうしているわけではないのだ。スマートフォンから離れているのは難しいため、少年たちのひとり、エイダンが「監視役」を買って出た。エイダンは、仲間たちがルールを守るように声をかける役に任命された。スマートフォンを取り出す者がいたら、彼がやめさせるのだ。友人たちと一緒に海辺に出かけているのに、スマートフォンにかまけている、「そんなやつ」にはなりたくないと彼らは話す。

だが、彼らは自分で願っている以上に「そんなやつ」に近いという気もしている。エイダンに監視役を務めてもらわなくてはならないのは、一緒にいるときでも必ずと言っていいほどスマートフォンに向かいたくなるからだと、しだいに認めるようになる。

このグループが都合よく忘れていることを、ジャスパーが思い出させる。初めてスマートフォンを手にしたとき、彼はそれが生活の中心になっていく圧力に抵抗したかった。六カ月後に気づいてみると、一日中、ベッドに入る直前までメールしていたので、スマートフォンを引き出しにしまってフェイスブックをやめた。それは七週間後に終わった。彼が言うには、友人たちに「オンラインに戻らされた」のだ。「みんな、ぼくと連絡がとれなくなったのを、すごくわずらわしく思ったんですね。いやがられちゃって。いつでも連絡できなくちゃだめなんだ」

ジャスパーがその話をすると、グループは元気をなくす。反駁する者はいない。彼らは確かにジャスパーをフェイスブックに連れ戻した。最初は怒っていたジャスパーも、今はスマートフォンとソーシャルメディアのある生活のことをこう言っている。「これがぼくらのいる世界です。いったん慣れてしまうと、誰かがそれを取りあげることなんか絶対にできない」

二〇〇八年から二〇一〇年という比較的初期のころ、高校生にインタビューすると、初めにメールやソーシャルメディアにのめりこみすぎないようにしているという楽観的な話が出てきた。それからある時点で、ものごとがそう単純ではないと明らかになるような出来事を、詳しく話すようになるのだ。よくあるのが、仲間と一緒に出かけているときに、めいめいがスマートフォンで別の友だちとやりとりしているという話だった。

そのころの集団が今は大学を卒業して、自分たちがスマートフォンによって友情をかたちづくってきたこと(6)に対し、注意を喚起している。若者たちにはわかっているのだ。適切な友だちづきあいをしたいなら、適切にスマートフォンを使わなくてはならないと。だが、スマートフォンで通話をすることにはならないのが、ほとんどだ。

スマートフォン恐怖症

新しい世代は電話で話すのを嫌うのだと私が初めて知ったのは、二〇〇八年から二〇〇九年にかけてだった。ジャスパーとその友人たちは、入念に計画して通話を避けていた。あるとき、彼らのところに大学のスポーツ指導員から、面接したいという電話がかかってきた。重要な電話だ。ところが彼らは、電話には親に出てもらい、大学入学志望者である自分たちはメールでやり取りした。通話の代替手段として使えるものがあれば、若者たちは積極的にそれを活用する。たいていはメールだ。若者の通話ぎらいはもうおなじみになっている。通話は「即答を迫る」のがいやだと言ったローナを、思い出してほしい。音声通話は〝リアルタイム〟で展開する。「そんなことはもう必要ない」と彼らは言うのだ。とはいえ、それが人生の展開するペースなのではないだろうか。

若者たちの音声通話をめぐる話は、二〇〇八年以降さほど変わっていない。二〇一四年、ある高校三年生は、通話について彼が感じていることをこう語った。「メールがすごく楽なのは、あらゆることについて考えて、書けるからです……電話や直接会ってする会話だと、どうしても不確定要素が多すぎて」。通話を避ければ、彼には自己検閲以上のことができる。メールなら好きなときに返事をできると思うと、世界が自分のためにあるような気分になれるのだ。それに電話だと、同時にひとつ以上のことはなかなかできない。アイビーリーグの大学に進学することになっている彼は、「即答を迫られる会話をかなりしなくてはならない」だろうと悩んでいる。

この世代の音声通話に対する不安を、私は彼らの大学時代から就職してしばらくたつまで、たどってきた。二〇一四年には、大学一年生と四年生の女子大生グループの、通話は過酷だという話を聞いた。ひとりが、「ほんとに最悪……たちまちみっともない人間になってしまうの。電話だと――目の前にちょっとした台本がないとしゃべれない」と言う。もうひとりは、電話するには「理由」が必要なので緊張するという。「だから、おかしく思われないように、何て言おうかあらかじめ考えておかなくちゃならなくて」。三人目も、メモを用意する必要があるという。「電話の話は速く進みすぎます。相手の顔を思い浮かべられない。話についていけない。リアルタイムで話を聞いて返事をしなくちゃならないし。……相手の声にこもる感情を聞き取らなくちゃなりません」。そうやって消耗するため、できるだけ避けたいものとなるのだ。

ある業界誌出版社に就職した二十六歳の女性が、メディアコンサルタント候補者グループを調査する仕事を任された。主任は、選任にあたっては個人的資質が重要になると明言した。その新入社員がウェブリサーチだけを基にして仕事を終わらせたので、主任は、その仕事を電話連絡でやり直すように指導せざるをえなかったと言う。「電話で話すのがよっぽどいやだったんでしょうね、考えたくもなかったみたいなんですよ」と。

また、健康産業を調査する大規模な非営利団体では、新人がクライアントと「話《トーク》をした」と言う際には、必ず確認するようスタッフに言い含めている。彼らはクライアントと本当に電話で話したのか？　大学や専門学校を出たばかりの新人たちは、メールのやりとりを指すのに「話す《トーク》」という言葉を使おうとするからだ。はっきりと「電話で」と指示しない限り、電話しようとする者はほとんどいない。

退屈な時間などない――スマートフォン上のことなら話すから

今の若者たちは、スマートフォンで話したがらない一方で、スマートフォン上のことについて話すのはやめられない。十五歳のデヴォンは、ランチタイムのおしゃべりをこう評する。「友だちといると、まったく会話しないか、スマートフォン上のことについて会話するかのどちらかですね」。そして、スマートフォンがどんどん幅をきかせるようになるにつれ、会話の試金石としてのその役割が、あらゆる世代に広がっていく。

三十二歳のモーリーンは、最近、社会福祉の修士号を取得した。友人たちとの月に一度のブランチ会を、彼女はスマートフォン持参の集まりだと表現する。ブランチのあいだにモーリーンはそこにいない友人たちにメールするのだが、仮にその接続のためにスマートフォンが必要なかったとしても、スマートフォンのサポートなしのつきあいを想像するのは難しいと言う。「私が話題にすることは、スマホがもとになっているような気がします。わかるんです、現在進行中のことを教えてくれるスマホがなかったら、言うべきことが何もないような気がするでしょうね」

二十四歳の不動産業者、ランダルは、友人たちとの余暇の過ごし方を語ってくれた。彼は実際に一緒にいることが重要だと力説するが、バーやレストランで会っているときには、「必ず誰かがスマホを出して、何かを見せている」と言う。私はランダルに、会話が途切れたらどうなるのかと聞いた。彼は、意味がわからないというふうに私の顔を見た。あとでそのとき考えていたことを説明しながら、会話が途切れることなどないときっぱり言った。スマートフォンで何かを見せたり、スマートフォンで何かしたりといったことで隙間が埋まっていくものだと。そう言われても私はまだ理解できなくて、もう一度聞いてみる。「たとえば、みんながふと黙り込んでしまったら?」ランダルの答はこうだ。「ああ、会話から情報が生まれなければ、とっておきのユーチューブ映像かなんかを呼び出したり……みんなで写真を撮って投稿したりしますね」

モーリーンもランダルも、友人たちと直接会うことは大事だと言う。ところが、彼らの語る友人づきあいでは、一緒にいる人たちに全面的に注意を払うのを差し控えている。二人が描写しているのは、友人たちと一緒にモーリーンの言う「退屈な場面」に耐えているつらいひとときではないか。あるいは、情報をシェアして会話を追い払っているのではないか。そしてもちろん、彼らはシェアする情報がないと困ると思っている。

会話については、情報をうんぬんする以外に別の考え方がある。探検する余地をつくりだしていくものだということだ。相手へのアプローチのしかた、つまり意見や連想を聞くことを、おもしろがる。私はそれを〈全人格の会話〉と考えているが、そういう種類の会話では、内省しているあいだ沈黙が訪れたからといって、相手から目をそらしたりほかの友人にメールしたりはしないものだ。友人を別の方法で読み取ってみようとする。たぶん、相手の顔をのぞき込んだり、ボディランゲージに注意したりするだろう。あるいは、沈黙に備えるか。おそらく、会話が〝退屈〟だという話でしばしば不満の種になるのは、そういう静止状態の居心地の悪さではないだろうか。それとも、顔や声、ボディランゲージの変化や口調の変化を〝読み取る〟難しさか。

実際、ランダルは、友人といてふと黙り込むのは、「集中しにくい」ときだと言う。そういうときによく、写真を撮ってソーシャルメディアにアップロードしたりする。それによって、友人から注意をそらすのだ。

だが言い換えると、その写真は手を差し伸べようとする努力でもある。ランダルは自分にやり方がわかっている行為をしているのだ。会話は途切れてしまうが、写真が「ぼくらは一緒にいる」と言っている。ランダルに言葉が思い浮かばないときや、友人が何を伝えようとしているのかよくわからないとき、写真が語ってくれる。そうやってランダルは、会話のなかの静かな隙間をうまく通り抜けようと努力している。友人の姿《イメージ》を画面上に移せば、フェイスブックや、自分にもなんとかできる会話へと進んでいける。

画像を投稿するときにはたいてい、いくつか似たような写真のなかから選択し、トリミングしたり好みのフィルターを選んだりする――セピア色の写真にするとか、一九五〇年代のブローニー型カメラ［コダック社の箱型カメラ］で撮影したショット風にしたりという――作業がつきものだ。そういう作業をしていると、きは、違った目で友人を見て、表情の変化やポーズの変化に気づき、今まで知らなかったことを察知する機会になる。それが、適度に距離を置きながらの交流なのだろうか？

一九七九年にスーザン・ソンタグがこう書いている。(7)「今日、あらゆるものは写真になるために存在する」［『写真論』近藤耕人訳］。今日では、あらゆるものがオンラインのために存在するのだろうか？ひとつ明らかだと思えることがある。友人たちと一緒のときにシェアする画像《イメージ》があると、ずっと満足のゆく時間になるということだ。

こうして、私たちの満足という観念は変化する。ランダルにとっての満足は、友人がもたらすものからスマートフォンのもたらすものへと広がっていく。とりわけ、スマートフォンは友人たちを見いだすのに〝満足な〟場所をもたらしてくれるのだ。

目下のところは、フェイスブック、メール、インスタグラム、Snapchat に Vine。そして、連絡しようとする相手の視野に直接メッセージを伝達する眼鏡(8)や、暗号化メッセージを打ち込んで対になるブレスレットを装着した相手に送る腕輪まで、ありとあらゆるものが計画中だ。そういったものすべてに共通するのは、それらが自分はひとりきりだという無防備な思いをさせない〝友情テクノロジー〟だということだ。

安心毛布

大規模な州立大学の三年生、ジョエルは、自分のスマートフォンを「安心毛布」だと言う。親しい友人たちと一緒でないときは、話し相手がいないような気がして、つい孤立している気になるものだ。「仲間たちに多くは期待できません。会話なんて、とてもとても」。スマートフォンがあれば、いつでも手がふさがっているように見せられる。

だから、どんな状況だろうと本当にひとりきりにはならずにすみます。パーティに行って知ってる人が誰もいなくても、友だちにパーティに来てるんだってメールします。そっちはどこにいるのって。でもそれで、そのパーティにいて無防備な気がしなくてすむんです。自分からその場をはずれて、スマホに向かう選択をしてるんだって示しているんですから。誰も自分に話しかけたくないわけじゃない。スマホに向かっているから、自分のほうから誰にも話しかけないことにしているんです。

大学一年生のヴァネッサも、スマートフォンのおかげでほとんどいつでも無防備な気がしなくてすむという、似たような話を聞かせてくれた。試験会場にちょっと早く着いたり、知らない人ばかりのパーティに出たりしたら、隣にいる人に顔を向けずに自分のスマートフォンを取り出す。人見知りなのか、と私が聞くと、そんなことはないと思うと言う。彼女の仲間うちでは、知らない人とすぐに会話するというのは規範にはずれているのだ。そのうえ、たいへんな労力を要する。スマートフォンのおかげで、彼女は労せずしてごく内輪の世界との接触にとどまっていられる。

そういう話を聞いていると、新種の沈黙がいくつも見つかる。スマートフォンで重要なことにかかりきりというふりをして、クラスメイトとは話をしない教室。スマートフォンを〝更新〟したり、離れたところにいる友人にメールしたり、写真を撮ったりするたびに中断される会話。片隅に陣取って、一緒に会場にはいない友人たちにメールするパーティ。

そういう新たな沈黙が、なぜ受け入れられるのか？　いや、なぜ好まれるのか？　前出の大学一年生、ヘイリーは、両親が夕食の席でスマートフォンを使うのをいやがっていた。会話を断ち切ってしまうようなスマートフォンの使い方を私たちが遠慮しているのは、なぜなのか、彼女にはその答えがいくらかわかっているようだ。彼女はそれを「七分ルール」と呼ぶ。

スマートフォンで何かおもしろいことが起きているのを確かめるまでには、七分間待たなければならないと、ヘイリーは考えている。我慢できなくなってスマートフォンを取り出す前に、それだけの時間は待たなければならないと。まっとうに会話したいなら、その七分を費やさなくてはならないわけだ。ただ、必ずしも何分たったかを気にしなくて大丈夫だと、彼女は言う。その七分で「たぶん退屈しますから」と。

七分ルールってご存じですか？　中休みみたいな時間。ほんとは居心地悪くって、いやなものです。「ああ、やんなくちゃいけないのかな、逃げちゃだめかな、もう終わりじゃないの？」みたいな。どうやって終わりにしたらいいのかわからない。しなくちゃいけない仕事みたいに、さんざんいやなことを乗り越えてやっと何かができたって感じで。現実の会話では、相手がすぐそこにいるわけですね。それはいいんですけど、どうしても……そう、「よし……やっと過ぎた」となる。ひとつのわざですね。

ヘイリーは自分のやり方を説明しながら、七分ルールを守らないこともよくあると、はっきり言う。会話を抜きにしてメールを送信するのだ。なぜか？「隔離された気がするし、それだけで足りるように思えるからです。会話はやっぱりめんどくさくて、おっくうにもなるんで」。彼女は多くの人の意見を代弁している。多くの人は、七分間を費やしてから会話を始めようとはしない。スマートフォンを使って手に入れられるものを受け取る。そしてたいてい、手に入れられるものでこと足りてしまうのだ。

隣の友人とスマートフォン上の友人

二〇〇八年当時は、一緒にいる友人に対して無頓着でいることを正当化する必要があった。オリヴァーやジャスパーとその仲間たちは、自分たちが悪習に染まらないようにわざわざ友人に「監視役」を頼んでいた。だが二〇一四年、もう「監視役」などいない。友人は生身の存在として〟そこに〟いながら、スマートフォンに向かってほかの人たちにメールしているというのが、友人づきあいの慣行なのだ。

大学生のなかには、多数ではないがそれに反抗する者もいて、友人と一緒にいるときにはスマートフォンから離れていようと涙ぐましい努力をしている。注意をそがれるのが気に入らないと言いいつつも、〟今の生活〟には当然のことと受け止める者もいる。また、〟自然の進化〟という話をもちだして、私たちはマルチタスク会話にたけていくだろうと言う者もいる。中断したところから会話を続けるのがうまくなっていくだろうというのだ。あるいは、社会的期待のほうが進化すると考える者もいる。同じ部屋にいる相手も〟スマホ上の相手〟も、等しくそこにいると思うようになっていくだろう、と。今は難しいが、ひょっとして十年もすればそう錯覚するのもさほど難しくなくなるかもしれず、そうすればそばにいる友人が〝スマホ上の相手〟に向かっていても、一緒にいる自分の価値評価が下がることにはならないのだ。

コンピュータサイエンス専攻で二十三歳のカールは、生身の存在と電子的存在は社会的に同等だと考えている。そう考えれば、友人が一緒にいる自分からそらした注意をスマートフォン上の誰かに向けたとしても、どうということはない。スマートフォン上の誰かに向かうのは、同じ部屋にいる別の友人のほうを向くようなものなのだから。

カールの見解は実用的だが、感情的にはなかなか納得がいかない。私は初めて出会った事例を覚えている。一九九〇年代後半のことだったが、ある大学院生が私に、一緒にいる友人が携帯電話で話していると傷ついた気分になると、指摘してくれたのだ。彼は、誰かに「一時停止」にされたテープレコーダーのような気がすると言った。友人が自分から顔をそむけて〝電話のなかの友人〟に注意を向けたことで、彼はマシンになったように感じたのだ。このごろの私たちは、中断を歓迎するようになっているが（私たちはやたらと呼び出し音の出る新しいものが好きだ）、感情の面ではたいして変化していない。ヘイリーは、落ち込んでいる友人を慰めていたとき、その友人が会話の最中にほかの人たちへメールしはじめたので、無視された気分になり、自分が煙かなにかになって消えたように思えたと言う。

ヘイリーの語る話はこうだ。親友のナタリーと食事に出かけたとき、ナタリーに元ボーイフレンドから不愉快なメールが届いた。ヘイリーは彼女を慰めようとしたが、ナタリーは、ネットにメッセージを残していくほかの友人たちが何と言っているかのほうを気にしていた。ナタリーが〝スマホ上の相手〟に向かう様子を、ヘイリーはこう話す。

私、人を慰める達人ってわけじゃありませんけど、彼女をハグして一生懸命慰めようとしてました。ここは私が慰めるところだろうと思って。彼女は私と出かけてここにいるんですから。でも、それがかみあってなかった。私はありとあらゆる慰め方をしてみました。そしたら、私が彼女を慰めようとしている五分ほどのあいだに、彼女のほうは状況を説明するメールを五通送信して、私が話しかけているあいだに、返ってきたメールを読みはじめたんです。私たち、通りを歩いているところでしたけど、彼女は〝慰めのネットワーク〟にメールしてばかり。そこで私はアプローチを変えて、みんながメールでどう言ってきてるか聞きはじめました。彼女にゆがんだアクセス・ポイントでかかわろうとしたようなもんです。だけど、へんですよね、そこにいる生身の人間は私ひとりだけなのに、最重要人物じゃないなんて。

ひどいもんでした。彼女ったら、私に話すんじゃなくて、何百マイルも離れたところにいる人たちにメールしていたんですから。

私たちが目の前にいる相手から顔をそむけて〝スマホ上の相手〟に向かうのは、なぜなのか？ ヘイリーがひとつ答えを教えてくれた。直接会っていると、会話がどこへ向かっていくか確かめるのに七分待たなくてはならない。だが、友人との会話の最中にメール対応してもかまわないのなら、そんなふうに七分費やしてみようともしない言い訳ができる。そして、いったんスマートフォンに向かうと、そこで得られるものの多さに私たちは慣れてしまった。メールがもたらしてくれる承認ばかりでなく、メールが大量に届くということにも。

ヘイリーは、ナタリーの慰めのネットワークと慰めのメールの話をしていた。そういうオンラインでの慰めは、会話の最初の数分間、落ち込んでいる友人にとりあえず言ってあげそうな最初の言葉だと考えてみよう。心の支えとなるような、気の毒にとか、かわいそうにとかいう言葉。友人に直接会って慰めてもらうとしたら、それ以上の話をすることにもなるかもしれない。会話がもっと微妙な領域にまで広がっていく可能性が、大きくなる。ナタリーの場合のように、終わりにした人間関係の話であれば、つい詳しく話してしまうかもしれない。関係が終わったのには、それぞれの側にどんな原因があったのか。相手がどう思っているだろうか、といったことを。

だが、慰めのメールに閉じこもっていれば、そういう話をしないですむ。少しずつ多くの安全な慰めが得られる立場だ。それ以上のやりとりはしたくないと思えば、比較的楽にやめられる。しかし、慰めのメールにしがみついていると、友人との会話ならもたらしてくれるものを、逃してしまうことになる――慰めばかりでなく、自分に対する友人の深い理解までも。そして、友人に対する深い理解も。

もちろん、消えてしまう会話もあれば、新しい会話も出現している。スマートフォンに向かうことで一緒にいる友人を無視されたような気分にさせてしまうのと、まさに同じように、スマートフォンに向かわないことで、その友人に、相手から大事にされていると思わせることができるのだ。つまり、携帯電話の存在が新種の特別扱いの会話をつくりだしたことになる。そして、メールが届いているのを知りながらどちらもスマートフォンを無視すれば、ひときわ大事なことができる、友人どうしの会話だ。ナタリーと一緒にいて落胆した経験を語ったあとヘイリーは、あれは考えさせられる経験だったと言った。「メールが届いているけどそれを無視するってことは、それによって今している会話を格上げすることでもあるんですよね。メールで台無しになっちゃうからそうしているんだって、お互いに示すんですから。……私のためにメールを無視してくれるっていうのは、私にとってすごく意味があります」

大学四年生のアルジャンは、人が友人から顔をそむけてスマートフォンを見る理由を、また違ったふうに考えている。スマートフォンは友人たちを元気づけるのに役立つだけでなく、それ自体が新種の友人ともなっているのだ。スマートフォン自体が慰めのもとなのだ。

ぼくにつきあってくれているのはスマホ上の相手なんだと、頭ではわかっています。だから、メッセージをチェックしにいくとき、厳密に言えば、どの相手がぼくに連絡してきたのかをチェックしようとしているわけです。だけど、たとえば新しいメッセージはなかったとしますよね。そうしたら、ともかくいろいろとチェックを始めるんです——ツイッター、インスタグラム、フェイスブックといったなじみの場所を。もう、元気づけてくれているのはスマホだけ。友人になっているんです、スマホが。

崩壊現象

いろいろな意味で、友人どうしの会話はスマートフォンのせいで崩壊している。スマートフォンを携帯することによって、私たちは軽い会話ばかりするようになり、会話のなかでの互いのつながり方が浅くなる。(9) そして、友だちが自分から顔をそむけてスマートフォンに向かうとどんな気持ちがするか、相手に話すことはめったにない。そういうふるまいは新しい標準になっている。だが、〝標準〟になっても相変わらず人を傷つけているのだ。(10)

四十八歳のリチャードは、大学時代にルームメイトだったボブを訪ねて、寂しい思いをしたことを語ってくれた。彼は年に二回ほど、仕事でワシントンＤＣに行く機会に、ボブを訪ねて旧交を温めてきた。

まだ〔携帯〕電話がなかったころが、なつかしいですね。あのころは話に花が咲いたものです。どうしてだろう。ひとつのことが、また別のことにつながっていって、すごく真剣な会話になったこともありましたね、読んだ本のことや、知り合いや、結婚生活の話なんかで。今のボブは、スマホを持っていて、ときどきそっちをぼんやり見るばかりなんです。もし私が「大事な話があるんだ」と言ったら、ボブもスマホをしまうんでしょうけれど。

しかし、リチャードはそれを口に出さない。友人を責めるようなことはしない。「彼にはごく基本的なことみたいですね、スマホを手にしているのが」と言う。リチャードは、友人訪問の新しいなりゆきを受け入れているのだ。

だが、誰もが甘んじて従うわけではない。私は二十代後半の仲のいい友人グループにインタビューした、ほとんどが、まだ最初の就職先で働いているという。私が会話についての本を執筆中だと言うと、彼らは自分たちがしなくなった会話のことを考え、続いて出てきたのは、私があまり聞いたことのない話だった。スマートフォン上で過ごす時間があまり多いと、友人どうしでも大声を出すというのだ。こういうことを言うのは、彼らの親密さゆえではないかと、私は思った。グループのひとり、マリアは、親友であるローズのことを、「スマホのうしろに隠れている」といって責める。ローズとそのボーイフレンドは「私が会った携帯電話人間のなかでも最悪の二人」であり、二人と一緒にいると会話するのに骨が折れるというのだ。

あなたたち二人ってば、とにかくメールしてばっかり、スマホをしょっちゅうチェックして、いつだってスマホに向かってるんだから。あなたのボーイフレンドがあんまりながいことスマホとにらめっこしてるのに我慢できなくって、ときどきキレそうになるわよ。あなたと一緒にいるときも、そんなふうに思うことがあるわ――だって、あなたもメール、メール、メールでしょう。「私の話、聞いてる?」って思うわけ。私はあなたに話しようとしてるのよ!

この会話のきつい失望の口調から、友人にスマートフォンをしまってくれとあまり言わない理由がわかるような気がする。その話題をもちだすと地雷を踏んでしまうかもしれないからだ。

いつでも応じる

スマートフォンは友人づきあいにおいて、義務をともなう緊張感を生み出している。直接会っている友人がうわのそらだと不平をもらすその同じ若者たちが、友人であることは〝いつでも応じる〟ことだと思っている。スマートフォンに縛りつけられていて、いつでもすぐにオンライン上に来てくれるのが、友人だというのだ。中等学校以降の子供たちは、それを責任とみなしている。彼らがスマートフォンをかたわらに置いて寝る理由はいろいろあるが、そのひとつが、〝緊急事態〟に備えて、いつでも友人と連絡できるようにしておくということらしい。

ここで言う〝緊急〟の意味は、悪い知らせからいい知らせまで幅広い。誰が自分に連絡しようとしているのかを、つねに知りたいと思っていて、スマートフォンはそれを可視化してくれる。友人がメールを送信してきて緊急だと言えば、何をしていようが中断して、スマートフォン上の相手に対応する。

十五歳のある女の子が、スマートフォンを忘れまいかといつでも心配しているわけを説明してくれた。友人たちを家族同然に思っている子だ。

学期中にスマホをどこかに置き忘れてしまったら——忘れてどこかへ出かけたら——落ちつかなくなっちゃいます。だって、たくさんの友だちが、困ったときには励ましてもらおうって、私を頼りにしてるんですから。だから、出かけるときはすごく気になります。誰かが本当に困ってて話し相手を欲しがっているのに、私がスマホを持っていないせいで相手になってあげられなかったら、どうしようって。

別の十五歳女子は、スマートフォンをそばに置いて眠るのは、それをずっと持っていれば、友だちに対する責任に応えることができるからだという。スマホがあるからこそ、そんなことが必要になるのではないだろうか。だが、友人たちの求めに「いつでも応じる」態勢でいなければならないのだと、彼女ははっきり言う。そして、小さな診療所の責任にも似た彼女のケースが語られる。

学期中、連絡があったらいつでも出なくちゃならない友だちがいたんです。その子、怪しげなクスリを使ってるみたいなんで、メールしてみました——「ねえ、どうしたの?」って。戻ってきた返事は、どう見てもすごくおかしかった。だから電話したんです——ベッドに入りなさいって。次の日の朝、忘れずに学校にアスピリンを持っていきました。塩ふりクラッカーと水のボトルも。だから今でも——似たようなことがあって見逃しちゃったらと、いつも気になってます。そのせいで誰かが傷つくかもしれないって。

ある十四歳女子は、スマートフォンをそばに置いて眠っているときでさえ、「完全には気をゆるめていない」と言う。いつ悪い知らせがまっ先に自分のスマートフォンに現われるかもしれない、と。

いつも何かにしつこく悩まされているような気がするんです。いつでも何かすごい事件が起きているようで、緊張して気が休まらない――ずっと気になってるんです。これってほとんど、スマホのせいで始まったんだと思う。何かすごいことが起きたら、いちばんの親友とかに、真っ先に伝えようって期待してて、それができるんだから。

夜のあいだでさえ、友人たちの世界の何か大きな進展に置いていかれるのではないかと、彼女は気をもんでいる。「大したことになりそう」なのに、逃してしまうのではないかと。彼女は、友人たちあいだで起きていることをどれくらい知っているかで、自分の価値をほぼ決めている。さらには、どれだけ早く友人を支えに駆けつけられるかで。彼女の仲間うちでは、友だちのメールには数分以内に応じるものと期待されているのだ。

さてそこで、経済学専攻の大学一年生、クリスティンの場合を考えてみよう。彼女は、食事中は三の法則に従い――つまり、少なくとも三人がちゃんと顔を上げているのを確認してからスマートフォンに目を向け――食事のあとも、スマートフォンを持っている人たちと一緒なら、軽い会話を続ける。私と会ったのは期末試験の最中だったが、あまり無理しているようではなかった。彼女が受けていたのはほとんど、大学院生対象の経済学ゼミばかりなのだ。教授たちとも親しくしていて、私のインタビューのあとは一年生の微積分学試験の監督をしにいくことになっていた。教室でのメールについて話をすると、彼女は肩をすくめた。「やっかいですよね」。メールをするということはかかわりあいになるということだ。メールする時に、相手のためにそこにいると友人に約束している。親しい友人からメールを受け取ったら、「だいたい五分以内に」返信すべきだと彼女は考えていた。

だからクリスティンは、受講中も定期的にスマートフォンをチェックする。友人からなんとなく緊急らしいメールが届けば、「教室を抜け出して、メールに返信するためにトイレへ行きます」という。私はクリスティンに、何をもって緊急のメールと判断するのかと尋ねたが、彼女の世界では緊急という基準がかなり低いのだった。「友だちが私を必要としているということです。私が頼りになる相手と思われていること。みんな、ボーイフレンドのことなんかでメールしてきます。難しい局面になったと思うときに。私は返事をしなくちゃなりません」。というわけで、週に何度か、この若き経済学者は高度なゼミを抜け出してトイレへ向かい、個室にこもって友人にメールする。

「友だちならそうします、難局に応えて」とクリスティン。彼女はそうやって、ちょくちょくトイレに行っては、講義のほうを聞き逃すのだ。

一緒にいるときの友人どうしは互いに注意を払わず、それぞれ自分の世界にひきこもって満足している。離れていれば、油断なく緊急事態に備えている。これは、彼らが語る自分の親のふるまいに、びっくりするほどよく似ている。自分の子が家にいないとき、親は「空中待機中のヘリコプター」になり、子供の姿がはっきり見えているときは、自分のスマートフォンに目を向けていていいものと思っている。それが私たちのかかえるパラドックスだ。離れていれば異常な警戒。一緒にいれば不注意。

おそらくこの、〝緊急事態〟に備えていつでも応じる友情は、子供たちが望むほど親がそばにいてくれず、親も自分自身が望むほど子供のそばにいてやれないという状況に対処することで、始まったのではないだろうか。

中等学校――共感という感情

生徒たちの共感の欠如を心配する教師陣が私に相談をもちかけてきた、あのホルブルック中等学校の一件を思い出してほしい。

会合では、テーブルを囲んだ二十人あまりの教師が、それぞれに懸念していることを述べて一巡した。いわく、生徒たちが表面的な友人関係しかつくらないようだ。この数年のうちに、教師と生徒との会話がどんどんぎくしゃくしたものになっていった。生徒たちが互いにあまり関心をもっていないようだ。教師たちの耳に入ってくる生徒たちの会話はというと、スマホ上に何があるかという話ばかり。

そして教師たちは、人の話を聞いて代わる代わる話すという会話の初歩を、生徒たちが身につけていけるだろうかと心配していた。

最初の休憩時間に、教師たちはコーヒーを飲みながら、自分が認めたくないことを口々に挙げていった。

生徒たちがアイコンタクトをしません。

ボディランゲージに反応しないね。

きちんと聞き取れない。ひとつの質問を違う言い方で何度も繰り返してやっと、クラスにひとり、質問に答える子が出てくるほどですよ。

お互いに関心ってものがあるんでしょうかね。まるで全員にアスペルガー症候群の徴候があるみたいです。だけど、そんなはずはありません。全校的な問題をとりあげているんですから。

ホルブルックは情緒障害や認知障害のある生徒のための特別支援校というわけではない。生徒たちが期待どおりに発達していないと認めているこの学校は、学力の高い入学者を選抜する、競争率の高い私立校なのだ。エイヴァ・リード学生部長は、自分の懸念を最大限に強い言葉で表現する。「九年生でさえ、他人の観点からものごとを見ることができないんです」。誰かほかの人の言い分をじっと聞く忍耐力がないらしい生徒が多い。彼女の言葉を、三人の教師が裏づける。生徒たちは、会話が教えてくれる共感、会話に要求される共感に、問題をかかえているのだと。

今の生徒どうしのおしゃべりは、ささいなコメントがぱっとほとばしり出るだけで、まるで短いメールを口に出しているようなものなんです。当面のつきあいに必要最小限のコミュニケーションですね。お互い話に耳を傾けたりはしません。

見ていていちばん胸が痛むのは、彼らにはいつ相手の気持ちを傷つけたのかがわからないことです。お互いに傷つけ合っているのに、両方を一緒に呼んで何が起きたのか考えさせようとしても、相手の側から想像してみることができないんです。

生徒たちにはウェブサイトをつくることができますが、教師に話しかけることはできませんね。それに、ほかの生徒たちに話しかけることもしたがりません。会話の重圧がいやなんです。

ホルブルック校は小規模私立校なので、教師たちは情緒と知性両面の生徒指導に時間を割くことになっている。それこそがホルブルック校での教えがいだ。ところが、彼らは以前のような仕事のしかたができなくなったと言う。ここへきて初めて、はっきりと共感を、さらには会話での発話交替［どのタイミングで話し手が変わるか］までも教えなくてはならないと思うようになった。ある教師は、「感情的知性［相手の感情を理解する能力］を、きちんとわが校のカリキュラムの一環にすべきです」と言う。

自分たちの観察対象が変化した背景にあるものについて、教師陣にはいくつもの仮説がある。たぶん、生徒たちは読書の代わりにテレビゲームで育ち、想像力がはぐくまれなかったのではないか。テレビゲームのせいで、社交スキルがみがかれるはずの外遊びから遠ざかっていたためか。おそらく、生徒たちは予定を詰め込まれすぎているのだろう。あるいは、家庭での会話が足りないのかもしれない。親たちが自分の仕事で頭がいっぱいで、自分のスマートフォンやコンピュータに向かってばかりいるのではないか……。教師たちの話は、ひと巡りしては何度もテクノロジーに立ち返る。歴史の教師が、強く感じていることをこう要約する。「私が教えている生徒たちは、スマホに熱中するあまり、授業にも自分自身にも他人にも、どう注意を払えばいいのかわかっていないし、お互いに目を見て何を考えているのか確かめる方法も知らないですね」。

ある女性教師は、少なくとも彼女の見る限り、生徒たちの友情が感情的な結びつきから、手段として登録されるものに変わってしまったと悲しむ。友情が、相手は自分のために何をしてくれそうかという考えに基づいたものになっているようだと。彼女はそれを〈誰が応援してくれるのか〉の友人関係と呼ぶ。そういうつながり方だと、「［友だち関係が］自分の役に立つのをわかってから、次の段階に移るんです」と彼女は言う。〈誰が応援してくれるのか〉に基づく友人関係は、ふつうの友情の影にあたる。ちょうど、スマートフォンを持ってひとりきりでいる時間が孤独の影であるのと同じように。どちらも、自分が持っていないものを持っていると思わせるような、代用品になる。おそらく、代用品を手に入れたことで、失ったもののことは忘れてしまうだろう。

リード学生部長は、このグループ・ミーティングにちょっとした課題の結果を携えてきていた。実際には、ちょっとした〝実験〟とも言える。リードの仕事のひとつに、約二十人ずつの生徒からなる諮問グループの運営がある。そのメンバーに頼んで、彼らが友人に望むものを三つ挙げてもらった。六十人あまりからもらった回答のうち、信頼、思いやり、やさしさ、同情を挙げた生徒はたった三人しかいなかった。ほとんどの生徒が、笑わせてくれる相手、楽しませてくれる相手に関心があると言うのだ。ひとり、「誰かと一緒にいさえすれば、楽しい」と書いた生徒もいた。そういう生徒たちは〝親友〟というものの真価をわかっていないと結論せざるをえない、そうリードは言う。親友とは、娯楽や、ひとりきりにならない保証よりも、もっと大事な存在だ。親友とは自分が気にかける相手。自分をさらけだす相手。その相手のことを知るにつれ、自分自身のことを知っていくのだ。ただし、オンラインではそういうことをなかなか学べないとリードは指摘する。

リードは、「友人に何を望むか?」という課題をこうまとめる。「この子たちは、友情を一方的なもののように感じているんじゃないでしょうか。彼らにとって、友だちづきあいは情報を広める場なんです。話を聞く場ではなくて。そして、そこに感情的な段階はありません。誰かそこにいるだけでいい。他者への傾注などありえません。彼らは友情をオフにできると思っているみたいですね」。彼女は口に出さなかったが、要するに「オンライン上のやりとりでオフにできるのと同じに思っている」ということだ。その課題のあと、リードは子供たちがほかの子を〝アプリケーション〟扱い、つまり目的のための手段扱いしているのではないかと、思うようになった。彼女が見ていると、生徒たちは互いにすぐ「私のためにこれをしてくれない?」と言うが、その仕事が終わるやいなや、あるいはそれに満足しなかったら、また別の友だちに

〝切り換える《トグル》〟のだという。(11)

リードは、オンラインの「友だちづくり」でつちかわれた習慣が、フェイス・トゥ・フェイスの、日常生活のなかでの友だちづきあいの習慣にもなっているのではないかと、心配している。

互いに傷つけ合っても、彼らはそれに気づかず、後悔している様子も見せません。彼らの力になるためには、双方に一部始終を繰り返し言い聞かせ、相手を傷つけたかもしれない理由をロールプレイングでわからせようとしなくちゃなりません。そこまでしても、悪かったとは思わないみたいですね。友だちづきあいやパーティや学校行事で相手を仲間はずれにしておいて、相手が傷つくとびっくりするらしいんです。あるとき、ひとりだけ行かなかった子がいたコンサートの話を、みんなで、その女の子の目の前でしていたことがありました――その子はチケットを買うお金を持っていなかったんです。でもみんなおかまいなしでどんどん話を続けて。女の子は目に涙を浮かべていました。

相手の話に耳を傾けて、相手の様子や声の調子を知ろうとするという人の理解のしかたが、できるようにならないんです。

ホルブルック校教師陣の見込みでは、子供たちが中等学校に上がるころには、進んで美術や科学や作文の課題に取り組むようになっているはずだった。教師たちは、授業中でも放課後でも、子供たちがそういった課題に才能や集中力を発揮するのを目の当たりにする喜びのために、教職に就いたのだという話をする。ところがこのミーティングの席で教師たちは、もうそんな喜びなどなくなってしまったと嘆く。彼らの生徒たちは、集中することができない。生徒たちに余暇はなく、もしあったとしても実際には暇な時間になど耐えられない。早くも六年生になるとスマートフォンやタブレット持参で通学するようになり、即座に返信しなくてはならないと思っているメッセージの、絶え間ない流れに巻き込まれる。教師たちは生徒の文化を知っている。ホルブルック校では、友だちからのメールには数分以内に返信しなくてはならないのだ。

子供たちがシェアしているのはもちろん、自分たちが帰属していると思える象徴《トークン》、つまり笑える映像やジョーク、写真など、その日たまたま流通しているものだ。「みんな友好のしるしなんです」と、ある教師が言う。また別の教師が考え込む。「お守りの腕輪《チャーム・ブレスレット》に付ける飾りを交換するサークルで過ごしているようなものですね。ただし、それは誰も決して休みをとらないサークルです」

教師には、生徒たちが机の下でこっそりメールしたり、授業を抜け出してトイレでスマートフォンのメッセージに返信したりしているのもお見通しだし、今や運動場にまでスマートフォンが進出しているのもわかっている。教師たちは、学校にいるあいだを、生徒たちが送受信のプレッシャーから解放される時間にしたいと思っている。ところが、電子的に配信される教材が増える一方なので、注意をそらされる媒体から生徒たちは決して離れていられない。

別の中等学校教師グループとの会合でも、似たような懸念を耳にした。生徒たちはオンラインで長々とメールして心を打ち明け合い、翌日の学校では親密さをシェアした相手とも知らずに顔を合わせる。生徒たちにとっては、直接会話するよりも、オンラインで大量の『いいね！』に報われるほうが重要らしい。しかし、フェイス・トゥ・フェイスで会話をしないでいると、生徒たちの共感能力や傾聴スキルが育たないと、教師たちは心配する。

ある中等学校教師は言う。「ある女生徒に言われたことがあります。『いつでもスマホに未返信メールを十三通ためておくんです。私に連絡しようとしている人が十三人いるってことで』と」。教師はその話を聞いて心配になった。スマートフォンがコミュニケーションをとるためではなく、その女の子を気分よくさせるためのものになっていると。教師は彼女に、メールに返信してもらえない人たちはどんな気持ちだろうと聞いてみた。女の子は当惑したようで、その人たちの気持ちを考えてみたことなどなかったと言うのだった。

私がホルブルック校を訪れてから二年、そこで出会った問題は差し迫る一方のようだ。二〇一五年冬、私はニューヨークシティのラドウェイ中等学校校長、グレッグ・アダムズを訪ねた。校長が聞かせてくれるのは、その前年に父親が自死した、六年生のルイスの話だ。父の死後、ルイスは元気をなくし、同校にいる一学年上の姉、ファニータに依存するようになった。

ある日、ルイスのクラスメイトのアンナが、ランチルームでファニータに話しかけようとしたところを彼にじゃまされて怒った。翌日、ラドウェイ校は大騒ぎだった。アンナがフェイスブックに、「ルイスなんか父親と同じ死に方をすればいい」と投稿していたのだ。アダムズはアンナを校長室へ呼んだ。彼は自分が「怒り心頭で、なんとか自制しようとしていました。耳から湯気がたつほどでしたよ」と言う。アンナに、「なぜだ？　なぜこんなことをするんだ？」と聞いた。アンナはすぐに答えた。「フェイスブックに書いただけですけど」。アダムズには、アンナが自分のしたことを現実とはまるで思っていないと、はっきりわかった。

アダムズは「アンナにルイスの身になって考えさせようと」して、校長室でアンナに言い聞かせた。「きみが涙にかきくれるまで、私は校長室を出ていかせない」。それには十五分ほどかかったと言う。「それから、当然ながらアンナの母親に電話して、私が彼女の娘を泣かせたわけを説明しました」。だが、アダムズはアンナの涙に安心させられてはいない。フェイスブックはアンナに対し、他者を傷つくはずのないモノ扱いする考え方を授けたらしい。さらには、ある種の残酷さは問題になどならないのだという考え方も。

直接に人をいじめることなどなさそうな人が、オンラインでは遠慮なく攻撃的かつ低俗になったりすることが、わかっている。顔を見て声を聞けば、人間相手に話していることを忘れはしない。たいてい礼儀作法は守られる。ところが、画面上《スクリーン》でのコミュニケーションになると、私たちは一種の脱抑制を経験する。研究によると、ソーシャルメディアは自制心を低下させるとともに、自信を一時的に大きくふくらませる。[12] つまり、オンラインでは、人を傷つけることになるとわかっているような行為をついしてしまいがちなのに、配慮をやめてしまうように見える。

いわば、信号機が故障したようなものだ。自分と同じような存在として他者を見る、その手本を見たことがないからではないかと、アダムズは考える。それがないから、生徒たちは共感を覚えたり、ゆるぎない愛情を形成したりできないのだと。いじめや何気ない残酷さを助長するのは、環境だ。最近の研究では、大学生のあいだでは安心して自分の愛情を信じている人の割合が減り、愛情に自信のない人の割合が増えているが、それも不思議はないと彼は思う。[13]

ため込む人々

前出のヘイリーの話で、彼女はそばにいる友人のナタリーを慰めようとしていたが、傷心のナタリーは"スマホ上の相手"に向かってしまっていた。失望はしたが、ヘイリーはナタリーがスマートフォンに向かうわけはわかると言う。その一件のあったころ、ヘイリー自身の社交生活もメールとメッセージ中心に回っていた。それですっかり満足というわけではなくとも、自分の人生はそんなものだろうと思った。絶え間なく接続できるおかげで、帰属意識がもてる。「メールするのにはほとんど手間がいらないし、すぐに満足感が得られます。十五人くらいとはすぐにつながれるし、ちょっと手を伸ばせばプラスの反応が返ってきて、すごく気分がいい。時間のかかる会話をするよりは、メールしちゃいますね」

ヘイリーは、自分が数字で表わすものを冷ややかに見ている。「十五人くらい」の相手も、それどころか何百というフェイスブック上の接触相手も、友人というほどではない、せいぜい「私がメールすれば向こうも私にメールしてくれる相手」どまりだ。そういう相手とは契約上の関係に近い。それでも、「ネット上の新しい友だちを拒否するのはほんとに難しいんです。できるだけあまりたまっていかないようにするんですけど、なかなかね」。だが、「ネット上の友人」全員が友人というわけではないと、彼女はわかっている。「私たち、友だちを資本市場の金融商品扱いしてて、へんですよね。取り巻きをキープしておくと、もっと増えていく。……私ったら、友だちを大量にため込んでる」。ヘイリーは「取り巻き」をもとに数を維持している。そうすると「へんなため込み衝動」が起きるのだと言う。

そういう蓄えがあるのは、豊かなのだろうか？　それとも豊かな気がするだけか？　ヘイリーが満足そうに語るところが、友人ではない友人を蓄えるのが満足であると同時に疎外でもある、人生のあいまいな領域を理解する手がかりとなる。

オンライン友情がもたらしてくれる豊かな気分を味わうのは好きだと、ヘイリーは力説する。とはいえ、彼女は必要最低限のところまで戻ろうと、予定を組み立てかけているとも言う。来年、一学期間海外留学するのを機に、フェイスブックのアカウントを抹消するつもりだ。「自分が何をしているか、みんなに見せたくなって、きっとフェイスブックがあったらいいのにと思うだろう」と心配している。でも、彼女は友人を「資本市場の金融商品」と見るのも、「へんなため込み衝動」をかかえているのも、いやになってきたのだ。

高校卒業までにヘイリーは行動を起こしていた。スマートフォンを処分したのだ。五年間使ってきたが、スマートフォンは友人関係をだめにすると判断した。そればかりでなく、「スマホ上の履歴も。……誰かにメールすると、スマホがかかえている履歴をいやでも意識させられました。どの人間関係もいちいち記録されてるんです。そして、私はその記録を――メールを――肌身離さず持ち運んでいたわけです」

ヘイリーが私に、今使っている折りたたみ式携帯電話《フリップ・フォン》を見せてくれた。いわゆる〝フィーチャーフォン〟だ。通話はできる。メールもできるが、メモリがあまりなくて百件までしか保存されない。そしてもちろん、アプリケーションはなし。つまり、フェイスブックにはアクセスできないということだ。ヘイリーは身軽になったような気がすると言う。友人づきあいが「過去の履歴にじゃまされない」気がして、「以前より寛大な気持ちになれます」と。

共感マシン

私たちは今、選択すべきときに来ている。自分の個人アーカイブをあきらめることにして解放感を味わう人もいるが（ヘイリーにはメールの履歴でさえ重荷に感じられた）、自分の人生のあらゆる局面をさらに精巧なアーカイブにしていこうと考えて、満足する人もいる。(14) Google Glass（グーグルグラス）というテクノロジーで実験した、あるグループのケースを紹介しよう。グーグルグラスというのは、装着すればどこにいても――すべてのアプリケーションとともに――ウェブに連れていってくれる眼鏡型装置だ。

二十七歳のグラフィックデザイナー、アンディは、実世界で試せるようになったグーグルグラスが支給される、最初の〝探検家〟グループに志願した。彼女がグループに加わったのは、もっと内省的な生き方をする方法を実験してみたかったからだ。グラスを装着すれば、自分の視点から写真や映像が撮れる。アンディは十分ごとに写真を一枚撮り、一分間の映像を録画するよう、グラスをプログラムした。そして毎晩、写真を見直して注釈を付けた。今のところ自分のプロジェクトに満足している。「自分の人生で何が重要になるか、今はまだわかりません。あとにならないとわからないでしょう。記憶を頼りに重要な会話を思い出さなくても大丈夫。記録があるんだから、そのときには重要だと思ってなかったとしても」。しかし、夫がプロジェクトに反対なので、自宅にいるときはたいていグラスをはずしている。夫は、彼女が記録していると夫婦の会話が変化すると思うのだ。もし自分がいやなことを言ってしまったら、アンディの顔に表われた反応を見て謝るだけではすまないというのが、彼には気に入らない。妻は記録をいつまでも残すだろう。絶対に忘れることができないわけだから、決して許すこともできないのではないだろうか。

夫が気にしていることに対して、アンディは強く反発する。「不公平だと思いますね。あの人がグラスを着けるんだったら、そんなふうには思わないでしょうに。片方だけに記録があるからフェアじゃない気がするんですよ。夫婦が二人とも記録していけばいい。グラスがもっと手に入りやすくなったら、あの人も着けるといいんだわ」

記憶《メモリ》に関しては何が重要なのか、ヘイリーとアンディの見方は正反対だ。ヘイリーは、やがて誰もが容量を少なくしたがるほうに賭ける。「友情のためにはその瞬間に生きたほうがいいと思います。履歴やら期待値やらをもちださずに。自分が今いるところから関係を始められるようにするべきです」。一方、アンディはその反対の気持ちでいる。過去の記録があれば、より確かに今を生きられると言うのだ。

アンディよりもっと先の話をするグーグルグラス・ユーザー数人の話も聞いた。グラス(あるいはそれに似た装置)は、人の人生を記録することによって、ある種の共感マシンに進化していくだろうというのだ。自分の人生を自分の視点から記録すれば、それをほかの人にも見せられるようになるし、自分をもっとよく理解してもらえるようになるだろうと。そして、相手も自分の人生を記録していれば、自分も相手の目から見た世界を見ることができる。その場合、会話が理解を補ってくれるかもしれない。ただし、会話はたいてい不要だろうし、みんなが会話が達者だとは限らないのだから、それはいいことではないかというのだ。グラスなら安心。自分の観点をうまく表現できないおそれがあっても、グラスがもっと効率よくそれをシェアしてくれる。自分に共感が欠如しているおそれがあっても、相手の観点を自分の目で見られると、あてにできる。[15]

二十六歳のロナルドは、設立したばかりの再生可能エネルギー企業のプログラマー。グラスを装着して六カ月になる彼は、こう言う。「会話が苦手なら、ぼくがそうなんですけど、グラスはすごく役に立ちます。自分に何が起きているか、どう感じているかを、うまく言い表せなくても大丈夫。気になる相手に〔グラスの映像を見て〕直接経験してもらえるんですから」

けんかをメールのやりとりにすることで対立を〝外に出そうと《エクスポート》〟した家族を、私たちはいくつも見てきた。今また、別のアイデアが出てきた——こちらは、自分の経験をひとまとめにエクスポートするというものだ。テクノロジーが見せてくれる幻想にはたいてい深い悲哀が隠されているが、人間はそれをどうしても適切に受け止めようとせず、テクノロジーの力を借りてうまくやろうとする。

共感マシンという近道、あるいはある人が私に力説する「共感の補助輪」を、私は楽観視していない。一部の人には補助的なものとして意味があるかもしれない。しかし、当然ながら、私たちはテクノロジーに対して、補助のつもりで始めたことをいつのまにか生き方にしてしまいがちだ。[16]メールすることで夕食どきの会話をぶちこわしにするつもりはなかったのに、おしゃべりの補助だったはずのメールが会話の代用品になってしまったではないか。

しかもそれは、きわめて重要なものをもたらしてはくれない代用品である。ジョージ・エリオット〔ヴィクトリア朝時代の女流作家〕、母が子にじっと視線を注ぐことを、「目を見合わせて愛情を映す」行為だとしている。文学や哲学が長年にわたって教えてきたことは、研究によっても裏づけられている。共感をはぐくむには、フェイス・トゥ・フェイスで会話する必要がある。そして、アイコンタクトも必要なのだ[17]。

精神科医ダニエル・シーゲルの著作によると、愛着をつかさどる脳の各部が発達するためには、子供のうちにアイコンタクトをしておく必要があるという。アイコンタクトをしていないと、断絶感につきまとわれ、共感に問題をかかえるようになる。シーゲルは、一瞬のアイコンタクトであがる成果をこうまとめている[18]。「そういう互いが感情的につながる《ラポール》ちょっとした瞬間が、子供時代に何万回となく繰り返されて、私たちの最も人間らしい部分を——愛する能力を——ひとつの世代から次の世代へと伝える〔役割を果たす〕」。認知神経科学者の千住淳《せんじゅうあつし》は、成人期を通してそのメカニズムを研究し、相手の感情や意図を処理する脳の部位はアイコンタクトによって活性化すると示している。千住の見解では、メールの絵文字にはそれに匹敵する効果がない。「豊かなコミュニケーションのモードに入れるのは、アイコンタクトの直後である。アイコンタクトがあらゆる信号の解析能力を増幅させて、相手の脳を読み取ることができるようになるのだ[19]」

こうしたことを考え合わせたうえで、スマートフォンを取り出すと目は下を向いてしまうという事実をどう考えるべきだろうか？　そしてもちろん、グラスを装着すると、目は画面に映るものを読み取ってばかりになってしまう。常時オン状態の生活が私たちの共感する能力をむしばむと示唆する研究が、続々と出てきている。私が最も衝撃を受けたのは、標準的な心理テスト評価による大学生の共感能力が、過去二十年間で四十パーセント落ち込んだという研究結果だ[20]。分析した研究者たちは、学生たちが互いにフェイス・トゥ・フェイスで接することが減ったせいではないかと述べている。私たちは、隔たりのある場所で生活を送る代償を払っているのだ。

これまでも若者たちが新しいテクノロジーを使いこなし《コープ》てきたように、現代のテクノロジーという難物を今の若者たちはうまく使いこなしていると考える人もいる。若者たちはコミュニケーションのスタイルを変えながら、自分なりにバランスをとっていくだろう、大人が心配するとしたら、若者の才覚を正しく評価していないからだ、と。[21] 私も、確かに若者たちには才覚があると思う。だとしても、無視できないことがある。スマートフォンやタブレット、さらには私たちを常時オン状態にさせる未来のウェアラブル装置は――どれもみな注意を分断し視線を下へ向けさせるテクノロジーだ――人として発達していくうえで最も本質的な時機に、影響を与えるのだ。そういうテクノロジーが、愛着、孤独、共感といった能力を発達させようとする子供たちにつきまとおうと、手ぐすね引いて待っている。コーピング［ストレスを評価し、対処しようとすること］のように見えること自体が、害をなしているのかもしれない。

これまでも述べてきたように、私たちが大切に思う会話を失わないようにするためには、私たちの脆弱性を考慮してデザインすることが、ぜひとも必要だ。それには少なくとも二つの側面がある。ひとつは技術面。スマートフォンにとらわれたくないとしたら、たとえば、一回やりとりするごとに私たちを〝解放〟してくれるスマートフォンをデザインすればいい。そして、私たちの意図を支持してくれるような社会環境を築けばいい。体重を減らしたいなら、ダイエットしたいと望んだだけで体重が減るのが当然などと、考えないはずだ。友だちと一緒にダイエットに取り組むといい。キッチンに適切な食料品を買い置きして、規則正しい食生活を心がけるといい。つまり、会話を支持するような環境をつくりだしさえすれば、会話を取り戻すところまで進んでいけるのだ。

ソクラテスが、話すことから書くことへの移行を嘆いて以来、[22] 新しいモードのコミュニケーションが登場するたび、識者たちは大事にしてきた思考モードにとって有害だと警戒してきた。携帯電話には確かに、会話の長い歴史上、ひときわ目立つ破壊的特質があると思う。話す代わりに書くという場合は、自分が選択してそうしていることを意識しながら書いている。対照的に、電話を携帯していると、それによってフェイス・トゥ・フェイスで会話するところを、妥協して電話ですませることになるなどとは、思っていない。反対に、愛情のこもったメールのやりとりもできるし、そばにいる相手と（同時進行で）会話しながら、友人たちの様子も聞けるのだという考え方を、擁護するだろう。携帯電話はひとつの付属品《アクセサリー》であり、無害で有用な補助機器だという考えを、私たちはなかなか放棄できないでいる。しかし、テクノロジーは私たちの行動を変えただけではない。私たちの存在そのものを変えてしまった。そして、何よりもとりかえしのつかない変化が起きているのが、私たちの共感する能力についてなのだ。

　元カンタベリー大主教のローワン・ウィリアムズは、二〇一四年の連続講話のなかで[23]、他者にどう接するかというなじみの話ではなく、それを差し出す個人の成長に焦点を当てて共感を話題にした。

　ウィリアムズは、心の通う人間関係は「私は相手がどう感じているのかわかる」から始まるのではないと考える。相手がどう感じているかわからないと気づくところから始まるのだ。わからないまま、まずは会話に誘う。「どう感じているか教えてください」と。共感とは、一緒にいよう、身をゆだね合おうという誘いかけだと、ウィリアムズは考える。そして、そう誘うことで自分を変えていくのだ。相手のことがさっぱりわからなくなったという思いがつのっているなら、まず自分自身をどれほど理解しているか確かめる。ウィリアムズは、そうすることで「それまでよりもずっとたいへんな注意力」が身につくと言っている。「忍耐力と、それまでと違った目で見るスキルや習慣が身につく」のだと。

　誰かの投稿に『いいね！』を送ったり、インスタグラムに出された質問に答えたりというとき、それが共感プロセスの第一歩になることは確かだ。オンライン上のやりとりは、相手に「あなたの話を聞きたい。私はあなたのそばにいる」と言っているようなもの。ナタリーが受け取る慰めのメールのように、それは始まりにすぎない。万事は次に起きることしだいなのだ。

共感感覚

直接会おうと思えば会えるのに、オンラインで〝会う〟ことにしている……そんな相手と友人づきあいをする人が非常に多い。私たちはそれを、友人とのごく普通の時間の過ごし方として、〝便利〟だと思うことに慣れてきている。

どの世代も、誕生日祝いからお悔やみまで、会話を迂回して画面《スクリーン》に言葉を託すようになってきた。友だちが遊びにくるのを心待ちにしたり、来てほしくないと思ったりすることは、もうない。そういうことは感情的負担が大きすぎると思うようになっているのだ。

オンライン友人づきあいがもたらすポジティブなものも、数多くある。社会的に孤立し、両親にもかまってもらえない前述のアリのような人でも、インターネットを利用して手を伸ばし、自分の問題に直接向き合ってくれる相手を探すことができるのだ。ただし、彼女自身に直接向き合うことにはならないだろう。相手に情報をもたらしたり、サポートグループ探しを手伝ったりするのは、あまり共感のうちに入らない。共感とは、自分がそこにずっといると相手を納得させることなのだ。相手の感じていることを知りたいのであって、相手のような境遇だったら自分ならどうするかを教えたいわけではない。そのことを信じてもらえるまで、ずっととどまっているのだ。共感するためには、時間も精神修養も必要になる。

評論家のウィリアム・デレジーウィッツによると、コミュニティの衰退とともに、私たちは実際のコミュニティに生きることからは離れていながら、まるでコミュニティに生きているかのように感じる努力をするようになってきたという。したがって、今私たちがコミュニティを話題にするとき、その内容は「人間関係から感情へ」移行している。[24] コミュニティに属していることから、コミュニティ感覚をもつことへと移行したのだ。私たちは共感から共感感覚へと移行したのだろうか？　友情から友情感覚へと移行したのだろうか？　ここで、細心の注意を払う必要がある。人工知能は私たちのよきつきあい相手になると言われている。新種の友人だという。人間相手を〝友情感覚〟でよしとするなら、マシンとのつきあいもそう落差がないように思える。しかし、そこで問題になるのは、人間だけが互いに与えられる大切なもの、かけがえのないものである。

次に続く世代

本章を執筆中にコンピュータが不調をきたし、私はアップルストアに出向いた。ささいなトラブルなので、ジーニアス・バー［アップルのサポートカウンター］に行く必要さえなく、店員がフォローしてくれた。二十六歳で、デザイン専攻の大学院生だという店員に、どうしたらコンピュータがちゃんと動くようになるか教えてもらう。何の仕事をしているのかと聞かれて、会話についての本を書いていると言うと、彼はその店の客たちの話をした。「若い子たちのことが心配ですよ。すごく鈍感に思えることがあって。スマホを取り出さずに会話したことなんかないんじゃないかな。だけど、なかには――そう、なかにはですけど――期待させてくれる子もいますよ。立ち直った、みたいなね」

彼の言いたいことはわかる。私にも、次世代の人々は何か契機があれば引き返せるのではと思えるのだ。たとえば十四歳の女子数人は、みんなでメールを控えて友人関係を結ぼうとしていた。リズという子が言う「メールじゃ思い出になりません。思い出っていうのは語ることのできる物語です」。ジンジャーは、「メールやメッセージだと仲たがいせずにすむ」のがありがたいと言いつつも、友だちと一緒にいて、仲たがいしたり間違ったりしたときにこそ「愉快なとき」が訪れる、それが大事なのだと付け加える。「最高なのは、友だちと一緒に間違うことです。……しゃべっているとぐちゃぐちゃな話になっちゃって、そのうち心から愉快になっていく。そうやって人とのきずなができていくみたいな。……何もかもが完璧にできてるってのとは違います。間違いはするだろうけど——なんていうか、友だちと一緒だと、友だちの顔が見えるのがいいんです」。ジンジャーのクラスメイト、サブリナは、「完璧」なメールのやりとりでは「リアルな意味のある会話」にならないと思っている。

心理学者のミハイ・チクセントミハイは、友人どうしの「リアルな」会話を研究してきたが、確認を提供する会話を中心に成立する友人関係もあると言う。彼はそれを「報奨式の友情」と呼ぶ。そういう関係の行き着く先は、「誰にとっても好ましいこと……互いの考えや性癖に対し同等の注意を払うこと」[25]である。まずこちらからメールすればメールをよこすような、ヘイリーの言う「ため込んでる」友だちがそうだろう。彼女のフェイスブックの友だちもそうだろう。相手の壁に飾ってある絵を『いいね！』と褒めれば、あいてもこちらの壁に飾ってある絵を『いいね！』と褒めてくれる。チクセントミハイによれば、そういう友情が最も得意とするのは、鏡としての他者を必要とする自己、つまり自分には見えていない自己を支えることだ。

だが、ソローの語る友情はそれ以上のものであるし（「わが友とは……ありのままの私を受け入れてくれる相手だ」[26]）、チクセントミハイもそれ以上の友情があるだろうと述べている。互いの夢や願望に異議を唱えたり、新しいことを試そうと互いに励まし合う友人たちがいるのだ。「真の友人とは、ときどき本気で怒ることもできる相手であり、つねに忠実に形式を守ることは期待しない相手のことだ。自己実現という目標をシェアしてくれ、それゆえにめんどうなことに巻き込まれるリスクが大きくなっても、そのリスクも進んでシェアしてくれる相手のことだ[27]」

友人としてのつきあい方を――特に会話のしかたを――描くことによって、チクセントミハイは「真の友人」を巧みに言い表わしている。彼は、親密な間柄とはどういうものか説明してくれているのだ。

そこでまた私は、アップルで助言をくれた店員に希望をもたせた「若い子たち」のことを考える。電子機器があって当たり前になっている彼らは、彼らの親世代や、ほんのわずか年上の若者たちほど夢中にならないのではないか。

ある十五歳男子が、学校でほかの子になかなか話しかけられないと考え込んでいた。今彼はサマーキャンプに参加していて、六週間のキャンプ中はスマートフォンなしで過ごすことになるが、彼はそれでも平気だという。

家にいるときや、友だちと一緒に車やバスに乗ってるときに〔ほかの子たちと〕会話しようとすると……みんなスマホに向かってるんです。ぽつりぽつりとしか会話ができません。みんな、話してる話題からそれたり、また入ったりを繰り返してて。ちゃんと集中してないから、会話も盛り上がらない。今いるところに、集中すべき相手がいるってのに……電話にだけじゃなくて。だから、人の話にちゃんと集中して、もっと会話に加わるといいと思うんです――そのほうが、スマホを取り出して満足な会話ができなくなるより、いろんな考えをシェアできるし、会話からいろんなことを引き出せるんだから。

同じ宿泊所の仲間たちも、最近の自然保護区ハイキングの話をもちだして、彼の主張を支持する。スマートフォンにいっさい頼らず、互いに仲間だけを連れにして三日がかりで歩いたのだ。そのひとりが、家にいるとき友だちとする話といえばスマートフォン上のことばかりだと言う。ハイキング中、「気づいたのは、自分たちのことだけに集中してるってことでした。それと、自分たちの目の前にたった今、その瞬間にあるものに」。もうひとりは、ハイキングしているとき一緒にいた仲間たちと、自分がスマートフォンで連絡をとれる相手と、どっちが先か考えずにすんだという。「家にいるときは、本当の意味で相手のそばにはいないで……ただしゃべっています。いつだってほかに進行中のことがあって、みんなスマホを取り出して、そこにはいない相手としゃべってる」。この若者には、会話そのものが新発見のようなものだった——今まで知らなかった広い空間を見つけたのだ。「今まさに進行中の流れって感じでした。中断されることがなく」

恋愛関係——あなたはどこ？　あなたはだれ？　待って、何が起きてるの？

「会話の調子はどうだい？」って聞くだけです。

——オペラ歌手ルチアーノ・パヴァロッティ。娘ばかりを育てていることについて質問されて

本当の愛とは、相手のいるところでスマートフォンをチェックしたくならないこと。

——アラン・ド・ボトン［スイス生まれの哲学者］

大人も十代の若者と変わりはない。ほかの人たちも必ずスマートフォンをもっているものと思っている。ほかに何をしていようとも、送信したメッセージは見てもらえるものと思っている。だから、相手に気にかけてもらっている以上、返信するべきだと考える。相手が気にしているなら。ただし、恋愛の相手とメールをやりとりする場合、沈黙で応えるということがしょっちゅうある。それが無言戦略《ナッシング・ギャンビット》だ。かなり昔からあるが、恋愛のかけひきにメールを使うことが定着するとともに、戦略としての沈黙をいかにうまくあやつるかという話が出てきた。高校生たちのあいだにまで。

無言戦略

二〇〇八年、十八歳のハンナが私に、オンライン上の恋愛のかけひきで「いちばんたいへんなこと」は、メールする相手に返信しないという単純な選択肢があることだ、と教えてくれた。つまり、無言で応えるという、フェイス・トゥ・フェイスの会話では事実上無理な選択肢だ。彼女はその効果を評価して、こう言った「相手を頭にこさせる方法ですよ。……相手は送り手である自分が存在しないことにされたわけですから」

ハンナの話では、自分のメールが無視されると、事態を悪化させるとはわかっていても、その男の子のオンラインでの行動を追いかけたいという誘惑に強くかられるという。フェイスブックをチェックすれば、その子が食事に出かけたりパーティに出席したりしていたことがわかるのだ。昔だったら、自分をかまってくれない相手は、ひょっとして家族の一大事か何かで手いっぱいなのかもしれないと、自分を慰めることができた。いかにもありそうな話を、いくらでも自分に言い聞かせることができた。今では、ハンナの友人のひとりが言うように、そうはいかない。「現実に向き合わざるをえません。相手は私以外のことすべてを優先しているんだと」。そのため、ソーシャルメディア上で拒否されると、「ちゃんとしたお断りの五倍はこたえる」とハンナは言う。

無言戦略は、意図の明確な会話でも、言葉を濁して終わる会話でもない。「忙しいからって何度か言われて本心を察する」のとは違うと、ハンナは主張する。それよりも、人間なら話しているときには反応すべきだということを理解していないかのごとく、単にそっぽを向いている、そんな相手との会話のようなものだと。オンラインでは、私たちはそんなふるまいを自分に許してしまうのだ。

そして自分がそんな目にあったとき、潔く対応するには、何もなかったことにするしかない。ハンナがルールを説明してくれる。オンラインで相手が応答しなかったら、気づかないふりをすべし。『どうして返事をくれないの、ねえ、なんで？』なんて、しつこく言いだす人もいるけど、私はそんなことしない。……かっこよくないから。『ねえ、読んでくれた？　話したくないんだったら、そう言ってよ』みたいなことはしません」

ハンナと私は、高校三年生の男女七人の仲間内で話している。「どうして返事をくれないの、ねえ、なんで？」のくだりで、みんなが笑い声をあげる。ハンナが哀れな負け犬を完璧にまねてみせているからだ。彼女の言うようなふるまいは、誰も絶対にしたくない。相手から返信しないという目にあわされたら、こちらも沈黙には沈黙で応じるという。ハンナはずばりと言った。「相手が消えたいっていうんなら『どうぞ、私はそれでかまわないわよ』って思うの」。それどころか、ハンナの仲間内における無言戦略に対する〝社会的に正しい《ソーシャリー・コレクト》〟対応とは、ソーシャルメディア上で猛烈に忙しくしてみせることだという。忙しく活動して、自分に対して沈黙した相手に活躍ぶりを見せつけるのだ。

メールの氾濫初期である二〇〇八年から二〇一〇年に、私は十代の若者および成人後の若者三百人以上から、オンライン生活について話を聞いた。他者の沈黙に対処する新しい方法に慣れた世代だ。つまり、それによって傷つくことを否定し、自分が他者に同じことをすれば他者もまた傷つくだろうという理解を棚上げにする。私たちは共感を示されないことを許容する。そしてまた、自分が他者に共感を示さないことも許容する。

そういうかかわり方は、もっと大きなパターンの一部となっている。親がスマートフォンに向かっていて自分に応対してくれなくても、よしとすることを覚える。友だちが自分との会話をぱっと切り替えながらスマートフォンを手におしゃべりしていても、よしとすることを覚える。そして恋愛のかけひきでも、無言戦略を無視すればいいと覚えるのだ。

恋愛関係では、相手にないがしろにされることなど昔からよくあったことで、古い酒が新しい革袋に詰め替えられただけだという見方もあるかもしれない。だが、昔の黙殺というのは、契機《モーメント》だった。追いすがる発端となったり、求愛側があきらめる原因になったりしたかもしれないが、ひとつの契機だったのだ。ところが今では、ここまで見てきたように、契機だったものが手法《メソッド》と化している。

フリクション・フリー(摩擦なし)

恋人探しのアプリケーションまでが、無視されたことを無視しやすいフォーマットになっている。Tinder(ティンダー)というモバイル出会い系サービスアプリケーションでは、もはやお断りすることは拒絶でもなんでもない、左スワイプで相手を飛ばすだけであって、それをやられても相手にはわからない。Tinderは、「現在近くにいて、コーヒーかお酒につきあってみて、恋人になってもいいという人は?」と呼びかける。検討してほしい人がサインアップすると、簡単な自己紹介を添えた写真がシステムに現われるのだ。

アプリケーションを開いて気に入った相手がいれば、スマートフォン上で右スワイプ操作をする。興味がなければ左スワイプする。自分が右スワイプし、相手も自分に対して右スワイプすれば、双方が〝マッチした〟と知らされて、やりとりが始められるようになる。だが、自分が右スワイプしても、相手のほうも同じ意向でない場合は、その相手が自分の視界に二度と現われなくなるだけだ。

それが、アプリケーション生活が私たちにもたらす通用語で言う、〝フリクション・フリー〟というものだ。アプリケーションがなかったら、何百人も、いや何千人といる連れ合い候補者たちを、気まずい思いもせずに振ることなどできない。恋愛のパートナー候補者をあふれかえる商品のように考えることが、かつてなかったほど簡単になってきているのだ。

そういう社会環境のなか、いくつもの研究が示しているのが、安定した愛着心を――信頼を寄せ、人生をともにしようという愛情を――形成する能力の衰えだ。[1] 皮肉なことに、恋愛の相手を効率よく探せる新たな手段が、共感や親密さを妨げるようなふるまいに結びついている。従来、求愛の前座になっていた忍耐と服従の食事デートは、必ずしも親密さにつながらずとも、親密さをはぐくむのには欠かせない場になっていた。新たに前座となった、まるでゲームさながらの候補者プレゼンテーションは、そういう機会をもたらしてくれない。

この節では主として、ラブトークをとりあげることにする。そこには新しいスキルが含まれる。恋愛ゲームに使うアプリケーションを、うまく使いこなしたいと思うだろう。出会いのためのアプリケーション、メールやメッセージのためのアプリケーション、映像チャットのためのアプリケーション。どれもみな、恋愛に対し事務的で簡潔な約束ごとをとり入れ、親密さという領域に効率性をもちこんでいる。親や近所の人たちとのしがらみから遠く隔たった世界で、アプリケーションは、過去の世代が享受したコミュニティの縁故などなしにパートナーを見つけるという、たいへんな仕事を円滑にすませるための希望をもたらしてくれる。だからこそ、若者たちがテクノロジーと恋愛についてまず語るのは、スマートフォンのおかげで効率がよくなったという話だ。だが、それで全部ではない。

確かにテクノロジーは、現代の恋愛関係でかわされる複雑な会話に効率をもたらす。あっさりつきあいをやめてしまっても、許されるような気がしている。テクノロジーのおかげで、恋愛相手は選び放題であるような気分が助長されているが、パートナーを見つけるのに役立つぶんだけ、ストレスも多いとわかってくる。オンラインでは複数の書き手と会話するのが珍しくないから、そこで交わすことになる対話は、たいていい対話とは言えないものになる複数を相手にしたいのは、容赦のないメディアのなかにいるとわかっているからだ。そこではタイミングがものを言い、句読法もおろそかにできない。

結局、テクノロジーが新たな出会いや、興味や好みの新たな表現方法をもたらして、求愛活動にどれほど貢献しようと、間違った期待ももたせてしまう。画面上の言葉から親しみを感じると、それを書いた人物を理解したように思い込みやすい。それどころか、データに圧倒されて、フェイス・トゥ・フェイスの場なら働くような分別を、なくしてしまうかもしれないのだ。

私たちの新しいコミュニケーション手段は、恋愛の相手探しから、相手を見つけたと思って名乗り出て、思いを成就させようとして新たに複雑な事態に出くわすときまで、恋愛のすべての段階で影響力をもっている。そういう状況で私たちは、〝相手はどこにいるのか?〟(テクノロジーが出会いの可能性を高める)から、〝相手はどういう人なのか?〟へ、そして〝待てよ、いったい何があったんだ? 相手を消してしまったのか?〟へと移っていくことになる。

相手はどこにいるのか?——ゲーム・チェンジャー

ニューヨークの大学院生、二十四歳のリアムは、Tinderで相手を探している。「退屈なときにはTinderを使ってます」と。リアムはハンサムで、服装もスマートだ。にやにや笑いを抑えながら、Tinderのことを「あれはゲーム・チェンジャー[世の中を大きく変えるような出来事や人物]ですね」と言う。何よりも気に入っているのは、気のきいた口説き文句を心配しなくていいところだ。なぜなら、Tinderがとりもつ出会いはすでに、恋愛に発展する可能性ありという文脈に置かれているから。「ぼくが気まずいのは……友人としての会話をもっと恋人どうしらしい会話に変えていこうとする段階なんです。その仕事をアプリケーションがすませてくれているわけですから」。彼はそれを、まるで魔法のようだと思う。リアムにとってTinderは、テクノロジーが恋愛の可能性をどれぐらい高めてくれるかという実験の手始めにすぎない。問題の中心になっているのはメールだ。彼が言うには、金曜日の夜のマンハッタンでは、しっかりと計画を立てておく必要もない。何人かの友人にメールして、パーティをやっているところを見つければいいのだから。

するといわばいくつかのゲームに参加することになります。行くべき場所がいくつか、行くべきバーが何カ所かあって、そこに出会いがある……どこかのパーティに行っても、興味のある女の子を口説くメールをしていれば、きまり悪い思いも避けられる。だから、最初のメールで手ごたえがあったら、続ける価値があるかどうかわかります。それともやめるか。だってほら……どこにいてもTinderがあって、ほかにいくらでも会えそうな人がいるとわかりますから。……いつでも選択肢はいっぱいあるんです。

テクノロジーのおかげで、リアムは恋愛を商品あっせんという観点から見るようになっている。自分が商品であり、自分を直接販売している。自分の写真を提供すると、ほかの人がその写真を見てショッピングするわけだ。だが、最初の接触がどんなに簡単であろうと、リアムにガールフレンドはいないし、彼はこの先の見通しも楽観していない。

まず最初に、リアムが交際相手紹介テクノロジーの肯定的な側面としてまっ先に挙げたことに伴う、困難がある。つまり、選択肢が無尽蔵にあるという意識だ。

アメリカの心理学者バリー・シュワルツが提唱して広まった、〈選択のパラドックス〉という概念がある。(2) 私たちはもっと選択肢が多ければいいのにと考えがちだが、往々にして、選択肢が限られているほうが満足な人生につながるというのだ。一九五〇年代、ノーベル賞受賞経済学者で心理学者のハーバート・A・サイモンは、人間を最大化《マキシマイズ》しようとする者と満足化《サティスファイス》しようとする者の二つに区別した［サティスファイスはサイモンの造語で、納得ができる程度に満足させること］。マキシマイザー（最大値を求める者）とは完璧主義者のようなもので、購入や自己決定（連れ合いを決めることも含め）ひとつひとつに対して、それが自分にできる最高の選択だと確信する必要がある。マキシマイザーがそれを確認する方法はただひとつ、ほかのすべての選択肢を考え尽くしたとみなすことしかない。それが心理的にきついタスクを生み出すため、選択肢の数が増えるほど困難になる一方だ。

もうひとつの生き方はサティスファイサー（自己充足する者）になることだ。こちらの人間も基準はやはりもっているが、考え出すときりのない選択肢にはこだわらない。目の前にあるもので満足し、それを最大限に生かす。だいたいにおいてサティスファイサーのほうが満足度が高いのは、人生におけるタスクが比較的楽だからだ。彼らは最高の家を見つけなければという強迫観念にとらわれず、快適で入手可能な家を選んで家庭を築いていくだろう。そして、最高の連れ合いを探そうなどとは考えない。誰かに心を惹かれ、惹かれた相手に愛情を寄せるようになるのだ。

そこで、ソーシャルメディア登場である。フェイスブック登場。Tinder 登場。果てしなくある選択肢を知ることができるという、空想にふけることができる世界登場。私たちはみな、マキシマイザーの心理を育てるようにしむけられている。交際相手紹介分野では、最大値を求めると、実は不満をつのらせることになりかねない。もちろん、理屈のうえでは、誰もがそういう心理状態にいつでもなりうる。しかし、インターネットはそれを論理的な精神状態だと思わせてしまう。ある大学四年生が、それをこう言葉にした。「ちょっとクリックしただけで、もうどこまでもやめられないような気分になるんです」

心理学者のデイヴィッド・マイヤーズとロバート・レインがそれぞれに述べていることだが、今日のアメリカ社会に選択肢があふれていることが（商品、進路、つきあう相手の選択肢にもあてはまる）、しばしば抑鬱や孤独感につながっているという。[3] レインの指摘によると、かつてアメリカ人は家族、近所、職場といった"与えられた"環境のコミュニティ内で選択をしていた。それが今、個人が共同体意識をもてるとしたら、積極的につちかったつながりを生涯にわたって維持している場合だけとなった。共同体意識とは、自分から取り組むものになっているのだ。[4]

種類の少ない集団と多い集団とを用意して、並べたチョコレートのなかから自分が選んだものにどの程度満足したかを尋ねた、選択の効果についての有名な研究がある。種類の少ない集団から選択したほうが、自分の選んだチョコレートの味に満足する人が多かった。[5] したがって、数限りなく選択肢があると困るのは、何も選択できなくなってしまって、何を選択しても不満になるということなのだ。

三十二歳のダニーは、シカゴに住んでいる。不動産投資家で、金にも容姿にも恵まれている。彼は、テクノロジーのおかげでどんどん心を決めにくくなってきたと思っている。ダニーが選択の問題をどう語るか、紹介しよう。ただし、もちろんチョコレートではなく、女性の話である。

　女の子と別れました。その子とはよく湖畔をゆっくり散歩したので、"レイクショア・ドライブの子"とでも呼びましょうか。別れることになったのは、ぼくがオンラインにもっといい相手がいると思って、ほかの女性たちとメールのやりとりを始めたせいです。……レイクショア・ドライブの子にそれがばれて、ぼくは捨てられたんです。スマホ上の子たちをいいなと思って、その子たちとつきあうつもりだったかどうかはわからない……そうすればよかったかどうか、わかりません。

ダニーは、そのレイクショア・ドライブの子と落ち着くつもりはあったと言う。スマートフォンに目を落とす彼は、不満そうに言った。「でもオンラインにもっといいことがありそうだと思ったもんで」。そして、ある種の郷愁をにじませて、自分の祖父母の見合い結婚を語る。

言いたくはありませんが、ある意味でいいことだったに違いありません。双方の家族が、二人は似たような境遇で、似たような好みの持ち主だと知っていた。双方の家族が二人ともに最善を望んだんです。そして二人とも、力を合わせてうまくやろうとしたから、時間をかけてお互いのことを知るようになった。……そうしてかけがえのない相手になったし、両方の家族にも支えられた。特に問題がなければ、誰もが二人を助けるほうに進んでいった。でも今は、自分ひとりのことですからね。それで、誰かにひとつでも欠点を見つけられたら、リストからはずされる。はい、次へ、ってね。

相手はどこにいるのか？――マシン・ゾーンで

ダニーは「はい、次へ」と言いながら、指を動かしてみせる。Tenderでスマートフォンをスワイプするしぐさだ。私が初めてそのしぐさに出会ったのは、チャットルーレットという、世界中の人たちと映像セッションをして回れるウェブサイト上でだった。恋愛関係の憂鬱を語るダニーの話には出てこなかったが（それに、チャットルーレットは交際相手紹介のためのサイトというわけでもない）、スワイプやクリックひとつで先へ進んでいくという美意識が、恋愛関係をめぐる会話の一部になっている。〝次に行く《ネクスティング》〟のが、感情的生態系の一部になっているのだ。

ダニーは、無限の選択肢と匿名性があいまって交際相手紹介サイトの「依存症になっている」と言う。彼は毎日のように、コンピュータの前で何時間も過ごしている。ソーシャルメディア・サイトをチェックして、友人たちの人間関係状況《リレーションシップ・ステータス》を眺める。恋人になりそうな友人はいないだろうか？　と。そのあと、友人のまた友人たちの人間関係状況のチェックに進む。それからTinderに進んでいくのだ。「現実の人間関係」を、というか妻を探しているのだと自分に言い聞かせているが、正直なところ、その日常業務がしばしば「非現実的」に思える。「知り合いの誰かとしゃべっているときでさえ、ゲームみたいな気がすることもあります」。ある二十五歳女性も、同じように「ゲームから離れられない」というコメントをする。「スマホを持っていると、いつも肌身離さずにいると、ついついデート相手を探してしまいます……そうなりかねません」

数学専攻の大学院生、二十六歳のテリーは、「……それで、出会い系アプリケーションを使っているとき、「人間相手に処理《プロセシング》をしているような気がします」という。相手にメールするようになると……今度は面接だな、と。就職活動の面接みたいなもんです。ひと晩に二十人くらいの女の子を見ることもあります。ただ見るだけで、メールするのは五人ばかりですけど。……自分が勝者になりたいゲームですね。相手を自分と話してみたい気にさせる。そういうスキルを磨くんです」

テリーは、「就職活動の面接みたいな」気がする始まりのラウンドが、もっと親密な関係に発展することはめったにないと言う。だが、ときどき、気にするのをほとんどやめてしまっているとも言う。何人の女の子が自分に話しかけてくれるか、それまでのスコアを更新しようとしているだけのこともある、と。交際相手探しが表向きの目標をすっとばしてゲーム性ばかり目立つようになるとき、彼は心に〝マシン・ゾーン〟

の衝動強迫［自己の意志・願望に反したことを行おうとする強い衝動］をもたらす、ループにはまっている。フェイスブック・ゾーンでは、やめたくないと思いながらも、なぜとどまっていたいと思うのかわからない。交際相手紹介アプリケーションでは、そこから逃げられなくなりながらも、本当に相手がほしいのかどうか確信がもてない。この数学者の卵にとっては、女性たちに自分へ返信させるゲームとなってしまっている。何でも可能だという気分で、ハイになっているのだ。

前出のリアムは無限の可能性――十ブロック圏内にいる女性たちの輝くプロフィール――をもたらしてくれそうなテクノロジーで武装して、ウェストヴィレッジのバーにいた。ところがリアムは、テクノロジーのおかげで自分のような「普通のやつ」には女性の注意を引くのがほぼ不可能になったと言う。以前彼が追いかけていたレイチェルという女の子は引く手あまたなので、どこかのパーティにいても彼女はたいていスマートフォンをチェックしながら「最高の申し出」を待っているらしい。

大勢のやつがメールして、連絡をとろうとしているんです。だから、その彼女をパーティから連れ出すなんて、ものすごく難しいわけです。彼女をスマホから引き離すのはね。よく、男たちが性的な誘いをかけようとしてるって女の子は思うみたいですけど、ほんとのところは違います。ぼくの場合は、女の子をスマホから引き離す方法を考えようとしてるだけです。

女性たちの話を聞いてみると、リアムの言うこともあながち間違っていないとわかる。女性たちは男性とデートしていても、トイレに立ってはスマートフォンをチェックして、ほかの誰かから連絡が入っていないか確かめるのだという。若干うしろめたく感じても、そのうちに、スマートフォンをチェックしたい、つまり自分にあるオプションをチェックしたいという衝動のまま行動することが、当たり前に思えてくる。ニューヨークの金融アナリスト、三十二歳のマデレンの場合を考えてみよう。彼女は友人グループと飲みに出かけている。彼女に気があるらしい男性も一緒だ。ところが、スマートフォンという力を得た彼女は、「飲みにいくからといって、その晩ずっとという意味にはなりません」と明言する。スマートフォン上のメッセージによっては、「事態はどこへでも向かうんです」。この世界では、「私に関心を示す男の人からメッセージが届いて、一緒にいる友だちグループを抜けたいと思ったら、抜けます。たいていトイレに立ってお膳立てしますね。席にいて、私が次の予定をしっかり立ててるところを肩越しにのぞかれちゃうようなことのないように」

そういう環境では、相手の注意を引きつけておけるような会話は、すばやくするしかない。

相手は今どこにいるのか？——タイミングの問題

愛は万事タイミングしだいと言えば、決まり文句になる。昔、それはたいてい恋人たちが出会うタイミングを指して言われた。二人はかかわり合う態勢が整っているか？　失恋の痛手から立ち直っているか？　今、タイミングといえば、メッセージをこと細かく管理する話で取り沙汰されることのほうが多い。少人数の高校三年生男子グループが、「タイミングのルール」を話し合っている。

ダレンによると、女の子がフェイスブックのウォール［自分の近況や、写真、リンク、動画を投稿し、発信する場所］書き込みをして連絡をとろうとしていたら、「一日置いて返事をするのが、だいたい普通になってるエチケット」だという。なぜか？　「メッセージが来ていないかフェイスブックをチェックしていたところだと、彼女に思われたくない」という。返事するのが早すぎると、そんなふうに解釈されかねないのだ。

月曜日の夜九時半に女の子からの投稿があったとします。たぶん一日か、ひょっとしたら二日くらいは返事をしたくない。……気持ち悪いって思われたくありませんから。いつもフェイスブック上にいるなんて……女の子たちに思われたくありません。だから、「ちょっと、しばらく見かけないけど。元気？」なんて言われたら、待たせて、そう、どうしたんだろうと思わせておきたくなっちゃう。……もしそれが好きな女の子だったりしたら、自分のことを考えてもらいたいじゃないですか。そんなようなことです。返事をますます楽しみにしててほしい。

ダレンは続けて、さりげない印象を与えるというルールは、メールする場合も似たようなものだと言う。「誰かからメールが来たとしたら、ボールは自分のコート内にあるってことですから、相手を待たせてはらはらさせることもできる……少なくとも三十分くらいはね」。友人たちも同じ意見だ。ルークはこう言う。「返信があんまり早すぎちゃだめなんです。こっちにも都合ってもんがあるってことを、相手にわかってほしいでしょ」。ただし、時間をおいてからメールに返信するのは、女の子に対して格好をつけるとともに、自分の気分をよくするためでもある。ジョナスがこう言い添える。「家でじっとしてる負け犬みたいな気分にはなりたくありません。しっぽを振って〝いつでも応じる〟のはいやだ。もちろん、女の子にじらされたりすると、なかなか落ち着いてもいられないんですけど。……まっ昼間に女の子にメールして、返信してもらえなかったら、ちょっと悩んじゃうかな」

それでも、この若者たちはメールを、女の子につきあってと話しかけるよりも、はるかに好ましい選択肢だと思っている。話をすることは、のっぴきならない事態だ。メールだとリスクが低い。メールだったら、会話の結果が思わしくなくても、何もなかったふりができるのだと、ジョナスは言う。

たとえば、ある女の子に声をかけたい、その子とちょっとぶらつきたいとしますよね。「やあ、今夜は何か予定ある？」ってメールするだけなら、のこのこ訪ねていって「やあ、今夜は何か予定ある？」って言うのとは大違いです。相手はメールを見て、「うーん、まだわからない」とか何とか返信してくる。「ああ、また今度なら出かけられるかも」とかね。プレッシャーがずいぶん少なくてすみます。……とりあえずほっとくか、みたいな感じ。もし「いや、出かけたくないの」みたいな返事だったとしても、その場にいて振られたわけじゃないし。

それがこのメディアのパラドックスだ。オンラインのやりとりは永久に存在するのに、うまくいかなかったやりとりは、まるっきりなかったことと考える。

この若者たちから、メールに守られているような気がするという話を聞いたあと、私は彼らと同じ年ごろの女の子にインタビューした。すると、彼女の知り合いの男の子たちもやはり、長いあいだオンラインでやりとりしてから、じかに会う予定を立てると言う。「メールで身を守るんですね。うまくいかなくても、拒絶された気分にならずにすみますから。その場で気まずい思いをしたわけじゃないって」

彼女の言う「その場で気まずい思いをしたわけじゃない」は、ジョナスの「その場にいて振られたわけじゃない」に近い。メールでやりとりすれば、求愛の会話に拒絶は起こらない。なぜなら、拒絶されたら、その会話はなかったことになるからだ。

それでも、この若者たちによれば、オンラインで口説くにもオンラインならではの問題があるという。「通常の会話」と違って、メールでミスを犯すと「決して消えない」からだ。メールのメッセージは刻印されるし、一字一句見返すことができる。したがって、メールするとき自分の言葉には何の重要性もない（会話したわけじゃない）という気分と、ひとことひとことがいつまでも癒えない傷になりかねないという気分のあいだで、さまようことになる。

そして、完璧なやり方はないらしい。全員が十三歳からメールを使っているという大学一年生八人が、今でもタイミングは課題だと言う。男性たちがまず、女性からメールをもらってから、どれくらいの時間をおいて返信するのが適切か、その頃合いを見計らう話から始めた。キャメロンは、マジックナンバーを二十分としている。ライアンは、マジックナンバーはなかなかわからないと指摘する。自分が女性からすぐに返信をもらったとして、それを幸先がいいと思うこともあれば、「うわ、あぶないやつ」、と思うこともあるからだ。

メールへの反応が早すぎる女性を「あぶないやつ」と言ってのけるライアンの口調は、軽い。だが、グループ内の女性たちはそれを冗談扱いしない。彼女たちは経験上、オンラインで反応が早すぎるのを男性は嫌うと知っているのだ。そして、女性がメールに対して電話で返事などしようものなら、男性は完全に尻込みする。イレインは「女が電話したとたん、『いかれてる』って思うのよ」と言う。誰もそれに反論しない。ずけずけと電話するのは、少なくとも交際の初期段階では、やりすぎなのだ。

その点は、もっと年上の女性も同じ考えだ。三十歳のキャンディスは、恋をすると沈黙してしまうと言う。好きな相手に出会うと、メールする以外のことは怖くてできなくなる。「今つきあっている相手がいます。その人がすごく好き。恋していると思います。どんなに好きか、その人に知られたくありません。電話で話したりしたら、ばれてしまう」。だから、できるだけ電話をしないように工夫している。ルームメイトがいてくれた大学時代は、そういう事態を切り抜けるのがずっと楽だったと、彼女は言う。女友だちのグループが一緒にメールの文面を考えてくれた。彼女が「好ましいメッセージ」を送れるように、友人たちが手伝ってくれたのだ。

相手はどういう人物なのか？——大勢のシラノ・ド・ベルジュラックたち

最近の若い男女のあいだでは、恋人へのメールを合作するのが普通になっている。つきあい初めのころは特にそうだ。二十歳のドリアンが、メール組み立てのプロセスを説明してくれた。「まず、そうですね、十分くらいかけて自分でメールを書きます。それから、友だちに、『なあ、これどう思う？ いかしてるかな？』と意見を聞く。……それで、友だちが『ああ、いいんじゃないか。それで行けよ』って言ってくれるんです」。男性も女性も、危険度の高いものだから、恋人へのメールを合作するのはさしつかえないと考えている。三十歳のグレゴリーは、「ワンストライクで即アウトですからね」と簡潔に言う。

フェイス・トゥ・フェイスで会話すれば、顔の表情やボディランゲージが目に入り、声の調子が耳に入ってくる。メールではそういう豊富な手がかりが得られないため、細かい句読法ひとつでも、理解してもらえるかもらえないかが違ってくる。そして、文脈を伴わないささいな部分が、いきなり判断につながりやすい。

ニューハンプシャー州の学生たちのひとり、大学一年生のヴァネッサが、メールのやりとりで、そのささいな部分を誤解することがあるという話をしてくれた。彼女はスペイン人交換留学生とメールをやりとりしていた。あるスペイン人男子学生が、彼女への初めてのメールで顔文字のウィンクをよこした——キーボード上の記号を組み合わせて表情を表わす顔文字には、笑顔、泣き顔などのほか、もちろんウィンクもある。ヴァネッサはそのウィンクをなれなれしいと解釈したと言う。オンラインで口説かれたりしてもたいてい気にしないのだが、そのウィンクの文字は異様にいやらしく思えたのだと。仲間内なら、そんなことはない。彼女はその相手に返信しなかった。彼女の話を聞いて、キャメロンが笑う。彼にも顔文字のエピソードがあるのだ。

よく似た話である。イタリア人交換留学生と初めてメールをやりとりしたときに、キャメロンもやはりウィンクを送られ、言い寄られたと思ってつきあいを断った。ヴァネッサとキャメロンは二人とも、「ワンストライクで即アウト」ルールを採用したのだ。だが、外国人は別の意図でウィンクするかもしれないのでは？　二人は落ち着かなげに笑う。

ヴァネッサが言うには、その話からはっきりするのは、自分の「生活は何から何までメール」なのに、メールは「口説くには向かないツール」なので困るということだ。「だって、頭がくらくらするような『いったいどういう意味？』というツリー構造のゲームセオリーがあるんですから。ああ、彼は感嘆符を使ってる！　じゃあ、どういう意味になるの？　みたいな感じで」

ヴァネッサはメールするとき、顔文字を大いに頼りにするという。顔文字や句読記号、それも大量の句読記号と感嘆符を使って当たりをやわらかくしないと、メールの文面が怒っているように読めるからだ。「メールするときにはいつも、同じ言葉を口にする場合の二倍は怒っているように読まれてしまうと想定します」。だから、補正しようとする。「感嘆符を二つにスマイリーを付けるとかして、『怒ってるんじゃない』って感じにするんです」。キャメロンも同意する。「そのとおり。メールをもらっていちばん気になるのは、相手が怒っているかどうか判断できないことですね」。イレインも、メールのそういう側面にひどく神経質になると言う。「相手が怒っているんじゃないかと不安になるのが、メールの最悪なところですね。メールがピリオドで終わると、『ああ、私のこと、怒ってる』って思っちゃって」。ライアンがそれに笑う。彼は、女の子が省略符号「「……」（三点リーダー）など」を使うと、すごくよくない徴候に思えるという。「省略符号がやたらに多いのもね。省略符号はよくないです」

事態が悪いほうに転がりやすい世界。だからこそ、しょっちゅう相談することになる。そして、綱渡りしているような感覚から、人はいつまでも抜け出せそうにない。やはり三十歳のグレゴリーの言葉どおり、「ワンストライクで即アウト」なのだった。

相手はどういう人物なのか?——テクニカルな障害

新しいラブトークはテクノロジーに依存しているが、テクノロジーはラブトークを念頭にデザインされてはいない。ヴァネッサは、前の年にロンドンの大学に通うジュリアンとつきあっていたという。二人は、海外でもメッセージのやり取りが簡単にできるWhatsApp(ワッツアップ)でコミュニケーションをとる。ヴァネッサが言うには、メッセージを返す暇がないときにもWhatsAppをのぞいて、ジュリアンがメッセージをくれていないかチェックしたくなることがある。ジュリアンからのメッセージを見るだけでヴァネッサはうれしくなるし、うれしくないふりをしたいとも思わない。ところが、WhatsAppではユーザーが今オンラインにいるか、いつオンラインにいたかがわかるようになっている。そのため、ヴァネッサがオンラインでジュリアンのメッセージを読んだのに、すぐには返事を書かなかったら、ジュリアンには彼女がオンラインにいるとわかるので、無視されたと思って傷つく。「それがたびたび、もめごとのもとになります」とヴァネッサ。「大きな問題です」

彼女がジュリアン以外の友人たちに送るメールは、どこで待ち合わせるか、食べにいくのは中華料理にするかイタリアンにするかといった、事務的なものだった。だが、ジュリアンにはそれがわからない。彼女はオンラインにいるのに自分に返信してこない、とわかるだけだ。彼女が何か間違ったことをしたわけでもないのに、恋人どうしの関係は痛手をこうむることになる。

一方キャメロンは、ヴァネッサの問題はたいしたことではないと言う。なんといってもWhatsAppの透明性《トランスペアレンシー》のおかげで「正直でいられる」のだから、と。しかし、ライアンには彼女の言いたいことがよくわかる。透明性があるということによって、そこなわれるものがあるという点が問題なのだ。ライアンも、女の子がほかの友人たちにはメールしているのに自分に返信してくれなかったら、いやな思いがすると言う。それればかりか、相手をうっとりさせるのにいちばん効果的な、タイミングをねらうということが、WhatsAppでは無理だ。ライアンは二十分ほど時間をおいて、相手の女の子に、彼はいったい何をしているところなのだろうと思わせてから返信したい。ところが、彼がスマートフォンでメールしているんだとわかってしまったら、その女の子がやきもきすることもないだろう。WhatsAppの透明性は「返信すべきタイミングを押しつけるから、メールの重要な効果を全部無にしてしまう」とライアンは言う。

ライアンは、恋愛の文脈でメールを使う利点は、挑発するような隠れんぼができることだと思っている。そのうえでWhatsAppのことを考えてみると、そのテクノロジーのデザイナーたちはそういう人間らしい目的を理解していないように思える。そこで、この仲間内の会話はテクニカルなことになっていく。この機能はよくない。どのスマートフォンやアプリケーションにその機能があるか？　その機能がないものは？　どうしたらそれを無効にできるのか？　無効にしても大丈夫なのか？

二十一歳の聡明な頭脳の持ち主たちがひとたびその問題に集中すると、高度な専門的知識の数々が飛び交う。彼らは最後に、恋人とのメールを活発に続けるための最善の策は「レトロな」テクノロジーを使うこと、という結論に行き着く。「メールは届いていない」だの「電話もらったときは出かけていた」だのに相当する言い訳が使えるといい。そういう嘘は、いつの時代も恋のかけひきにつきものだった。ここにいる若者たちは、テクノロジーにもそういうかけひきの余地がほしいというのだ。(6)　イレインは、iPhoneの「メール開封確認」機能をオフにしたことで、彼女にとって最悪の問題は解決したと思っている。つまり、少なくともまだメールを読んでいないふりはできるということだ。「時間ができて返信したくなったら、「いっけなーい、ちょっと電源切ってたわ――ホントごめん」って言えばいいんですから」

相手はどういう人物なのか？――この恋愛は効率的か？

ライアンは、情報が多すぎるとメールで恋愛は進展しないと気にしている。だが、私が夕食をともにしたサンフランシスコで働く二十代後半の九人は、メールをまた別の基準で考えている。メールは恋愛生活の効率を高めてくれるだろうか？

夕食とそのあと二時間ほど会話をする場所は、平日の終業後に参加できるよう、ダウンタウンの会議室になった。ほとんどの人が、会合のあいだもスマートフォンを手にしている。数人は自分のスマートフォンをテーブルの上に出していた。ある女性はスマートフォンをハンドバッグに入れたまま食事を始めたが、バッグの中で振動すると取り出して、見えているほうがくつろぐのでテーブルに出したままにすると告げた。

そこで、スマートフォンが会話の中心になる。男性陣が、ガールフレンドはスマートフォンに向かってばかりいると不平をこぼした。女性陣は、ボーイフレンドが画面から目を離そうとしないと不平をこぼす。彼らに限ったことでないのは間違いない。最近の調査によると、本気でつきあっている相手がいる若い携帯電話所有者の半数近くが、一緒にいるときに携帯電話のせいでパートナーの注意が散漫になっている、と答えている。(7) 大手保険会社の販売部で働く二十六歳のキャリーには、金融業界人のボーイフレンドがいる。二人きりの親密な時間なのに、すぐそばに画面がいくつもあると彼女は言う。

彼には頭にきちゃいます。……コンピュータ・スクリーンが四つもあるんですよ。それで、ずっと全部を見ているのが習慣なんです。……本当に、私の話を聞くのと、ほかの人にメールするのとを同時にできる。だけど、私にはそんなことはできませんから、彼が私の話を聞いてないと思って、私はものすごく怒ることになります。『あなたったら、私の言うことに何にも注意を払ってない！』って」

私はキャリーに、そんなふうに常時画面が存在することは、相手との関係にどういう影響を及ぼすだろうと聞いてみた。彼女は、そのせいでボーイフレンドに話かけるときに集中を強いられるという。「私は絶対につまらないことで話しかけたりしません。だって、彼と一緒にいる時間をできるだけ有効に使わなくちゃならないんですから。彼が現に耳を傾けることに時間を費やしてくれれば、私は本当に話す価値のあることを話しているんだと確かめられます」

恋人どうしの他愛ないおしゃべりの役割についてはどうだろう？　何でもないおしゃべりはしないのか？キャリーは、自分たちのつきあいにそういうおしゃべりをする余地はないと断言する。フェイス・トゥ・フェイスで会う時間があるときは、「何でもない話はいっさいなし」なのだと。

キャリーが言うには、ときどきはボーイフレンドとGchatで「何でもない話」をする。ボーイフレンドはたいてい、画面上にGchatのウィンドウを開く一方で、別の仕事関係のウィンドウからも目を離さずにいる。だが、キャリーはときどき、彼の画面を片手で覆って、やさしく「もういいでしょ」と言う。キャリーがグループのみんなに、画面に手を置くそのしぐさをしてみせたちょうどそのとき、彼女のスマートフォンが鳴り、みんなが笑った。

二十八歳のレイは、画面と競いながら恋人とつきあう様子についてコメントした。「ぼくらのやり方を考えてみると、そこに相手がいるときでさえリアルなつながりが感じられないって人が、多いんじゃないですか？　あるのは情報だけで」

キムはニュージャージー州出身の大学一年生で、いつもスマートフォンに向かっているボーイフレンドに、いらいらしている。そして、レイと同じように、つきあっている相手との会話がほぼ情報のことばかりなのが気になる。それ以上の会話がなかなかできないのは、たいていメールの着信にじゃまされてしまうからだ。彼女の忍耐力はすりへっていく。このごろは、「ボーイフレンドとちょっとした言い合いになってるとき、途中で彼が誰かのメールに返信でもしようもんなら、それがたった二秒のことだとしても、私は『何してるの？　私じゃ不足なの？』って、キレます」

最近、キムのボーイフレンドのスマートフォンが故障した。

　その何週間か、彼はスマホを持っていなかったので、私たちのやりとりは――夜デートしているときも、ベッドでだらだらしているときも、ずいぶんうまくいきました。私がスマホと競おうとせずにすみますから。すごく楽です。ずいぶんと気が休まりました。

キムは、スマートフォンが故障する前のボーイフレンドとの会話を振り返る。「彼は自分で事業をやっているので……しょっちゅうスマホに向かっています。だから、私たちがする会話は本当にちょっとだけ。大事なことはなんにももちださない。食事どきに私が言うことも、『誰にメールしてるの？』とか『iPhoneの調子はどう？』とかだけ」。キムは会話がいやおうなく定型化するのに慣れてしまい、今ではボーイフレンドとする「長め」の会話といえば、その日の出来事をしゃべる程度の単純なものになっている。

相手はどういう人物なのか？——秩序をもたらす

サンフランシスコの二十代は、いつも時間に追われている。週に何十時間も働き、なかなかパートナーと会えない。恋人とメールという話題となれば、彼らがメールは効率的だと強調するのも無理はないだろう。ショートメッセージやメールが、もつれた関係に秩序と冷静さをもたらすと考える者もいる。

ネット普及後の感性を描くともてはやされた、二〇一三年刊の小説 Taipei で、主役の恋人たちはテクノロジーを利用してリアルタイムの口論というリスクを避けている。腹が立ったらメールし合うことにしているのだ。

エリンはベッドの脚もとに座り、腿でマックブックを支えて仰向けに寝そべるポールから、顔をそむけている。二人はおよそ五十分間メールをやりとりした（どちらかが、今の場合はポールだが、やさしい口調で話すのは無理だと思ったらいつでも、メールすることにしている）[8]。

小説は現実の一歩先を行く。今では、記録が残るように口論はオンラインでする（たいてい Gchat やインスタントメッセンジャーで）というカップルがいる。より〝フェアな〟けんかを目指したいという思いもある。〝けんか記録〟アプリケーション[9]を利用するカップルもいる。口げんかのパターンについて、より多くのデータを集めれば、カップルの関係向上に役立つだろうという考え方だ。

三十代前半のタリアが、パートナーとオンラインチャットを繰り返して難局を切り抜けてきたという話をしてくれた。「チャットでのけんかのいいところは、自分の言い分を通せて、ちゃんと聞いてもらえることです。フェイス・トゥ・フェイスで言い合ったら、腹立ちまぎれに自分が何を言ったか覚えていられなくなります。……そんなふうにけんかしては、めちゃめちゃになったものです」。オンラインで話せば、考えをまとめることも記録を残すこともできる。だが、しばらくすると、彼女とパートナーはオンラインでのけんかを考え直すようになった。その方法が気詰まりになりはじめて、タリアの言う、もっと「自然な」口論スタイルに戻りたくなったのだ。ただし、以前と同じやり方には戻れなかった。オンラインチャットならデータ追跡の「アカウンタビリティ」があるのにと、もの足りなく感じてしまう。二人は妥協案を見つけた。会話が激してきたらすぐに、録画しはじめるのだ。そんなわけで、二人の〝けんかアーカイブ〟ができた。

私たち、約束したんです、破滅的なところまで来たと思ったら、いったん話をやめてひと息ついてから、録画しながらフェイス・トゥ・フェイスで会話を続けようって。メールとチャットでけんかすることで得られていた価値を――記録が残るっていうことを――フェイス・トゥ・フェイスで生かせるようにするんです。

記録が残るということで、タリアもパートナーも安心した。相手に聞き違えられることはない。二人は、テクノロジーを利用して互いの関係を――どんな人間関係もそうであるように雑然とした関係を――少しは整然とさせようとしているのだ。私がたびたび耳にする言い回しからすると、二人は恋人との会話をもっと効率よく、もっと感情を抑えたものにすることを目指している。

しかし、他者を知っていく、その真価を認めるというタスクは、必ずしも効率を上げればうまくいくものではない。なぜなら、人間は効率よく自己の心の奥底まで見せてくれはしないからだ。それは時間をかけて徐々に明らかになっていく。前言を撤回したり繰り返したりといったことはが必要だ。同じことを二度、あるいはもっとたびたびくぐり抜けてこそ、理解が深まっていく。

相手はどこへ行ったのか?

アメリカのコメディアン、アジズ・アンサリに、現代恋愛事情をネタにしたお決まりの演し物がある。まだ関係を〝結ぶ〟前の相手に、メールするのをやめたことのある人は手を挙げて、と聞くと、会場いっぱいに手が挙がる。そこで、それは相手に対し、もう関心をもちつづける気がないとわかってほしいからだったという人は手を挙げて、と聞く。手は挙がらない。まるでいいと思っていないのに私たちが新たな標準として認めていることは、けっこう多いのだ。

大学一年生のスローンがエヴァンとデートしたのは、たった四回だったが、毎回五時間以上一緒に過ごした。彼女は二人のあいだに、いわく言いがたい「相性」を感じていた。四回目のデートで、エヴァンが真剣な会話を始めた。二人の関係に互いが何を求めるかという話だ。スローンは言う。「二人ともお互い一緒にいて楽しいなら、私は満足だと彼に言いました。その返事に彼はほっとして、喜んでいるように思えたんですけど……彼ははっきりと、愛にレッテルはいらないんだと言ったんです。そんな陳腐なことを言うなんて彼らしくなかった」

スローンはレッテルうんぬんという会話にどぎまぎしてしまった。エヴァンとのあいだに何か重要なことが始まろうとしていると思った。ところが、そのあと何日もエヴァンは連絡してこない。いつもなら、ちょっとした話だけでも一日何度かメールしてくれていたのに。そして土曜日の朝、ジョギングから帰ってきてスマートフォンで時間を確かめようとしたら、見落としていたメールの抜粋が入っている緑色の吹き出しが目にとまった。メッセージをざっと読んで、彼女の心にとまったフレーズは、「大した女性」、「さようなら」、「時期がよくない」だった。

なんだか恐ろしいもののような気がしてスマホ放り出したまま、キッチンに行って、冷蔵庫に背中で寄りかかって床に座りました。心臓がまだバクバクいってましたが、走ってきたせいじゃありませんでした。私はメッセージに腹を立てていました。だって、そんな悪い知らせを、メールで知らせることにしたなんて。それに、私たちはわかり合っていると思っていたのに。

スローンはエヴァンに、了解したというあっさりしたメールを返した。「教えてくれてありがとう」、「お元気で」などなどだ。だが、スローンは閉合《クロージャー》［心理的な確実感］がほしいのに、このやりとりにはそれがいっさいない。

何があったんだろう？　エヴァンが会話しようとしなくなったことが、スローンにはぬぐい去れない疑問となって残された。おとしめられたような気分だ。「彼が本当に私を気づかってくれていたなら、私が彼の不安に取り組めるように会話する努力をしたはずでしょう？」そこから続いて、ほかにも胸の痛む可能性が頭をもたげてくる。彼女はいつまでもめまぐるしく思いをめぐらせる。「そういう会話をしたくなかったからには、結局、彼は私を気づかってはいなかったんですね」

そんなふうに拒否されて以来、「レッテル」の話で終わりになった「奇妙な会話」のときにエヴァンが彼女の考えを誤解したのではないかという思いを、スローンはどうしても振り払えずにいる。エヴァンに、自分とつきあうと重荷になるという印象を与えたのだろうか。それどころか、じっくりつきあっていくのに満足していたのだが。「仲が決裂するような会話を実際にしたんだったら、もし疑問が残ったとしても、これほど大きな疑問はかかえなかったはずです」。それにもかかわらず、スローンはあの別れのメールで口を封じられたような気がする。エヴァンが自分を誤解してはいないと確かめられたらいいのにと思う。だが、彼女はこういう結論に達するのだ。別れのメールに、「話がしたいの」という電話で答えるわけにはいかない。

何があったのか?

ソーシャルメディアをテーマに三日間開催される会議でシアトルに来ていた私に、スピーカーのひとり、三十六歳のアダムという建築家が、オンライン・コミュニケーションで生まれた恋の話をしてくれるという。ぜひとも、もう別れてしまった恋人との電子アーカイブを見てほしいと言う。彼は、当時芸術専攻の学生だったテッサと、波乱はあっても喜びに満ちた三年間をともに過ごした。

最高の自分でいられるのはテッサと一緒のときだったと、アダムは言う。関係が終わって三年になるが、彼はいまだに「彼女とつきあっていない自分は何者なのか?」と思いめぐらせている。人は恋人と別れるたびに、愛する相手のそばで〝よい自分〟と感じていた自己像に、しがみつこうとするものだ。したがって、アダムの問いは古くから繰り返されているものである。

ただし、アダムとテッサはオンラインでつきあうことがあまりに多かったため、古くからある問いに新たなひとひねりが加わる。アダムはオンラインで自己を〝編集〟することができた。今の彼は、最高の自分になるには編集する間《ま》が必要なのだろうかと悩んでいる。テッサとのつきあいがアーカイブに残っていることで――二人は一日に三十ないし五十回も電子的に連絡をとっていた――過去の振り返り方や先への進み方がどう変わるのだろう?

初対面のアダムは、話の初めにコメディアンのクリス・ロックの言葉を引用した。女性と結婚するには、二つだけ自問してみればいいというのだ。「彼女と寝たいか？　彼女と一緒に食事をしたいか？」テッサはクリス・ロックの基準を満たしてあまりある存在だったと、アダムは言う。メールでのおしゃべりも含め、またオンラインだと特に、テッサと話しているとセックスするのと似た気分になった。「テッサと話しているうちに、文字どおり喜びの涙を流していたものです。深く理解されたと感じ、やさしく励まされたり、とがめられたりするような気がした。共感してもらえたと思った。彼女は私を、私が自分をからかうのとまったく同じようにからかいましたし、逆もまたしかりでした」。しかし、クリス・ロックは、デートしはじめたころの私たちはありのままの自分を出さず、自分の〝見本〟を出しているのだとも言っている。私たちは最高の自分を出す。そのうちに見本が役に立たなくなると、そのままの〝自分〟が出てくる。そこが、二人の関係がうまくいくかいかないかの分かれ目だ。デジタル接続の危険性は、いつまでも見本を出していられるところにある。そうすると、もしうまくいくとしても、何がうまくいっているのかが、なかなかわからない。

アダムが言う。「テッサにとっていちばん大事なのは、私が彼女と共感をシェアしていると感じることでした」。どんなカップルにも、たいていは暗黙のうちに、どうすれば関係がうまくいくかという約束事があるものだ。彼らの場合、アダムが共感を持つと、テッサは彼の努力を認め、そうすることによって彼を教え導いた。

最終的に、テッサが共感が不充分だとアダムを責め、関係を断った。それから三年を経て、破綻して当然だったとアダムは思う。彼は非現実的な基準にしがみついていたと。「会話のたびにそういう強い必要性を満たさなくてはならないとすれば、たまには会話が進まなくなることもあります」。テッサ相手だと、会話のたびに彼は試されていたのだ。

テッサが要求するような「開けた《オープン》」人物になりたかったと、アダムは言う。電子的メッセージならテッサとのやりとりのあいだに「ちょっと一考して間違いなくやりおおす」ことができたので、精いっぱいやったと、彼は自分で自分を慰めている。「テッサと私は、〔出会ったのが〕メールのない時代だったら、つきあっていなかったでしょうね」

古いスマートフォン

アダムと私は、何度か会って話した。初回に彼は、テッサと初めて会ったころ使っていたスマートフォンを見せてくれた。取り替えて久しいけれども、そこにテッサとの最初のやりとりが「閉じ込めて」あるのだ。彼女と別れたあと、そのスマートフォンをどうやってコンピュータに接続したらいいのかわからず、彼は狂気じみた行動に走った。「そう、第一段階は二人のメールの文面を紙に書き写すことでした。……私が言ったことと彼女が言ったことを、わざわざ書きとめていったんです。このくたびれたスマホの送信メッセージフォルダと受信メッセージフォルダのあいだをせっせと行き来してね。それから、紙のメモをもとにコンピュータに打ち込んでファイルにしました」

まだ書き写していないメッセージが千通以上あるというので、インタビューのあいだにアダムと私は、古いスマートフォンから書き写した会話のコンピュータファイルへ注意を切り換え、そしてまたスマートフォンに戻った。

アダムが自分の全般的なメール戦略を語ってくれた。「ツイッター効果を狙います。……短くて刺激的なメールにする。パーティで使うちっちゃなクラッカーみたいに。……プレゼントみたいに」。テッサと出会う前も、彼のメールは「技巧をこらした」ものだったという。ところが、テッサにメールするようになると、技巧の域を超えた。アダムはもっと深い思いに突き動かされるようになった。テッサの求めるような人物になろうとした。「よりよい自分、より共感的な人間、自分自身をもっとシェアできる人物に」。彼がそういう人物になるのをテッサがメールで力添えしてくれていたのだと、アダムは言う。

例を挙げてもらうことにする。ここまで研究を進めてきた時点で私は驚かなくなっているが、まず句読記号がらみの例が出てくる。すでに見てきたように、メールでは句読記号が、フェイス・トゥ・フェイスの会話なら伝わるはずの声の調子や身体の姿勢といった、あらゆる情報を表現する主な方法のひとつなのだ。そして、句読記号に解釈上の重みがずっしりとかかるところから、一見ほんの小さなものにたいへんな注意が払われることになる――たとえば省略符号など、パートナー双方が了解している符号体系の要素ではなく、ピリオドを使う、など。そこで、「よい自分」となるのにテッサがどんなに力になってくれたか私に示そうと、アダムはいくつものメールに目を通して、感嘆符を絶妙に配したメッセージを捜し出す。彼は歓声をあげる。「ほら！『本当にね！』って、ちょっとしたひとことに感嘆符を付けてくれてる。……私が認められたと思いたがっているのに、気づいてくれているんです」

また別のメールに、テッサは「車を駐めたところよ、電話するわ！」と書いている。アダムが、このメッセージが句読法の点でまさに適切であるわけを説明する。「何というか――喜びのようなものがこもっているでしょう、もうすぐ会えるんだっていう」。アダムは、その符号体系が変化することもあって、それについていくのはたいへんだと認める。「つまり、誰にもわかりませんよね？　今から五年前だって、『車を駐めたところよ、電話します』っていうメールだったかもしれない。あの感嘆符はなかったかもしれません」

アダムは「車を駐めたところ」メールを受け取った日を思い出す。人生でいちばん幸せな時期だった。彼は恋をしていた。テッサとうまくいっていた。そして、彼の場合、うまくいっていたのは編集のおかげだった。

編集済みの、よりよい自己

アダムが言うには、つきあいはじめたころのテッサはときどき問題をもちかけてきて、とりあえず解決策を示したいと思うことがよくあった。たとえば、彼女が論文の指導教官とのあいだに誤解があるという話をすれば、アダムは喜んでアドバイスした。テッサにアドバイスしたのは間違いだったと、彼は言う。アダムは自分の話を聞こうとしないで問題を片づけようとしている、とテッサが感じるからだ。「きみの心痛を想像するのは難しいけれど、ぼくがついてるよって言うのが、だいたいにおいて適切な対応なんです」。だが、テッサがフェイス・トゥ・フェイスの会話で問題をもちだすと、アダムはよく、我を忘れてついアドバイスしてしまったらしい。じっくり考えたり再点検したりする暇のあったオンラインでのほうが、うまくやれたというのだ。

アダムは、編集によってよりよい自己になれた例をほかにも捜し、けんかしたあとでテッサに送信したメールに行き当たった。そのけんかのあと、次に何が起こるか心配で、気が気ではなかったのだとアダムは言う。だが、メールでは自分の脚の写真を送って不安を抑えた。写真の下に、「プラスチックサンダルにソックスのぼくを見てセクシャルな情熱を抑えておくれ」と書いた。面と向かえば、不安のあまりテッサを追い詰めて自分を許してもらおうとするようなことを口走っただろうと、アダムは言う。取り乱して事態を悪化させただろう、と。彼はオンラインで、ユーモアをまじえて二人の関係が続くと確信していることを伝えた。つまり、メールが伝えているのはリアルなアダムではない。彼がそうなりたいと思っているアダムなのだ。

実の自己と、オンラインのやりとりに召喚できる自己とのギャップに、アダムは悩んでいる。だが、私の目の前にいるアダムは、思慮深く、思いやりのある男性だ。私たちはオンラインで別の自己になるわけではない。オンラインのアイデンティティは、身体的領域ではたいていの場合、なかなかおもてに出せない自己の一面なのだ。だからこそ、オンライン世界は人間的成長の場となりうる。[10] 人はバーチャル世界で望ましい資質に取り組み、やがて〝画面を離れた《オフ・ザ・スクリーン》〟人生にその資質をもたらすようになる。アダムはそのことに気づく途上にある。実物の彼は、自分で折にふれ思う以上にオンラインのアダムに近い。

アダムは振り返ってみて、熱心かつ頻繁にデジタルコミュニケーションしていたせいで、二人の関係なら〝完全なる共感〟という目標に向かえるというテッサの夢想《ファンタジー》がふくらんだのだと気づく。そのせいで関係が破綻したに違いない。ただ、つきあっていたころ、アダムがテッサの夢想をくじくまいとしていたことも確かだ。彼は彼女の夢想を実現しようとしていた。[11] オンライン生活のおかげでその努力が楽にできたのだ。「あのGchatボックス、あれがすごくいいんです」

恋愛と錯覚との差はつねに紙一重で、パートナー間の境界線がはっきりしなくなる。恋に陥ると互いが相手に〝惑わされる〟。そういう種類の愛は誰もが求める状態のように思えるかもしれないが、そういう状態になると、パートナーそれぞれの耳に、夢想をしぼませないために聞かねばならないことしか入らなくなるため、コミュニケーションが阻害される。継続的なメールが原因でそういった関係に発展するわけではないが、そういう事態に陥りやすくはなる。アダムはテッサが「スマホの中に」、「ポケットの中に」いると語る。

そう、結局アダムは、テッサとはメールのおかげでつきあえたし、二人の関係はメールのせいで壊れたと考えているのだ。二人の関係は、「完全な共感的理解」という非現実的夢想に支えられていたのだと。そして、アダムは自分自身をみずから望むような姿に見せるべくたゆまず努力したにもかかわらず、頻繁に、しかも長期にわたってシェアするうちに、正体を現わしてしまった。それがテッサの望むような自己ではなかったわけだ。

人はデジタルメディアで、自分自身を〝ちょうどいい分量だけ〟シェアすることができる快感帯《コンフォート・ゾーン》にいるように感じる。それがゴルディロックス効果だ。メールしていると、自在に制御している気がするが、オンラインのやりとりについて詳しく話を聞いてみると、たいてい話題にのぼるのが誤解や合図の行き違いだ。自在な気がするのはただそれだけ、気のせいにすぎない。

理屈上、デジタルメディアでは〝ちょうどいい〟距離を保つことができるが、実際には、ともかく恋愛関係においては、めったにそううまくいくことがない。二人の人間が継続的に接続して時を経れば、〝ちょうどいい〟距離を維持することなど無理と言っていい。したがって、ゴルディロックス効果とは、実のところゴルディロックス錯誤なのである。そのうえ、アダムが彼の言う「間違い」を犯すと、それは記録に残る。彼は私に思い出させてくれる。オンラインでは、「いったん書かれてしまったが最後、あらゆる間違いがそこにあって目に見えるし見直せるし、決して忘れられない」のだと。

本当に知る必要のあること

感情的な距離についてのゴルディロックス錯誤以外にもうひとつ、オンラインコミュニケーションがもたらすものについての誤解がある。それはデータ錯誤だ。オンラインのやりとりで大量のデータが手に入るため、自分のパートナーについて知る必要のあることは全部知っているような気がしてしまう。確かに、〝ちょうどいい〟状態にするには充分だ。アダムはテッサについての情報量に安心していたが、テッサの言葉はあっても、彼女のボディランゲージや顔の表情、言葉の抑揚を感じ取るすべがないことが多すぎた。だから彼は、本当に知る必要のあることを、彼女がそこにいればもたらされたはずの情報を、たびたび知りそこなった。

二人の関係が終わりに向かうころ、Gchat のやりとりで、そういうつまづきの一例が起きた。アダムがそれを、テッサを怒らせはしたものの、「いい会話」だったと言って見せてくれた。彼が語るとおり、書けば書くほど事態が悪化していくのが、彼にわかっていなかったのだということは明らかなようだ。それはなぜか？ Gchat 上でテッサと話がかみ合っていないのに、二人で活発に当意即妙のやりとりをしていることに、アダムは安心していた。すごく話がはずんでいる！ と。そこに親密さがかけていることは、活発な接続の繰り返しに隠されていた。

状況はこうだ。アダムはテッサの部屋にいて、彼女は出張中。口論した翌日のことで、二人は Gchat で仲直りしようとしている。二人の会話の写しを私に見せてくれながら、アダムは自分の「声」がテッサの声と重なって元気づけられたと指摘する。

何よりも心強く感じるのは、テッサがはっきりと彼を引き寄せるときだ。

テッサ：私の留守に私の部屋にいて、私のタンクトップ着てるって、さぞかしへんな感じでしょ。

アダム：べつにきみの名前は書いてなかったぞ。コップ・ストリートの洋服屋できみへのプレゼントを買ったよ。すごくかっこいい。

テッサ：名前入りのシャツは、私の胸が〝そこそこ〟になって自分の名前をセクシーに見せびらかせるようになったちょうどそのころ、はやらなくなっちゃったわ。プレゼントですって！ どの店？ 〈コップス・クローゼット〉かな？ ……

アダム：「そこそこ」って言葉を強調した？
テッサ：そうよ。
アダム：きみにキスしたい。
テッサ：私も。
アダム：じゃあ、キスを送る。
テッサ：私からも。
アダム：うっとりする。……そう、きみがいないきみの部屋にいるのはへんな感じだ。だけど、ここは大好きだよ。きみの精神、きみの好みが表われてる。ぼくはきみのすばらしい蔵書に取り囲まれている。きみの知性に。

アダムの説明によると、この引用中の最後のせりふで、彼はテッサの蔵書と知性を同等に並べようとしている。彼女が「自分の所有する本の著者たちほど頭がよくない」と悩んでいるからだ。ところが、テッサは彼の言葉に過剰反応する。「悲しいかな、知性と蔵書は同等じゃないのよね」。アダムは気休めを言う。「そんなことはないさ。いつまでも絶えることのないぼくの思いを伝えたい」。彼の気休めに対して、テッサは会話を断ち切る。彼女の返信は、「もういいわ」だ。

このやりとりで、アダムからの過剰な賞賛をまともに受けて不安になったテッサは、その会話を終わりにしたあと、みずから自信を取り戻そうとしたようだ。アダムにもう接続を切ると言ったあと、テッサは「外でちょっと読書する」つもりだと告げる。「久しぶりに本を読みたいわ、二、三時間、ううん、三十分くらいでも」。彼が、本を読まねばという不安をかきたてたのだ。だから彼女は、読書するつもりだとわざわざ言いながら、歯切れの悪い書き方をしている。それを読み取るのは難しい。彼女の文面では難易度が高くなっている。短文ですませなければならなかったのだから。

アダムは、このやりとりに「最高の状態にある」彼とテッサが表われているのだと言う。二人は「シェアし」、「互いに支え合い」、「互いの要求を知っている」と言う。アダムは言わないが、その会話には、自分を脅かす話題に触れられたテッサが彼から顔をそらすところも表われている。そうなったときにアダムは、その話をやめずに追い打ちをかけ、テッサはおそらく信じていないようなことを言ってしまった——彼女の知性をすばらしい蔵書と同列に並べるようなことを。もし生身のテッサを前にしていたら、アダムには彼女がいやがって逃げたそうに視線をそらすのが、わかったのではないだろうか？

閉合とアーカイブ

作り込んだメールの〝よりよいアダム〟さえも、共感度でテッサの基準には適わなくなって、二人の関係は終わる。最後の電話で、テッサはアダムに、もっと共感してもらえなくてはだめなのだと言う。

その電話でアダムは喪失感を覚え、それから怒りがこみあげてくる。彼女が求めているものはどんな人間関係もぶちこわしてしまうと、テッサへのメールを書く。「欲しいものが手に入らないとすねるなんて、子供みたいだと言ってやりました。だってそうでしょう。……だけど、電話して『なあ、その件について話したいんだけど』と言ってはやらなかった。フェイス・トゥ・フェイスの話し合いに持ち込めばよかったのに」

アダムは、自分の疑問にみずから答えを出しはじめる。怒りのメールを書いたときの彼は、テッサがすぐにそれを受け取っても、彼女の返事からいくらか身を守れると思えた。実際にメールで届いた返事では、彼女は彼が間違っていると言って非難していた。今もアダムはそのメールを見るのが耐えられない。「情け容赦ない返事でした」と言うだけだ。彼は画面上の辛辣な言葉に目を向けたが、そういうことを口にするだろう彼女に、面と向かうのは気が進まなかったのだ。

なぜテッサに最後のあのメールを送ってしまったのか、アダムはくよくよ考えつづける。テッサと別れた彼は、自信喪失に陥った。テッサが正しかったのかもしれない。彼には共感が足りなかったのかもしれない。「だから、彼女に対して自分の気持ちを伝えたくて、それをうまくしゃべれそうにないと思ったら、とにかく、失敗しないとわかっている方法で気持ちを表現することにしました──メールです」。ところが、そのメールがさんざんな失敗に終わった。相手をひどく傷つけるような言葉をさらに生んだだけだった。

新しいメディアは、恋人どうしのコミュニケーションにどういう影響を及ぼしてきただろう? コミュニケーションを深め、これまでにない親密さをもたらしてきた。しかし、メッセージのアーカイブが利用できるオンラインでは、私たちはパートナーについて実際に知っている以上のことを知っているような気がしてしまう。オンラインでは、ひどいことを言ってしまいやすくなる。気配りがあってこそ愛情がうまくはぐくまれるようなときにも、デジタルのやりとりは脱・抑制に働く。アダムが言うには、オンラインでメッセージをやりとりしていると「実生活よりもほんのちょっと温厚になれる」。そして、オンラインでは「ほんのちょっと残酷」にもなれる、とも言い添える。

恋が始まったときから、恋人たちは互いに不安をかかえ合う。スマートフォンとノートパソコンをすばやく操作するアダムを見ていて私が驚くのは、ありのままの自分や、なれるかもしれない自分について考えたくなると、彼が古いスマートフォンに「閉じ込めて」ある初期の熱狂的なメッセージから始まるアーカイブをのぞくことだ。それどころか、記録するという考えも、そもそもの始まりからテッサとの関係の一部だったと、アダムは考えている。

やりとりしているときも、私たちは記録が残ることを承知していました。私たちの会話の記録が。記録は効果的だと思います。私は二人の会話をしょっちゅう読み返しました。……記録には永続性がある。私たちは電話でおしゃべりするのも大好きでしたが、ときどき……思うに、私たちがときどきこの会話メディアに引き寄せられる理由には……記憶することができるってこともあるんじゃないでしょうか。……私はその永続性を大事にしています。……彼女のメールで……『あなたってすてき』というのは、彼女が『私の要求にあなたは適っている』と言ってくれているんです。なんといっても大事ですよ、この先のGメール生活に、書かれた証《あかし》があるというのは……つまり、いつでも好きなときにプリントアウトできるというのは。

アーカイブはアダムを肯定してくれる。そこには彼がなりたいと思う自分がいる。しかし当然ながら、彼にはアーカイブがあることで「ほかの道が断たれる」こともわかっている。アダムは言う。「このメディアで彼女に『あなたには力量が足りない』と言われると、痛烈にこたえます。……けんかのまっ最中についロ走ったようなせりふじゃありませんから。なんというか、意図的なものですよね。ある程度慎重に考えたことがこもっている」

二人の関係で電子的コミュニケーションが助けになったのは、時間をかけて念入りにメールを書くことができたからだと、アダムは考える。しかし、それはつまり、テッサのメールやメッセージもまた念入りに書かれていたということでもある。それはまぎれもない事実に思えるが、アダムはそれについてあまり考えたことがない。いつもテッサのメッセージを「心の底からの本音」――自分のものよりも飾り気のない言葉だと、思おうとしてきた。しかし、今になって彼は言う。「考えてしまいますね。『ああ、なんてこった。……〔彼女のメールを〕自分と同じような基準で値踏みしていなかったんじゃないか。信じていたよりも作為や偽善がまじっていたのかもしれない』って」。アダムは、自分のアーカイブにとらわれてしまっているのだろうかと思い、さらに疑問をもつ。「どうしたら相手の本当の姿がわかるんでしょう?」

4 三つ目の椅子

教育——注意力散漫

誰が私に用があるのか確認しなくちゃならないんです。私たち、テクノロジーの引力には勝てません。

——MITの大学一年生、受講中にメールをチェックする理由

聞くところによると、本当にすぐれた俳優はたしかに教え方も非常にうまい。(1)

——アナン・アガワル(オンライン教育に取り組むハーバード／MIT大学連合EDXのCEO)オンライン課程の教授陣に俳優を登用する考えについて

私はMITで「科学技術と回想録」というゼミを指導している。在籍学生数の上限は二十名。親密な雰囲気になる。ゼミでは科学者やエンジニア、設計技師《デザイナー》らの回想録を読んで、学生たちが自分の身の上話をする。彼らに人気があるのは、オリヴァー・サックスの『タングステンおじさん——化学と過ごした私の少年時代』などだ。

MITの学生たちの出自は多様だ。なかには貧しい生活を送ってきた者もいる。最近の秋学期中に語られた身の上話は、特に痛切だった。ソビエト連邦時代に家族とともに亡命してきた学生がいた。また、幾晩も車の中で眠るしか選択肢のない、赤貧を乗り越えてきた学生もいた。それでも、いろいろな苦労を経て、科

学や工学や設計への道を見いだしてきたのだ。教師、親、友人に感化された場合もあれば、ポンコツの自動車、古いコンピュータ、柱時計などといったものの魅力に刺激された場合もある。学生たちは互いに理解し合い、波長が合っているように思えた。私はクラスがうまくいっていると考えていた。

ところが、秋学期なかばになって、学生の一団が私に面会を求めた。彼らは受講中にメールをしているが、ゼミでは非常に個人的なことを題材に議論しているので、気がとがめるというのだ。どのクラスでもメールはしているのだが、このクラスではなぜかよくないような気がすると言う。私たちは、この問題をクラスの全員で話し合うことにした。

その話し合いで、自分も受講中にメールをしていると認める学生が、彼ら以外にも出てきた。少数の学生が、そう聞かされるといい気はしないと言う。虐待や遺棄など、子供時代のきわめて過酷な体験を語ってきた学生たちだ。しかし、その彼らでさえ、受講中にメールをチェックするのは普通だと、しかも高校時代からそう思っていると言う。だが、なぜこのクラスで？　こんな少人数のゼミなのに。自分の人生を語る場なのに。

その後の会話で、私が指導する学生たちは、常に接続していることが必要不可欠なのだと語った。彼らは、ある意味不在になっていないと、自分が存在している気にならないのだ。スマートフォンを三分間チェックせずにいると、もう間《ま》があきすぎだと思う者もいる。二分おきに接続するのが原則だという者もいる。教室にタブレットを持ち込んでいる学生たちは、画面上のフェイスブックアイコンにタッチするだけで〝ソーシャルチェック〟がすむことを指摘する。誰かが自分に連絡してくれていないか確かめたいし、それ自体が慰めになるのだ。

私たちは、スマートフォンをチェックするための短い休憩時間を設けて、デバイス・フリーのクラスでいこうと決めた。その後、私はなんとなく変化を感じた。それまでより会話がやわらいで、まとまりを感じさせるようになったのだ。学生たちは、せかされることなく自分たちで考え抜いた。学生たちは私に、気持ちが軽くなったと言う。スマートフォンに誘惑されないときのほうが、注意力を自在にできるような気がすると。皮肉な現象ではないか。私たちはみなスマートフォンを、自在にコントロールできることを減らす装置でなく、増やすための装置だと考えているのだから。

私が指導する学生たちが悩むようになったのは、このクラスでいつも注意力が散漫になっている（スマートフォンを見ながらクラスメイトの話を聞いている）のはよくないような気がするからだった。クラスメイトの身の上話を（そして自分自身の話も）軽んじることになり、倫理的に一線を越えようとしているような気がしたのだ。まわりの人たちが気分を害しているのに、それでも人がスマートフォンにばかり引き寄せられる、そんな日が訪れるのを想像したかもしれない。

注意力《アテンション》については、多くのことが問われている。私たちが注意力を注ぐのは、学ぼうという決意のあらわればかりでなく、対象を尊重する姿勢を示すことでもあるのだ。

マルチタスク神話

最近、大学の教室では注意力不足がことさらに問題となっている。大学に学生や教授や教育関係の人材資材を集めるのには、多大な金と時間と労力が費やされている。それなのに、ほかのどんな場所とも変わらず大学でも、手もとに電子機器があれば、私たちはマルチタスクをしたくなるのだ。

ただし、この場合、私たちは幻想《イリュージョン》を追い求めている。マルチタスクをしているつもりでも、実際には脳がひとつのことから次のことへとめまぐるしく移動して、新しいタスクを混入させるたびに、私たちの遂行能力は落ちていく。(2) マルチタスクによって私たちは神経化学的にハイになるため、どんどん効率が上がっていくように思えるが、その実、効率は悪化する一方なのだ。これまで見てきたように、マルチタスク常習者は、時間をやりくりして予定を立てるのに苦労するばかりでなく、(3) 時間がたつうちに、人間の感情を読み取るすべを忘れてしまう。学生たちは――たとえば私が指導している学生たちは――受講中のメールくらいクラスでの会話を理解する妨げにはならないと考えているが、それは間違いだ。マルチタスク神話はしょせん神話でしかない。

それでも、教室ではマルチタスクがごく普通のことになっている。二〇一二年には、十人中九人までの大学生が授業中にメールすると言っていた。(4)

メールの普及を境にして、マルチタスク生活がどっと広がっていった。前述したコネティカット州の高校生グループは、二〇〇八年春の休暇中にスマートフォンを手に入れたことで、休暇明けの春学期には新しい種類の経験をすることになった。学校にいるあいだ、彼らは教室の中でも外でもひっきりなしにメールをやりとりする。授業時間内のメールが目に余るので、学校側は「教室でのメール禁止」という方針を打ち出したが、若者たちは意に介さない。そんな方針など聞いたことがないと言う者までいる。アンドルーいわく、「ほとんどのやつが画面を見なくてもメールを打てるんだから……顔は教師のほうへ向けておいて、机の下でせっせと親指を動かしてればいいだけなんですよ」

グループ内では勉強好きなほうに入るオリヴァーは、自分が授業中にメールするのを教師に悪くとってもらいたくないと、力をこめて主張する。教師たちも通達をオンラインで送ったりしている。彼は授業に「ついていっている」。だから、「ぼくはほとんどいつでも退屈でどこかよそへ行きたくなって、それでほとんどいつでもメールしてるんです」と言う。メールを始めたとたん、集中力がかなりそがれてしまうことはちゃ

ん と認める。「メールを送りながら同時にやっていることに、集中はできない……メールの返事を待ちながらでも……スマホに届いてほしいこと以外にも、すごくたくさんのことが進行中で」

新たに〝集中〟という問題をかかえたにもかかわらず、早くも二〇〇八年の時点でオリヴァーは、今の状態が将来も続くだろうと予期していた。これから先も、退屈を感じたらすぐに新たなコミュニケーションの層を重ねることになるのだろうと考えているのだ。したがって彼にとっては、「退屈は過去のもの」だ。彼が言うには、どの世代にも、その世代なりの退屈への処し方というものがあった。特に授業中は、メモを回し読みしたり、いたずら書きをしたり、居眠りをしたりした。彼の世代はメールを送ったりフェイスブックに向かったりできる。彼は、自分の世代は「ラッキー」だと言う。「退屈を撃退するすごく新しいパワーがあるわけだから」

彼の友人、エイダンの意見は違う。その「すごく新しいパワー」というのはつまり、集中力をすっかりなくしてしまうということだと考えるのだ。オリヴァーは退屈しないですむかもしれないが、教室で誰ひとり注意を払っていないことに彼は気づいているのだろうか？

彼らが大学に進むころ、この初期スマートフォン世代は、自分たちが安易に退屈と称する事態に対し、寛容になることはなかった。前出のジュディは、私がインタビューした当時大学一年生だった。彼女は授業がおもしろくないとすぐスマートフォンに向かい、ただチェックするだけのためにソーシャル・アプリケーションを「一巡」する。「やつぎばやに切り換える」感覚が好きで、どんなに魅力的な授業もそれとは比べものにならないと言う。なぜか？　授業は「たったひとつのモードの刺激でしかない」からだ。

ということで、教室での会話から離脱するきっかけは退屈かもしれないし、友人が連絡してくるから、あるいは私の回想録クラスの学生が言うように「誰かが自分を必要としていないか確かめたい」からかもしれない。そして、いったん「アプリケーションを一巡」してしまうと、そのままとどまりたくなるのだ。

教室では、気が散っている人は他人の気を散らす存在になる。いくつかの研究によると、受講中の学生がノートパソコンでマルチタスクをしていると、そのまわりにいる全員の学習効率が低下する。[5]ある大学四年生は、こう言っていた。「すばらしい講義を聞いていて、ふと見ると誰かが通販サイトで靴を物色しているとします。『ふざけんなよ』って思いますよね。そんなやつらに腹が立つわけですが、それから独善的な自分自身にも腹が立ってくる。でも、憤慨から自己嫌悪までのサイクルをすませたあとになって、気づいてみれば講義の詳細を聞き逃してしまってる。そこでまた怒り心頭ですよ」

このように錯綜する感情のうちに、集中が妨げられる様子がよくわかる。だが、ここまで気持ちをかき乱されなくても、教室でフェイスブックを見たりメールをチェックしたりしている人を見かけると、二つのことが頭をよぎる。たぶんこの授業は退屈なんだな、ということ。そして、私もオンラインで何かしたほうがいいのかな、ということだ。マルチタスクが学習に悪影響を及ぼすという調査結果にもかかわらず、今もってマルチタスクはいい考えだという神話がはびこっている。AT&Tの一連の広告では、[6]若い男性が学童グループを相手に、子供たちが知っていることを話題にしておしゃべりしている。あるいはひょっとして、大人が確認したがっているのと子供たちが知っていることが、話題なのかもしれない。子供も大人も賛成することのひとつは、早ければ早いほどいい、だ。もうひとつが、一度にひとつ以上のことをするほうがいい、である。なかなかすたれない神話だ。

それに、マルチタスクは気分がいいので、私たちはその神話を手放したくない。マルチタスクはよく依存症のように語られる。私はこの文脈で依存症について語るのは気が進まない。テクノロジーの拘束力をそういう用語で論じると、人が無力感を覚えると思うからだ。抵抗してもほとんど無駄と思えるものに対峙しているような気になってしまう。それは誤りだ。この場合、抵抗するのは無駄どころか、非常に実り多い。作家、芸術家、科学者、文学者といった人々が、創意に富んだ仕事をなし遂げるために、自分のコンピュータではWi-Fiを使えないようにしたという話を公然としている。小説家のゼイディー・スミスは最新作の謝辞のなかで、彼女のマックのネット接続を遮断してくれたアプリケーション、FreedomとSelfControlに感謝している(7)。

ほかの理由からも画面《スクリーン》と薬物《ドラッグ》の類似性は弱くなる。もしヘロイン依存症なら、やるべきことはひとつしかない。ヘロインを断つことだ。命がかかっている。だが、ノートパソコンやスマートフォンは取り除くべきものではない。人生の避けがたい事実であり、創造的な生活の一部なのである。目指すべきは、もっと意図的に利用することだ。

依存症について考えるのではなく、現実に向き合うほうが賢明だ。私たちは自分たちがきわめて脆弱になるテクノロジーに直面していながら、必ずしもその事実に注意しているわけではない。この先は自分たちの脆弱性についてもっと学ぶべきだ。そうすれば、その自己洞察を念頭に置いて、テクノロジーやそれを利用する環境をデザインできる。たとえば、マルチタスクは魅力的だが学習の助けにはならないとわかっているのだから、〝ユニタスク(単一タスク)〟を促進するのが、私たちの責任というものだろう。

往々にして子供たちがテクノロジーに対する自分たちの脆弱性に気づき、大人が別方向へ引っぱろうとしているときでも、それに対処する方法を考え出すことがあるのは頼もしい。それどころか、マルチタスク批評は子供たちが率先している姿を私が見てきた、いい例だ。十四歳のレイナは、学校でiPadを支給された。八年生の全カリキュラムが、そこに収まっている。ただしそこには、彼女のメールも、キャンディークラッシュほかお気に入りのゲームも入っている。宿題をすませるため、彼女は課題の文章をプリントアウトしてiPadはしまっておく。そのやり方を教えてくれたのは、タブレット上のカリキュラムで同じ注意力問題を経験してきた姉だった。

みんなが〔iPadを〕大好きなのは……授業中にいろんなことがぱぱっと調べられるからですけど、それでもやっぱり……みんな、どんどん注意力散漫になっていきました。私の姉もiPadを持ってますが、自分と友だちのメールはできなくしてあっても学校からのメールが届くんですって。授業中、おとなしく座って調べものをしてるふりをしながら、ほんとのところは退屈だからってメールをやりとりしているそうです――それとか、試験の演習問題をスクリーンショット〔画面に表示されている内容を画像ファイルとして保存したもの〕にして、その授業をまだ受けてない友だちに送信したり。

でも姉たちは、ただ試験のために勉強しようとしているときでも、『iPadの教材を全部プリントするんだ』と言ってました。iPad上には気が散るものだらけで、ダウンロードできるアプリケーションがどっさりだから、そのまま勉強するほうがずっとたいへんなんだって。

この生徒にはわかっている。ゲームだのメールだのを連想してしまう電子機器を――ひとつのことをしているうちにあれもこれもしたくなるようにつくられたものをかかえながらでは、なかなか授業に集中できない。学校でiPadを使うようになるにあたって、レイナにはいろいろと強みがあった。彼女は電子機器なしの学校生活を経験していた。以前はそんなに気が散ることはなかったと覚えている。彼女には比較対象があったうえに、指導してくれる姉がいたのだ。しかし、レイナのような生徒はだんだん例外的存在になっている。iPadとともに学校生活を始める子供たちは、一度にひとつのことしかできないようにしてくれるメディアを使って、より集中できる状態を〝強制〟すればいいことなど、知らないだろう。そういう子供たちに教えるのが、経験者世代の責任だ。

画面から離れている時間をつくるために課題をプリントアウトする生徒たちなら、教育者たちがまったくの善意から図書室を閉鎖し、紙の本など時代遅れだとかのたまって効率化を図ろうとしても、彼らに再考を促してくれることだろう。

ユニタスクに逆行する過敏な注意力《ハイパー・アテンション》

まずは順応しようとする教育者は多い。生徒たちが教室でメールしたりウェブ検索したりしているのに気づいても、「いいじゃないか」と言う。昔から生徒たちは授業をサボる方法を見つけ出すものだったし、その二十一世紀版なのだと。しかし、注意力散漫になるデジタルメディアに順応するだけではすまさない教育者もいる。分散した注意力を新しい感性ととらえ、教え方を改める機会として生かしたいと考えるのだ。

アメリカの文芸理論家キャサリン・ヘイルズは、分散した注意力は二十一世紀の感性であり、かつての教室を振り返って「深い注意力《ディープ・アテンション》」をなつかしんでも何の役にも立たないと論じる(8)(iPad上で気を散らされないよう課題の文章をプリントアウトするレイナと彼女の姉のことを考えると、私には疑念が生じるのだが)。生徒たちは新しいモードの考え方をするようになっていると、ヘイルズは言う。「過敏な注意力《ハイパー・アテンション》」モードである。教室の現状を考慮すれば、教育者は「教育環境に合うように生徒を変えるか、生徒に合うように環境を変えるか」のどちらかを選択できる(9)。

換言すれば、選択の余地はないも同然だとヘイルズは考えている。教育はハイパー・アテンションの文化を甘受するしかない。そのための建設的方法の一例として、ヘイルズは南カリフォルニア大学がスクリーンを装備した教室で実施した実験をとりあげる。

「グーグル操作《ジョッキイング》」という相互作用モードがある。ひとりの話し手が口頭発表するあいだ、参加者たちがウェブで適切なコンテンツを検索して画面上に表示する――たとえば、実例や定義、画像、反対意見の出ているサイトなどだ。また、「バックチャネリング」という相互作用モードでは、参加者たちが話し手の話を聞きながらコメントを入力し、発表されている内容について同時論評する。(10)

グーグルジョッキイングが私たちの現在を物語っているのは、間違いない。生徒たちは授業がつまらないと教室から離れたくなると言う。よろしい、そういうつまらない時間をなくしてやろうと、グーグルジョッキイングは暗に語っているのだ。経験豊富な教員までが、(必ずしも意識しているわけではないが) 生徒たちの画面に対抗してパワーポイントでプレゼンテーションをまとめはじめている。つまり、ヘイルズが提案しているように、授業中にウェブで反対意見や画像やコメントを探すように、あるいは自分でコメントするように、生徒たちに教えているようなものだ。

だが、クラスでの会話がもたらすよりももっと刺激がほしいとこぼす生徒たちには、別の対応のしかたもある。退屈な時間が、自分の想像に深く入り込む機会、新しいことを考える機会になりうると教えるのだ。

教室に退屈な時間が訪れたなら、さらにはなばなしいテクノロジーの妙技 (グーグルジョッキイングとか) と張り合って生徒の注意を引こうとするのではなく、生徒がそのまま静かにしていたり、うわの空でいたりできるよう、励ますべきだ。生徒たちに、そういう時間が――ひとりでじっと考えている時間が利益をもたらすのだという自信を、もたせるよう努力するのだ。教室は、退屈な時間に出くわしてもそれに向かって、

〝歩いていく〟ことができるような場に、することができる。ある化学の教授が、それをこんなふうに言っている。「私の講義中、学生たちには空想にふけってほしい。大事なことを聞き逃したら、教科書に戻ればいいいんですから。あれこれ思いにふけるということは……その課程を立て直そうと自分なりのつながりをつけているのかもしれません」

ディープ・アテンションとハイパー・アテンションの両方ともを使いこなせる人たちが――ヘイルズは間違いなくこのグループに属している――ハイパー・アテンションに目を向けると、それが新しいゆえに刺激的なところを見つけたい誘惑にかられる。しかし、そういう人たちはまだ選択ができる。習得方法を切り換えることができる。しかし、マルチタスクだらけの環境で育つ子供たちには選択の余地がないだろう。

マルチタスク生活は選択の幅を狭くするから、どうしてもディープ・アテンションを〝身につける〟ことができなくなる。ぜいたくを言うなら、ディープ・アテンションとハイパー・アテンションの両方を使いこなすのが最高だ。そのように多元的な注意力を、私たちは教育の目標とすべきだろう。マルチタスクを選択することもできる。また、一度にひとつのことに集中することもできる。そして、どんなときにそうすべきかをわきまえている。

とはいえ、多元的な注意力はなかなか成就できない。ハイパー・アテンションは気分がいい。そして、練習しないでいると、ディープ・アテンションを起こす能力は失われかねない。

グーグルの会長エリック・シュミットが、大学生への講演で彼自身の懸念を表明したことがある。Wi-Fiが使えない場所のひとつだった飛行機内で、かつてのシュミットはよく本を読んでいた。今では機内でWi-Fiが使えるようになって、事情は様変わりした。「今の私は、搭乗中ずっとオンラインでメールの処理などしてばかりで、本には手がつけられません。これは何とかしなければと思いますね(11)」。シュミットがこうコメントしたのは、自著のプロモーション（12）の最中だったが、その本の副題はテクノロジーが人々を「つくりかえる」とうたっている。本を捨ててメールやメッセージを取っていないにもかかわらず、彼はテクノロジーの前進は信じているのだ。

経済学を専攻する大学院生のエリザベスには、それが前進だとはあまり信じられない。彼女は、「マルチタスクが当たり前」の職業生活を送ってきたせいで、認知能力が衰えたと確信している。

大学院に進む前のエリザベスは、コンサルタントとして働いていた。マルチタスクの生き方を余儀なくされるような仕事だった。「たとえば、クライアントからのメールを処理しながらパワーポイントに業界データを挿入して差し迫った会議のプレゼンを準備し、その日の夕食に親友を連れていくレストランを探すかたわら、本来の仕事であるはずの必要書類を作成する、なんてことをこなしていました。日々マルチタスクしているうちに、もうひとつ別のことも身についてきました――飛ばし読みです」。エリザベスは学生生活に戻ってやっと、マルチタスクに費やした年月、ハイパー・アテンションのうちに暮らした生活の影響が、身にしみてわかった。大学院生の彼女は今、課題としてプラトンの『国家』の抜粋に取り組んでいる。

習慣になっているので、その章を飛ばし読みしてしまってから、あまり頭に残っていないことに気づき、もう一度読み直してメモをとりました。あいにくなことに、講義の当日、そのノートを持ってくるのを忘れて、章全体の要旨は覚えているんですが（節制は善、ぜいたく願望は悪）、そこに述べられていた具体的な考えを思い出すのがひと苦労でした。携帯電話で記事を参照したり、ウィキペディアでプラトンについて読んだりせずには、クラスでの話し合いに加わることもできなかった。情報を手に入れられるのはいつだってすばらしいことですけど、ともかく頭の中に多少は情報を確保していないと、頭の中で考えをまとめたりつなぎ合わせたりして、新しい考えをかたちづくっていくことはできません。

エリザベスの話を聞いていると、期待どおりの成績をあげられないという以上の問題であることは明らかだ。「考えをまとめたりつなぎ合わせたりして、新しい考えをかたちづくっていく」ことができないなら、ある種の会話ができないだろうと彼女は自覚している――彼女の考えでは、おそらく最も重要な会話が。注意力は、ひとつの領域専用に身につけるスキルというわけではない。基本的なやり方としてマルチタスクするよう脳を訓練すると――ハイパー・アテンションを会得すると――集中したくてもできなくなってしまう。すると、その日学校であったことを語る自分の子の話にじっと耳をかたむけるのに、苦労するようになる。職場での会議中、座って同僚たちの話を聞くのに、苦労するようになる。彼らの話が、うんざりするほどのろく思えるようになる。中等学校の生徒たちが、練習不足のせいで会話するスキルを身につけないのとなんら変わりなく、大学生たちも、教室にじっと座って複雑な議論をたどる能力を失う。研究によると、大学生にオンラインで教材映像を見せると、どんなに長いビデオだろうと、彼らが見ているのは六分間だという[13]。そこで、オンライン履修課程の映像は六分間にまとめられている。しかし、六分刻みで情報を得ることに慣れてしまうと、それ以上の長さのプレゼンテーションに我慢できなくなっていくだろう。ある大学四年生は、友人たちは短く簡潔な話を好むと言う。「好きにさせておいたら、会話はツィートで始まってツィートで終わるでしょうね」

タフツ大学の認知神経学者、メアリアン・ウルフは、学生たちの注意力散漫が蔓延していると思うようになって久しいが、ある晩、好きな作家のひとり、ヘルマン・ヘッセの『ガラス玉演戯』をゆっくり読もうとするまで、まさか自分もそこに巻き込まれているとは思ってもみなかった。気づいてみると、その本に集中することができないのだ。グーグルのエリック・シュミットは、じっくりと読書できなくなったことに気づいて、「これは何とかしなければと思いますね」と言っていたが、ウルフは即座に行動を起こした。飛ばし読み、走り読み、スクロールが、ディープ・アテンションで読む——彼女はそれを「ディープ・リーディング（精読）と呼ぶ[14]——能力にどう影響を及ぼすか、研究しはじめた。彼女の見解によると、オンライン生活を送っているとディープ・アテンションを呼び起こすのが難しくなっていくという。それは、脳に可塑性があって——生涯にわたって絶え間なく変化しつづけ——注意の割り当て方いかんで「配線し直される」からだ[15]。

ウルフ、ヘイルズ、シュミットは三人とも、ディープ・アテンションに問題があるという診断を下しているわけだ。しかし、次にどうすべきかということになると、それぞれに違う方向を目指している。ヘイルズは、新しい感性を意識して教育の便宜を図るべきだと論じる。シュミットは、肩をすくめ、最終的にはテクノロジーが私たちを適切な方向へ導いてくれるはずだと言う。脳の可塑性に焦点を当てるウルフは、また違った見方をする。脳に可塑性があるなら、年齢にかかわらずディープ・アテンションにとりかかれるようになるということでもある。言い換えれば、ディープ・アテンションを大事にしようとするなら、それをつちかうことはできるのだ。現に、ウルフはみずからそれを確かめている。彼女はヘッセを苦労しながら読みつづけた。二週間ほど努力して、再び十分に集中してディープ・リーディングができるようになったという。ウルフの経験が示唆するのは、ユニタスクとディープ・リーディングを支えるような教育法だ。ただし、そういう教育が大事だと思うなら、私たちは積極的にそれを選択しなければならない。

グレイジング

ハイパー・アテンションの熱心な支持者は、ヘイルズばかりではない。著書『デジタル世代』（*Born Digital*）のなかで、ジョン・パルフリーとアース・ガッサーも、あちこちでいろいろなことを拾い上げ、ウィキペディアの記事や、コメディ・セントラルのクリップ、ツイッターのフィード、グーグル検索の結果などから断片をかき集めるという、新しいスタイルの学習者を熱烈にたたえている。[16] 一般にそういう新しい学習者たちは、見出しを読んで画像を注視する。いじくりまわして結びつけていく。あちこちと少しずつ見ていく（グレイジングする）。深く進まなくてはならない場合は、ちょっと間をおいて飛び込んでいく。パルフリーとガッサーは、いくつかの信頼できる情報源に集中して深く読み込むことによって情報収集するよう鍛えられた、旧世代の人たちの学習スタイルのほうがすぐれていると考える理由はないと論じる。ただスタイルが違っていただけだと。

しかし実際には、グレイジングではたとえば歴史なり現在の出来事なりを考えるといった、事象を組み立てる物語《ナラティブ》を展開しにくい。そのドラマに登場する役者の名前を知らないといった単純なことから問題が起きることもある。十一学年（高校三年生）を教えるある教師いわく、「生徒たちは四苦八苦しています。年代もわからなければ地理も知らず、ものごとの重要性を評価するという意識もないんですから」

問題なのはウェブサーフィンではない。書物や長い記事の中でよく出会うような、長めに続くナラティブのほうがいいようなときに、それでは断片的になってしまうからだ。この教師が言いたいのは、頭の中に全体像を考えられるようなデータが入っていないため、生徒たちはひとつの観点を議論するのにも苦労するということだ。だが、この教師の言う「基本的な内容」を、生徒たちは飛ばし読みしつづける。彼らの考えでは、そういうことはウェブが教えてくれる──いつか。ウェブは彼らの「情報補装具」であり、頭を人工物で補っているのを彼らは何とも思わないのだ。[17]

前出した三十二歳のモーリーンは、スマートフォンがなかったら「言うべきことが何もない」ような気がしている。モーリーンは、詩を暗誦する母親と自分を引き比べてみる。モーリーンは詩などひとつも知らない。そればかりでなく、学校で「歴史上の年代や場所などひとつも」覚えるように言われたことがないと言う。情報が必要になれば、オンラインで調べる。そうして、スマートフォンがなければからっぽだと感じるようになった。だが、スマートフォンがあれば彼女の指先に情報が出てくるものの、その情報に息を吹き込む年表《タイムライン》や物語《ナラティブ》はない。一八六三年のアメリカ合衆国についてもう新たな情報が出てきても、ただ茫漠とした情報世界に、かなたの雲《クラウド》にまぎれてふわふわ漂っているだけ。モーリーンがすでに知っている南北戦争の物語《ストーリー》に組み込まれることはない。

このごろ高校や大学で話をすると、モーリーン予備軍を大勢見かける。必要なときにはいつもスマートフォンで調べればいいと信じて疑わない、やがて自分に文脈《コンテクスト》がないのを後悔することになるだろう学生たち。今、中等学校や高校の教師たちは、なぜ生徒たちは人物や場所や年表を——物語《ストーリー》を——覚えるよう要求されるのかということを、問題にしようとしている。そして、なぜもっとゆっくり、時間をかけたほうがいいのかを。

「彼らはすぐに正解を欲しがる」

私は、北東部にある私立高校の教師や理事たち二十人からなる教育関係の討議会《フォーカスグループ》を主宰している。グループのメンバーたちは、生徒たちが先を急ぐといって心配する。討議会でいろいろな意見が出る。「時間がかかることもあるなんてこと、彼らは思ってもみませんね」。「彼らは相手の話を聞くのにとりたてて関心がありません。疑問に思ったら、すぐに正解を欲しがるんです」単刀直入に答えを知りたがるので、「過程という考えを理解しない」し、考えが検索の結果のように、即座に直接出てくるものと思っているのだ。「議論がどんなふうに展開するかなど、どうでもいいと思っているし、ときには紆余曲折を経る必要があることも理解しない」

そして教師たちは、いわゆる「パワーポイント崇拝」が生徒たちにとってよくなかったのではないかと考える。早くも小学生時代から、読書感想文を書くといった筆記の課題をパワーポイントのプレゼンテーションに代えることを許されたという生徒が多い。箇条書きは確かに考えをまとめる助けとなるが、プレゼンテーション特有の考え方が身についてしまい、スピードと単純明快さばかりを重視するようになってしまう。(18) フォーカスグループを終えるころには、次のステップについて一定の合意ができている。学校側としては、生徒たちが意見を口頭発表し、ほかの生徒の反論を聞いて、自分の考えを鍛えていけるような授業を増やさねばならないと、会に参加する教育者たちは考える。議論を起こし、答弁する練習が必要だ。つまり、生徒たちには互いにフェイス・トゥ・フェイスで話し合う時間がもっと必要なのだ。

そして、たとえ生徒たちの誰もがいつもウェブのすぐそばにいるとしても、オンデマンド式の情報では教育にならないと、この会の教育者たちは主張する。必要性を知る前に、情報や概念でしっかりした背景を築いておかなくてはならない。私たちは自分の知っていることをもとに考える。自分の知っていることをもとにして、新たな疑問をいだくのだ。この主張を聞いて、私はモーリーンのことを考える。彼女は文脈《コンテクスト》となる情報をもっとほしがっている。「考えるもとになること」を、もっとほしがっている。彼女の母親が覚えている詩のようなものだ。母親のほうが、彼女よりも豊かな考えの所有権を手に入れた。

ジャストインタイム［必要なものを必要な量だけ必要なときに。間に合わせのという意味もあり］で情報をくれるウェブを利用することについて、似たような懸念が、医学教育の将来を議論する医者たちのあいだでもちあがっている。特に最初の診断を下す段階で、ある哲学者が「Eメモリ」と呼ぶ携帯型のデータベースに頼る医者が増えてきた。[19] 医者が症状を入力すると、デジタル・ツールが可能性のある診断を助言し、治療方針を提案してくれるのだ。専門医学実習者の八十五パーセントが、Eメモリ・ツールのひとつであるUpToDateを、臨床上の疑問に答えを見つけるための第一選択肢とみなしている。[20] しかし、そういうジャストインタイムの情報が、自分自身の考えをまとめて自分なりの結論を引き出すことを、医者の卵に教えてくれるものだろうか？

すばやく的確に判断を下せるかどうかは、内在化された大規模な情報ライブラリがあるかどうかに左右される。[21] Eメモリに頼るようになれば、時間をかけて自分自身で憶えようとはしなくなるだろう。そればかりか、そうしなくてはならないとも思わなくなるだろう。

タフツ大学医学部教授ジェローム・P・カシラーが言うには、医師たちはかつて、医学専門誌を読んでその内容をまとめることによって、自分自身の内部にデータベースを築いたものだった。[22] 目的がはっきりあるわけではなく身につけた学識は大事なもので、バグではない――貴重なものであって、やっかいごとなどではないのだ。医学の世界では、「どれだけのことを知っておく必要があるのかが必ずしもわかっているわけではないし、必要な情報に限って検索するのでは、のちのち決定的に役立つかもしれない情報は生み出されないでしょう」[23] と、カシラーは強調する。検索して返ってくるのは私たちが求めたもの――そういうふうにできている。Eメモリに頼ると、創造性や思いがけない発見《セレンディピティ》をする才能に欠かせない状態を生み出す、広範囲にわたる手を加えられていない情報を、私たちは失ってしまう。前述のニコラス・カーは、こう言って検索とメモリに関し警鐘を鳴らす。「文化が活気を失わないためには、あらゆる世代の頭の中で更新されなければならない。記憶をアウトソーシングすれば、文化は衰退するだろう」[24]

講義録の罠――マシン利用をやめる

ハーバード・ロースクールのキャロル・ステイカー教授は、独特なかたちでユニタスクを推進している。学生たちが手書きで講義ノートをとると、自然にユニタスクとなるのだ。ほかの多くのロースクールと同様にハーバードも、過去十年ほどで全教室をネット接続したことを大いに誇っていた。ステイカーも長年、学生たちがノートパソコンでノートをとることを認めていた。

私は、ステイカーら法学教授たちのグループに話を聞いた。一時、彼らは全員、学生たちにノートパソコンでノートをとらせていた。それが自然なことに思えた。大学の外でも、学生たちはそういうやり方に慣れていた。それに教授たちは、受講中に学生たちがフェイスブックを見ていないかチェックする「思想警察」のような立場にはなりたくなかった。当時の共通認識は、学生がロースクールの講義に注意を払えないとしたら、すぐにその学生は問題をかかえるようになるだろう、というものだった。その学生は講義についてこられなくなるだろうというのだ。

だが、ステイカーは百八十度方針を変えた。その理由をこう説明する。彼女は、コンピュータでノートをとっている学生たちが単なる注意不足ではすまない状態に陥っていることに気づいた。ノートをとる能力がすっかりなくなりつつあるのだ。彼女はこんなふうに言う。「コンピュータでノートをとっている学生たちは、どうしても講義中の言葉をそっくりそのまま入力して記録にするようになります。講義録をつくりあげようとしているんですよ」[25]。つまり、学生たちは裁判を記録する速記者のような役回りを果たしていたのだ。それ自体が問題だとステイカーは考えた。彼女としては、講義のテーマをまとめる一助とするためにノートをとってもらいたい。ノートをとることは、自分なりに主題を体系づける訓練になるはずだ。それによって、将来弁護士として重要になる、聞き取りや思考の技術をつちかうのだ。

またステイカーは、「丸写し」衝動には不思議な副作用があり、学生たちはその作業をじゃまされるのを厭うようになったと言う。「丸写し作業を中断することになるから、発言を求められるといやがることもありました。講義のテーマをとらえるつもりでノートをとっているなら、自分自身が関与していることを忘れず、それも物語《ストーリー》の一部にするものです。講義録をとろうとしているのなら、クラスに参加していては仕事が手につきませんからね」

コンピュータでノートをとることが、自分の講義で達成したいことの妨げになると悟った転機を、彼女はこう語る。

初年度に学生のひとりが重病にかかって、何週間もクラスに出てこられなくなったことがありました。学生たちがチームを組んで、彼女のために各課程のノートをとることになりました。ある講義のあとに、その日私のクラスでノートをとる係になっている女子学生が困った様子でやって来て、欠席のクラスメイトへ講義ノートを送ってもらえないかと頼んできました。パソコンの電池が切れて、電源コードを持っていないので、講義ノートをとれなかったというんです。もちろん私は、どうして紙にペンでメモしなかったのかと聞きました。その学生は、ぽかんとした顔で私を見ました。まるっきり思いも寄らなかったんですね。もうそんなことはできなくなっていたんです。

少なくとも二つ、皮肉なことがある。ひとつは、私たちがパソコンでノートをとる背後には、マシンのおかげでノートをとるスピードが上がり、ノートをとるのがうまくなるという幻想があること。もうひとつは、私たちに代わってマシンがノートをとってくれるようになったとしても、ノートをとるのは考えることを身につける一環なのだから、私たちの目的には役立たないということだ。

そこで、今ステイカーは、自分のクラスでテクノロジーの利用をいっさい認めていない。ここまで来るには段階を踏んだのだと、笑いながら言う。まず、教室でパソコンを使ってはならないと学生たちに伝えた。すると、彼らはパソコンはしまったものの、受講中のスマートフォンのチェックはやめなかった。「たいしたものだと思いましたね」。学生たちは、その指示の精神はともかく、字義どおりに従うのだという、いかにも弁護士らしい考え方をしてみせた。「そこで、デバイスはいっさい禁止と、明言せざるをえなくなりました。これは彼らをびっくりさせたようです。下を向いてスマートフォンに目をやるのに慣れきっていたから、教室にスマートフォンを持ち込んでいてもテクノロジーを手放さずにいるとは、思っていなかったようです」。よく言われるように、便利なデバイスがありふれたもの、楽に使えるものになって、目にもつかない存在になっている。それはたいてい、いいことだと考えられる。しかし、デバイスが〝目につかない〟としたら、それが私たちに及ぼす影響もあまり気にならなくなってしまう。デバイスを手にしているときの考え方が〝自然な〟考え方だと思うようになってしまうのだ。

クラスをデバイス・フリーにしたステイカーは言う。「発言を求めても、学生たちはいやがりません」。手書きでノートをとることで、学生たちはよく耳を傾けるようになっていくと、彼女は楽観的に確信している。「書くスピードが限られて丸写しは無理なので、いちばん大事なことは何なのか見きわめなくてはなりませんから」。この話を聞きながら私は、十年前に、教室にノートパソコンを持ち込むことについてある十一年生が言っていたことを思い出す。「パソコンがあればごきげん、何でもかんでも書き取れますから」。当時の私は、それ以上追求しなかった。意味がはっきりするのに時間がかかることもあるのだ。

思考のためのオブジェクト、MOOC

ハイパー・アテンションの感性にふさわしい教育テクノロジーをデザインしようとするなら、MOOC(Massive Open Online Courses：大規模公開オンライン講座）を思いつくのではないだろうか。[26] 当初考えられていたような典型的MOOCは、ひょっとすると何百、何千という人数になるかもしれないクラスメイトとともに短いオンライン映像を見ては、テストを受ける。修了すると、次の課程ユニットへ移る。課程にはたいてい、講読《リーディング》、考えをシェアする討論会、補習問題などが用意されている。画面から目を離してメッセージをチェックしたり、ちょっとメールを送信したりしても、眉をひそめる人は誰もいない。もう一度映像を見ればいい。一度にいくつものウィンドウを開いていようと、なおざりにされた気分になる教授や仲間もいない――私の指導する回想録クラスでもちあがったような問題は起きないのだ。ハーバード大学のMOOCで指導にあたるある教師は、そういう生徒たちを認める発言をしている。「いつでも席を立ってもらってけっこう。十分だろうが十五分だろうが、一分ごと、十分ごと、三十分ごとにでも休憩してもらってけっこう。それが、現時点でのオンライン学習の、非常に大きな利点だと思います」

確かに、私が学生たちから、メールをせずに教室でじっと座っていることができないと打ち明けられた二〇一二年を、《ニューヨーク・タイムズ》はMOOC元年と呼んだ。[27] 新しい注意《アテンション》スタイルにぴったり合うというわけだ。経済的な重圧にあえぐ大学経営陣は、オンライン教育を経費削減への道だと見てきた。MOOCでの成果を基準にすれば、大学職員の生産性を測る新しい方法ができる。それに、新しい考えを実験する場になるMOOCは、職員たちを鼓舞する。そしてもちろん、これまでよりはるかに多くの相手に手が届く。どのキーを打ったか、演習を終えるのにどれくらい時間がかかったかなど、学生の動きをすべて記録できるので、教え方を変えて成果を検証しやすい(28)。また、オンライン教育を利用して、遠隔地や交通不便な地域、高齢者療養施設などにまで教育の機会を届けられるという、わくわくするような見込みもある。

その遠隔学習を想定したMOOCもある。寄宿舎のあるキャンパスにMOOCが提供されれば、オンライン学習を終えたあとでクラスに出席して考えを話し合い、学習課題《プロジェクト》に取り組み、宿題にとりかかることができるのだ。教室はもはや、従来考えられていたような〝収容場所〟ではない。〝スイッチを入れれば現われる〟教室になる。オンラインとオフラインの要素が組み合わさっているところから、〝混成型〟ともいう。教室はプロジェクトに基づく学習と、新しい種類の、それまで学生たちがかわしてきたよりもダイナミックな会話の、場になっていくと期待されるのだ(29)。私の大学の同僚たちにも、混成型の教室で従来の講義録のような〝受け身の〟テクノロジーが終わりを迎えると期待する人は多い。

そんなわけで、私がこのプロジェクトに取り組み、会話の現状について考えることに没頭していたころ、私の専門領域では革命が声高に語られ(ツナミとも言われた)(30)、教育における会話の本質ががらりと変化するだろうと考える者もいた。教育革新者シーモア・パパートの言葉がある。「何かについて考えることについて考えることなしに、思考について考えることはできない(31)」。この広く知られた識見が、〝喚起的〟オブジェクト、つまり思考のためのオブジェクトという考えを理解する鍵になる。教育における会話について考えるとき、私はたいていMOOCを念頭に置いていた。

したがって、たとえば遠隔の地でMOOCを受けている学生たちが、新しい学習者コミュニティをつくりあげ、昔は想像すらできなかったような新しい会話を生み出していると思うと、胸が躍る。

ハーバード大学MOOCが提供する代表的プロジェクト、グレゴリー・ナギー教授の『古代ギリシャの英雄(32)』では、参加者がオンライン討論会で、各自の母語でホメロスを読んだ記録をシェアしてきた。自分自身の人生とホメロスの物語（叙事詩）との類似点について語るのだ。ギリシャのマニという、今なお村落単位の伝統的文化が残る地域出身のある女子学生は、最近他界した近親者を悼む祖母の映像を投稿した。彼女の祖母の悲嘆と、英雄詩形とを結びつけているわけだ。この課程の教授陣が映像や課題図書や注釈を出すだけで、学生たちはそれぞれに対応する。新しい種類の会話が発展していく。『英雄』プロジェクトの指導スタッフは、MOOCのCは「コンテンツ」、「カンバセーション（会話）」、「コミュニティ」のCだと考えている。

討論会の進行を担っているあるスタッフは、MOOCは失われてしまったように思えるコミュニティを取り戻す、不完全かもしれないがひとつの方法だと考える。彼女の子供時代の友人の何人かがこのコースをとっていて、彼女の大好きな古典についての知識を、これまで考えもしなかったような人たちとシェアするようになっているのが、驚きだと言う。ホメロスをシェアする相手が誰もいなかった世界中の学生たちが、それと同じような経験をして、望外の仲間を見つけだしているのだ。「これは、誰もが望んできたコミュニティなのかもしれません」。それどころか、『二十四時間で知るギリシャの英雄』と改称した『古代ギリシャの英雄』MOOCの〝卒業生〟は、続いて『二十五時』というコミュニティに参加できる。そこでは定期的にバーチャル会合がもたれ、ゲストスピーカーを招いたり、ブログサイトや継続的ディスカッションが運営されたりしている。

このように、MOOCは新しい教育テクノロジーによって可能になることについて考えるための、思考のためのオブジェクトである。そしてまた、既存のものを正しく評価する一助ともなる。だが、MOOCで力が生まれる可能性があるにもかかわらず、本格的な実験が始まったわずか数年後、非常に熱心な支持者までもが、MOOCのデザインに生《なま》の会話をもっととりいれようと、寄宿舎のある環境用MOOCに狙いを定めて一生懸命になった。まもなく、学生と教授陣のフェイス・トゥ・フェイスのやりとりも増やしたほうが、オンライン学習の効果が上がると判明したからだ。

皮肉なことだ。MOOCに関する研究によると、評価基準がたっぷりもたらされるといって歓迎された教授法なのに、従来の教室で最も評価が難しい要素、つまり実在と組み合わせた場合に最大の効果が上がるとは。微積分概論といった非常に専門的な科目でさえ、オンライン・クラスの学生たちはフェイス・トゥ・フェイスの指導を含むカリキュラムのほうが成績が上がる。(33) コロンビア大学での研究の指導者は、オンライン学習とフェイス・トゥ・フェイス学習を比較した結果をこうまとめている。「学生たちがオンライン履修課程で成果を上げるために最も重要なのは、対人的な相互作用や支援である」(34)

スタンフォード大学で始まった先駆的MOOC、Coursera（コーセラ）の協同創設者、アンドルー・ン（呉恩達）は、大学の教室でなら可能だがMOOCではいわゆる〝非認知能力〟を教えるのは無理だと認める。オンラインでは、「チームワーク、道徳、不安を抑える能力」は身につけられないものであり、それは教室が教えてくれることだと言う。(35) スタンフォード大学のもうひとつのオンライン・イニシアチブ、Udacity（ユーダシティ）では、オンライン履修よりもフェイス・トゥ・フェイス履修のほうが学生たちの成績がいいとわかって、職業訓練の重点を見直すことになった。

最近の学生たちは会話に苦労している。学生たちに会話をさせるべきだ。ありとあらゆり便利な付加プログラムを備えた教育テクノロジーについて考えれば考えるほど、会話のもつ純然たる力の重要性に戻ってきてしまう。ハーバード大学元学長ローレンス・サマーズは、大学教育が直面している最大の難局について聞かれて、こう答えている。「驚くべきことに、大学の現状は、ひと世代前に経験したこととそっくりなんです(36)」。なかなか変化しない分野を変えなければいけないのはそのためだと、サマーズは暗に言っているのである。アメリカの大学ではうまくいっていることもある、というしるしなのかもしれないが。

誰もそこにいないが、誰でもが話を聞いてもらえる

初期のMOOC構想を支えた人々の多くは、教室の問題をテクノロジーで解決できるものととらえていた。スタンフォード大学Courseraの協同創設者、ダフニ・コラーは、これまでの〝ライブの〟教室とは、学生を黙らせる場だと考えていた。なぜなら、どんなライブ環境も、話をきいてもらうためには不完全なシステムを意味すると思っていたからだ。「ライブ課程で質問を出しても、[37]学生たちのなかには、オンライン上にいてアマゾンで靴を買おうとしている者もいるし、最前列のうぬぼれ屋がその質問に答えてしまい、残りの者たちは質問が出たことを知る間《ま》もない、ということもあります」。それがオンライン課程なら、質問してフィードバックを得るチャンスが誰にでもある。質問を阻止されることなどない。コラーは、「ライブの存在がなければ新しい平等が生まれる」と考える。誰もそこにいなければ、誰でもが話を聞いてもらえるし、最前列で人を出し抜く者は誰もいないのだ。[38]

コラーの考えるとおり、〝スイッチを入れれば現われる〟教室では、学生たちが教授とリアルなやりとりをする時間が増えるはずだ。オンラインで基本的内容を学んでから、教室でも顔を合わせることになるのだから。いざ顔を合わせると、思う存分深く踏み込んだやりとりができるのではないか。だが残念ながら、必ずしもそうはいかない。混成型教室での討論セクションはたいてい、従来ずっとそうだったように、教育助手が相手をするようになっている。大規模オンライン課程で指導を受けているMITのある学生が言うには、彼女のクラスが一堂に会する討論セクションは、宿題をする時間になってしまっている。教育助手が総出でセクションを担当し、教授は各グループを回る。彼女は教授の講義を直接聞きたいのに、話を聞けるのはオ

ンライン映像の中でだけ。その教授は国際的に有名な人物で、カリスマ性があるという評判なのだ。直接話を聞けず、残念に思う。

彼女の反応は当然だろう。生涯学びつづけている人たちに、学ぶことを愛する気持ちはどこから湧いてくるのか聞いてみると、感銘を受けた教師の話がよく出てくる。このうえない力のある学びとは、人間関係のなかで生まれるものなのだ。MOOC配信システムの小さな四角い画面で講義する教授とのあいだに、どんな人間関係を築けるというのか？　その教授のようになりたいと思ったりするものだろうか？

講義に姿を見せる学生がしだいに減っていくと、大学の経営陣は、オンラインのクラスを提供すれば学生たちにはそのほうが好まれるだろうという結論を引き出す。だが、学生側の言い分はもっと複雑だ。ときどき講義をサボることがあるからといって、教室に行きたくないというわけではないのだ。

だから、たとえばカリフォルニア大学サンタクルーズ校のある学生が、自分のいる寄宿舎付きキャンパスでクラスの一部をMOOCで代用することにした大学側に抗議して、「対話《ダイアローグ》」という旗を振る。教えることは「情報」を与えることなどではないと彼は言うのだ。教室では「お互いから学ぶ。ところがオンライン体験では失われてしまう。コンピュータ画面やデジタル化されたフィードバックで制限されてしまうのだ(39)」

もっと主観的なことから抵抗を覚える学生たちもいる。学生が自分の人間性を知ることによって生まれる抵抗感であり、その人間性とは、人間の弱さ《フレイルティ》と言い換えるべきではないと私が思うものである。彼らはみな、仲間がほしいという。これまでに、もうさんざんひとりでオンラインで過ごしてきた。自分たちには仲間が必要だと言うのだ。コネティカット州のある大学四年生は、こう言う。「ともかく講義を聞きにいきます。聞きにいかなくちゃ。まるっきりひとりぼっちで勉強したくはない。悲しくなってしまうから。友だちと一緒のほうがいい。大学にいるんだから！」ニュージャージー州の大学一年生は言う。「ひとりでパソコンの前にじっと座ってるって？　どんなにやる気を出そうと思っても、一時間だってすごくたいへんだ。出席しなくちゃならないほうがいい。生きているものの前に出ていくんだから」

この学生は「生きているものの前に出ていく」のが大事だと話しながら、オンラインで学べることやオンラインで評価できることの価値を否定はしない。簡単に評価できない種類の学びもあることを示唆している。クラスに顔を出せれば、思いがけないことにも出会うことがあるのだ[40]。

私たちはなぜ、そういう単純なことを忘れてしまうのだろう？　繰り返すが、テクノロジーは人生の知恵を忘れさせてしまう。私たちはテクノロジーに解決してもらいたい問題をたくさんかかえているので、テクノロジーがいだかせる期待にうっとりしてしまう。教育の場合、ＭＯＯＣは学生たちの注意力欠如から教育的〝生産性〟評価まで数々の問題を解決してくれそうな、ありがたい改革だとひとたび宣言されれば、それはいいものとして取り沙汰される。オンライン映像から学ぶのはいいことだと、強制されてしまうのだ。もちろん、いい場合もある。いいコースならば。あるいは一部の学生にとっては。しかし、すべてがいいとはかぎらない。どんな学生にとってもいいわけではないし、いいコースばかりとはかぎらないのだ。

高等教育の問題に対する簡単な解決策をテクノロジーにさずけてもらいたいと思えば、必ずオンライン経験を理想化することになる。たとえば、オンライン・フォーラムに参加すれば、いつでも議論ができると美化される。だが実際には、そういうグループには何千という人々があふれている。コメントをして気づかれることもときにはあるが、たいていはコメントに目もとめてもらえない。誰にもだ。ＭＩＴのルイス・ブッチャレッリ教授は、ハーバードのＭＯＯＣ『使徒パウロの手紙』に「ブッチ」という名で参加した経験について書いている。ブチャレッリはＭＯＯＣの討論会に誠実に書き込みをしていたが、彼にわかるかぎりでは、その書き込みを読む者は彼自身のほか誰もいなかったという[41]。

大がかりな専属チームのついている――ナギー教授が元教育助手十五人に元学生九十四人をオンライン討論の司会に投入した――ハーバード大学の誇るＭＯＯＣ『英雄《ヒーロー》』でさえ、満足のゆくやりとりは達成困難だと判明しそうだ。『英雄』の討論会は盛り上がることもあるが、たいていは無秩序になって紛糾してしまう。このメディアで扱うには激しすぎるような資料が入りこんでしまうこともある。教育助手たちも、協力するときに「目をそらさざるをえない」ような、個人的にすぎる発言があることに気づいている。

教授陣も、やっかいな会話に対処する経験を積んでいくのはフェイス・トゥ・フェイスの環境においてだ。たとえば、自分ばかり発言しようとする学生をやんわりたしなめられるようになっていく。あるいは、処理が難しそうだが中心的テーマにかかわりのある、感情的に重い題材を学生たちが扱う手助けをするようになる。オンライン討論ではなかなかできないことだ。

討論会ソフトウェアが改善されれば、違ってくるはずだという意見もある。やがていつの日か、私たちはこのメディアとじょうずにつきあうすべを身につけるだろう。私たちは新しい社会的慣行や新しいエチケット、新しい境界線をつくりだすだろう。また、討論の司会に人工知能の登場を期待する向きもいれば、雑談を取り入れてほしいという人もいる。

結局Udacityは、ドロップアウト率が九十パーセントを超えてサンノゼ州立大学との提携に問題をかかえ、学生たちに会話パートナーを付けることによって事態の改善が図られた。パートナーとなるのは、学生たちの様子を確かめてオンラインチャットの相手をしてくれる、生身の人間だ。そういう人たちのことをサンノゼ州立大学の学長は「指導者《メンター》」と表現しつつも、メンターには自分が指導している科目の知識がないと明言した。彼らの仕事はただ励ますことだけなのだ。メンターは「ママ」のようなものだという。論題があって話をするのではなく、人をつなぎとめておく戦略としておしゃべりを活用するという考え方なのだ。

スロットマシンでギャンブラーの負けが大きくなりはじめると、カジノの〝親善大使〟がやって来て、おごったりしてくれることがある。MOOCの設計者たちは、人工知能プログラムに監視させている学生たちの注意力レベルから判断して、今にも彼らがオンラインクラスにそっぽを向きそうになったそのとき、〝リアル人間〟との会話でMOOCのコンテンツに味つけをしたわけだ。Udacityに「ママ」を付けたのと同様に、〝リアル人間のおしゃべり〟を、席につかせておく励みにしようという考え方だ。そのうちに、オンライン教育で会話をさせるには、こうした〝メンターママ〟や討論を監視するコンピュータプログラムとは別のものが必要になってくるだろう。学生に必要なのは、自分たちが何について話しているのかわかっている相手と話すことなのだ。

「生きているものの前に出ていく」

直接会話の教室に行くのは「生きているものの前に出ていく」ことだとありがたがった大学一年生の話に、私は以前、教育を革新するテクノロジーを研究していたときの経験を思い出す。二十五年以上前のことだが、MITがプロジェクト・アテナ〔アテナはギリシャ神話の知恵・芸術・戦術の女神〕という、従来の教室での指導の代わりにコンピュータソフトを使う新教育構想に着手した。そのときもやはり、教育改革者たちは講義を変えようとした。ただし、一九八〇年代の講義改革はオンラインによるものでなく、講義の代わりとなるコンピュータ・シミュレーションだった。学生たちがそのシミュレーションを自在にあやつれれば、自然科学はもちろん、社会科学や人文科学の世界も生き生きとしたものに感じられるだろう。MITの教授陣は自分たちでソフトウェアを書くよう要求された。彼らが提供したものにより、学生たちは、それまでよりもっと直接的にデータを操作するという経験をしたのだった。

だが当時は反論も多く、そのほとんどは、生《なま》の講義は尊重すべきなものであると主張する教授たちの声だった。教授陣は、学生たちと討論し、質問に答え、説得したり意見の違いを尊重したりといった手本を示すことの、重要性を説いた。生の講義の神聖さや、リアルタイムの実演で科学することの重要性も。学生たちには生《なま》の、不完全な講義や実演を見て、それが現実のコミュニティの一部なのだと感じてほしいと。仮想的《バーチャル》世界の実物〝のような《アズ・イフ》〟ものに対するのと同じくらい、実物《ネイチャー》の〝ありのまま《アズ・イズ》〟を愛する――そんな場に教室がなってほしいと、考えたのだった。[42] そして、講義と実演を守ろうと苦闘し、ライブにこだわりつづけた。今はシミュレーションで指導を受けた新しい世代が、講義と実演をMOOC上へ移そうとしている。

　私たちと、生《なま》の講義や欠陥のある実物《リアル》を守ろうとする人々とのあいだには、何年もの隔たりがある。その間に、私たちの夢は主としてインターネットがもたらしてくれるだろうものに集中してきた。MOOCの登場が、バーチャルの可能性を成就する教育革命ともてはやされるのも、不思議はない。

　講堂にアテナが侵入してくることに反対した教授たちは、ソローの言う〝ひとつ目の椅子の会話〟を守ろうともしていた。教える立場にある彼らは、自分たちを〝声に出して考える者〟、〝公然と言明する者〟と考えていた。知っておくべきことがあるだけでなく、知識を得たり伝えたりする方法はさまざまにあることも学生たちに学んでほしいから、講義がしたいのだ。そして、講義後の質問によって講堂は、友情、協同、交流の場ともなる。ひとつ目の椅子の会話、二つ目の椅子の会話、三つ目の椅子の会話がすべてそろうのが、講義の場なのだった。

　講義は最も批判しやすい直接の教授法だ。最も古い指導形態でもあり、受け身の学生と能動的な教師というかたちになりやすい。教師までやる気をなくすと、たとえばずっと昔に書いた講義ノートを読み上げるだけの、風刺漫画のようなつまらない講義になってしまう。前出のダフネ・コラーは、そういう講義をテクノロジーが正してくれると考えた。しかし、アテナの一件を振り返って私は、どんなに欠陥があろうと講義には有益なところが多いと改めて思う。

講義は、天気のいい日も悪い日も学生たちが集まって、比較的小さなコミュニティーを形成する場である。どんなライブ・パフォーマンスでもそうだが、何が起きてもおかしくない。聴衆が存在《プレゼント》する。部屋に活気がある。それがある種のやる気《インスピレーション》を養う。週に何度か教授に会うことになる。大学教育で最も深い感銘のもととなるのは、ほかの人間の考え方を学び、知的な人格の魅力を味わい、自分自身が知性を備える意味について考えることだ。私たちは人が話すのを聞いて、話し手のなかに自分自身もそうありたいと思うことを、あれこれ思い描くものだ。

教授が立ったまま考えているのを、あるいは声に出して考えているのを見て、学生たちは、「いつか、自分にもあんなことができるかもしれない。いつか、自分もあんなふうになれるかもしれない」と思う。つまり、「生きているものの前に」出ていくというあの若者の言葉は、生きている〝人〟の前に、自分の目の前に存在して考えている教師の前に出ていくという意味だったのだ。

決して忘れることのない講義というものもある。私の耳に残っているのは、一九七一年春、シカゴ大学の受講者の多い講義科目で、心理学者のブルーノ・ベッテルハイムが発した単純な質問だ。「母親が子供に母乳を飲ませる最大の理由は何だろうか?」フェミニズム初期の時代だった。講義室を歩いて回るベッテルハイムに、その時代らしい〝政治的に正しい〟答えが次々と返される。「母乳で育てるのが自然だから」。「母乳に含まれる栄養のほうが子供にいいから」。「授乳育児なら、家族の親密なつながりから企業を切り離せるから」

中央演壇の椅子に座ったベッテルハイムは、ほとんど無表情に見えた。返ってくる答えに「ノー」と首を振りながらも、ほとんど身動きしない。階段教室の上のほうからも下のほうからも、出てくる答えは大同小異。最後に、ベッテルハイムがそっと言った。「気持ちいいからだ」。それから、声を大きくして、力をこめて繰り返した。「気持ちがいいからなのだ」。そして詳しく説明していく。授乳は母親にとって気持ちいい、満足する行為である。子供には母親を満足させる体感があって、胸の触感は子供にとっても気持ちいいので、子供は喜びを得ることによって母親に喜びを与えてもいる。そういう枠組みから、あらゆる良好な関係が築かれていくのだと、ベッテルハイムは論じた。人は自分が喜びを得ることを通じて相手に喜びを与えると。

ベッテルハイムがこの解釈を示すと、教室はどっと沸いた。全員が同意したわけではなくとも、そんなことが言えるとは、そんなふうに考えることもできるとは思ってもみなかった点では、誰もが同意見だった。単純な答えだが、身体に言及するものだ。それが私たちを引き止めたのだろうか？　講義が終わると、講堂の外でもまた学生たちの集まりができた。ベッテルハイムは、私たちがそれまでしたことのなかったような話をする場を生み出したのだった。

そのころ、私たちはほかの講座にはんぱなかたちでしか出席していない、と誰かが言っていた。本で読んだことを発表しているが、日常的な経験から知ったことを考えに入れようとはしない、と。日常的なことはすべて、学究生活にもちこむものと切り離して考えていたのだ。ベッテルハイムは物議をかもしがちな人物で、[43] 学位捏造や著作盗用で非難を受けたりしているが、あの日、あの講座で、彼はすばらしいことをなし遂げた。学問の世界の研究にどんな情報でも自由にもちこんでいいのだと、許可してくれたのだ。常識だからといっておとしめるべきではないし、単純なことだからといって切り捨てるべきではない。私たちは疑問への答えを、ごく人間らしい根拠から築きあげていかなければならない。そして、その場にいたという経験は、生涯消えることのない印象を残してくれる。

その場にいること

今でも学生たちは、大規模な入門的講座について、その場にいることが大事だという話をしている。たとえばある大学一年生は、「心理学入門のクラスをとっていました。大教室での講義で、ＭＯＯＣとそう変わらないような気もしましたが、みんなと一緒にその場にいるってところがやっぱり大事です。集団に属しているわけです。講義について話したりして、友だちをつくる場です」と言っていた。それにもちろん、そこには教授もいる。

講義にはほかにもいいところがある。教師が教える内容と、その批評をまとめる訓練になるのだ。どんな知識も〝ライブの〟場で議論したり疑ったりする機会と切り離すべきではないと、学生たちに教えてくれる。すぐれた教授陣が週に何度も講義すれば、その都度、その場で、新しいものができていく。講義を準備するのは前月、あるいは前の週なり前の晩なりだが、彼らは講義をニュースになっていることと関連づけていく。オンライン・クラスの講義なら、一度台本を書いて撮影し、編集してオンラインに上げたら、状況が変化することがあってもなかなか対応できない。自然に〝最高のパフォーマンス〟が映像に収まっているという気になる。

ＭＩＴの新規オンライン教育構想のＣＥＯは、いい俳優ならいい教師になりそうだと提案した。その考えは即座に退けられはしなかったものの、インターネット上ではいろいろと取り沙汰された。学生たちが退屈だと文句を言っているということか？　演劇のプロにプレゼンテーションさせればいいんじゃないか？　マット・デイモンにでも？　コンテンツを魅力的に配信したいのなら、俳優にやってもらえばいい。その話題で会話を先導するのは俳優には無理かもしれないが、オンライン学習では会話が別の時間と場所に譲られる。

学生たちにコンテンツを伝える〝画面に登場する話し手《トーキングヘッド》〟としては、俳優なら合格だろう。オンライン教室は会話の場ではないのだから、俳優のほうがいいのではないか？[44]

最近ある大学で行われた、オンラインツールがテーマのパネルディスカッションで、新しいMOOCを開発したばかりの女性パネリストが、自分のみごとなオンライン・プレゼンテーションをそのまま保持《フリーズ》して生《なま》の講義の代わりにしたいという誘惑にかられることを認めた。現状では、毎回、直接会話の教室に出る前夜には「心配」でたまらず、講義用の題材に向かわずにはいられないのだという。「子供たちから、『ママ、それはもう読んだんじゃなかったの？』って言われることがあります」。題材の鮮度を保つのに不安がひと役買っているという誠実な告白だった。

学生のほうも、教室で発言することに不安を覚えている。オンライン教育の支持者のなかには、引っ込み思案で現実の教室では議論に参加しない学生に対し、〝声〟を与えるのもオンラインの長所だとする人もいる。引っ込み思案な学生もオンライン・フォーラムには、とりわけ匿名でもかまわない場合には、喜んで参加する。そして〝生《なま》の教室でも、教授がデジタルツール、たとえばクリッカー〔学生用無線端末〕などを利用すれば、引っ込み思案な学生たちからのフィードバックを得ることができる。クリッカーは、学生が名前を出さずに意見を述べられるソフトウェアに付属している。学生の意見は〝投票〟として画面に映し出される。教室での議論用〝コメント〟ソフトウェアも、やはりアイデンティティを隠すようになっていて、これまた引っ込み思案な学生にはありがたい。

匿名の教室内投票の利点は、MITの二〇一三年〈マクヴィカー・デイ〉に紹介された。マクヴィカー・デイは教職について議論する年に一度の集会で、[45] 二〇一三年の中心テーマは『テクノロジーと教育』だった。聴衆の中から反論が出た。発言者は、MITの電子工学およびコンピュータ・サイエンス教授のダニエル・

ジャクソン。匿名の投票は仮面をかぶることであり、仮面のおかげで人は自由に自分の意見を述べられるようになるが、フェイス・トゥ・フェイスの会合では礼儀正しさや責任感が助長されると論じたのだ。みんなが自分の正体を知っている場合は、自分の発言に責任をもつことになる。教室は民主主義を成り立たせる会話への参加のしかたを学ぶ場だと、ジャクソンは考える。しかし、匿名の投票やコメントは、自分の信念を擁護することを教えてくれはしない。MOOCのオンライン討論会での匿名投票もやはり、教えてくれはしない。

ジャクソンの話を聞きながら、私は昔ながらのやり方のことを考えていた。ロンドンのハイドパークにあるスピーカーズ・コーナー［だれでも自由に演説ができる、公園内の一角広場］に立って、ひるまずに自分の望むことを何でも口に出す。あるいは、言論の自由を守ろうとする新聞に署名入りの記事を載せる。教室内で匿名のクリックにより意見が示されるのだとしたら、自分たちに意見を表明する権利があることを、学生はどこで学ぶというのだろうか？

ジャクソンは、教室でクリッカーを使うのは匿名のフィードバックがもたらす「有用な情報」を得るためだと認めた。確かに、その集団が何を考えているかはわかるが、犠牲になるものもある。

私が教室でなくそうと努力している、まさにその習慣を、逆に強化しているように思えます。私は学生たちにもっと関心をもたせようとしているのであり、匿名になる必要性を乗り越えさせようとしているのです。私は彼らが匿名になれることを許し、すぐにフィードバックが得られるような、注意を継続する時間を短くするようなことばかりさせている……長い目で見ると教養のためになりませんね。

この討論に加わった教授たちは、学生たちが恥ずかしがってしゃべろうとしないのを心配する。確かに、教室では恥ずかしさめがけて〝歩いていく〟べきだ。学生たちは筋の通らないことうけないことを言うリスクを冒しても大丈夫だと思うべきだ。[46] 学生たちは、やがて恥ずかしい気持ちを乗り越えていくだろう。匿名で意見を述べるほうが楽かもしれないが、自分の考えていることに責任をもつことを学ぶほうが誰にとってもいいことだ。

ＭＩＴのパネルディスカッションでは、学生の注意力が続かないことを問題視するのではなく、むしろそれに迎合しているというジャクソンのオンライン教材批判について、誰も議論したがらなかった。また、匿名の投票がインターネット上での悪しき学習習慣を強化するのではないかという考えについても、誰も議論したがらなかった。それらについて話し合っても、テクノロジーがある程度の教育問題を解決してくれるという考え方を排除することにはならない。しかし話し合うことで、テクノロジーが教育問題を何もかも解決してくれるわけではないし、テクノロジー自体が引き起こしそうな問題もあるかもしれないという議論になるはずだ。

リアルタイム

教育倫理学がテーマのあるパネルディスカッションで、英語学教授で文学理論家のリー・エーデルマンは、教授として彼がかかえている最大の難題は、「学生たちに理性的な考え方を教えるのではなく、学生たちが実際に教室で互いに思いやり深く対応するようにさせること」だと言っていた。[47] ほかの大勢と同じように彼も、学生たちがフェイス・トゥ・フェイスの会話で意見交換するのに苦労していると気づいている。

企業の人事部員たちも、新入社員は仕事相手と会って話をするのに苦労していると言う。大学卒業生たち自身、同じようなことを言っている。ヨーロッパ史専攻のある大学院生は、〝リアルタイム〟の会話に手こずると言う。彼は、初めて出た学会から意気消沈して帰ってきたところだ。読み上げた論文には大いに満足している（論文のできばえに満足した史学科が学会出席の費用を出してくれた）。しかし、「質疑応答の時間に、とりとめなく散漫な話になってしまって。書くのはうまくいくんですが、会話がだめなんです」

私たちはなぜ、手を挙げたり会話を始めたりするスキルを教えないような学習を、教育指針の中心に据えようとするのだろう？　そのせいで学生たちが緊張するというなら、それを乗り越えるのに力を貸すのが教育者の仕事というものだろう。

うまくいった場合、大学の教室はリアルタイムで学生たちが立ち上がって自分の考えを擁護する場となる。学生たちは話をすることから学び、互いに耳を傾けることから学ぶ。「みんなが講義中に質問するときに間違ったことを言うので、いろいろ勉強になりましたね」と、ある大学一年生は言う。「とりとめのないことばっかり言うやつがいると、ああはなるまいって思う。人のふり見て、ですよ。『どの本ももう読んだ』なんて言っちゃだめだって学ぶんです」。自分の部屋で、ひとりだけで受講していたら、そういうことはいっさい学ばない。

大学で〝ライブの〟講義に出席する価値は、フィールドワークをする価値にちょっと似たところがある。フィールドワークでは、ほとんど成果の上がらない期間もあるが、リアルタイムで人々を読み解くすべを学ぶ。自分のまわりの人々とわずかながら道のりをともに《シェア》して、ある集団の考え方を理解するようになる。そして、根気が報われることを学ぶ。相手が少しずつ明かしてくれる意見に、ずっと寄り添っていくのだ。運がよければ、人生が綿密な、集中した注意力で報いてくれることを学べる。[48]

クリッカーvs会話

政治哲学者マイケル・サンデルの教室にいる学生たちは、徹底的に注意を払っていなければならない。サンデルは学生たちに短いプレゼンテーションと対話の方式で対応し、学生たちが発言する——匿名性はいっさいなしだ。サンデルは挙手した学生しか指名しないが、発言した学生とサンデルが意見を戦わせる。最近の「倫理学、バイオテクノロジー、および将来の人間性」という講座で彼が問いかけるのは、「菜食主義者だとして、牛を傷つけることなく、化石燃料も使わないバイオテクノロジーから産まれた牛の筋肉からつくられた〝ハンバーガー〟を食べるか?」という問題だ。

菜食主義者のある女子学生は言う。「食べません。動物の組織を使っていることに変わりはありませんから、動物性の食べものです」。サンデルがうなずく。「だが、はがれ落ちた牛の皮膚組織をハンバーガーにする技術が今あったとしたらどうだろう。……一頭の牛からの派生物を食べることによって、世界の食糧不足を解消し、温暖化から地球を救うことになる。それなら?」菜食主義者の学生の自信が揺らぐが、自説を貫く。「いいえ。食べません。それでも動物性であることに変わりありませんから」。その学生はきまり悪そうだが、自分の立場を固守した。そして、固守しつつも自分の立場を再考せざるをえなかった。

サンデルが牛の例をもちだすことで考え直す理由ができたのは、菜食主義者たちだけではなかった。サンデルは難問の範囲を広げていく。バイオテクノロジーによってつくられた人肉——人間の皮膚を見本につくられた肉を食べるか? そんなものをつくるに値するだろうか? ある学生が感心する。それではまるで、爪の削りくずをとっておくことで世界の飢餓を救えるとでもいうようじゃないか。教室が活気づいて、議論が盛り上がる。

もしサンデルが事例を提示し（牛の組織からつくられた食品、爪の削りくずからつくられた食品）、クリッカーでどちらが好きか匿名投票するように求めたとしたら、会話がどんなに違っていたか、考えてみてほしい。そのクラスがどう考えたかはわかるだろうし、それも興味深いのは確かだ。しかし、クラスのメンバーは、勇気を奮い起こして声を上げ、自分の意見を擁護することを学びはしないだろう。サンデルの講座を受講するハーバード大学四年生が言う。「いやというほど恥ずかしい思いをしますが、それを乗り越えて、堂々と発言する自分の声を聞くのに慣れていきます。『このぼくが、そんなこと言ったのか？』って、自分でも思いますよ。自分がそう考えているなんて信じられないけど、ほんとにそう考えている。自分が発言できるようになるなんて思ってもみませんでした」

これが会話による指導というものだ。退屈や恥ずかしさめがけて歩いていくのは、なかなか難しい。思い切って言うように励ましても、自分の考えを全部言い終えられない学生もいるが、サンデルは気まずくなっても気にしない。このごろ、会話による指導がきわめて重要だと言われるようになってきた（なんと、オンラインの〝スイッチを入れれば現われる〟教室にコンテンツを上げる公式の目的は、教室でもっとダイナミックな会話をすることなのだそうだ）。しかし、それと同時に、会話することがほぼ無理になりそうな、教室でのテクノロジー利用という圧力もある。おもしろいことに、そういうテクノロジーが往々にして学生の〝積極的関与〟をサポートするものとして紹介される。

教室用ハイテクツールのデモンストレーションに行ってきたMITの同僚がいる。教室前方のスクリーンに講義がスライドで流れていた。後方のスクリーンに流れるのは、モデレーターによって処理された学生たちのコメント。教授が質問し、クラスは電子投票によって答える。サンデルの講義で事例と答えの範囲が広がっていくのと対照的に、何もかも簡潔だったとその同僚が報告する。ツイッターのコメントは百四十文字に制限されているため、「短く、せいぜい二つの文で答えるように言われるのよ」と彼女は言う。

教授のコンテンツと学生たちの論評が同時に、それぞれ別のスクリーンに表示されるという教授の当初の計画には、学生たちが反対した。スクリーンが二つあると集中しにくいというのだ。

そういう環境で、私の同僚は学生のコメントをつまらないと思った。意見が短いせいだけではない。匿名性のせいで議論がちっとも盛り上がらないのだ。彼女は「踊り手と踊りを切り離して考えてほしい」と言われたが、こう言っている。「〝リアル〟な人間には〝リアル〟な関心や興味がある。……でも、質問が淡々と流れていくようになって、顔のないコメントが流れると……どうでもよくなってしまう。質問を気にするのは、誰の質問かわかっているときよ。人からの質問じゃなければ――質問もどきでしかない」

技術上の理由で最後のクラス投票ができなかったが、挙手による投票をしようと提案する者は誰もいなかった。私の同僚は肩をすくめ、意外にも思わなかったと言う。「さんざんアプリケーションやらデモ版やらを使ったあとで、単にまわりの人たちと話をして意見を聞くだの、さっさと手を挙げてみせるだの、はっきり言って思いつかなかったんでしょう。その手のローテク解決策は地位を失ってしまったのよ。今みたいな雰囲気じゃ、もう息も絶え絶え、もはや価値なしといったところね」

ハイテク教室だと、学生たちがフェイスブックにいそしんでしまうように思えたが、彼らは休憩時間を欲しがったときも、無駄話をせずにメールしていたという。

だが、サンデルの教室では、ほとんどの講義でツールに頼らない。ある四年生の評価するところ、ハーバード大学に三年半在籍してきて、どのクラスでもメールする学生を見かけた。少人数のゼミでも、教授が黒板に向かっているちょっとした隙を学生たちは利用していた。サンデルの教室では、はっきりわからない。メールする学生がいるに違いないと思いながら、そう決めつけたくはない。「メールする者がいてもほかの講座より少ないと思う。だって、すごく会話ベースのクラスなんだから!」

私たちはテクノロジーが教育上の目的に適うものであってほしいと思う。だが、私たちがその目的をよく知っていなければ無理なことだ。目的がわからなければ、教室で教師と学生が互いへの注意を散漫にしてしまうようなテクノロジーを許容することになるかもしれない。

共同研究へのラブレター

最近の講座で私は、学生たちに中間休暇中の共同研究を課した。私が想像していたのは、食堂の長テーブルを囲んで会話しながら一緒に作業する学生たちだった。夜更けとかに、プラスチックカップの冷めたコーヒーを飲んでいる姿だ。ところが、夜更けも長テーブルもなしだった。共同研究は全部、Gchat上と、Googleドキュメントという複数の人間で同時にひとつの文書を作成できるプログラム上とで、すんでしまったのだ。学生たちが提出してきた研究はよくできていた。

しかし、課題を出したときの私の関心は、最終的な成果以外のところにあった。テーブルを囲んだ学生たちの会話は、時として斬新なアイデアにつながっていくという、不思議な効果がある。それなのに、学生たちは実在《プレゼンス》を不必要にするアプリケーションに頼ったのだ。確かに、彼らはタスクを課され、効率よくやり遂げた。その講座での私の経験は、大学教育における生産性の測定がなぜあてにならないかというケーススタディになる。典型的な〝生産性〟基準に適うだけの仕事は、GchatとGoogleドキュメントが完成させたものだが、大学で生産するもの、〝つくる〟もので価値があるのは、最終的な論文だけではない。価値があるのはそれをつくる過程なのである。

直接顔を会わせなかったことについて、学生たちに悪びれる様子はない。二年生のジェイスンは言う。

「去年の研究もだいたいは、定義が必要な用語で誰かがGoogleドキュメントをつくって、自分のわかるところを埋めていってから一緒に作業する、というやり方でした。チャットセッションがありますから、それを共同研究に使うんです」。このつまらない話を聞いて、私の頭にまた長テーブル、冷めたコーヒー、夜更けといった幻想が浮かんできた。彼からしてみると、私の幻想は不必要なことを求めているのだろう。だが、彼の現実には新しいアイデアの話をする余地がほとんどない。

ひとつ屋根の下にいながらオンラインチャットを使い、文書を電子的にシェアして共同研究をする学生たちもいる。要するに、同じ部屋で同じテーブルを囲むことはしないと選択するわけだ。直接おしゃべり《チャット》するのでなく、オンラインのチャットセッションにもぐりこむ。なぜなのか？　ひとつには、ルールをはっきりさせられるし、ついてこられなくなった者が出てもわかりやすいかららしい。さらに重要なのは、オンラインで共同研究すれば、誰も大事なことを聞きもらしたりしないですむことだ。チャットからはずれてメールやオンラインショッピングをしていても、またチャットに加われば話題についていける。

フェイス・トゥ・フェイスの会合では、人の注意がスマートフォンのほうへそれるのが、見ていてわかる。Gchat上なら、仲間の不注意は目に見えない。みんなで研究に取り組んでいるときにメールやショッピングをしたくなることもあるという前提に立てば、ジェイスンの言う「実は不在《アブセンス》」なのに、それを隠してくれるメディア上で共同研究するほうが助かるのだ。Gchatは集中的注意のシミュレーションを、いかにも充分注意しているふうに見せてくれる。仲間たちに会うときはいつも、彼らは当面の問題に取り組んでいる。だからジェイスンは「ぼくらは、可能ならばいつもテクノロジーというルートをとります」と言う。

ジェイスンのグループはGchatのおかげで、彼らがうわの空でいるときも「話題についていけている」ように思える。しかし、前述したような、私が学生たちの共同研究に望むものの入り込む余地は残らない。

それを〝知的な掘り出し物《セレンディピティ》〟と呼ぶことにしよう。それは誰かが冗談を言うときに出てくるかもしれない。あるいは、空想にふけるなかで思いついたアイデアで新しい方向に進もうとするときかもしれない。必ずしも効率的とは言えないことばかりだ。だが、そんなふうに脱線した会話の中から生まれた最高のアイデアがいかに多いことか。私が指導する学生たちにもそういう経験をしてほしい。

しかし、共同研究という好機を与えられた学生たちは、するりとバーチャルの世界へ入り込む。今の大学環境では、利点のあるなしにかかわらず、ほかのものは何でもまるっきり非実用的なのだと言う人もいる。誰もがあまりに〝忙しい〟のだ。直接話すことにも忙しくしているべきだろうと、私は思わずにいられない。

大学生相手のインタビューでは、フェイス・トゥ・フェイスの会合を予定に入れなければならなくなったときにわかるはずだ、と大多数が主張する。Gchatでは手に負えないようなことが出現したら、わかるはずだと。だが、私の経験からすると、いつ重要な会話をすることになるかは全然わからないものだ。非効率的に思えようが退屈で逃げ出したくなろうが、たくさん会話の場数を踏んではじめて、自分の考えを変えるような会話に出会う。

経済学者のダニエル・カーネマンがノーベル賞を受賞したとき、受賞者の誰もが頼まれる、公式の受賞者紹介記事執筆を依頼された。彼の経歴を紹介する一節は、亡き同僚、エイモス・トベルスキーへの賛辞だ。カーネマンによると、授賞理由となったアイデアは、彼と一緒に研究していた期間にはぐくまれたものだという。最後には、ノーベル賞受賞者紹介が会話へのラブレターにも等しくなった(49)。

私たちは毎日、長いあいだひたすら話していました。エイモスの長男、当時生後十五カ月だったオーレンが、父親は仕事中だと聞かされて、教えてもいない「アバ、ダニーとお話」なるコメントを発したものです。もちろん、私たちは研究だけしていたわけではありません——太陽のもとでありとあらゆることを話し、互いの考えが自分自身の考えとほぼ同じくらいよくわかるようになりました。相手が口にした文の途中から引き継いだり、言おうとした冗談に落ちをつけたりできる（そしてよく実行していた）ほどでしたが、なぜか私たちはまた、いつも相手を驚かせていました。

ここでは会話が、知的な動力源ばかりでなく、たいていは愛情によってしか溶かされない自他の境界線を、研究仲間どうしが越えられるようにする手段としても考えられる。会話が知的交流《コミュニオン》につながったのだ。私が現在進行中のプロジェクトを説明すると、よくこんなふうに言われる。「会話を研究するとはすばらしい。いちばん容量《バインドウィズ》の大きなコミュニケーション方法ですからね——情報を交換するには最善だ」。そのとおりかもしれないが、それだけでは全体像からほど遠いと、カーネマンとトベルスキーは教えてくれる。会話はある種の親密さ《インティマシー》だ。得られる情報が多いだけでなく、会話ならではの情報が得られる。容量という論点ではその本質的要素がすくいとれない。

カーネマンのノーベル賞受賞講演でもうひとつ印象的なのは、トベルスキーとの研究ペースについて述べたくだりだ。カーネマンとトベルスキーは一九七四年に《サイエンス》誌に掲載する記事を書き、それがやがて行動経済学の基礎をなす文書となる。(50) 二人がその記事を書くのに、一日四時間ないし六時間執筆して、一年かかった。カーネマンは、「調子のいい日でも、正味一文か二文ほど進めばいいほうでした」と書いている。したがって、そのほうが早くはかどるだろうからといって会話を支持する人たちは（「メールなんかしないで、ちょっと私のデスクまで来て聞いてくれたほうが早い！」と）、フェイス・トゥ・フェイスの会話に力があるわけを、ごく一部しかわかっていないことになる。カーネマンとトベルスキーにとっての会話は、早く進むためではなく、深く進むためにあったのだ。

大学は長い目で見て価値のある開放型《オープン・エンディド》の会話を教えることに時間を割くべきなのに、現在の環境では、学習のための会話の価値をなかなか議論できない。生産性を利する会話の価値を、特に短期では測定するのが困難だからだ。

ウィリアムズ大学学長のアダム・フォークが、その測定を試みたことがある。彼は、大学教育において本当に重要なのは、「効果的に書き、説得力のある議論をし、問題を独創的に解決し」、「自主的に順応し学習する」すべを学ぶことだと論じた。そして、同僚たちと一緒に、そういうスキルがどういうところで開花するかを調べた。その結果、学生たちが教授とともに過ごす時間の長さとの相関関係を見いだした。バーチャルなやりとりではなく、〝ライブの〟やりとりをする時間だ。(51) フォークの発見からすると、学生たちが質問受付時間に姿を見せないという教授陣の不満の声には、痛ましいものがある。(52)

質問受付時間

マクヴィカー・デイが教育テクノロジーを中心テーマにした翌年、今度は学生指導に注意が向けられた。聴衆が詰めかけることはなく、ホールは満席にならなかった。学生と教授の関係を考えるというのでは、最新ツールの紹介に派手さで及ばない。議論のなかで教授陣は、学生たちが質問受付時間に教授に待ちぼうけをくわせ、教授と学生が一緒に参加するよう目論まれた行事には現われないと語った。前年には、誰もが興奮ぎみに、万能と思えるアプリケーションの話をしたものなのに。わかりやすい解決策のない問題に向き合うのはつらい。学生指導も、そういう問題のひとつだ。フェイス・トゥ・フェイスの会話のやりとりが不安だからというのが、学生たちが教授陣を避ける大きな理由になっている。(53)

ニューヨーク・シティ出身の大学一年生、ズヴィが、教授を直接訪問するよりメールのほうがいい理由を説明してくれた。会話するのは不安だし、質問受付時間に会話を練習すればいいとは思えない。誰よりも教えてくれそうな人たちから戦略的に姿を隠すのが、ズヴィの方針だ。「教授にメールするほうが〔直接〕会うよりもずっといい。うまく発言できないし。……いまだに、まじめな会話を〔直接〕自然にできないんです。メールなら自然に会話ができるので」。メールなら編集できるし、編集した跡は目に見えないからと、彼は言う。

まじめな〝直接の〟会話をいつごろ身につけられそうか聞かれて、ズヴィはしかたなさそうに「それはいい質問ですね」と言う。すぐにも磨かなければならないスキルだと思う。教授と話をするためばかりでなく、「ぼくが一緒に仕事をしたいと思っている人たちのためにも」。大学の最終学年になったら教授と話してみようと考える。だがそこで、教授の前に座る場面を思い描いて、悲観してしまう。「それにはもう手遅れだ。わかりません――いつになったら成長するんだろう？　それが問題だ」

学生たちが私に直接会うよりもメールしたいと言うのは、たいていの場合、メールでしか自分の考えをうまく説明できないということだ。だから、メールにしたほうが、私も彼らの考えをうまく向上させられるだろうという。私との面談を意見交換と決めつけ、オンラインでの意見交換のほうが質が高いと判断するわけだ。ズヴィもやはり、意見交換のような言葉づかいで、質問受付時間から逃げている理由を語った。彼には考えがある。教授たちには、彼の考えを向上させるはずの知識がある。しかし、考えを向上させるのは確かに望ましいけれども、教授を訪ねていくことからは、それ以外にも得るものがある。自分を理解しようとしてくれている相手と一緒にいることになるし、知的な友情がかたちづくられるからだ。大人の支え、大学の支えを感じることになるかもしれない。

学生たちは話をするのがいやなばかりに、質問受付時間はメールでもかまわないような知識伝達のためにあると考えたがる。教授たちとフェイス・トゥ・フェイスの会話をする経験がほとんど、あるいはまったくない学生たちには、会話がもたらすものは知識だけではないと納得できるようなデータがないのだ。

ズヴィは、教授たちに近づかないようにしているのは、彼らと話ができるほど自分は成長していない気がするからだと言う。その問題について教授たちはきっと力になってくれるだろうが、それは教授たちが彼に知識を授けてくれるからではない。学生指導についての研究によると、学生の人生を変えるようなものには、関心を示してくれる、その学生が「参ってしまう」と言うような、ひとりの力強い人物の存在が必要なのだ。(54) そういう存在に出会うためには、会話が必要だろう。

仕事——これは会議だろうか？

うちの事務所の若手たち、若い所員たちときたら、まるっきりコックピットのパイロットです。ノートパソコンに、iPhone二台、iPadと、いろいろな機器を広げてから、ヘッドホンを装着します。大型のやつです。それから、孤立するんです。彼らは自分のデスクを操縦室《コックピット》にしてしまう。パイロットみたいな。コックピットにいるパイロットをじゃましようとはしませんよね。透明なドームにこもる弁護士をじゃまする気にはなりません。昔はこうじゃありませんでした。……所員はいいように使われて、じゃまが入ってばかりだったものです……ただし、いい意味でね。若手と話ができた。そこにいてこき使われ、鍛えられ、教えられたんですよ。今では、コックピットにひとりきりにしておくのがせいぜいという感じですからね。

——ボストンのある法律事務所の所長

アラン・ジョンソン・ミラー・アンド・アソシエーツ（AJM）(1)の弁護士、オードリー・リスターは、このシカゴの大手法律事務所で働いて二十五年以上になる。ロースクールを出てすぐに今の事務所に入った。リスターは、同僚のサム・バーガーと同期で一緒に働きはじめたころの話をしてくれた。若手所員だった二人は、お互いのオフィスのドアをノックしては、しょっちゅう訪ね合ったものだった。そんなふうに親しくつきあううちに「家庭的な職場」になっていったと、リスターは言う。だが、バーガーと会うのはただ親睦のためだけだったわけではない。「そんなふうに会うのも仕事の一環で、刺激的なアイデアが、クライアントのためのアイデアがいくつも生まれたんです。私たちは一緒に、法律の微妙なところを見つけ出していきました」

最近は仲間と非公式に顔を合わせることがあまりなくなったという。「若手弁護士は、画面の前に座って仕事をしているほうが成果が上がると思っているんです」。みんなが集まるのは、前もってメールで手はずを整えられたキャッチアップ会議［相手が今やっていることを知るための会議］のとき。だが、リスターの考えでは、そういう予定された会議では、彼女がバーガーとしていた即興のおしゃべりの役目は果たさないだろう。議事日程があるなら、いろいろな考えをもてあそんだりはしないだろうと思うからだ。そのためには、「本当に開放型《オープン・エンディド》の会話が必要ですから」

人生のある一日

リスターが振り返るに、AJMで働きはじめたころは、協議事項などない会話がきわだって多かった。バーガーとのおしゃべりはもちろん、長ったらしいランチや夜更けのカフェテリアでの会話もあった。若手弁護士たちは仕事中によく何か食べたくなるのだった。彼らの会話が広範囲にわたったのを、リスターは覚えている。それが今、後輩たちは、みんなで残業しているときでさえ、自分のオフィスでひとりきりで仕事をする。「こっそり追いつこうとしているとか、メールでもしながらひとり静かに休憩しているだけなのかもしれませんけど」。このごろの休憩やストレス解消といえば、仲間と一緒にくつろぐのでなく、ネットが連れてくる人々を見ないようにすることではないだろうか。

リスターが言うには、オフィスでの新しい習慣は(非公式のミーティングがなくなっていき、カフェテリアで過ごす時間も減り、ひとりで画面に向かう時間が増えたため)、法律事務所の共同体意識に悪影響を与えている。彼女が働きはじめたころ、「私たちは互いに助け合いました。競い合いながらも、この事務所のために一生懸命働くようになっていった。そんなことがもうなくなりました。共同経営者の弁護士がここを辞めるなんてこと、昔はありませんでしたよ。それが今ではあるんです」と言う。

会話に費やされる時間が仕事に影響するという彼女の直観は正しい。研究によると、社交と従業員の生産性のあいだには、明らかなつながりがある。[2] ところが最近のAJMでは、画面が社交の妨げに、そして礼儀の妨げにも、なっている。最古参のレベルだろうと弁護士たるもの、ミーティング中にスマートフォンやタブレットを出さないようにするのが普通だ。リスターの話では、最近、事務所内コミュニケーションについて発表するよう頼まれ、「一室に集まった人の前でプレゼンをしたんですが、みんなひっきりなしにメールしてるんですよ」。彼女は皮肉な気持ちをぬぐえなかった。コミュニケーションをよくしようという話を頼まれたのに、耳を傾ける人がほとんどいないのだから。「考えさせられましたね、どうして私はわざわざこんな話をしてるんだろうって」

リスターは、事務所の若手たちとできるだけフェイス・トゥ・フェイスで会うようにしている。たとえば、クライアントと電話で大事な話をするときには、彼らを自分のオフィスに呼ぶ。彼女が交渉するのを聞いて、会話の運び方を学んでほしいからだ。後輩たちに話しかけられるようクライアントへの送話をミュートにして、自分の戦略を説明することもしばしばある。そういう電話でのやりとりの場に居合わせるのは、後輩たちにとって一種の上級セミナーであると同時に、彼女や同僚たちと親しい関係を築く好機にもなる。ところが、しだいに後輩たちは、電話を自分のオフィスで聞きたいと言うようになっていった。リスターには理由がわかる。ひとりきりになれば、電話を聞きながら画面に向かって仕事も続けられるからだ。フェイス・トゥ・フェイスの会話はしそこなっても、マルチタスクはできる。

誘いが断られてももう驚かなくなっていたリスターは、悟った。若手弁護士たちは、自分の価値を最大化するにはコンピュータに向かってマルチタスクをすることだと思っているのだ。彼らがおしゃべりに割く時間はますます少なくなっていくだろう。

ＡＪＭでは、フェイス・トゥ・フェイスのミーティングを避ける傾向が、もう世代を超えて広がっている。クライアントを食事やスポーツイベントに連れていってもてなすのをやめた弁護士も多い。ホリデイシーズン［十一月第四木曜日の感謝祭から新年にかけての祝祭日期］には、クライアントとディナーをともにして会話のチャンスをつくるのでなく、歳末の人混みにもまれて何か高価な贈りものをみつくろう。若手たちも（もちろん彼らに資金の余裕はあまりないことだし）やはり、接待は差し控える。公正に見れば、クライアント側も差し控えているとリスターは言う。「クライアントも含めて誰もが、電話するよりメールするほうがいい、ランチに出かけるよりメールするほうがいいんです」

一時期、そういうオンライン活動は将来の弁護士業なのか単なる悪習なのかをめぐって、ＡＪＭの弁護士たちの意見が分かれた。最終的に、事務所はフェイス・トゥ・フェイスのミーティングと収益の関係に注目した。クライアントとフェイス・トゥ・フェイスで過ごす時間が多い弁護士が、いちばん仕事を増やしていることが判明したのだ。今では、どれだけ社交に務めているかが、弁護士の業績評価の一部になっている。そして、リスターいわく、「みんな、画面に向かって仕事をするためにクライアントとのランチを先延ばしにすべきかどうか、よく考えるようになりました」

フェイス・トゥ・フェイスの会話の力に気づいているのは、リスターの法律事務所だけではない。ＭＩＴ

メディア・ラボの元研究員、ベン・ウェイバーは、協調《コラボレーション》を研究するテクノロジーを設計している。MITメディア・ラボのアレックス・ペントランド教授とともに、ウェイバーは〈ソシオメトリック・バッジ〉というツールを開発した。そのバッジによって、オフィス内での従業員の動き、および会話についての一連の測度を追跡することができるのだ。話しかけた相手、会話時間、話題、話すペース、口調、相手の話をさえぎる回数、ボディランゲージ、関心や興奮、相手に与える影響の大きさといった点まで、会話を深く分析できる。

それまで量化できなかったものを量化したウェイバーが、そこから出した結果は、驚くべきものだった。多数の研究をまとめると、フェイス・トゥ・フェイスの会話は生産性を高めることにつながるとともに、ストレス解消にも結びつくのだ[3]。みんなで一緒に休憩をとると、電話サービスセンターの生産性が上がる。ソフトウェア開発チームでよく話をするほど、そのチームが生み出すプログラムのバグが少なくなる。そして、ウェイバーの研究は、メッセージのやりとりはおしゃべりに匹敵すると考える人たちを落胆させた。この〈会話効果〉[4]は、オンラインでも同じようにはたらくわけではないのだ。大事なのは、フェイス・トゥ・フェイスで一緒にいることである。

生産的に働くためには会話が重要だとなかなか心から信じてもらえないが、ともかくそうなのだとウェイバーは力説する。「私たちは生産性を……コンピュータの前に座ってどんどんメールを送ったりスケジュールを立てたりすることだと思っています。そうすれば私たちは生産的になると思う。でも、そうではないんです」。人を生産的にしてくれるのは「ほかの人たちとのふれあいなのです――そう、自分が相手に新しいアイデアをもたらし、相手から新しいアイデアをもらう。そうして……毎日五人ほどを、ちょっとばかり生産的にするだけでも、会話にはそれだけの価値があります[5]」

ウェイバーの研究を知って彼を訪ねた私は、その研究結果が必ずしも好意的に受け止めてもらえるわけではないという話を聞いた。実在の店舗をなくし、従業員のほとんどを在宅勤務にしてコスト削減を図ろうとしてきた実業家たちにとって困ることになるからだ。また、ひとりで画面に向かっていると最高に生産的な気分になる、あるいはこれが時間やありあまる情報を自在に操る最善の方法だと思う人たちが、困ることになる。自分は〝リアルの仕事〟をしているつもりで画面に向かっているし、フェイス・トゥ・フェイスの会話は避けてもかまわない、と思っている従業員は多い。そして、避けているがゆえに、彼らは会話に何がなし遂げられるかを理解しない。そういう悪循環を断つのが指導者の任務だろう。今、職場で会話文化を率先して盛り上げようとする人たちに、味方する研究があるのは幸いなことだ。

会話には仕事上の効用もある。しかし、職場に会話を取り戻すには大きな障害がいくつもある。ひとつは、私たちみんなが引き寄せられる、出席していながらスマートフォン上にもいられるせいで、まるで会議にならない会議だ。それに応じて、見識のある組織はフェイス・トゥ・フェイスの会話を支持する有形の社交環境をデザインする。だが、核となる職場文化が、かけがえのない会話の価値を理解していなければ、どんなに巧妙なデザインも役に立たないだろう。

会議でない会議──『ヘンゼルとグレーテル』体験

国際的な大手コンサルティング会社、レディラーン社では、フェイス・トゥ・フェイスの会議がどんどん減っている。経営合理化に努めて十年来、同社は可能なかぎり従業員に自宅で仕事をしてもらい、できるだけオフィス・スペースを切りつめてきた。(6)

本部長のキャロライン・テナントは、週に三日、現実のオフィスに出社する。残りの二日は、自宅からスカイプで会議する。在宅でも出社していても、一日八ないし十の会議に出席する。在宅勤務の日に、国際的なチームの参加するスカイプの呼び出しで朝の四時ごろから起こされることもある。そういう会議ではいつでも男性が有利だと、彼女はさりげなく言う。自分はコンピュータのまん前に座るより先に化粧をしなくてはと思うからだ。テクノロジーのおかげで、国際的な会議を一日のどんな時間帯に予定することもできるようになった。ところが、そういうペースで働くテナントには、考える時間が残されない。「テクノロジーのおかげで生産性は上がったけれども、私の思考の質は落ちていますね」。考えさせられる言葉だ。彼女が言いたいのは、思考の質が落ちているにもかかわらず、テクノロジーのおかげで生産性が上がった気がする、ということなのだ。

テナントは平日ぶっつづけで、日々八ないし十の会議に出る。すると、要求される仕事をこなすには、毎日二つか三つの会議を選んで、そこでほかの仕事をするしかない。どの会議を犠牲にするかというだけの問題になる。対抗馬は言うまでもなく電話会議だ。テナントによると、電話会議の席ではときどき発言するよう心がけながらも、心はメールに行っている。そういうやり方をしているのはテナントだけではない。レディラーンでは、電話会議に出ているあいだならこっそりメールができるというのが、当然のこととなっている。対面式の会議でも、進行中のプロジェクトの現状を把握するためのステータス会議［現在の状態（ステータス）を確認するための会議］などでは特に、注意が分裂しているというのが前提になろうとしている。テナントによると、チームのメンバーがそういう場に姿を見せてあいさつを交換すると、すぐに各自がメールに目を向けるという。まるで会議にならない会議がたくさんあるのだ。

テナントが、ステータス会議で自分がどんなふるまいをするか話してくれた。それは、チェスの総当たり戦か何かのように、常時何人かが必ず参加しているようにして会話を維持しようとする大学生たちの〈三の法則〉、その職場バージョンだ。「会議の議長にも、自分が部屋中でメールしている人たちに話しかけていることはわかっています。……私は私で、自分もメールしようと……あたりを見回して、議長が誰かに話しかけているのを確かめる」。言い換えれば、ちゃんと何人かが顔を上げていなければ、彼女が顔を伏せるわけにはいかないのだ。

この会社のような状況は、珍しくない。フォーチュン一〇〇社の八十五パーセントが利用する世界最大手の電話会議プロバイダーが、会議中に出席者のしていることを調べたところ、六十五パーセントがほかの仕事を、六十三パーセントがメールを、五十五パーセントが食事や料理をしていた。四十七パーセントがトイレに行き、六パーセントが別の電話に出ていたという。(7)

レディラーン社のマネージャーで三十六歳のダライアス・レーラーが、会議のエチケットをまとめてくれた。「出席し、コーヒーを飲み、ノートパソコンで仕事をする。名前を呼ばれないか気をつけていて、呼ばれたら発言する。それからまたノートパソコンに向かう。できる議長なら、名指しする五分ほど前に〝顔を上げろ〟って合図をしてくれるはずだから、メールをやめて発言する準備をすればいい」

AJMのオードリー・リスターは、なぜ自分はメール中の同僚たちの前でわざわざプレゼンテーションなどしているんだろうと自問していた。レディラーンのレーラーも、同じ疑問に行き当たる。「こんなやり方じゃ、議長のやる気はなくなります。プレゼンをするにも、いい話をしようという気が起こらない。『おれが何かしたところでどんな意味がある? 誰も聞いてやしないのに』って思いますよね。〝記録に残すために〟でも話をしているんでしょう」。人々が記録に残すために話すとき、彼らはたいていその前後の話をきちんと聞いていない。かつてあった会議を演じているだけの会議になる。

レディラーンのマネージャーで四十四歳のネルスン・ラビノウが、ほとんどの会議で顕著な〝注意力散逸〟にどう対処しているかを語ってくれた。「私だけじゃなく、ほかの人たちも会議の場で注意が途切れ途切れになるのがわかっていますから、自分が発言するときには必ず、それまで耳にしたことを要約して、ほかの人たちにも同じことをするように勧めています」。つまり、全注意力を傾注しようとしない人々の集団に、事実上、集団知能としてひとつのプロジェクトに協力させようと、ラビノウは提案しているのだ。会議の出席者が全員、それぞれに聞いたことを少し要約して発言すれば、うまくすると、その会議がたどった道筋を示す〝会議マーカー〟のようなものが明らかになり、その集団がシェアする記憶《メモリ》になるだろう。ヘンゼルとグレーテルのように、あとで目印になるようにパンくずを落としていくのだ。

ラビノウは、会議マーカーは〝要約キャッチフレーズ〟でもいいと言う。あるいは、アイデアに代わる写真その他の画像を回覧してマーカーにしてもいい。画像の痕跡が――ミーム［非遺伝的な手段によって人から人へ伝達・増殖される文化的単位］の軌跡《トラック》だ――みんなが注意をそらしてばかりいる会議のハイライトを伝える一助となるかもしれない。ミームの軌跡がただのパンくずよりは役立つこともある。ときには、そうすることで人々が会話に寄与しているのだ。

ハートテックというシリコンヴァレーの大手ソフトウェア企業の討議会《フォーカスグループ》で私が顔を会わせた従業員たちは、会議があらかじめ準備されすぎているという不満をもらしていた。あまりに多くのことが協議事項に盛り込まれていて、話すチャンスがなかなかつかめないというのだ。私はこの問題をハートテックの管理職たちと話し合ったが、彼らは、どんな会議でも声に出して言うこと以外に、オンラインのビジュアル会話と同様、ミームの軌跡が必ずと言っていいほどあるのだと指摘する。ミームの軌跡のおかげで、どうしても会話に参加できない人々も会話についてこられるし、自分の存在を感じられる。議事やほかの出席者たちを、たとえ自分より年長だろうと、論評することもできる。おもしろおかしい写真や漫画に表われているユーモアを活用すればいいのだ。

ミームの軌跡は会話に入らない代わりに始まったものだが、この会議ではそれを、会話自体に劣らず重要なものだとする者もいる。あるいは会話よりも重要かもしれないと。「ひょっとしたら、話すよりもずっと表現豊かかもしれません」。「緊張して意見が述べられそうにない人たちに向いている」。「きわめて適切で刺激的です。……ミームと従来の会話を並べて考えると、はっきりとどちらかひとつだけを選ぶのはためらわれます」

ミームについての会話は——ほかの場所と同じようにハートテックでも——なじみのあるパターンどおりに進む。ミームをもとにコミュニケーションの補足情報を生み出すなどといった、技術的な可能性がまず代用品として提案される。何もないよりはましということだ。この場合は、会議の時間が短くて話すチャンスが全員に行き渡らないという問題に応じてだ。ところがそのあと、この便宜が新しい状況にあてはめられる。この場合、今でも会話のやりとりが苦手な従業員に参加するチャンスはあるというのだ。それから、人々は格言に頼る。絵には言葉よりも力があると言うではないか。ミームの軌跡はいかにも核心をついている。「ひょっとしたら、話すよりもずっと表現豊かかもしれません」。何もないよりはましというのは、はっきり言ってよりよいのかもしれない。

ボストンの討議会《フォーカスグループ》の学生たちは、自分たちの考えていることが〝見える〟からWhatsApp（ワッツアップ）グループチャットをシェアしようと私に言ってくれたが、彼らもミームに熱中していたのを思い出す。ハートテックの管理職たちと同じように彼らも、自分たちがシェアする画像は口にする言葉に劣らず重要なのだと主張した。ただしこれは、電話やフェイス・トゥ・フェイスで会話するのが苦手だと認める若者グループのあいだのことだ。はたしてミームはそれだけの働きをするのか——私たちにはできない仕事をしてくれるのか？

　どんな組織内でも、言葉でしか伝えられない考えがある。言葉でしか説明や解決のしようがない衝突がある。学生や従業員たちに、そういう種類の会話に加わる覚悟をさせることを考えなくてはならない。どんなに豊かで破壊的でさえあろうと、ミームの軌跡にそこまでのことはできないのだ。

出席――誰が存在《プレゼント》しているのか？

　ニューヨークのある文化財団の代表者が、最近開かれた理事会で、委員のひとりがiPadに画像を流して時間つぶしをしていたと話す。代表者の隣の席の委員は、うっとりとオンラインショップの新車を眺めていたという。
　誰もがマルチタスクにふけり、うわの空で会議に出席している。結局はうわの空もストレスのもとなのだが。マルチタスク生活を送っていると、絶えず警戒が解けず、不眠症のような状態に陥る。[8] そういう状態では、ごく初歩的な議論にしかついていけない。[9] したがって、マルチタスクによって、簡潔さと単純さが――どんなにそれ以上のことが求められようとも――助長される。さらに、マルチタスクのなす害は伝染する。前述したように、誰かがノートパソコンでマルチタスクをしていると、そのマシンを使っている本人ばかりか、まわりにいる全員の気が散ってしまうのだ。[10]
　私たちはそれでも、そんなものを会議と称している。東海岸中部にあるシーホースという小さな劇団の、監督や演出スタッフと語り合ったことがあった。七人でテーブルを囲んで話しはじめようとしたところで、監督のクレア・メッシングのスマートフォンが振動した。彼女は赤面しつつも、「こっちを片づけてしまわないと、話を続けられないかもしれない」と言う。私たちが集まったのは、テクノロジーが劇団の仕事にどら影響するか議論するためだった。スケジュール調整に何カ月もかかり、今、やっと集まったところだ。私たちは全員、メッシングのスマートフォンをまじまじと見た。

シーホースでは、スタッフ会議にスマートフォンやノートパソコンを持ってくるのが通例だ。テクノロジーを使ってスタッフが「一緒にいる時間を延ばす」ことができるように、メッシングがそれを奨励している。したがって、スタッフ会議中にオンラインで予算の数字を見直したり、照明デザイナーからの仕事の申し込みを検討したりしている者がいるかもしれない。メッシングの考えているのは、何か重要なものがオンラインに現われたら、全員がその部屋に集まっているうちに〝ライブで〟話し合うことができるということだ。

だが、その戦略はうまくいかなかった。ノートパソコンが開いていると、メールを見たい、至急のメッセージに対応したいという誘惑にかられる。劇団の教育部門の責任者は、会議に電子デバイスを持ち込むと「ずる」せずにいるのはほとんど不可能になると言う。つまり、彼女もほかの人が話しているあいだにメールを読むということだ。「いつもちょっとしたずるをしてばかりなので、あまりちゃんと会議に出席《プレゼント》してはいません」。あらゆる気を散らすものとのコラボレーションという幻想をいだかせる会議だ。

メッシングはその皮肉を語る。「私たちは〝ライブの〟パフォーマンスをつくりあげる仕事をしているのに、互いに一緒にいる時間を使って会話をしようとはしないんですからね」。テクノロジーの力を借りた会議は生産性を高めるだろうが、みんなそれぞれ違う方向に向かってしまう。

メッシングには、テクノロジーを使って生産性を高めるもうひとつのアイデアがある。スタッフに、ファイルをシェアするアプリケーションのDropboxで資料を読み、会議の準備をしてもらう。メッシングは台本、役者候補の経歴、財務報告をスタッフに託す。当初はスタッフもいいアイデアだと思ったが、まもなく、全員がDropboxに資料を残すようになってしまった。Dropboxにそそのかされて、『Dropboxに入っているなら、みんなに読まれたということだ』と思い込んでしまうのだと、口をそろえて言う。広報責任者も、「Dropbox は、会議でする仕事の一部がもうすんだという幻想を生むんです」と言っていたが、すんだわけではない。彼女自身、自分の Dropbox の資料を読もうとしても読めなかったりで、疲れ果てて会議に出ていた。あげく、会議でブレインストーミングをするように言われて憤慨するまでになってしまった。「ブレストなんて無理です……こんなにくたびれきっているのにできませんよ」

もうひとつの〝会議でない会議〟

レディラーン社の管理職、アリス・ラタンは、業務におけるユニタスクの価値を教えている。社内の若いコンサルタントたちが会議中にマルチタスクをしていようと、今さら驚かない。彼らはマルチタスクしながら成長した。もっといい方法を学ばなくてはならない。だが、そんな彼女も、クライアントが、自分たちの収支決算について話し合っている最中にマルチタスクしようとするのには、いつも驚いてしまう。そのうえ、クライアントたちは彼女にもマルチタスクをしてほしがる。彼女が時間をかけてじっくり考えようとしている問題に、クライアントは急転回を期待するのだという。彼らの問題には注意を払うに値するので、じっくり取り組むつもりなのだと教えなくてはならない(11)。

無関心状態を目にすることも多い。新入社員の若手コンサルタントたちは、名門の大学やビジネススクールの出身だ。学業でも課外活動でも、りっぱなことをなし遂げてきている。ところが、職場での会話という、ごく普通のことに悪戦苦闘しているのだ。彼女は不思議でしかたがない。「自力でアプリケーションを設計したこともあるというほどなのに、人づきあいはできないんです」。彼らは職場で共感《エンパシー》を示すのに苦労する。同僚やクライアントの観点を理解していないようだ。今、職場の新入社員研修ではまず会話の訓練が不可欠になっている。ただし、たいていの場合、業務上の優先事項にふさわしい位置づけはされていない。従業員たちが人の話の聞き方、答え方くらいは知っていると思い込みがちだからだ。

新人コンサルタントがクライアント会議中にフェイスブックを見ていたので、ラタンは彼女になぜそれがよくないことなのか苦心して諭した。その若い女性の観点からすれば、クライアント・プレゼンテーションという自分の「役目」は終えていた。大学では、発言をすませたあとは「いつも」オンラインに行っていたと、彼女はラタンに説明する。ラタンはフラストレーションをあらわにする。「私は、『わかったわ、だけど、プロの仕事現場でそんなことはしないでもらいましょう』って言っておきましたけどね」。この場合、そのコンサルタントの行動を変えればすむ問題ではないような気がする。彼女が期待をもって自分から会話に入っていくようにならなければだめだと、ラタンは思う。そのコンサルタントは、人が集まる場ではそれぞれが自分の「役目」を果たしたら出ていくだけだと考えている。この若い女性はマルチタスクの後遺症で、協調《コラボレーション》などできないような働き方をしているのだろう。

何年か、後輩たちをひとりずつ呼んで話をしていたが、ラタンはもうこんな状態で働いてはいられないと考え、みんなのためにルールをつくりはじめた。第一が、会議にはスマートフォン持ち込み厳禁というルール。今では、「入り口のところにスマートフォン用駐車場があります」という。第二に、毎回、会議中に十分間の休憩を二回設ける。「そのあいだにスマートフォンをチェックすればいいんです」。新体制を敷いて第一回目の会議を思い出して目を細める。「すごく生産的な会議になりましたね。大きな成果が上がりました。それ以来、そういうルールになったんです。ルールを守らないと会議には出席できない」

若者たちの会議中の注意力問題を語る彼女の話を聞いて、ラタンの同僚のひとりが、自分が初めてブラックベリー「カナダで開発されたスマートフォン」を持つようになったころを振り返る。メールが届くと赤いライトが点滅するようになっていた。どこにいても何をしていても、その赤いライトを彼女はどうしても無視できない。彼女は仕事に集中するために、「ライトにかぶせてシールを貼らなくちゃなりませんでした」

ラタンは若いコンサルタントたちに同情する。彼らが割り当てられた仕事をしながら、ウェブ上でほかのこともしているのはわかりきったことだ。大学や大学院でそうやって勉強してきたのだから。彼らはほかのやり方を知らない。しかし、そういう仕事のしかたの悪影響は目に見えている。彼らの仕事には一貫性がない。彼らの提出する仕事を見ると、マルチタスクの形跡が見てとれるとラタンは言う。

見ていくとすばらしい内容で、かと思うとそのうちクズみたいになってきて、またすばらしくなる。……出だしはうまくいくんですよ、集中していますから。そのうちにじゃまが入るんですね、メールとか電話とか。すると、筋の通らないコメントになる。仕事の成果の中に、じゃまが入った跡が見えるんです。だから、もう一度彼らのところに行って言うんです。「ちょっと、どういうつもりか知らないけど、あんまりきちんと仕上がっていないわよ」って。すると彼らはやっぱり、「ああ、それは、ちょっと気が散っていました」と言います。

ラタンは、一度にひとつだけのことをするよう自分のチームを指導している。チームの誰かと電話会議をするときには、自分が会議のメンバーにだけ注意を払っていることを知らせるようにする。メールをしていない、スマートフォンに向かってもいないと。ラタンははっきり口にする。「会議が始まると、『さて、私は自分のパソコンから目を離しているわよ』と言うことにしています。スマホやパソコンの音量を落として、メッセージが届いても聞こえないようにしているとも伝えます。……私は会社のサーバーからログオフします」。最初はびっくりした若いコンサルタントたちも、彼女の言いたいことを理解するようになった。

ラタン自身、集中できなくて困っていたことがあった。数年前、四十歳だった彼女は、常時接続状態の生活をしているせいで、つねに気が散っていることに気づいた。気分が落ち込み、やる気が起きない。そこで行動を起こすことに決めた。仕事に向かうときには Wi-Fi を切り、ほかに人のいないオフィスで作業することにした。勤務時間をオンライン時間とオフライン時間に分けた。そのかいあって、メールやウェブに引き寄せられずにすむまとまった時間ができたので、ユニタスクをするようになったのだ。

この戦略を、彼女はほかの人たちにも勧める。まずは脆弱性を認め、それから脆弱性を前提にして新しい習性をデザインするのだ。

脆弱性に対して現実的になることが、業務上「最善のやり方」だ。テクノロジーにはアフォーダンスがある――たとえば、ネットワークにつながったコンピュータは人を、絶え間なくフィードされる刺激的な情報に漬けてしまいかねない。脆弱性を念頭に置いたデザインとは、注意力をむしばんでいくものを避けることである。会議を始める前にスマートフォンやタブレットを〝駐車場〟に預けることがそうだし、重用書類を作成しなければならないときに〝ひとつのタスクだけ〟ルールを適用するも、そうだ。そうすることで自分自身と他者の両方を思いやったデザインに行き着くことになる。当たり前に思えることを後輩たちに言ってやらなくてはならないのではないだろうか――クライアント会議中はフェイスブックをアップデートしてはいけない、と。彼らは知らないだけなのかもしれない。

ユニタスクという概念は、マルチタスクが原因になっている問題をとりあげた《アトランティック》誌制作のビデオにも出てくる。ビデオで紹介されたなかに、〈タブなしの木曜日[12]〉という治療法がある。週に一日は、いくつもブラウザーのタブを開きっぱなしにしておくのではなく、ひとつの仕事にかかりきりになるといい。確かにちょっとした仕掛けでしかないが、基本のところにあるのは、牽引力をつけていこうという考え方だ。

「同じ空気を吸うのが大事なのに」

大手金融サービス企業のテクノロジー部門責任者、ヴィクター・トリップは、彼の率いるニューヨーク・チーム約十五人を会議に出席させようとしたが、たった三人しか出てこなかった。彼らをクライアントに直接会うよう説得するのは、至難のわざだ。AJMの弁護士たちやシーホースのスタッフと同じで、彼らもできることならいつでもメールを使いたがる。トリップは、「あまり何もかもメールで片づけていると、たいていトラブルになりますね」と言う。チームのひとりが彼のところにやって来て、クライアントの愚痴をこぼした。「『話をしろ。顔を合わせて関係を修復するんだ』と言ってやるのが私の役目です。彼らは、自分ではそんなことも思いつかないらしい」。トリップによると、相手に直接会うよう勧めなくてはならないのは、「問題を何とかするために二十九通もメールを送信しようとするようなやつと、日常的に顔をつきあわせているからですよ。『言って話をしてこい』と言うしかないでしょう」

トリップは、後輩たちは電子的なコミュニケーションが万能の言語だと考えながら育ってきたと言う。だから、コミュニケーション・ツールを選ぼうとすると、メッセージ、メール、スカイプ、テレビ会議、ミームといったものを思い浮かべる。選択肢はたっぷりあるし、それぞれに独特の「雰囲気」が伝わる。ところが、座って面談することはまるで考えてもみない。彼らのメニューには載っていないのだ。そのアイデアは「外」からもたらすほかない。それも社員教育の一環だ。トリップは自分の役目をそう考える。

座って過ごす時間に人と共有する経験は、ほかのどんなことにも代えがたいとトリップは思う。同僚の考え方、クライアントの考え方を知る最善の方法だ。それに、「互いにうちとけて話をしていれば、ちょっとした食い違いが大きな問題になっていくことなどありません」

演劇界で三十年あまり活躍してきた演出家のリアーナ・ハリートにも、業界こそまるで違うが同じような経験がある。芝居の制作過程で直接人と会う会議が大事なのは、〝生《なま》の〟舞台が大事なのと同じだとハリートは考える。「予想外のことがありますからね。不思議なことが起こる」。彼女はこう言う。「私はデザイン会議が大好き……みんなで一室に座って、『「冬物語」の最後に、石像のハーマイオニーをどんなふうに生き返らせる？　みんなで話し合おうじゃない。これが私のアイデア。ブレインストーミングといきましょう』なんてふうに進めていくの」

だが、地方劇場で直接のデザイン会議をすることは減っていく一方だという。電子的コミュニケーションのおかげで、デザインおよび技術スタッフ（衣装、舞台装置、照明を担当する人々）が同時にいろいろなプロダクションの仕事をするようになっている。そのため、舞台監督がそれぞれのデザイン責任者と個別に会って、決まったことをメールでシェアするというのが一般的なやり方になった。ハリートはその損失を嘆く。どんなに一生懸命メールをやりとりしようとも、フェイス・トゥ・フェイスの会話と同じようにはいかないからだ。

> 私がアイデアを送信すると、相手がそれにコメントして返信するっていうのは、一緒にアイデアについて話し合うのとは別のプロセスです。会話のやりとりの中から出てくるもっといいアイデアを失うことになる。……見くびっているんですよ、お互いの息づかいやボディランゲージや存在感に、学ぶこと、読み取ること、気づくことがどれほど多いか。……テクノロジーのフィルターを通すとなくなってしま

う。……同じ空気を吸うのが大事なのに。

役者たちが集まって同じ空気を吸っているときも、お互いに対する存在感が保てるように計らわなくてはならないとハリートは言う。ほんの数年前まで役者たちは、ほかの役者たちのシーンが見られると期待してリハーサルにやって来たものだ。そこから、役者全員がその芝居についての共通言語をはぐくんでいった。今、コミュニティへの注意は強要しないと払われない。

　見回してみると、役者たちはリハーサルに注意を払っていないんですよ。出番の前には、そのへんに座ってメールをチェックしているんです。……ものごとが自分に関係がなさそうだと、「退屈」だとか言ってスマートフォンに向かう。……自分に関係ありとして結びつかないものごとには目もくれない。芝居というのは全体が結びついた有機体なんですけどね。

　似たようなコメントが、上訴審裁判所の裁判官たちからも出てくるのは印象的だ。従来、上訴申し立てを聞くときは、三人の裁判官が集まって主張を聞き、評決を下していた。ミーティングや電話での話し合いをたび重ねて展開していくプロセスだった。今は、問題の一件が正式に上訴される前のメールにすっかり頼りきりだという。この裁判官たちは昔の仕事のリズムを、仲間たちとともに過ごした新しいアイデアがひらめく時間をなつかしがる。また、存在《プレゼンス》の価値を完全には理解していない、若い世代の弁護士たちを心配してもいる。彼らの前に現われる弁護士たちが、直接主張することにどんどん不慣れになっていくからだ。裁判官たちが見るに、若い弁護士たちはメールの書きぶりは流暢なのに、口頭で議論する場数を充分に踏んできていない。つまり、その場で異議を唱えられるともちこたえられないのだ。

裁判官、テクノロジー部門の責任者、演出家が三者三様に、同じひとつの問題をめぐって議論している。新しいアイデアは人と直接会うことから生まれる。どんなに効率的だろうと、メールでの会話は単なるやりとりに偏っていく。質問して答えをもらう――ほとんどのメールはつまるところ情報交換なのだ。演劇界で、法曹界で、実業界で、フェイス・トゥ・フェイスのミーティングがなくなることは複雑さと深さの喪失を意味する。若い世代は、そうしてものごとが平板化していくのにも慣れていくだろう。だが、ハリートは、変化を経験してきた人々は、「全体が結びついた有機体」の一部になった感じをなつかしんでいるはずだと言う。[13]「そして、声と身体が伝えてくれるものをなつかしんでいるはずです」

会話のための助言をするには、二つの疑問を投げかけてみる必要がある。まず、単刀直入にこう問われることになるだろう。「フェイス・トゥ・フェイスの会話をしているときは、注意を周囲に分散させていたほうが大きな〝価値〟を手に入れられるかもしれないのに、なぜひとつのことに集中するのか？」答え――マルチタスクでは大きな価値がもたらされないから。成果が上がっているような気がするぶんだけ、達成できることは少なくなっていく。次に、単刀直入にこう問われることになるだろう。「あらゆる接続から切り離される不安を乗り越えてまで、一緒にいる少人数グループに集中するのはなぜか？」答え――仲間と話をすればそれだけ生産性が上がるから。

しかし、そういう疑問や異議には、研究結果からはすぐに答えの出ないこともまだ隠されている。職場での要求が誰もを画面に向かわせ、その要求は不可抗力のように思える。要求をこなし、まずまずと思える成果を上げる方法は、画面がもたらしてくれる。画面にへばりついていれば、ある程度の支配力を味わうことができる。画面から離れて会話へ向かうことに抵抗するのは、たいていの場合、そういう優越感を手放すのがいやだからなのだ。

コックピットからの眺め——ある程度の支配力を求めて

三十五歳のレイヴン・ハッスーンは、金融業界で働いている。仲間たちと会話するのは避け、できるだけメールやメッセージだけですませるようにしている。それで「正気を保っている」のだと彼女は言う。自分の仕事は「圧力鍋」のようなものなのだと。画面にへばりついているのが、自分の人生を支配しているように感じる方法なのだと。「あまりにも多くの人が、私の時間をよこせと要求する。あまりにも多くの人が私の手を借りたがる。メールを読むんだったら、そういう要求がどっと聞こえてきはするけれど、距離をおけます。支配力がもてるような気がします。コンピュータに向かっているときなら立ち上がったっていいし、よそ見をしたり音楽をかけたりできますから」。あるいは、時間が限られているから安心して友だちと話すこともできると、ハッスーンは言う。前述したゴルディロックス効果——私たちは近すぎず遠すぎず、ちょうどいいつながり方を望むということだ。フェイスブックをチェックしていくつかメールを送信していれば、ハッスーンはほかの人たちとの接触を保ちつつも、仕事時間を削られすぎるリスクを冒すことはない。彼女の言う「ソーシャル・チェック」をさっさとすませることによって、仕事の要求がコントロールしやすくなる。そして、社交生活をオンラインにとどめておけば、その要求もまた御しやすくなるのだ。

ハッスーンは社交性よりも支配力のほうを切望する。お詫びをする際も、フェイス・トゥ・フェイスで足を運ぶのでなく、「すみません」とメールすることだろう。私生活でもそうだが、仕事でめんどうな会話になりそうなときは、メールを使って全力で会話を回避する。どんなに必要でも、めんどうな会話には時間がかかるが、彼女にはそんな時間はないと言う。また、会話だと感情を表わさなければならない。感情表現はストレスになるし、ストレスにさらされる必要はないとハッスーンは思っている。

そうした自己防衛プロトコルゆえに、ハッスーンはメールではどうにもならない仕事上の問題をどっさりかかえることになった。それに、孤独感もかかえた。それどころか、寂しさのあまり、マネージャーがおしゃべりしに立ち寄ったりすると、やさしくハグされるところを想像してしまうこともあるくらいだと言う。また、マネージャーが肩に手を置いて元気づけてくれるところを想像することもあるとも言う。自分に会話を禁じているからハグを夢想してしまうのだと、ハッスーンにはわかっている。だが、そういう夢想を、仕事仲間と一緒に過ごす時間を増やすべきだという信号と、とらえようとはしない。彼女の最終的な判断は、「そんな時間はありません」だ。

「会って会話しろ」

スタン・ハモンドは、複雑な金融取引のとりまとめを支援するコンサルティング会社のCEOだ。ハッスーンのような人たちや、生活に「余白《ホワイトスペース》」をつくりたいという彼らの欲求は理解できると、彼は言う――私もよく耳にする余白という言葉は、気分を落ち着かせる小休止のことだ。それでも彼は、会話のための時間をつくろうとしない人に会話のしかたは身につかないということは譲らない。そして、それは最終的に仕事のためにならないと断言する。ひとりきりで画面――つまり例のボストンの弁護士が言う〝コックピット〟の前にいるのがいちばん落ち着くという、人があまりにも多くなって、彼の仕事はどんどんたいへんになっていくという。「メールを――このごろの連中は四六時中メールをしていますね。しまいには彼らのオフィスに乗り込んでいって、フェイス・トゥ・フェイスの会議に力ずくでもひきずり出すことになりそうだ。だけど、そんなことを彼らは望んでいないんです」。ハッスーンのように、メールの陰に隠れていようとするものの、ある時点で行き詰まってしまう人々の話だ。取引が手に負えなくなったり、何か不都合が生じたりする。先に進めるためには会話が必要になる。

ハモンドは、明確な道具としての目的がある場合には、メールがきわめて重要なビジネスツールとなると言う。問題は、あらゆる目的に、ただそこにあるというだけでメールを頼りにするところにある。彼の経験上、交渉ということになると、メールは続々と誤解を生んでいく。

ハモンドは最近の、重要な取引が議題にのぼっていた取締役会議の話をしてくれた。その会議中、彼のクライアントである大物俳優が怒りのメールを送ってきた。会議が終わるとすぐ、ハモンドは会って意見の相違を話し合おうとして、クライアントに電話をかけた。ハモンドがその電話をしたとき、彼とクライアントはまだ同じ建物内にいた。しかし、答えとしてハモンドはもう一通、最初のメールを見よというメールを受け取っただけだった。その後も連絡がうまくいかないことが続いた。

典型的な出来事だとハモンドは言う。人はメールを使って会話を避けようとする。最近、同僚の女性とけんかしたハモンドは、会ってほしいと相手に頼みつづけ、彼女のほうはメールをよこしつづけた。ハモンドは言う。「私はとうとう面談にこぎつけて、これだけ言いました。『すまなかった、誤解を解こうじゃないか。五分ですむ、手を止めなくていい。緊張することもない。五分でいい。ほんのちょっとだけ、いいよね？』」。だが、その面談のために彼は猛烈に努力しなければならなかった。猛烈すぎるほどに。彼女の行動は、二人に共通する仕事上の利益に反したことになる。

ハモンドは、ジェネレーションギャップもあると言う。「四十五歳から五十歳以上の人間はフェイス・トゥ・フェイスで会うほうが落ち着く」が、それより若い人たちには、「メールを使って相手との接触を避ける傾向がある」のだと。そしてもうひとつ、メールで謝ろうとする。フェイス・トゥ・フェイスで謝る能力は、ビジネスにおいて基本的なスキルだとハモンドは考える。そのスキルがないのは、「車を運転していてバックのしかたを知らないようなものだ」と思えるのだ。謝罪の言葉を口にできない人々のことを言い得て妙である。だが、メールがそれを助長している。メールばかりしていては、口で「すみません」と言うことは決して身につかないのだ。

ハモンドは、みんなが会話に苦労するのも不思議はないと言う。彼にはまだ幼い息子が二人いるが、夕食どきに息子たちをやっとデバイスから引き離したと思えば、「互いにおしゃべりもせず、黙って座って」いる。彼は釈然としない。「デバイスの陰に隠れている人間が増えて、ビジネスの世界でうまくやっていくのに欠かせないスキルを磨くことが、どんどんなくなっていく。便利な機械で能率よくはなるだろうが、大事なことを学んでいないんですよ」。ハモンドの言う大事なこととは、会話だ。

同じような心情の大手服飾会社CEOは、従業員たちがメールで言い争いして、誤解が積み重なると彼のところへ駆け込んでくると言う。「一日に少なくとも一回は、誰かが私のオフィスで、仲間とのメールのやりとりのことで愚痴をこぼすんです。やり玉に挙げられていた相手のほうが今度は私のところに来て、そっちからまた愚痴を聞かされることもある。私の言うことはいつも同じ。『会って話をしろ』です」

しかし、それが意外と楽ではないこともある。前出したキャロライン・テナントのスカイプ会議だらけの日々からもわかるとおり、ほかにも力が働いている。ほとんどの企業で、労働力が世界中に分散しているのだ。

労働力を分散させる

レディラーン社では、みんなが広く国際的にチームを組んで働いている。コスト削減のため、出張や研修の費用を捻出するのが難しくなる一方だ。私は、フェイス・トゥ・フェイスで部下に会ったことが一度もないという管理職たちに話を聞いた。上司とは電話やテレビ会議でしか話したことがないというコンサルタントたちに、その場で話してもらったのだ。

あるグローバルチームは、メンバー全員に帽子、シャンパンのボトル、鳴りものを送って新年を祝う。支度を調えてテレビ会議に集合し、乾杯する。おごってもらってオンラインパーティをするのは、それがノルマでなければ思いがけない楽しみになる。だが、ノルマとなったらどうだろうか。

オンライン新年パーティのことは、仲間意識をはぐくむ工夫の一例で、笑える話として聞かされた。半分ほど話したところで語り手が、自分は笑えないと思っていることに気づいた。彼はもの悲しいと思っていて、話の落としどころがわからなくなった。私が「盛り上がりましたか?」と聞くと、彼は口ごもった。その手のことはそれなりに盛り上がるものだ。みんなができるかぎり盛り上げようとするのだから。

会社がこのような分散化の決定を下すとき、それもこれも〝発展〟の表われだ、あるいは会社が業績を伸ばすには絶対に必要なことだという話を、従業員たちは受け入れさせられる。しかし、新しい働き方を日々経験するうち、信頼を失いやすくなる。

ヴィクター・トリップが率いる技術チームは、かつてニューヨークにあったが、会社の長期計画で、マンハッタンの事務所スペースを減らし、アメリカ人を雇わないことで給与を抑えることになった。そういうわけで、今、彼のチームは世界中に散らばっている。トリップは昔のニューヨーク時代をなつかしむ。チームと同じフロアで働いていたころは、「しょっちゅうしゃべっていました。立ち上がったらグループ全員の姿が見えた。そっちへ向かって大声で呼びかけたものです」。国際的なチームになった今、彼らは電話やテレビ会議の日程を組んでいる。

最近、トリップのチームは国際的なシステム故障に対処せざるをえなくなった。グローバルネットワークをシャットダウンして再起動させなくてはならない。「ニューヨークのやつら」さえいてくれたら、このシステム故障もきっとすぐに解決できただろうとトリップは思う。だが、「全員が世界のあちこちにいるもんで、えらく時間がかかってしまいましたよ」。新しい分散型のチームが会社にもたらす価値は、ニューヨークに集まっていたチームにかなわないのではないかと思える。旧体制に戻したほうがビジネス上採算がとれるとトリップは確信している。ただし、「そんなことを言ったところで、とんでもない騒ぎになるだけでしょうね。この〔地方にチームを分散させるという〕決定はまずかったと示す研究なんか、誰もしてほしくないんだから。地元チームをばらばらにすると決まったとき、誰もが『ばかげてる。どうしてそんなことをするんだ?』って言ったんですよ。[14] だけど、決行された」

十年先を見通して、自分のまわりにいる人はもっと少なくなっているだろうと彼は思う。チームにいるわずかばかりの人についても、「出社してもこなくなるんでしょう、在宅勤務になって」。そして、「〝オフィス〟に出ていきたければ、仕事をする場所を割り当てられるんだ……ホテルの部屋みたいに」。一緒に座って一緒に話をするチームという概念は過去のものになってしまうだろう。

エレベーターで上がったところにある会社を知っているんですが。iPad に自分のコードを打ち込む。すると、iPad から「はい、こちらはあなたの地区、あなたのグループの席は通常こちらにあります。現在空いているデスクは三つ。そちらをお使いください」と声がする。それでそちらへ向かうわけです。部屋に入って、腰をおろして、仕事をする。「便利なもんだと思う。ネクタイもいらないし」って言う人もいますよ、それは。私なら図書館にでも通ってる気分になりますね、デスクに家族の写真も飾れないし。そう、自分のものはいっさいなくなるんです。

いつもは自宅で仕事をしてときどき「ホテル」をあてがわれる働き方の欠点について、トリップと話しているころ、在宅勤務を大幅に減らして従業員を会社に呼び戻しているという、ヤフーのCEO、マリッサ・メイヤーの話がニュースになっていた。生産性と創造性を高めるため、人と会ってほしいのだとメイヤーは言う。[15]「すばらしい話だと思う。気に入っています」とトリップ。ただ、自分の場合には当てはめられそうにないと思う。ヤフーは人々を〝自宅から職場へ〟呼び戻しているが、彼が見ているのはデスクのない将来だ。

働き手を〝自宅から職場へ〟引き寄せる

二〇〇四年、大手ハイテク・コンサルティング企業、ラドナー・パートナーズの新任CEOも、一九九〇年代以降ラドナー社の社風だった在宅勤務に限界を感じるようになっていた。ほかの多くの企業でもそうだが、在宅勤務はコスト削減になるうえ、従業員の満足度も上向くと広く考えられていた。ところが今になって、このCEOはばらばらになっている労働力をかき集めることにしたのだ。

ラドナー社がそう決定したころ、経済は沈滞ぎみで、有形のインフラストラクチャーに新たな投資をしようという会社は多くなかった。しかし、新任CEOはその当時の通念に逆らった。新しく働きやすいオフィス空間に投資し、そこに働き手を呼び戻した。

当初は不満が多かった――経営陣も従業員側もフレキシブルな働き方に慣れてしまっていたのだ。また、年配の管理職のなかには、この新方針のせいで求人が難しくなったり有能な人材が去ってしまったりするのではないかという、ただならぬ懸念もあった。さらに、ラドナー社は収益を上げていた。CEOは市場で好結果を出している時期に社風を変えようとしているのだ。

だが、CEOは屈しなかった。納得しない経営陣に自分のビジョンを説いた。話を聞いていた人事担当重役のシェリー・ブラウニングはこう語る。

CEOの話はこうでした。「わが社は成長途上にある。協調《コラボレーション》のあるところにしか変化は起きない。それぞれが自宅にいては、カフェテリアにいる誰かのところに駆け寄っていくこともなければ、コラボレーションも生まれやしない。きみたちはそれを社員に把握させていない。ほかにも九つばかりのことを伝え忘れている。それが変化を遅らせるんだ。……」。だからこそ、と彼は言いました。「われわれリーダーたる者は全員、オフィスに出ていくようにしよう。そして、可能なかぎり、オフィスで働く人間を雇おう。……きみたちの役目はオフィスにいることだ。そこがわれわれのコラボレーションの場なんだから」

従業員たちはしぶしぶ職場に戻ってきた。うれしくなさそうだった。移行過程は不穏だったとブラウニングは語る。

私たちは指を左右に振ってCEOに警告しました。世の中は変わったのだと。彼の考え方はもう古い——経営陣は在宅勤務が不可欠だと考えると。ところが、八年かけて彼は私たちみんなの考えを変えました。……全員が信者になってしまいました。私たちは成長しています。私たちはチームとして働いています。

ベン・ウェイバーの研究が実証するように、さまざまな分野で、働く人々の生産性はよく話をするほど高くなる[16]。そうすると、組織のどのレベルでも、人が肩を触れ合わせるほどの近さにいることではっきりした効果が現われるのは当然だろう。ラドナー社では効果があった。身体的な近さが新しい会話を引き起こしたのだ。懐疑的だった人たちも、「フェイス・トゥ・フェイスで会うことはいい協力関係《コラボレーション》の見本」だと思うようになったと、ブラウニングは言う。そして、CEOの決断は経済的にも報いられた。アナリスト、セールス担当者、コンサルタントが同じ空間で働くようになってから、ラドナー社はそれまでの五倍のペースで成長しはじめたのだ。

ラドナーのCEOは従業員を現地オフィスに連れ戻しただけではなく、社内の別の部署にいる管理職のあいだでももっとコミュニケーションをとるようにも奨励した。管理職グループは会社の未来にとってきわめて重要だと目され、まとめて三日間のワークショップに送り込まれた。彼らはそこで新たなスキルを身につけるのでなく、新たな考え方を吹き込まれる――ラドナー社はフェイス・トゥ・フェイスのリーダーシップが発揮される社風となったと。どの部署の管理職も、全社をあげてこの変化を擁護するよう求められたわけだ。

ブラウニングは、そのワークショップの企画を任された。難しい任務だった。集められた管理職たちは旧体制に満足していた。自宅で、フレックスタイムで仕事ができたのだから。はじめのころの陰鬱な雰囲気を、彼女はこう語る。「彼らは腕を組み、ブラックベリーをすぐ使えるようにしてやって来ました」。しかしそのワークショップが、彼らのこわばった考え方に変化を促す。「ノートパソコンに向かう者は誰もいませんでした。ブラックベリーに向かう者も誰もいません、夜になっても」

ワークショップに決定的瞬間が訪れたのは、管理職たちが自分の管理下にある人間のことをどの程度知っているかと質問されたときだ。特に、「どんな目的意識をもっているか?」という質問に対する部下たちの答えがわかるかと、質問されたときである。十年以上も同じ顔ぶれの部下を見てきている管理職さえ、彼らのモチベーションについて自信をもって語ることができなかった。会話をしなければわかりようのないことだからだ。それこそが欠けているものであり、CEOが変えようとしていることなのだった。

二〇一一年以降、ラドナー社は「目的意識」を語る会話を業績評価の中心に位置づけている。管理職たちは、「目的意識会話をしたか?」とストレートに問われる。そのチェックボックスにしるしをつけなくてはならない。フェイス・トゥ・フェイスの会話によって仲間のことを知るというのが、会社のDNAに組み込まれたのだ。

フェイス・トゥ・フェイスの強いリーダーシップをつちかうプログラムは、今ではラドナー社体制の定例となっている。それが慎重に評価され、予想以上の好結果を出すことにより、全社的なきずなが築かれていった。それどころか、当初は乗り気でなかった管理職グループも、月に一度の電話会議を続けている。彼らの直接体験が信頼を築き、組織全体に報いたのだ。

会話デート

ラドナー社の例から、単純な教訓が二つ明らかになる。ひとつは、集まってフェイス・トゥ・フェイスの会話をするのは収益のために好ましいということ、もうひとつは、やる気のあるリーダーならそれを実現できるということだ。

二〇〇八年、国際的な設計事務所であるストッダードのCEOが、副社長グループとの会議予定を立てようとしたところ、二週間以上も先にならないと予定に入れられないことがわかった。上層首脳陣の時間の九〇パーセントが先約で埋まっていたのだ。こんな状況だと、次から次へと会議を渡り歩いているうちに、ふだんの会話をする余地などほとんどなくなってしまう。そのうえ、差し迫った問題があって、あるいは誰かがいいアイデアを思いついてすぐに仲間とシェアしたいと思っても、必要な会議を予定に組み込む余地もない。それに気づいたCEOは、新しい企画を打ち出した――朝食会である。

週に一度、本社に、最高幹部グループがふだんより四十五分早く出社してくる。協議事項のない朝食会に出るためだ。とにかくその場にいて、互いに話し相手になる。何カ月かすると、会議の予定が二十パーセントほど減った。つまり、幹部たちが気ままな会話をしたり、どたんばで会議の予定を入れたりできる時間が二十パーセントほど増えたわけだ。朝食会グループはそろってこの企画に熱心に参加する。朝食会の席では、その場で問題が解決する。新しいアイデアも聞いてもらえる。

形式ばらない会話には価値がある。演出家のリアーナ・ハリートは、演劇界のふだんの会話を振り返る。昔は「古典的な」稽古場のテクノロジーのせいで、自然に会話が生まれたものだった。俳優組合からの要請で、八十分ごとに十分間、または一時間ごとに五分間の休憩をとることになっていた。どんな日でも、その日稽古に集まった役者たちがみんなで休憩のとり方を決め、全員そろって休憩した。

休憩時間になると、稽古場の外に一台か二台ある公衆電話に長い行列ができたものだ。誰もがエージェントや留守番録音装置、またはその両方に電話しなければならないからだ。

いつ仕事が舞い込んでくるかわかりません。どたんばのオーディションとか。電話には行列するもんでしたよ。その行列で待っているあいだに会話するんです。いつだってほかの役者たちと一緒にいたものです。そりゃもう、いっぱいおしゃべりしますよ。今だったら、「十分休憩します」って言えば、めいめいが携帯電話を取り出して自分だけの世界に行ってしまう。みんな、てんでんばらばらに片隅に向かう。そしてまた稽古に戻るわけだけど、みんなが公衆電話に行列していっせいに戻ってくるのとは、力強さが違いますね。

かつては公衆電話のまわりにできる行列が、人々をまとめた。今、スマートフォンやノートパソコンの画面は私たちをひとりひとりに離してしまう。あるいは、せいぜい、身体的には同じ空間にいながら心はデバイス上にあって孤立している、一緒にいてもひとりきりの状態にさせておく。私たちが意図的に行動しないかぎりだ。ストッダードの朝食会の例からも明らかなとおり、会話を引き起こしたいなら、首脳部のはたらきかけが必要だ。そして、会話のための企画が必要になる。

会話のためのデザイン――社風がものをいう

会話のための企画《デザイン》としては、仕事の前の朝食会を計画するようなシンプルなものもあれば、環境工学をとりいれた手の込んだものも考えられる。グーグルは、そういった工学分野の先導的立場にいる。同社はベン・ウェイバーに、従業員がカフェテリアの列に並んで会話を最大限活用するのに最適な長さの時間があるかどうか、判定を依頼した。ウェイバーは、あると判定した。三分ないし四分――時間の無駄とまでは思えず、はじめての相手と出会うには十分な時間だ。同様に、ウェイバーはカフェテリアのテーブルの最適な大きさも判定した。顔見知りがいなくても臆せずに座って、進行中の会話に加われるのは、十人から十二人がけの大テーブルだ。

ただし、どんな場合にも、デザインは文化によって強化される必要がある。

金融コンサルタントのスタン・ハモンドは、オフィス空間を会話のためにデザインしようと真剣に考え、みずから設計に取り組んだ。従業員たちを閉じ込めて、「やむなく」話をさせるような環境をつくるのだ。かつて劇場スタッフや役者たちが稽古場の公衆電話の待ち行列にとらわれていたのに似ている。ハモンドの会社では誰もが、仕事始めに同じ場所で、彼らのために用意されたコーヒーとお菓子を囲むことになる。

オフィス空間は、マンハッタンにある大型ビルの十四階から十六階まで。ハモンドの要求により、十四階と十六階で働く者も、全従業員が十五階でエレベーターを降りる。そこにはいつも食べものや飲みもの、快適な椅子がある。従業員たちが、まったく知らない相手やよく知らない相手と行き会ってほしい。新たな会話の機会を絶えず生み出してほしい、そう彼は願っている。十四階や十六階で降りようとする従業員を見つけたら、ハモンドは断固としてエレベーターに連れ戻す。

サンフランシスコでベンチャーキャピタル企業を率いるヴィンセント・カステルも、会話のためのデザインに取り組んでいる。彼の会社、カステル・アドバイザーズは、ほんの数年前、「危機一髪レベル」の雰囲気だったという。会議は「不毛」で、誰もがメールしていた。カステル自身も含めて。

不毛な会議は病気の症状だとカステルは思った。テクノロジーにかまけて社員が会話などどうでもいいと思うような社風ができるのを許してしまったのだ。「みんな、すぐ隣の部屋から私にメールをよこしました。感化とか交流とかいう意識などありません」。会社が自分からするりと逃げていくような気がした。「静まり返ったなかで一緒に働く相手にメールしながら、会話のニュアンスを失い、当意即妙に頭を働かせる能力を失っていくんです」

カステルは積極的に会話を取り戻そうとした。まずは控えめに、会議中は「スマートフォンをオフにする」ルールから——だがそれから、大胆な変革を決行した。新しい事務所スペースを購入した。革新的な家具デザインを専門とする数社と会い、オフィスでの相互作用を研究する学者たちに会った。ベン・ウェイバーの協調《コラボレーション》についての研究を勉強した。彼が新しく設計したオフィスには、完全なプライバシーを要求できる場所があり、みんなが集まるための落ち着いたくつろぎの区画もある。オフィス空間の二十パーセントが、会話のためにデザインされたバー・スツール風の椅子がある食事の場に充てられている。

今では、始業時に立ったままデバイスフリーの短い会議をして、会社の最新情報を全員に伝えている。誰でも発言できる——誰でも、社内の誰にでも質問ができる場だ。

スタンダップ・ミーティングをするのは、自分でもメールの誘惑に屈していたような会議への疑問に対して、カステルが出した答えだった。立ったままというのが、一時的にではあれ注意を強制するので、現代ビジネスの風潮に歯止めをかけるものとなっている。ただ、それがあらゆる問題の解決策となるわけではない。なぜなら、さっさと進めるためにデザインされているので、複雑な問題にじっくり取り組むには向かないからだ。それでも、カステルの組織を元気づける効果はあったという。「会話の量も種類も大きく変化しました。今では、以前にはなかった三十秒程度の会話や、ふと思いついたような会話が盛んにかわされている。仕事にやる気も出るようです」

カステルは、自分の改善策は「好きな相手、信頼できる相手と仕事をしたいという、人間の基本的原理にうまくはまった」と思っている。オフィスに足を運ぶ理由は、共同体意識につながっていく会話を刺激することなのだ。オフィスのデザインは可変要因の大きな部分を占める。デザインによって「意識を目覚めさせ、知的好奇心をかきたてる」ことになると、カステルは考える。

カステルは、クライアントが彼の会社を仕事相手に選ぶようになったのは、労働環境を気に入ってくれたからだと言う。「うちは一緒に仕事をしたくなるような会社、奮い立たせてくれそうな会社なんです」。収益も上がった。

個人のレベルでは、会話は共感する能力に戻っていく道だ。職場ではその能力が、高い生産性へ進む道を前方に開く。カステルとハモンドは、ラドナーやストッダードで効果があったように、彼らの社内でも会話が効果を上げていると思っている。

ハートテック社――つくったはいいが人は来ず

協調《コラボレーション》が生産性を高める鍵だとしたら、会話のためのデザインをすれば会社がうまくいく。大手ソフトウェア企業ハートテックには、終日営業のカフェテリアやミニキッチンがあって、社内旅行も催される。そのほかにも週に一度、誰でも出席できて誰でも発言できる全社ミーティングを開くなど、さまざまな工夫がある。表向き、コミュニケーションとオープン《トランスペアレンシー》な雰囲気を大事にしているのだ。

しかし、私はハートテックで〝つくれば人が来るだろう〟という考えの限界を知る。構造も構想も悪くないのに、そこで働く人々は開放型の会話にあまり時間を割こうとしない――それとも、会話に時間を割いてはいけないと思っているのだろうか。ミニキッチンで、ヘルシーな軽食が目の高さに並び、あまりヘルシーでないものがちょっと見つけにくいところに置いてあるのに感心しながら、そこにいる若者に声をかけると、笑い声が返ってくる。「ここには初めて来られたんですね」。彼が言うには、ほとんどいつも、みんなミニキッチンで食べものを選んで、デスクに持ち帰るらしい。みんなつきあいがよくない。おしゃべりする暇がないだけなのだが。

ハートテックは世界で最高レベルの企業と自認し、そこで働く人々を超一流の人材だとみなす。つまり、従業員たちはどんな難題にも対応できることを証明してみせることに、余念がない。自分はその分野の達人だと実証するいちばんの近道は、生身の人間と違って、ネットワークから離れる時間など必要ないと見せることだ。

ソフトウェアの初期の歴史をつくったのは、夜行性のハッカーの一団だ。夜間はユーザーがあまりいなくて処理速度が上がるため、コンピュータをタイムシェアリングして使ったのだった。夜間に作業するしかないという技術的規範はとうの昔に去ったが、文化的規範は消えずにいる。ソフトウェアおたくの少年たち（および、しだいに現われた少女たち）は、身を捧げることでコンピュータやコーディングへの愛を示した。昼夜を問わない献身である。そういう古い精神が、最高の従業員はいつでも進んで働くというハートテック社内の共通認識に反映されているのだ。彼らの会社のメッセージシステムでは、〝オン〟の状態だと名前の隣で緑のハートマークが輝く。

ハートテックの従業員との討議会《フォーカス・グループ》で私は、似たような話をいくつも聞かされた。マネージャーはみんないい人であり、従業員がストレスをためこんでほしくないと思っている、と。だが社内の誰もが、自分は会社にとって価値ある人材だと証明したがっている。いつでもオンラインで要求に応えられるようにしておくのが、それを証明するいちばん手っとり早い方法だ。そして、存在《プレゼンス》によって献身ぶりを示すというこの会社の習慣は指揮系統の上のほうまで浸透しているので、上司もまた、常時〝オン〟の状態で鮮やかな緑のハートランプを付けていようとする。

そこで、従業員たちが愚痴をこぼすことになる。夜の十時にマネージャーがメールしてくる。その晩のうちに返事がほしいのか、小さい子供がいて九時に寝かしつけるまでは手があかず、やっとメールできたのが十時だっただけなのかは、わからない。はっきりしないかぎり、直属の部下という立場の身では、夜遅くのメールにはすぐに返信を求められないとだろうと想定するのは不安だ。あるプログラマーが言う。「うちのマネージャーの言うことはまっとうで、『集中して』、『ひと休みして』、『自分のための時間をつくって』って話ばかり。だけど、本人はまるでツイッターみたいなんですよ。すぐに反応するし、常時オンで——彼女の頭はフィードみたいに反応します。言ってることとしてることの、どちらに従っていいやらわかりません」。そういう混乱があると、足もとに踏み車があるようなものだ。それではフェイス・トゥ・フェイスの会話は減っていく。がんばってついていこうとして、予定された会議に出るかコンピュータに向かうか、どちらかしかなくなる。そして、メッセージシステム上に確実に〝顔を出す〟ようになる。

ある女性プログラマーは、夕方六時以降の時間を大事にしていると言う。日中は立て続けに会議に出ているので、夜のほうがゆっくりできる。軽く食べてから、空いている会議室をさがして、落ち着いて仕事をしたり、ときには同僚たちとおしゃべりをする。「みんな、アフターシックスには本物の会話をするんです」と。だが残業時間にも、一日じゅう感じている葛藤はつきまとう。夜になってもメッセージシステム上に〝いない〟と思われてはまずいのではないかと考えてしまうのだ。それでシステムにオンしてみると、「必ずいくつもメッセージがあるんです」

ハートテックでは、言い聞かされていることと信じていることが一致しない。私がカフェテリアのランチテーブルにいると、若いエンジニアがいきなり話しかけてくる。おじゃましてすみませんがと言って、自分は新人で、上司からランチのときは知らない相手に話しかけるように言われているのだと説明する。しかし、どんなにミニキッチンや食べものが用意され、おしゃべりするように指示されているとしても、ハートテックが自分に何よりも求めているのは、オンラインでつかまるようにしておくことだと、彼にはわかっている。

「うちのマネージャーは例の緑のハートマークを見たがります」。当然、ネットワーク上にいると、なかなかそこから抜け出してフェイス・トゥ・フェイスの話をするわけにはいかなくなる。そして、入ってくるメッセージに孤独をじゃまされる。

ハートテックの緊張感漂う社風から、ひとつ教訓がくみとれる。組織のために会話が重要だと思うなら、口先でそう言ったり、会話を促進するためのキッチンやカフェテリアをデザインしたりするだけではだめだ。時間と空間を残さなくてはならない。何よりも、最高幹部が率先して日々手本を示し、モデルとなる必要がある。そうでなければ、すばらしいスペースもただの社交辞令になってしまう。そして、会話を始めようとする新入社員が、謝ったほうがいいだろうかと迷うことになる。

三十代なかばのクリスティーナ・ロバーツが、ハートテックの社風の中で自分がどんなふうに「育った」かを振り返ってくれた。彼女の理解によると、責任感をもつこと、全力を尽くすこと、献身の三つが、社風の最も重んじる価値だ。彼女はそれをりっぱにやってのける決意で入社した。

入った当初から、自分が無責任だと思われたくはありませんでした。ですから、メールにすぐに応じるのは、責任感があると示すいい方法でした。

メッセージシステムの小さなハートマークをいつも緑にしておくことに専念しました。エンジニアたちは、スキー場でリフトに乗っているときでさえ、あのハートを緑にしておこうと、一生懸命でした。そんな状況ですから、ストレスはどんどんたまり、気分は落ち込む一方です。登っている山がどんどん高くなっていく。登りつづけたい、登りつづけなくちゃという一心で、誰かと一緒に食事中も、相手がトイレに立ったすきにメールをチェックするんです。そうやって、システムに常時オンのままでいるようになりました。

ロバーツの考えるとおり、会社は常時オンラインにいる人たちを〝仕事のできる人間〟とみなしていた。だが、彼女も、数分おきにメールに対応することになろうとは考えられなかった。やがて、従業員としての自分の価値は何かという意識（すぐに応じることで示される献身）が、自分がいい仕事をするために必要と思うことと食い違ってくる。それをはっきりさせるまで、何年もの長い時間がかかった。その間ずっと、システムにオンの状態でいるというのが彼女の最優先事項だった。そのおかげで会社では報いられた。そして私生活でもそれが手放せなくなった。スマートフォンとハートテックのメッセージシステムを、彼女は一種のドラッグと考えるようになった。

ロバーツの考えるとおり、会話のためにデザインされたインフラ（カフェテリアやミニキッチン）を、社風がだいなしにしたのだ。特に、システムに常時オンでいるようにという暗黙の要求から生まれるストレスが、コラボレーションをじゃました。そして、社外での生活にまであふれ出ていった。

会社のために「常時オン」でいるということは、それ以外のあらゆるもののためにもロバーツは常時オンでいるということだった。スマートフォンがすべてになりはじめる――友人、家族、恋人など、社外の人生でのつながりまで。会社での献身ぶりを示す努力から、ロバーツはマシンゾーンに陥った。連絡が容赦なく流れ込んでくる。過敏で散漫で依存しているような気分になる。「かたときもスマホを手放せなくなります。……なぜって、刺激が自分の基準を下回ったらどうしようって考えると、心のどこかで『またスマホ上に戻らなくちゃ』という声がするからです」

ただ、ハートテックは規模の大きい多様な人の集まりなので、どこよりもすぐれた実践例が見られる――

たとえば、常時オンラインにいるべきだという期待から人を解放しようと、管理職たちが独特な努力をしているところだ。あるマネージャーは、夜通しメールを送信するが、子供たちがまだ幼い彼女には夜がいちばん仕事をしやすいからだと明言している。だから、午前一時に送信したメールに、すぐ返事が来るとは思っていない。彼女のチームではみんな、そのことをはっきりさせてくれてありがたいと思っている。また別のマネージャーは、もう一歩進めればもっといいと考える。彼女も深夜にメールを書くが、それを送信はしない。「メールを書いて、自分に都合のいい時間内の仕事を終わらせるけれど、メールは下書きフォルダに保存しておくんです。みんながそろそろ起きて早朝メールをはじめるんじゃないかと思う午前七時ごろになったら、さっと送信します」

そして、それよりさらに感心なマネージャーたちは、一日じゅうのべつまくなしにではなく、従業員たちに都合のよさそうな時間帯に集中的にメールを送信している。ネットワークとつきあう手本を示し、時間と空間を残しているのだ。

従業員がストレスをかかえていることをハートテックは知っている。その助けとなるように、会社は平静な意識の状態を促進するようデザインされた、マインドフルネスと瞑想のプログラムを設けた。定期的に全社いっせいを〝ひと休み〟にして、勤務中の従業員たちにリラックスと深呼吸を呼びかけているのだ。従業員たちは、そうしたプログラムに価値を認めている。たいへん価値があると考える者も多い。だが、幻想はいだかない。多くの人にとって、マインドフルネス・プログラムのねらいは、自分たちの仕事の雰囲気とかみあわないように思えるのだ。ハートテック従業員の討議会《フォーカス・グループ》で私は、結局のところ、平静でいれば給料をもらえるわけではないと聞かされる。ある人が言うように、「会話をして給料をもらっているわけじゃありませんから」と。

それでもハートテックでは、会話しやすいスペースをつくる努力もさることながら、マインドフルネスを尊重しているところが意義深い。このビジネスの世界では、平静さ、注意力、フェイス・トゥ・フェイスのコミュニケーションが、みずからの経済的利益にとって重要だという認識が高まるにつれ、そのじゃまになるテクノロジーから距離を置こうという会社も増えてきている。やがて(とはいえ、この業界では時間の流れが速い)、これが業界の、そういう価値を自分たちに取り戻そうとしている消費者とも共通する目標となるだろう。あるソフトウェア開発者が、よくできたアプリケーションという意味を業界で考え直そうと提案していた。消費者がそのアプリケーションを利用した時間が長ければいいのではなく、上手に時間を過ごせたかどうかで評価するべきだと。[17] 長い目で見れば、消費者と業界が手を携えて、デバイスやアプリケーションの世界をデザインする原理を組み立て直していけるだろう。

医療における対話

本節で私がオフィスでの会話を集中的にとりあげてきたのは、オフィスで働く人が多いからだ。しかし、別種の職場でも会話との関係には同じように悩まされている。なかでも医療の現場は、最もドラマチックなケースではないだろうか。

医療現場の診察は、コミュニケーションが最大級の重要性をもつ行為のひとつだ。患者は、医者から全神経による注意を払われるものと、当然のことのように考えている。それなのに、臨床に出てくる若い医師たちは、問題に対する答えが診察室ではなく〝別のところで〟——診察後に見ることになる診断テストなどで——見つかるものだと思っているので、ベテラン医師たちは心配している。若い医師たちは、患者のデータがあとで手に入るのをあてにして、目の前の患者に集中しない。データが出るはずだというのが、その場で患者とおざなりな会話しかしない言い訳になっている。一流の教育実習病院で指導にあたる六十歳の教授が、現在彼のもとで研修中の実習医のことをこう語っている。「検査するのだからといって、患者に話をしないのを正当化したがります。患者と話すのは難しくて、たいてい若い医師にはないスキルを要しますからね」

この教授の見解によると、これまでにない「検査頼み」の風潮の中で、若い医師たちには、標準的な診察室での診察が親密すぎると思えるらしい。患者の身体に触れる。病歴を聞き出す。あれこれと質問する。診断に必要なことはすべて検査が教えてくれると考えれば、触診や問診の一部は不必要と思えてくるだろう。触診や問診をあまりしなくても、医師として充分やっていけると。そうなれば診察室でのスキルが衰えていき、たくさん検査をしなければならなくなる。指導する学生たちが診察をいやがっていると思うと、教授は嘆かわしくなる。

彼らは、会話に出てくること、患者の病歴全体からわかることに、責任をとろうとしません。患者の不安、憂鬱、恐れの声を聞こうとしません。医師というのは、そういうことを聞こうとする存在だったはずです。病気をかかえているのは一個人だと心得、一個人としての病人が治療を必要としているんだと考えていました。ところが今の若い医者は、そういう会話をしたがらないんです。うちの学生たちは、電子カルテシステムが導入されて喜んでますよ。患者から顔をそむけて、関連する詳細データとやりとりしていればいいんだって言われてるも同然ですからね。もっとややこしい役割に踏み込んでいこうとはしないんです。

医者で作家のエイブラハム・バルギーズが、医療は患者の治療から離れて、収集した個人データをまとめた「i患者《Patient》」の治療になってしまったと書いている。[18] その過程で、医者は自分が担当する患者への共感的つながり以上のものを失っていく。病気を治す能力を失うのだ。

ただし、医療は、専門家としての文化が会話を取り戻しうるという物語に、希望がもてる場でもある。ひとつには、医療の分野では会話離れが話題になっている。患者よりも画面のほうを向く医者たち、検査に頼りすぎること、医療の伝統である広範囲な会話が足りなくなっていること——そういった危険性が議論されているのだ。[19] 今、それに対する行動が起きている。私は、勤務先の病院で最新の電子カルテシステム利用を指示されて苦労している、あるベテラン医師から話を聞いた。彼女は忙しくてプログラムにデータを入力していられない。便宜上、患者との面談中にメモをとり、夜になって子供たちが眠りについたあと、その記録をシステムに入力していると言う。手間のかかるやり方ではあるが、自分に関係があるほかの医師たちと結託して、会話する余裕が生まれるよう病院のルールを変えようとしている。

この女性医師も、患者とたっぷり会話する方法を医学生たちに教えようと心を砕く、ベテラン世代に属している。五十代後半のある腫瘍学者は、医学部の一年生と二年生を対象とした診察と問診の集中コースに、定期的に参加している。彼は、医療体制は医師を黙らせようとする圧力だらけだと言う。医者は毎日毎日あまりに多くの患者を診るよう期待され、診断のためにハイテク検査をそそのかされ、カルテや申請書などの書類仕事を押しつけられる。だが彼は、少なくとも自分の医学校では、極力会話に重点を置くようにしていると、誇らしげに言う。彼のもとで学生たちは、いかに信頼関係を築くか、悪い知らせをどう伝えるか、よい知らせをもとにどうやってきずなを深めるかといったことを、学んでいる。学んだことに学生たちが「世間に出て十年間しがみついて」いられるかどうかは心配だ。とはいえ、彼らが医学生のあいだは、実習の中心としてコミュニケーション重視の姿勢をたたき込まれるのである。

そして、医療現場は会話削減の圧力に、創意工夫の精神で対応してきた。多大な注意力を要する画面上での仕事を医業と別にする意図《デザイン》から、医療書記《メディカル・スクライブ》という新しい職業が生まれた。医者に付き添うアシスタントとして養成された書記が、保険会社の求める報告書を作成したり、電子カルテシステムに入力したりするのだ。そういう職務の重荷が肩からおろせれば、医師は患者にもっとかかわれるようになる。(20) 医療の現場に書記を導入するというのは、その職業なりに不可欠な会話ができる方法を編み出していく、いい例だろう。

アリス・ラタンが設けた会議中のスマートフォン用〝駐車場〟、スタン・ハモンドの十五階行きエレベーター、ストッダード社の議事日程のない朝食会にも、創意工夫の精神が見てとれる。医療書記もそうだが、どの例でもみな会話を取り戻すために創意工夫して介入している。もっと工夫できることがあるはずだ。そこに職場での次なるステップへのヒントがあり、ひいては教育の場や家庭でも達成できそうなことにつながっていく。

次なるステップ――創意工夫と介入

次なるステップとして、会話を取り戻すためにビジネスリーダーが果たす特別な役割を探ってみたい。ビジネスの文化は、会社内の生活をはるかに超えたところまで影響を及ぼす。家族との夕食の席にスマートフォンを持ち込まずにいられるか、ひと晩中いつでも応じられる体勢でいなくてはならないかまで、左右することもある。誰もがマルチタスクはよくないと〝わかって〟いながら、どうしようもできずにいるわけだが、重要な仕事をひとつずつやり遂げたいので時間と空間とプライバシーがほしいと従業員が言えば、事態は変化するのだ。(21)

私たちの現状は、私たちが家庭で会話をしなくなり、家族や友人や親しい人たちとの会話を避けてきた結果、生まれたものだ。若者たちを職場に迎えるときは、彼らの経歴に同情と理解を示す好機でもある。就職面接中の彼らが、ヘッドライトに照らされて身動きがとれなくなったシカのように見えたら、会話のことをろくに知らない相手を指導するいい機会だ。

したがって、職場ではテクノロジーを使うことや会話の価値を、もっと意識しなくてはならない。[22] 自分は今どこにいるのか、会話がどう役立つのか、何がじゃまになりそうかを、もと明確にしなくてはならない。

日々、会話を擁護すること

そこには謙虚な指導が必要になる。親が子供にしてはいけないと言う行為（食事中のメール）を示しながら、みずから破ってしまうのと同じで、管理職もよく、従業員にしてはいけないと言う行為を示しながら、会議中にこっそりメールしたりゲームしたりしている。あるいは、昼食や部下たちとのコーヒーブレイクのあいだにもスマートフォンを取り出す。私も自分自身の仕事環境を考えてみて、教授会中に教授たちがメールしているくらいなら、学生たちが受講中にメールしていてもそう驚くことではないと思える。みんな同じ文化に属しているのだ。

管理職は日々、会話することを規範にしなくてはならない。フェイス・トゥ・フェイスで指導をすれば、勇気を奮い起こす必要があるほどの行為とは、感じられないだろう。ごく普通のことのように感じられるはずだ。

人は会話する中で信頼を築き、情報を得、つながりをつくり、それが仕事をやり遂げる力になる。私たちはそれを〝心で〟知っているせいで、当たり前すぎてつい頭から追い出してしまいがちだ。会話を取り戻すためには、組織のどのレベルでも、会話の価値をはっきりさせなくてはならない。それはどんな規模の組織でも同じだ。

スターバックスが財政難に陥ったとき、同社は一見小さな変革でブランドを建て直した。客とバリスタのあいだの会話の重要性に着目し、従業員全員がネームプレートを着けて、カウンターを低くして、会話をしやすくしたのだ。

アメリカ南部にある小さなテクノロジーサポート会社では、最初にメールよりも電話をしたほうがクライアント獲得のチャンスが大きいと、幹部が気づいた。その情報が即座に実践に移され、問い合わせのメールをもらったら、メールで返事を求められている場合でも電話をかけることになった。CEOはこう語る。「サポート・サービスを頼もうとするエンジニアが、価格にうるさいのは確かです。しかし、金を出してまで本当にほしいのは、いざというときの保証なんです。昼だろうと夜だろうと、何か不具合が起きたとき――テクノロジーの世界では必ず不具合が起きるものですからね――そこにいてもらえるという保証です。そういう安心感はメールじゃ伝わりません。会話から安心感を得るんです」

ときとして、会話の価値をはっきりさせること、すなわち自分のためになることが、スマートフォンにとどまりたいという願望とは相いれないと気づくことでもある。会社での会議中に自分でもメールをやめられなかったカステルは、会議をデバイスフリーにすると公言して、彼自身も自分の有利なように生きていけるようにした。

会話を奨励すれば、孤独を奨励することもできるようになる。自分自身にも他人にも、ときにはひとりきりで考えさせることができる。そして、考えるための時間とスペースを提供することだ。三十二歳のある男性が、ビジネススクールを出てはじめての仕事の話をしてくれた。何度か夏期実務研修をさせてもらった金融サービス会社で働いていたと言う。

就職後何ヵ月かしてやっと、上司に認められて仕事を任されました。そうしたら、それがけっこうめんどくさい買収の分析で。……とことん考えなくちゃなりませんでした。だけど、どうしても考えられない。ひっきりなしに電話がかかってきて、ほんのちょっとも途切れない。コンサルタントですからね。メッセージもひっきりなしです。メールも。私は、体調をくずしたとみんなに言いました。インフルエンザだ、人にうつったらいけないって。四日間うちにいました。それで仕事をしてたんです。分析はりっぱにできあがりました。だけど、職場にいたら絶対にあの仕事はやり遂げられなかったでしょうね。

彼の言うような状況は珍しくない。ハートテックの、あるエンジニアは言う。「会議室に行っても、たいてい充分なプライバシーはありませんね。壁はガラスだし――ノックして人が入ってくることもありますから」。別のエンジニアも、静かに内省する場所はなかなか見つからないと同意する。ハートテックでは、ほとんどの人が開放的な間取りの一室で働くため、プライバシーがほとんどない。(23)「実のある」仕事をしようとすると、病気休暇をとって自宅にこもるか、深夜残業をするか、職場で「身を隠す」かしかないという。この会社で〝隠れる〟とは、本社ビルの中で自分が見つかりそうにないと思う、人目につかない場所を見つけるという意味だ。ある女性エンジニアは、考える必要に迫られると、デスクの下で仕事をすると言っていた。

そのデスクの下を隠れ場所にしているという話を、私がハートテックの建築スタッフにしたところ、全面的な理解を得られて、基本のオフィスプランの一部に、いくつか隠れるスペースを設計することになった。従業員たちも工夫していた。三十二歳のエンジニアは、「うちのグループではヘッドフォンをつけてます。雑音を閉め出すためだけじゃなくて、いつなら話しかけても大丈夫かという合図のためにも」。私が彼と一緒にそのチームを訪ねてみると、いろんなヘッドフォンの着け方でどの程度のプライバシーを望んでいる合図になるのか、彼らが説明してくれた。ヘッドフォンが両耳をすっぽり覆っている――話しかけるな。片耳だけ――仕事の話にかぎって、話しかけてもよし。耳からずれている――機械的作業中につき、話しかけてもよし。ただし、ヘッドフォンで両耳をすっぽり覆っていても、じゃまの入らない時間を確保できるわけではないらしい。本当に集中する必要があるなら、やっぱり自宅にこもったほうがいいというのが、全員の一致した意見だ。もうひとつの方法としては、仕事のじゃまが入らないような環境をつくりあげればいい。生産性の上がる〝静かな車〟を。(24)

断絶《ディスコネクション》不安に取り組む

人が集まって仕事の効率が上がるのは、ひとりきりで仕事をすることができる環境があってからこそだ。そして、ひとりきりでいちばん仕事がはかどるのは、気が散っていないときだ。しかし、研究によると、会社員は平均して三分ごとに（電子的に）気を散らされている。そして、作業を再び軌道に乗せるのに平均二十三分かかる。(25) この悪循環を断つのが難しいのは、じゃまが入るのに慣れてしまうと、自分から中断するようにもなってしまうからだ。(26) 分断状態が最も快適になってしまう。フォーチュン五〇〇社に入る企業の部長が、何ごとも起きないデスクについているのが不安になってしまったように。平穏をかき乱される状態、気が散って非生産的な状態のほうになじんでしまうのだ。

繰り返すが、子供たちにひとりきり《アローン》になることを教えなければ、彼らはやがて孤立《ロンリー》することしか知らなくなる。従業員たちにひとりきり《アローン》になることを教えなければ、彼らは孤立《アイソレーテッド》することしか知らないままだろう。それも、必死にそうなろうとする。有能な管理職なら、切断を断つことも含めて、仕事への取り組み方を身をもって示すことができる。従業員に「うちのマネージャーは……まるでツイッターみたいなんですよ。すぐに反応するし、常時オンで——彼女の頭はフィードみたいに反応します」と言われるとしたら、そのマネージャーは、創造性や生産性のためには孤独《ソリチュード》が重要だということを理解していないのだ。彼女自身、じっとしている能力がないのかもしれない。

私たちは、孤立するのではなく孤独を味わう能力を高める必要がある。

ボストン・コンサルティング・グループ（BCG）という国際的な大手企業が、断絶《ディスコネクション》状態での実験に取り組んだことがある。事例となる一チームが、予測できるタイムオフ（PTO）という実験で、(27) "集中力を高めるためにメールのブラックアウト・タイムまたは連続作業ブロックに同意するして、午後から夕方にかけて完全にデバイスから切り離される"。ただし、タイムオフ状態と週に一度のフェイス・トゥ・フェイス会議とを組み合わせた。チームはその会議で、ビジネス上の目標に向けての進捗状況とともに、公私にわたるタイムオフ・プログラムの影響を話し合った。彼らには、断絶《ディスコネクション》不安に取り組む社交の場があったわけだ。人づきあいは生産性と創造性を高めてくれる。それでいて、必要なときにはプライバシーをもつ能力も高めてくれる。

ほかの従業員に比べると、PTO実験参加者たちは、仕事に対する満足感が大きくなった、ワーク＝ライフ・バランスがうまくとれるようになった、朝の出社が楽しくなったと報告している。BCGではPTOを全社的に取り入れる方針を決め、その後四年間で三十カ国の九百人以上が参画した。

孤独への第一歩を支える

"コックピットのパイロット"が事務所内で人づきあいをせずひきこもるのは、ひとりきり《アローン》になろうとしたわけではなかったのを、思い出してほしい。自分のネットワークにとじこもったのだった。孤独《ソリチュード》は、新たな思考が始まる場となる創造性や(28)協調《コラボレーション》と手を携えている。そう考えていることを、管理職ははっきりさせるといい。しかし、常時接続状態で育ってきたとしたら、孤独を味わう能力をはぐくむには支えが必要になる。〝われシェアする、ゆえにわれあり〟という世界で育ってきたとしたら、考えをシェアしないかぎり、自分に考えがあるということに自信がもてなくなっているかもしれない。

二十一世紀の有能な管理職には、ずっとひとりきりにされている不安に耐えて、自分だけで考えることを従業員が身につけられるよう、力を貸すことが求められている。絶えず他人の顔をうかがって確認を求めていては、創造性を養う自信がつかない。だからこそ、ビジネスの世界で瞑想がもてはやされもする。瞑想が、ひとりだけでじっとしている励みになるのだ。方法はそれだけではないが、それがハイパー接続世界の中でひとりになって落ち着けるようになるひとつの道なのだ。

一杯飲んで握手する

本書の研究をしてきて、私は何百人もの人にビジネス界の話を聞くたび、必ずこう質問してきた。「あなたの仕事で、フェイス・トゥ・フェイスの会話をする必要があるのはどんなときですか？　電子的な会話では役に立たないのはどんなときですか？」

率直な答えが、ほとんど躊躇なく返ってくる。フェイス・トゥ・フェイスの会話をする必要があるのは、しっかりと信頼関係を築くとき、何かを売り込むとき、契約をまとめるとき。ある会社幹部は、「問題の根本的原因」を探らなければならないときだと言う。相手に嘘をつかれたら、フェイス・トゥ・フェイスで話す必要がある。そういう状況でメールを使ったらうまくいかなかった、という話もあった。

サービス業に従事する人たちは、特にこの質問に関心をもつ。弁護士、会計士、コンサルタント、銀行家としての成功は、どの同業者にも差をつけるような話をできるかどうかにかかっている。自分のサービスを、どこにでもあるような商品にしたくない。取り替え可能なサービスと思われるのを避けるいちばんいい方法が、人間関係を提供することだ。そして、そのために会話が必要になる。

四十歳のレディラーン社の管理職、ジャニーン・ヒルマーが、そういう一律化への不安をディズニー映画にたとえて語る。アニメ映画『Mr・インクレディブル』の悪役が、誰もが特別なら誰も特別になれないからって、スーパーヒーローたちを皆殺しにしようとしますよね。それです、私にとっても肝心なことは。……今のテクノロジーは私たちをスピードアップさせるものばかりですけれど、自分を差別化できなければ、ある意味で私たちを匿名にしてしまう。私たちはみんな同じになってしまいます」

一律化のおそれは、オードリー・リスターも彼女の法律事務所の将来について心配していたことのひとつだ。若い所員たちが人間関係を築かなければ、彼らが生み出すのは通りの向かいにいる弁護士たちと区別のつかないものになるだろう。「通りの向かいの弁護士たちはすごく、すごく優秀なんですよ。クライアントをつなぎとめるものは、何年もかけてフェイス・トゥ・フェイスの面談を重ね、築いていく信頼関係でしょう、メールを書くんじゃなくて」

それはジョン・ボーニングの考え方でもある。彼はロスアンゼルスにある大手セキュリティ会社のCEOで、自分でビジネスを築いてきた。ビジネス顧問の強い勧めで好調な事業を全国に拡大するにあたり、クライアントと顔を会わせて相手のニーズを個人的に理解することを、競争の激しい市場でほかに負けない自分の利点にしようと決めた。ところが、そんなボーニングが、どんなに自分ががんばっても、相手にいきなり商品扱いされてしまっては、どこにでもある商品のような気分になることもあると、私に打ち明けた。たとえば、会話を断られてしまうときなど、そう感じるという。私たちが話しているあいだに、ちょっと電話をかけなくてはならないのでと言って、彼は席をはずした。十分ほどして戻ってきた彼は、詫びを言った。たった今、大きな契約をまとめたところで、今の電話の相手はその新しいパートナーだという。それにしては、お祝い気分というよりは腹立たしげな顔つきだったが。

彼は自分の気になっていることを説明してくれた。新しいパートナーは、ほんの数ブロックしか離れていないところで働いている。ボーニングは、その日仕事が終わってからでもその週のうちにでも、会って飲むか食事を一緒にしようと提案していた。成約を祝って乾杯し、第一段階の計画を立てたいからだ。ところが相手はそれを断り、また別の機会にという提案もしなかった。ボーイングはそのやりとりをこう報告する。

「彼は私に、『契約書だけにしましょうよ』って言ったんです」

ボーニングは、これからはじめようとしているビジネス上の人間関係は複雑だという意味のことを言っていた。満足していないのだ。一杯飲んで握手することによって相手との協力関係《コラボレーション》を始めようとしない、パートナー。その相手からとめどなくメールが届くのが、今から目に見えているのだろう。

5 この先の進路

公的な場——機械を通して話していると忘れていくことは何か？

ウェブサイトに行く、送金する——そこまでで、その会話に参加しなくちゃという気持ちは満足するんです。

——オンライン・ムーブメント #StopKony 参加者

これまでにないデジタル社会が、私たちの市民としての生活を難しくしている。ウェブは私たちに情報をもたらし、行動へ動員するたぐいまれなツールとなっているが、やっかいな社会問題に直面すると私たちは、オンライン現実《リアル》とでもいうものに逃げ込みたい誘惑にかられる。そこでなら、自分と意見を同じくする人たちだけに会うという選択ができるからだ。そして、自分のフォロワーが聞きたがりそうな考えだけをシェアすればいい。(1)

そこでは、ものごとがずっと単純だ。というより、単純に見せかけることができる。いわゆるフリクション・フリーの（摩擦のない）世界で、いろいろなことができるという思いに私たちは慣れていく——ゲームを攻略して〝レベル〟を上げては新たな画面に進んでいく醍醐味を味わうという成長のしかたの世代が増えた。そうした安易な迅速さはデジタル生活が新しい公的自己をかたちづくるという、ひとつの見かたにすぎない。私たちは世界を、即応が求められる危機だらけの場と見るようになってしまう。必要な会話を省いてしまいやすくなる。その問題につながるものは何なのか？ 誰が利害に関係しているのか？ どんな状況を根拠としているのか？――現実の場に単純な解決策などありえず、あるのは摩擦と複雑さと歴史だけなのだから。

コンピュータの世界が生まれたばかりのころ、私は画面上にあるものを第二の自己《セカンド・セルフ》というメタファを使って描写した。人々がマシンという鏡の中で自分自身を定義しているように見えたからだ。人は机の上のコンピュータを見つめ、所有権を感じていた。デスクトップ自体が、自分が選んだアプリケーションや、自分でつくりだし管理するコンテンツを通じて、アイデンティティを確認する新しい方法だった。それは、もちろん現在でも相変わらずだ。ただし、似てはいるがわかりにくくなっていく傾向がある。私たちが（どうなっているかは知らない）アルゴリズムに従って起こされる（どんな行動かは知らない）行動を起こしてきたために、今の私たちのオンライン上の生活は、デジタルな分身《ダブル》をつくり出している。私たちの願望を知る手がかりを探して、私たちの生活は〝掘り返されて〟きた。しかし、スクリーンが私たちの願望を逆に提案してくると、しばしばスクリーンが割れた鏡のように思えてしまう。

非常事態

マルチタスクで苦労していた経済学専攻の大学院生、エリザベスが、オンライン政治にかかわったという話をしてくれた。二〇一二年、「見えない「子どもたち」へ」（Invisible Children, Inc.）というオンライン活動家グループが、ある戦闘グループを率いるジョゼフ・コニーが、ウガンダ、南スーダン、コンゴ民主共和国、中央アフリカ共和国の軍事行動ではたらいた残虐行為を公表した。Invisible Children は、コニーが少年を兵士にしていることを強調した三十分映像を制作していた。その映像で、送金してくれた人にはコニーの顔のポスターを提供すると知らせた。〝Cover the Night〟というプログラムの一環として、四月二十日にそのポスターを芝生やコミュニティ・ビルに掲示しようという呼びかけだ。主催者側の言い分は、それでコニーを「有名人」にして、恐怖による支配を終わらせるよう精神的圧力をかけるというものだった。

二〇一二年三月五日に公開されたその「Kony 2012」という映像は、二〇一二年七月にはYouTube上で九千百万回以上、Vimeo上で千八百万回以上再生されていた。公開後には、十八歳から二十九歳までの人々の五十八パーセントがその映像のことを聞き知っていた。映像が登場したころ、エリザベスはアメリカに住んでいた。彼女は悲惨なコニーの話に縁を感じて、オンライン・ムーブメントに参加するようになった。

エリザベスの母親はナイロビ出身の弁護士だ。両親が出会ったのは、アメリカ人の父親が平和部隊にいたときだった。エリザベスはアフリカに対していつも、きずなと同時に距離を感じてきた。いつも何かしたいと思いながら、一度も機会が見つからずにいたので、この活動はチャンスだと思った。そして、「人々はアフリカで起きていることを本当に気にかけているわけではない」と懐疑的に考えているアフリカ系の友人たちに、腹を立てていた。彼らは好奇心と——映像を見るくらいの好奇心はあるわけだが——多大な関心とは別ものだと思っている、と。だが、まさにそのとおり、約束の日、現実世界に足を踏み出してポスターを掲げる人はほとんどいなかった。エリザベスはこの経験から学んだことを、こうまとめる。「ウェブサイトに行く、送金する——そこまでで、その会話に参加しなくちゃという気持ちは満足するんです。オンラインに行くことでそのムーブメントへの連帯意識を示す。そしてそのあとは、はい、おしまい」

コニーの映像そのものから、結局は行動が起こらなかったわけがわかる。映像にかぶさるナレーションが、前置きとして、ソーシャルメディアは世界を変える政治思想だと述べているのだ。

現在、二百年前に地球上にいた人口を超える数の人々がフェイスブック上にいます。人類最大の願いは、ともに手を携えること。さあ、互いに耳を澄まし、互いに向き合い……大切に思うことをシェアすれば、誰もが同じようにもっているものが心に浮かぶ。……そして、このつながり《コネクション》が世界のしくみを変えていくのです。政府は追いつこうと努力していますが……私たちは自由を味わうことができます。

何に対する自由なのだろう？　ナレーターは言う。「私たちの目標は、私たちの文化の中にある会話を変えることです」。それでは、オンラインに投稿するか、目標を『いいね！』と言うか、あるいはポスターを買うかすると、もう会話を変えているような気になるではないか。それともツイッターのフィードへ行くか――そう、それが #StopKony だった。

そういう行動に何もおかしいことはない。主張を広く知ってもらえる。だが、オンラインで支持することと、現実世界の自宅の芝生に実物のポスターを掲げることとは別の話だ。実際にポスターを掲げれば近所の人の目にとまり、「コニーの件で次にどういう行動を起こすつもりか？　どうかかわっているのか？　どんな計画があるのか？」という疑問を向けられるだろう（本書執筆の時点でコニーの活動は相変わらず。ウェブサイトを立ち上げたグループは解散している）。

交友政治――クリックひとつでは解決しない

「Kony 2012」の映像が物語るのは、政治の〝交友《フレンドシップ》モデル〟だ。「世界の人々が互いに出会えば、互いを守り合える。……ジョゼフ・コニー逮捕が証明してくれるでしょう、私たちの住む世界のルールが新しくなったこと、地球上の人々を団結させたテクノロジーがあればわれらが友人たちの問題に対応できることを」。だから、これは今までにない理想的シナリオである――フェイスブック世界で私たちは友だちになり、シェアし、ついには政治的権力が屈服する、と。[2]

なぜ権力が屈服するのか？　その映像中でインタビューされているアーティストによると、友情というシンプルなツールに権力が揺るがされるからだという。彼はそのプロモーション用資料や、映像のシェアそのものに言及して、こう言う。「これこそシンプルなツールです。さあ、揺さぶりをかけましょう」[3]

エリザベスは懲りた。人々は善意をシェアするうちに自分は政治に関わっているという幻想をいだいてしまったのだ、と今では考えている。その経験から、コニーに代表されるような手強い問題をどうにかできる「シンプルなツール」――クリックひとつでものを買えたりすること――など、ありはしないと思うようになった。#StopKonyアクションは人々を語らせはした。しかし、オンライン上の『いいね！』をほかの行動につなげていきはしなかった。たとえば、近所でやっている募金活動の趣旨に賛同して数ドルの寄付をするように、実世界で関心を表わしたとしても、やはり、寄付を求める人たちがそこからいなくなれば関心が薄れていくこともある。エリザベスがそれとの違いだと思うのは、あれだけ多数のオンライン賛同表明（何百万もの『いいね！』）が期待はずれだったことだ。彼女はそこから、何かたいへんなことが起きていると思うようになった。

エリザベスがコニー体験から学んだ何より重要な教訓は、見知らぬ人たちとのあいだにつくりあげたつながりには、どうしようもない限界があるということだ。人々を語らせるには向いているが、うまくそれ以外の行動へと動かすほどではない。盛り上がっていく刺激的なムーブメントに加わっているという気分に酔っていた。だが、ウェブサイトの力では、人々に現実世界の自宅の芝生に実物のポスターを掲げさせることはできなかった。実世界の隣人たちに自分の意見を表明させることはできなかった。

その教訓からは――エリザベスがその用語を使ったわけではないが――社会学で「強いつながり」と「弱

いつながり」と呼ぶものの力について考えさせられる。弱いつながりとは、友だちの友だちや、表面的な知り合いとのあいだがら。強いつながりがあるのは、よく知って信頼している相手とのあいだがらである。後者の相手とはたいてい、フェイス・トゥ・フェイスで会話を重ねた長い履歴があるものだ。一方、フェイスブックのつながり、オンラインでかわすような会話、インターネット上の〝友だちづきあい〟と言っているたいていのことは、どれもみな弱いつながりの力によるものだ。

インターネット上の会話で発信されることが、ダイレクトに政治を変えるという考え方がある。[4] 元国家安全保障担当補佐官のマーク・フェイフルは、二〇〇九年のイラン民衆蜂起のあとにこう書いた。「ツイッターがなかったら、イランの人々が自立心と自信をいだき、自由と民主主義を求めて立ち上がることもなかっただろう」。そして、ツイッターをノーベル平和賞候補に値するとしたのだった。[5] テヘランでデモが始まったとき、米国務省はツイッターに、抗議の声をあげる人々の手からこれほど強力な政治的ツールをとりあげてしまうことにならないよう、予定されていたメンテナンス操作をしないよう依頼した。[6] 当然ながら、これまでにない効果的な直接行動主義が実現するかと私たちは胸を躍らせた。

しかし、私たちが機械を通して話していると、忘れていくことがありはしなかったか？ 政治活動にはフェイス・トゥ・フェイスの会話が、フェイス・トゥ・フェイスの組織化や統制が重要だということを、私たちは忘れがちになる。政治とは往々にして一進一退を繰り返しながら変化するものだということを、忘れがちになる。そして、それにはたいてい、たいへんな時間がかかるということを。

マルコム・グラッドウェルは、政治におけるソーシャルメディアの力とその限界を論じる記事の中で、オンライン直接行動主義を米国の公民権運動に必要不可欠だったものと対照させ、次のように述べている。「よく知らない相手と会話するなら――ウェブ上でのやりとりはほとんどがそうなるが――相手にあまり求めないというのが基本的ルールである」。「Kony 2012」の例では、映像を見て『いいね！』と賛同する、またはポスターを買うことが求められるしくみになっていた。ごく最近も、バケツ一杯の氷をかぶって友だちに同じことをするよう（そして、願わくばALS基金への寄付を）求める、ふざけたパフォーマンスが、趣旨に賛同を得て一億ドルを超える額を集めた。弱いつながりの力にはすさまじいものがある。文字どおり、畏敬の念をかきたてられる。(7)

しかし、政治権力を相手にするつもりなら、それほどのリスクを冒すつもりならば、もっと深く信頼し合う、もっと深いつきあいの履歴があるつながりが必要だと、グラッドウェルは言う。パフォーマンスや寄付以上のことをする気になったら、合意に達し、目標を定め、戦略的に考え、理性的に説明する必要がある。慎重に行動するかどうかに、いくつもの生活がかかってくる。おそらくは自分自身の生活もだ。長々とした会話を何度となくかわさなくてはならないだろう。

その点を説明するためにグラッドウェルは、公民権運動に新しい一章を開いた、一九六〇年の、ウールワース百貨店ランチカウンター座り込み抗議を物語る。これは、友人グループがひと月近くかけて話し合って行動に移したものだった。ランチカウンターでコーヒーをくださいと最初に言った黒人の若者は、「ルームメイトと高校時代からの友人二人に両脇を固めてもらっていた」。(8) 彼らには何よりも強いつながりがあったのだ。激しい反感に対抗して団結し、戦術を変えながらもがんばり抜くには、そのつながりが必要だった。

ウェブ上の政治に何がなし遂げられるかという議論に、一九六〇年代に学生生活を送っていた私は、果てしなく続くかに思えた会議を思い出す。友人のひとりは、教養のあるところを見せようとしてジョージ・オーウェルを引用した（そして、すぐにその場で英文学専攻の友人から、それはオスカー・ワイルドだぞと訂正された）。「社会主義のやっかいなところは、とうてい一夜にして実現などしないことだ」。SNSは、社会主義だろうとオンラインなら近道をたどれるという、新しい幻想《ファンタジー》をいだかせる。だが、それは幻想にすぎない。

政治には、文字通り会議と言える会議が、やはり必要だ。耳を傾けざるをえない会話、状況は考えていたよりも複雑だと知らされる覚悟で臨む会議が、やはり必要なのだ。考えを翻したくなることもあるだろう。私たちの政治の現状は、希望をくじかせるようなものばかりだ。オンラインでもオフラインでも、会話がさかんにかわされ、その中では用意されたサウンドバイト［ニュース番組などで短く引用される発言や所見など。しばしば趣旨を誤って伝える］を、対抗勢力がまき散らす。オンラインでのほうが楽に避けられるだけだ。オンラインでもオフラインでも、挑発的な会話を避けることはできる。仕組まれた会話も多い。

高揚していた#StopKonyアクションの日々、エリザベスは友人たちとともに、政治的〝活動《アクション》〟を求める大勢の人々を満足させていたようだ……そう彼女は考えている。それでも彼女の見解では、何もなし遂げられていない。危機への反応とそれに続く幻滅まで、ものすごいペースで進んだ活動の物語だ。

カタストロフィ文化

モバイル文化の初期の時代、浮気にでも使う場合は別として、電話やメールを受けたら先方は当然返事を期待しているのだという前提があった。あるいは急用《エマージェンシー》かもしれない。これは、それ以前の時代に〝相手への礼儀〟とされていたことには沿わないエチケットだった。この新しいルールが、食事、睡眠、仕事、会議、親密な会話のじゃまをするようになったのだ。前述したように、大学生たちは講義を抜け出し、トイレの個室という静かな空間にこもって、友人からのメールに返信する。若者たちのあいだでは、スマートフォンで友人にすぐ連絡がとれるという考え方が、すぐに緊急《エマージェンシー》という言葉にまではみ出していく。

子供たちは、スマートフォンが自分を守ってくれるであろうことなら、何でもすぐに「緊急」と言う。だから、私が話を聞いた若者たちの多くが、緊急事態を待ち受けているように思える。それは当人だけの緊急事態かもしれない。だが、またカトリーナ級のハリケーンに襲われるかもしれないし、また九・一一のような事態が起こるかもしれないではないか。通信ネットワークがクラッシュするかもしれない。緊急事態としての人生という物語は、人々が、特に若い人々が〝気難しい自己〟を育てていく物語でもある。

人生は緊急事態の連続だと考えていれば、その考えが人生という物語の枠組みになる。実はツイッター自体が、その共同創設者のひとりが子供のころ警察無線の傍受に夢中だったことから生み出された。ものごとを緊急の枠にはめれば、友だちの注意を含めて、人の注意を引けるということがわかってくる。中学生でさえ受信メッセージの数が手に余ると言うような世界では、友だちに「緊急事態だ」と言えば自分がリストのトップに躍り出る。

携帯電話といえば緊急事態、という連想が本格的に始まったのは、二〇〇一年九月十一日だった。あの日、子供たちは学校で公衆電話のない地下室に避難させられ、親たちは〝もう二度と〟子供を連絡のとれない《ディスコネクテッド》状態にすまいと誓った。子供たちは携帯電話を持たされた。当時小学生だったというニューイングランドの大学生仲間十四人に話を聞くと、彼らの世界は九・一一を境に変わり、ある意味で元には戻らなかったことがはっきりした。彼らは〝カタストロフィ文化〟に生きているという。「いつもスマートフォンをそばに置いて寝ている」という大学四年生女子は、「どのチャンネルでも、毎日毎日異変や惨事《カタストロフィ》のニュースばっかりです」とコメントする。

十四人の仲間たちは、さらに言う。メディアが、世界は私たちがひとつずつ引き受けられる緊急事態の連続という見方を吹き込んでいるのではないか、と。社会的にも政治的にも長い歴史のある事象が、特殊な、異常な、信じられない出来事としてとりあげられる。大量のオイル流出、小学校での銃乱射事件、異常気象

——大筋ではどれもみなカタストロフィとして報じられる。短期間注意を引きつけられていると、カタストロフィという見方をしてしまうだろう。カタストロフィ文化の中で誰もが緊急事態に巻き込まれているような気がしながら、私たちの動揺のはけ口は、金を寄付するかウェブサイトに参加するほうへ向かう。

非常事態《エマージェンシー》ならば、さまざまな問題ごとに特別な基準で対応するべきだろう。地球規模の気候変動や不安定な社会基盤に対する無関心などの問題までが、メディアには救援金の必要な災害という扱いをされる。政治にかかわることに目を向けると、分析は必ずしも必要ないが即応を要するというパターンが見える。災害ならば法律を制定するまでもないように思える。必要なのは慰めと祈りだ。

カタストロフィ文化の中の人生が十四人の仲間たちに、つながり《コネクション》を通じて乗り切るよう勧める。非常事態と思われる状況に出会うと、ソーシャルメディアを使って友人たちと寄り集まる。

九・一一当時に中学生だった二十三歳は言う。「メディアで報じられる非常事態のほとんどに、自分は何もできません。自分にできそうな、現実にある状況を改善しそうな行動は何もない」。〝気難しい自己〟がメディアに絶えず流れる悪いニュースの海をどう渡っていくか——何かについて知り、不安になって、オンラインに接続するのだ。

カタストロフィには不可抗力という響きがある。私たちの身に突然降りかかる、予見できないことという意味を帯びる。テロが大災害扱いされれば災害となり、テロを生み出した歴史と切り離して報道されて、政治的に取り組んだり歴史に潜む根源を再考したりするべき問題ではなく、自然災害や不幸な状況のように思えてくる。テロを自然災害扱いするなら、できることはテロリストの根絶しかなくなる。

何かをカタストロフィと呼ぶと、ほかに言うべきことがあまりなくなる。人間の行為によってかたちづくられているものとして状況を直視するなら、言うべきことはたっぷりある。自分も責任を問われる立場にある。原因を理解する必要に迫られる。行動を考え、会話をしなければならない。それもたくさんの会話を。そういう難しい会話をするよりも、非常事態に遭うほうが楽なくらいだ。危機的状況に陥れば、政治に求められるような会話をあとまわしにしても気がとがめない。そしてたった今、私たちの政治には、あまりにも長いあいだ先送りにされてきた、ビッグデータの世界において自己であり市民であることについての会話が求められている。

ビッグデータの世界を考える余地

新しいデータ社会では、従来個人のものとされていた会話——通話やメールやメッセージの送信——は、通信ツールを提供していると主張する企業にシェアされている。私たちはオンラインに接続するだけで必ず痕跡を残し、それがたちまちほかの誰かのデータになる。ウェブを検索したり、何を読もうか、何を買おうか、どの考えがおもしろいかと迷うだけで、そうした内省的行動もまた、検索を手伝っている企業のデータとなる。オンラインには今すぐ役立つデータと、蓄積しておけば将来役に立ちそうなデータが満載なのだ。私たちとは無関係に存在するそうした情報が、かたまりや細切れのかたちで第三者に売られている。そして、商取引の世界以外に、政府もまた、その情報を傍受する権利があると考えている。

生活に電子的な影響を受けているということも、時間がたつにつれてごく自然に感じられるようになり、影響がなくなったように思えるものだ。フェイスブックの創設者でCEOのマーク・ザッカーバーグは、「プライバシーはもはや実際に考慮すべき社会規範ではなくなった」と言い切っている。いかにも、プライバシーはSNSには都合がよくないかもしれないが、プライバシーがなければ人間どうしの親密さはどうなるだろう？　プライバシーがなければ民主主義はどうなるのだろう？　プライバシーのない思想の自由な

どあるのだろうか？(9)

プライバシーのない世界

私の祖父母は、この問題についてどう語ればいいか知っていた。それも詳しく。私が十歳になって、もう理解できる年齢だと考えた祖母は、ブルックリンにある中央図書館に私を連れていった。グランドアーミー・プラザにある荘厳な建物だ。利用者カードは自宅から歩いて数分の図書館で使っていたが、私たちがこれから行こうとしているのはもっと大きな図書館だった。

祖母はピクニックランチをこしらえていて――ライ麦パンのチキンサンドイッチとレモネード――二人でプロスペクト公園練兵場のコンクリートと木のベンチに座った。話をしているうちに、図書館の〝決まり〟の話題になった。祖母は私に、どんな本でも借りられることを理解させようとした。ただし、私が選んだ本は私と図書館とのあいだの秘密になるのだと。誰にも私の読書リストを知る権利はない。郵便受けにプライバシーがあるのと同じだ。図書館と郵便受けがともに保護するものを、私は〈マインドスペース〉（心の場所）と呼んでいる。それは、祖母がアメリカで家庭をもったことを喜んでいる、決定的な理由だった。

祖母の両親がいたヨーロッパでは、政府が郵便を使って人々をスパイしていたと、私は祖母から聞かされていた（どう見ても祖母はエドガー・フーバーFBI長官の行きすぎた行為のことをちっとも知らなかったようだが、〝赤狩り〟のジョゼフ・マッカーシー上院議員が死んだことにはほっとしていた）。私が幼いころから、私たちは郵便ポストのプライバシーの話をよくしていた。それどころか、思い返してみると、郵便物をとりにいくという朝の儀式を新たなチャンスとばかりに――つまり、ほぼ毎日――祖母は信用できる郵便受けについてコメントするのだった。

だが、読書リストのセキュリティの話がそれまで出たことはなかった。誰だろうと、私に断りもなく私の読書傾向をつかむことはできない、それどころか、何の本を読んでいるかを知る権利も誰にもないと説明することが、難易度の高い公民の授業になると、祖母は考えていたに違いない。

アメリカの郵便ポストと図書館に対する敬愛は、祖母の愛国心に深く刻まれていた。そして、マインドスペースは愛国心の中心である。ブルックリンの労働者階級の二世アメリカ人である祖父母の観点からすると、思考と通信のプライバシーがあるということはつまり、雇用主に異議を唱えることも、労働組合に加入するかどうかも内緒で決めることもできるという意味だった。決めるときに、労働組合についての印刷物は人知れず読むのが賢明だろう。知られれば、決心するより先に解雇するぞと脅かされるかもしれない。そして、考えが固まるには時間が必要だ。重要なことについて考えを変えるにはプライバシーが必要なのだ。

最高裁判所陪席判事クラレンス・トーマスの承認公聴会がテレビで放映されているあいだに、トーマスをセクハラで告発したアニータ・ヒルの証言が、彼がポルノビデオ愛好者だと示すことにより立証されるかという問題がもちあがった。彼は地元のビデオショップでしょっちゅうポルノビデオを借りていただろうか？

ヒル側の弁護士は、ビデオ貸し出し記録を証拠として提出したがった。私はアニータ・ヒルを信じていた。トーマスが下品ないやがらせをしていたという彼女の話を、ビデオの貸し出し記録が立証してくれればいいと思った。しかし、トーマスの弁護人は、ビデオショップの貸し出し記録も公共図書館から人が借りる本のリストと同じ保護の対象になると主張した。クラレンス・トーマスには、権利としてマインドスペースの自由があるというわけだ。そのラウンドは彼の勝ちだった。私は、祖母だったら彼に勝たせたがるラウンドだろうと思ったものだ。

私たちがテクノロジーをつくると、今度はテクノロジーが私たちをかたちづくっていく。ブルックリンのアパートのロビーにある郵便受けで、私はアメリカ市民であることを学んだ。そして、民主主義にはマインドスペースが必要だという私の見解は、公共図書館の仕組みによってかたちづくられた。二十四歳になった私の娘は、インターネットとともに育っているが、私は娘をどこに連れていったらいいのかわからなかった。

娘には、メールが保護されていないということを教えなければならない。そして、図書館で借りる本にはいまだにプライバシーがあるが、オンラインで読むものはそうでないと。娘は私に、プライバシーを守ろうと努めているところを見せる。たとえば、ソーシャルメディア・アプリケーションでは絶対に本名を出さず、複数の別名を使う。本名を使わないのは、フェイスブック上で被害に遭うのを避けることを学んだ世代の、自己防衛習慣だ。ただし、巧妙な相手につけ狙われでもしたら見つかってしまうだろうとは、彼女にもわかっている。そして、スマートフォンともなると、便利に使うために彼女はプライバシーをすべて放棄している。地図を使いたいから、スマートフォンのGPSをオンにしている。つまり、彼女が通った地点に細かくスマートフォンがパンくずを落としていくのだ。そして、システムは彼女の友人を知っているし、彼女が何を検索するか、何を読むかも知っている。

娘が十八歳のとき、Looptというプログラムを私に見せにきた。〈友達を探す〉のような、GPS機能を使ってiPhoneに友人たちの居場所を示すものだ。気味が悪いと思うけれど、友だちがみんな使うというのに自分だけオフにしておくのは難しい、と話していた。「隠しごとでもあるのかって思われちゃうし」

そしてごく最近は、というのもごく最近知ったばかりだからなのだが、ブラウザでアイデンティティを隠すよう設定すると、オンライン上のふるまいの監視強化まで作動するらしいと、娘に教えなければならなかった。このごろではプライバシーをのぞむのは怪しいこととみなされ、プライバシーを確保する能力が制限される。私が公共図書館で学んだ教訓のことを思うと、嘆かわしいかぎりだ。私たちが図書館の貸し出し記録を保護するのは、そもそもプライベートなマインドスペースが必要だからではなかったのか？
プライバシーなどどこにもないという想定で育つ世代は、あまり抵抗もしない。ほんの数年前、ある六十歳の女性が、自分のメールにプライバシーがなくてもどうせ問題ない、「私のどうってことのない人生なんか、誰が気にするっていうの？」と威勢よく言っていた。あまり励ましの言葉にはなりそうにない。それに、彼女は間違っている。彼女の「どうってことのない人生」を気にする人は大勢いるのだ。

監視がデジタル分身《ダブル》をつくり出す

インターネットがまだ新しかったころ、私たちはそこをフロンティアだと考えていた。テクノロジー評論家のエフゲニー・モロゾフは、マイクロソフト社インターネット・エクスプローラーの宣伝文句が「今日はどこへ行きたい？」[10]だったことを指摘する。今では、オンライン上の行為によって問題となるのは「今日は何を差し出すことになる？」ということだろう。今日は自分自身に関するどんな情報を捧げることになるのか？ 私たちのそばには、自分自身を説明するるデジタル表示が存在する——そのデジタル分身《ダブル》は、さまざまな場面でさまざまな関係者たちにとって、あるいは限定的な場面で一部の人間にとって、役に立つ。デジタル自己《セルフ》はアーカイブから永久に消えないのだ。

私たちはそういう現実を徐々に知るようになった。そして、あのスノーデン事件のあと、もっと詳しいことを知った。アメリカでは一般人の通話や居場所やオンライン検索が監視されていることをだ。[11]しかし、そのプロセスについては、何もかもが国家機密や情報の所有権という覆いに包まれ、極力秘密にされたままである。いったいどんなことが行なわれているのか？ どんなかたちで？ 情報はどの程度の期間保存されるのか？ どんなことに使われるのか？ ほとんどの人が理解するようになったのは、自分たちの手には負えないということだけだ。

このような状況で、会話はいったいどうなっていくだろうか？　ひとつ、私がすでに気づいているのは、人々が自分の置かれている状況を忘れがちだということだ。実は舞台上にいるにもかかわらず、プライベートな場のような気がすること――これはデジタル会話の大いなるパラドックスのひとつだ。Gメール上にいればメールから販売戦略の糸口を探り出されるというのに、メールをやりとりするのが親密な経験であることは変わらない。明るい画面に向かって、ひとりきりでいるような気がする。デジタル・コミュニケーション経験とデジタル・コミュニケーションの現実には、ずれがある。[12]オンライン上で人は監視下にあるのだ。

自己監視する自己

以前なら、監視といえば常時見張られている状態と考えられた。英国の哲学者ジェレミー・ベンサムは、ある監視モデルを考え出して〝パノプティコン〟と称した。監視施設の設計方法で、車輪状の円形建造物の中心《ハブ》に監視人を配置するというものだ。そこに暮らす人の部屋は車輪のふちにそってつくられており、中心にいる監視人はスポークの方向に三六〇度見わたすことができる。いつ見られてもおかしくないため、居住者は常時見られているかのように行動する。ふるまいに気をつけ、自分が模範的と考える行動に従うようになる。

これは刑務所や保護施設向きの仕組みだ。フランスの社会学者ミシェル・フーコーは、ベンサムのパノプティコンの監視イメージをあてはめて、現代国家の市民であることの意味を考察した。[13]現代国家がしているのは、一般市民が常時自分自身を見張っているようにすることによって、監視の必要性を減らすことだと、フーコーは考えた。至るところに監視カメラがあれば、人はカメラがどこにあるのかはっきりと知らなくても、不品行をはたらかないものだ。それが〝自己監視する自己〟である。そして、今のデジタル世界はそういう状況になっている。自分のメールにプライバシーがないとわかっていれば、書く内容に気をつけ、監視機能を内在化させるのだ。

データ収集網《ウェブ》の生活に、もう一本〝自己監視〟というひもがからみついたことになる。自分の好みを報告したりアンケートに答えたりして、積極的に情報を差し出しているだけではない。今、私たちを見張っている人々にとって何より重要な情報は、私たちが日常生活で何かするたびに残すデータの痕跡なのだ。ショッピングやチャット、映画鑑賞をしたり、旅行の予定を立てたりするたび、私たちはデータベースに情報を供給している。自分の健康状態を追跡し、ソーシャルメディア上で友だちづきあいを続け、スマートフォンを使う――どれもこれも、監視と社会参加が同じひとつのことに見えてくるもととなる。スマートフォンに新サービスが追加されるたび、新しいアプリケーションが出るたび、もしかしたら私たちのオンライン表示《レプリゼンテーション》に新たな〝種《スピーシーズ》〟のデータが提供されることになるかもしれない。そういったアプリケーションをつくる人々が目指すのは、監視を私たちが配慮を受けて《ケア》いるという感情につなげることだ[14]。アプリケーションが私たちに配慮《ケア》してくれるのなら、それが私たちから奪うものがあまり気にならなくなる。

フーコーが分析した世界では、監視カメラを通りに設置すれば、人々がカメラに気づいて、監視されていることを前提に自己を築くようになるだろうと考えられた。そのへんに監視カメラがあるとわかっていれば、自分から進んで〝りっぱであろうと〟する。だが、新しいデータ社会の行き着くところは、監視が存在することを誰もが意識していない、あるいはともかくそのときは忘れているという状態だ。人々が遠慮せずに〝自分らしく〟ふるまうと、管理体制は申し分なくうまくいく。みんなが〝ありのままのデータ〟をシステムに提供してくれるからだ[15]。

最近、漠然と感じていることがある。私がどこでショッピングしたかを私のiPhoneが知っているということは、アップルやグーグルが知っているということだ。GPS付きの私のスマートフォンがインタラクティブ・マップにもなる。そして私にはそれを消してしまうことが絶対にできないと気づいて慄然とするときが来ようとは思いも寄らなかった展開だ。

システムにかたちづくられる――ドーム内生活

システムに〝情報《フィード》を供給〞する人は、誰もがやがてシステムにかたちづくられるようになるが、パノプティコンにとらわれている人々の場合とはまるで違う。私たちが順応していくのはたいていの場合、逸脱行動を見つけられた結果を怖れるからではない。オンラインで私たちが見せられるものが自分の過去の関心事からかたちづくられているから、順応していく。システムは、私たちが買うだろう、読むだろう、賛同するだろうとシステムが考えるものを、私たちに表示している。それによって私たちは、そこにあるもの、自分の手の届くものという感覚を強制させる、独特な世界にいることになる。(16)

どんな疑問だろうと、検索エンジンが集めてくる結果は、今いる場所や使っているコンピュータの種類など、人が知っていることに基づいている。したがって、もしウクライナの政変や抵抗運動について検索して何も結果が得られなかったら、それはあなたがそんなことは知りたくないとアルゴリズムが判断したからかもしれない。それはつまり、あなたが(少なくともそのときは)その存在を知ることはないということだ。アルゴリズムの論理によって、ある特定の政治的宣伝しか表示されない可能性もある。国中に広まっている情報では〝穏健派〞とされる候補者が、あなただけでなくほかの人たちにも銃規制を誇示していることが、あなたにはわからないかもしれない。(17)

ウェブは私たちの世界を広げてくれるはずだ。しかし、今の仕組みからすると、私たちがさまざまな考えに接する機会をせばめてもいる。私たちは、すでに知っている考え、あるいは気に入っている考えしか聞こえてこない、ドームの中にとじこもってしまいかねない。哲学者のアラン・ブルームが、それにともなう犠牲について述べている。「自由な精神には法的規制の不在だけが、あるいはそれが特に必要なばかりではなく、別のさまざまな考えの存在も、また必要である。最も巧みな独裁者とは、権力をふるって画一性を強制する者ではなく、ほかにいくつも可能性があることを知られないようにする者だ[18]」

そういう仕組みにちょっと気づきさえすれば――かすかに感知するだけでいいのだ――ウェブが見せてくれるものは自分がそれまでに示したことの反映だと、理性的に考えることができる。そうすれば、たとえばソーシャルメディアのニュースフィードに中絶反対広告が現われたら、自分がそこにそんなもの出すようなことをしたのか自問してみるべきだ。自分は何を検索したのか、何を書いたか、何を読んだか？ 新しいことが少しずつ画面に姿を現わすのを受動的に眺めているあいだに、ウェブは能動的にウェブ版のあなたをつくりあげていくのだ[19]。

カール・マルクスは、簡素な木製テーブルが見慣れた日用品になってしまったとたん、不気味にもそれ自体の思いのままに動く、という話をしている。マルクスの言う超越的な意味でのテーブルは、「ただ地に自分の足をつけて立っているだけではない……自分の責任で立ち、木製の頭脳で、〝テーブル・ターニング〟［降霊術でテーブルが向きを変えたりする現象］よりもはるかに驚くべきグロテスクな考えを発展させていく[20]」。今日、それ自体の命を得て思いのままに動くのは、私たちのデジタル分身《ダブル》だ。

広告会社はそれを利用して、ターゲットを絞った販売促進活動を増進する。保険会社はそれを利用して、医療給付を配当する。私たちのデータを徹底的に調査しているアルゴリズムが自分をどう見ているかに、私たちはときどきぎょっとさせられる。テクノロジー記者のサラ・ワトスンが、そういう瞬間のことを書いている。ある日、ワトスンはターゲット広告の勧誘を受けた。ボストン地域にある病院で、食欲不振がテーマの治験に参加しないかというのだ。ワトスンいわく、「広告なんて、ありふれたものに思える。だが、それをきっかけに自分はちゃんと食べているだろうかと疑問をもちはじめたら、一線を越えたことになる[21]」

食欲不振研究の治験参加依頼を、ワトスンは個人攻撃だと思う。なぜなら、その勧誘に乗りそうに見せたのは自分だという考えをぬぐえないからだ。だが、どういう経緯で？　食品への出費が少ない女性を対象とした研究なのか？　ダイエット用サプリメントを購入する女性対象なのか？　私たちは機械を通して、どういうルールがあるのか私たちにはわからないアルゴリズムに向かって話している。

ワトスンが何よりも困惑するのは、アルゴリズムが自分に関してどういう経緯でその結論に達したのか、わからないことだ[22]。そして、どうしたらブラックボックスに異議を唱えられるというのか[23]？　デジタル分身《ダブル》をつくりあげるアルゴリズムは、多数のさまざまなプラットフォームをまたいで書かれているのだ。自分の分身を修正できる場などない。もっと的確に自分を表現したいと思っても、希望に近づける場はない。ワトスンは困り果てる。「アルゴリズムが私たちのことを全然わかっていないということは、あるいは自分自身よりもアルゴリズムのほうがよくわかっているのかどうかということは、なかなかはっきりさせられない[24]」。ブラックボックスは、彼女の知らないことまで知っているのだろうか？

一生を通して他者と会話するなかで、人は自分自身を他者の目に映る自分として見るようになる。新たな見方で〝自分自身と出会う〟ようになる。自分を〝わかって〟くれない人がいれば、その場で不服を唱えるようになる。今、私たちは未知の経験をもちかけられているのだ。私たちは自分自身を、自分でほしいと教えたものの集まり、自分で興味があると教えたものの集まりだと、見るように求められている。そのほうがこれまでよりも適切なアイデンティティなのだろうか？

自分自身についての物語を築き上げるには時間がかかり、その物語が完結するのか正しく語られているのかは、決してわからない。機械という鏡に映った自分を見るほうが楽だ。メールもあることだし。

人前で考える

ソローはウォールデン池のほとりに移り住んで、ひとりで考えようとした。世間ではまわりに絶え間ないおしゃべりがあることを指して「あまりに密集した生活」から離れようとした、と言った。今の私たちは、他者のさまざまな意見、好み、『いいね！』に攻め立てられる、ソローには想像もつかなかったほど「密集した」生活を送っている。〝われシェアする、ゆえにわれあり〟という新しい感性のなかで、一緒に考えたほうがいい考えが浮かぶという前提に、多くの人が引き寄せられていく。

フェイスブックのザッカーバーグは、思考というのは人が集まったほうが必ずうまくいく領域だと考える。考えたり読んだり見たりしていることをシェアすればするだけ、それに対する考えが豊かになる。彼自身、つねに「映画を見にいくなら友人たちと一緒」だと言っている。[25] 経験と感想をシェアできるからだ。そして、友人が現場に居合わせられない場合は、オンラインでシェアすることによっても、その映画を見た体験を豊かなものにできると。だが、弁護士のニール・リチャーズは、この考えに反対を唱える。つねにシェアすることで犠牲になるものもあるのだと。

それはつまり、一緒に行く相手も選びそうな映画をいつも選ぶようになって、相手が楽しむかどうか確かめてみたい映画を選ぶことがなくなるということです。……いつも友だちと一緒だと、ひとりきりになることがなくて、自分だけで考えを掘り下げなくなります。もちろん、映画だけの問題じゃなくて、読書やウェブサーフィン、思考にまで危険が及びます。[26]

そう、思考にまで。特に思考に。ある学生は、修士課程の研究課題の一環としてブログを書いていたが、[27]別の大学の博士課程で研究を始めてから、スタイルを変えた。新しい研究課題をブログにする気にならなかったのだ。振り返って彼女がコメントするには、絶え間なく公開しつづける重圧から、燃え尽きたようになったという。書くことは何もかも自分の確立したアイディンティティに沿うようにしたかった。ブログにすることで、うまく書けそうなことばかり書くようになっていった。リスクテイキング［誤りを怖れない学習態度］が妨げられた。今、人知れず書いていると、好奇心が湧いてくるという。研究によると、ソーシャルメディアを利用している人は、フォロワーや友人が同意しないかもしれないと思う意見をあまりシェアしたがらない。自分の考えを発展させていくためには、プライベート空間が必要なのだ。[28]

アメリカ人は何世代にもわたって、民主的な生活にはプライベート空間が不可欠だという考えを自明のこととととらえていた。祖母は、図書館で借りる本はプライバシーだという話で私に公民教育をしてくれた。幅広い考えに自由に触れるためには、何を読むかという選択の自由が保護されていると思えなくてはならない。読むものの好みを「クラウドソーシング」［不特定多数の人に業務を委託すること］していると、「社会的な重圧から画一化と主流迎合に」走ることになると、リチャードは言う。[29]

思考したくない対象《オブジェクト》

認知科学が教えるところによると、人にはいずれにせよ考えたくないようなことを考えずに、楽にすませる資質がいくつかある。[30] 人はこれから何が〝起こる〟ところなのかわからない。何かが〝起こる〟のはどういう意味なのかも、はっきりわからない。そして、自分が起こすだろう行動と、その問題に関係のある結果とのあいだには、直接の原因も影響もいっさいない。

したがって、たとえば、気候変動について考えたくないなら、家族そろって休暇に（燃費の悪い）ＳＵＶ車で出かけることと、地球の危機とのあいだの心理的距離を利用すればいい。似たような距離感のおかげで、〝人前で読む〟危険やデジタル分身《ダブル》とともに生きるリスク、デジタル社会におけるプライバシーへの脅威などについて、考えずにいるのも楽になる。

大学を卒業したばかりのラナは、自分がオンラインのプライバシーについて考えないのはなぜか、声に出してこう考える。

> クッキーっていうんですか、あれを使う会社って、自分たちがほんとは何をしてるのか、ユーザーにわかりにくくしてるんじゃないでしょうかね。あれをクッキーって呼んでいるのが、うまいところだと思います。かわいらしい響きですものね、たいしたことじゃないみたいで。ただ役に立つだけの、すてきな名前。それに、ほしいものがあったら、いい広告やいいサービスを見つける役に立つ。でも、仕組みとか、知ってることをどんなふうに利用しようとしてるかとか、それはわからない。この先どうなるか、いやな感じですね。具体的にほんとに困ったことが起きるまでには考えてみます。

ラナは自分についてのデータが集められていることは不安だが、今はそれを心配しないでおこうと思っている。かつての彼女は、自分の情報をたくさんもっているフェイスブックに嫌けがさしていたが、今はパーティや社交の計画がほとんどの軽い話題ばかりを投稿して、フェイスブック不信に対処している。フェイスブックに上げたことが「戻ってきてつきまとう」ような事態は望んでいない。

それどころではなく、「議論の余地のあるようなことは何も考えたくありません。だって、論争のような会話をしても安全な場なんて、オンラインにはどこにもないと思うし」とラナは言う。そして、友人たち全員とオンラインで連絡をとっている以上は、そこで何か会話したくなる。ラナは、沈黙を助長する循環について、こう語る。――論争を呼ぶような意見をもてばオンラインで表明してしまうだろうから、そんな意見はもたないようにするといい。そのメディアでは発言にプライバシーがないのだから、と。それどころか、ラナの言う循環にはもうひとつ、さらに強力なひねりが加わる。論争を呼ぶような発言をしないのが得策だというのは、オンラインで発言すると何もかもが永久に保存されるからだ。彼女はそれがいやでしかたない。

私がラナの話を聞いたのは、彼女が大学を卒業してすぐの二〇一四年六月だ。当時ニュースになっていたのは、次々と現われる破壊的気候変動の徴候、戦乱やテロの激化、エボラ感染に対する国際的対応の限界、人種間の緊張状態による重大な暴行事件。〝論争を呼ぶ〟ような話題にはこと欠かなかった。それなのに、金融業界で仕事を始めたばかりのこの聡明な若い女性が、どんな問題についてもはっきりした意見をもたずに安んじている。彼女が意見を表明する手段はオンラインで、そこではどうしても〝安心して〟語ることができないばかりにだ。

しかし、ラナはそれが問題だとはひとことも言わない。それを言ってしまうと不都合が起きる。それが問題だと言えば、それを変えることについて考えるべきだと示唆することになり、自分の不満をその方向にぶつけたいのかどうか、ラナは確信がもてないのだ。少なくとも今は。今のところは、その他大勢と同じように彼女も、「会話とプライバシーを交換することに同意しています」と言う。

彼女はその交換を計算問題扱いしている――まるで、一度計算したからには計算し直す必要はないかのように。

詳細のあいまいさ

若い人たちと話をすると、彼らは〝ローカルな〟プライバシー確保にたけているとわかる。仲間内だけのこととしておきたい場合の、互いからのプライバシーや、オンライン上の書きこみを監視しているかもしれない親や教師からのプライバシーだ。彼らは一見あたりさわりのない婉曲語句を使ったり、頭文字語だらけにしたりしている。[31] だが、ネット上のプライベートなマインドスペースについてどう考えるかとなると、ほとんどの若者はあまり考えたことがないし、考えたくもなさそうだ。属している社会と同様に、若者たちもだいたいにおいて、それについて考えるのを喜んで先延ばしにする。私たちはみな、詳細をあいまいにしておくことでそれに荷担しているのだ。

そして、私たちにわかっている数少ない詳細は、筋が通らないか、一部だけ真実のようなものに思える。通話を盗聴するのは違法だが、検索情報を蓄えるのは違法にならない。私たちの検索情報は〝匿名扱い〟されるというが、専門家はそう考えていない。[32] 大企業が私たちのデータをもつのも合法のようだし、政府も私たちのデータをほしがっている――私たちが検索すること、メールする相手、メールの内容、電話する相手、買うものなどといったデータだ。

そして、ルールを知ることさえ難しい。デジタル文化におけるプライバシーの権利を守る電子フロンティア財団の委員会に私も名を連ねているが、つい先ごろ、二〇一四年春のこと、メールや検索情報を〝完全追跡〟するべき人物リストに政府はいとも簡単に人を加えていくという一通のメールが、委員のあいだを駆け巡った。たとえば、合衆国外からＴＯＲ［接続経路の匿名化を実現するためのソフト］による匿名でオンラインを閲覧する方法を使おうとしたら、リストに入れられる。同記事の説明によると、合衆国内からでも標準以外のオペレーティングシステムを使おうとすると、〝完全追跡〟活動を始めさせることになる[33]――たとえば、リナックスのホームページへ行くなどした場合だ。それではまるで、リナックスのフォーラムが〝過激論者〟サイトの烙印を押されたようなものではないか。

　私の研究助手を務める大学院生のひとりは、リナックスでしか動かない注釈ソフトウェアを使う必要があって、そのフォーラムへ行ったことがある。彼女はリナックスと完全追跡についての声明書を読んで唖然とするも、こう言った。「頭では怒っていますけど、感情的な反応がありません」。私たち二人が読んだ資料によると、明らかにＮＳＡ（国家安全保障局）が彼女のメールと検索情報を監視している。それでも彼女は言う。「どんな意味があるっていうんでしょう。監視役は人でしょうか？　アルゴリズムなんでしょうか？　追跡は私の名前で、それともＩＰアドレスで？」

　細部があいまいで、彼女はさらに詳しく知ろうとはしない。あいまいにしか理解していないため、この問題を綿密に調べようという感覚がにぶってしまうのだ。もっとはっきりさせようとすれば、いずれ何かの妨害に遭うか、監視強化の対象に選ばれることもありうると思うと、やはりにぶってしまう。

　ある大学四年生が、オンライン上のプライバシーについての心配をいくらか回避する方法を見つけたと、ちょっと得意げに教えてくれた。ウェブのブラウザを〝匿名《インコグニト》〟設定にするというのが、彼の戦略だ。私もそうしようと決めた。私はコンピュータの設定を変更し、そのあと眠りにつきながら、自分は適切な方向へ確実に一歩踏み出したと考えた。しかし、それでどうなるだろう？　〝匿名《インコグニト》〟設定なら、私のコンピュータの検索履歴が記録されるのをプロテクトできる（たとえば家族に、チェックされないようになる）。ただし、グーグルやその他、私のコンピュータにアクセスを求める誰かを止めることにはならない。すると、皮肉なことになる。オンラインでプライバシーを守る方法を紹介する記事では、よくTORの利用を勧めているが、NSAはTORユーザーを監視を強化すべき怪しい人物とみなすのだ。

私は、それもあって無関心がなくならないのだと理解した。みんなが、自分たちはアルゴリズムに追跡されているが、システムが現に困ったことになりそうなことを発見しないか、そのアルゴリズムの力は良識のある人間がチェックしていると考えている。しかし、今私たちはみな困ったことになっているのではないか。リナックスに関心をもつことが監視される原因になるかもしれないのに？　私たちは必死になって、自分自身の状況を深刻に受け止めまいとしているのだ。

私の研究助手は、政府を悪く思っていないから自分のデータ痕跡のことは心配しないと言う。彼らが関心をもっているのはテロリストであって、自分ではない。しかし、私はくいさがる。リナックスのフォーラムでの活動がもとで、追跡の対象となることがわかったわけだから、オンラインでの発言を萎縮させる効果があるということにならないか？　彼女は影響されないと答える。自分の考えるとおりのことを言い、思想を理由に攻撃されるような「そんな事態に本当になったら」闘う、と。しかし、歴史を振り返ってみれば、「そんな事態になった」のはたいてい、行動を起こすのが難しくなってから、あるいは手遅れになってからだった。

私は、オンラインのプライバシーについてラナが考えていたことを思い出す。「何かよくないことが起きたら」心配するつもりだと言っていた。しかし、反対に、よくないことはもう起きてしまったのだとも言える。私たちは、一見ありふれた〝個人を明かす行為〟（靴を買ったら、靴の広告が目に入る）と、もっと大きな問題を引き起こす管理行為《キュレーション》とのあいだに、ときには慎重に線を引くことを要求されるのだ。

二〇一二年の大統領選挙のとき、フェイスブックが無作為に選んだ選挙区で、「友だちはもう投票した」と言って人々に投票を呼びかけた。この政治的介入は研究という名目で、研究課題は『ソーシャルメディアには投票行動を促す効果があるか』だった。そして、効果があると判明した。インターネットと法律の専門家、ジョナサン・ジットレインは、ソーシャルメディアによる投票操作を「デジタル・ゲリマンダー」「恣意的選挙区改変」と呼んだ。[34] 規制されていない脅威だ。フェイスブックはほかに、ムード実験という研究もしている。友人からの楽しい投稿を見せられる人たちと、悲しい投稿を見せられる人たちとで、見た人の気分が変化するかを確かめたのだ。[35] 変化した。ソーシャルメディアには、私たちの政治行動や感情生活をかたちづくる力がある。私たちはメディア操作に慣らされている。広告というものは、昔からずっと私たちを操作しようとしてきた。しかし、私たちがどんな薬を飲んでいるかということから、何時に寝るかまで、これまで考えられなかったような種類の個人情報が出回っていることにより、これまで考えられなかったような種類の介入や侵入が可能となる。今危険にさらされているのは、自己コントロールできる自己という感覚だ。そして、自分で考えることのできる市民だ。

スノーデンが形勢を変える《チェンジ・ザ・ゲーム》

私は長年、高校生や大学生とオンラインのプライバシーについて話をしてきた。長いあいだ、彼らは画面に現われる広告を通じたオンライン上のデータ・コレクションによる〝結果〟ばかりを見て、なかなかその問題に目を向けようとしなかった。ほしいスニーカーや申し分のない服がぱっと出てくるということが、大した問題とは思えない。ところが、政府が私たちのデータを追跡していることをエドワード・スノーデンが暴露して以来、考えてみやすい（少なくとも若者たちの頭の中では考えやすい）問題に結びつくようになったため、彼らにもデータマイニング問題についての話ができるようになった。スノーデンが語っていたことはまるで昔のスパイ行為のようで、日常的な情報追跡による権利侵害という、とらえどころのない問題について会話を始める、ひとつの方法になったのだ。

スノーデンの暴露事件以後、高校生たちがスノーデン事件の会話を始めると、次には「フェイスブックは知りすぎている」という話になる。フェイスブックは何を知っているのか？　フェイスブックは何を保存しているのか？　そして、自分たちがそんなことをするのを許可したことなどあったか？

あるいは、オンラインによる大量データ収集のシンボル的存在となったフェイスブックをやめようとしているという話から会話が始まって、スノーデンの話題に移る。問題の組み合わせは違っても、スノーデンは彼らが感じていた漠然とした心配に取り組むきっかけとなった。インターネットはどの程度〝知って〟いて、インターネットはその情報で何をするつもりなのだろう？　スノーデン以後、どんなに役に立つ広告でも、その裏にあるものを気にするようになった。誰かが、それも大勢が、自分のスニーカーの好み以外にも多くのことを知っているのだ[36]。

それでも、そういう会話はすぐに立ち消えていく。なぜなら、その会話を始めたときとちょうど同じように、自分自身のことをもっと明かすように求めてくる新しいアプリケーションに、私たちが夢中になるからだ。そうしたアプリケーションでは、自分の気分を報告して、処理すべき心配ごとがないか確かめられる。自分の休眠中の心拍数や、一週間ごとの運動量を追跡できる。そこで、自分を向上させるためにデータを差し出し、私たちがシェアするデータがどうなるのかという会話はあとまわしにする。いつか、四十代に食生活に気をつけなかったことがわざわいして、五十代で保険料が上がるようなことにでもなれば、喜んでそのデータを提出できると。

政治的な会話を続けずに、私たちはまた新たなアプリケーションに登録する。

テクノロジー企業は、データをシェアしたくないなら自社サービスを利用するなと言うだろう——現にそう言っている。自分が何を検索しているかグーグルに知ってほしくないなら、グーグルで検索しなければいいと。グーグルがいったい何を知っているかについてコメントを求められた会長が答えたのは、要するに「取り扱いには適正を期している」ということだけだった。[37]

私はひとりの母親として、そして市民として、長いあいだ感じてきたことがある。民主主義の世の中で私たちは、誰もが〝隠す〟べきことをもっているのが当然だと考えるところから始める必要があると。プライベートな行動と内省のゾーン、私たちがどんなにテクノロジーに熱中しようと保護されるべきゾーンが、あってしかるべきだ。本音で異議を唱えるスペースが必要だ。精神的スペースと実用上のスペース（たとえば郵便受け！）が。遠慮なく〝いけない〟ことができるのが、プライベート空間《スペース》なのだから。テクノロジー、プライバシー、民主主義《デモクラシー》をめぐる私のこうした発言は、別にラッダイト運動［十九世紀英国の産業革命期に起きた、職工団員の機械化・合理化反対運動］ではないし、手遅れでもないつもりだ。[38]

時の刻む一瞬

結局私たちは、自分たちが生み出したものによってだけでなく、私たちが壊すのを拒んだものによっても、定義されることになるだろう。(1)
――ジョン・ソーヒル、自然保護主義者

ヘンリー・デイヴィッド・ソローは、小屋《キャビン》のなかの会話が声高で大げさなものになってきたら、椅子をそれぞれ遠くのほうへずらして引き離したという。(2)私たちがアルゴリズムを通して自分自身のことを知るようになっているという問題に対して、手っとり早く答えを出すには、私たちを自分自身に、友人たちに、共同体に連れ戻してくれる会話をすることだ。ソローにならい、三脚の椅子の間隔をゆったりととって。

ソローの椅子は善循環を表現している。私たちは孤独の中で自分の声を見いだし、その声を公私の会話にもちこむと、その会話が私たちの内省する能力を豊かにしてくれる。その循環が崩壊してしまったのだから、私たちのひとりきりでいる能力、人と一緒にいる能力が危機に瀕していることになる。ところが私たちは、想像力を豊かにし、想像したことを実現へ導いてくれるフェイス・トゥ・フェイスの会話からも逃げてしまっている。他者を理解したり話を聞いてもらったりする能力も、危機に瀕しているのだ。

ただし、私たちは驚くほど弾力のあるところも見せている。デバイスから離れて五日間キャンプで過ごした子供たちが、共感する能力を取り戻しはじめるという研究結果も、不思議ではない。(3)私自身、そういうキャンプで子供たちを観察して気づいたのだが、彼らは自分自身や他者とかわす会話の価値を、すぐに察する——まるではじめて会話したかのように。

キャンプで出会った子供たちは、孤独や共感について話していた。学校の友だちよりも夏休みにできた友だちのほうがおもしろいと言っていた。その違いを彼らは、自宅にいるときは友だちとスマートフォン上のことを話題にしてしゃべり、キャンプでは互いに自分の心にあることを話題にしゃべるところだと考えていた。

さらに、夜、宿所でのおしゃべりにも参加してみると、参加者たちはカウンセラーとの関係も深くなったと言っていた。キャンプ・カウンセラーたちは、〝集中的注意〟という、斬新と言ってもいいようなものを参加者に提供していた。仕事で来ているカウンセラーたちもやはり、自分のスマートフォンから一時離れていたのだ。

デバイスフリーのキャンプに毎年やって来る参加者も多い。何人かのリピーターが言うには、毎年夏の終わるころには、自分のことがそれまでよりも好きになっていると気づくそうだ。何よりも、自分がいい友だち、いいチームメイトになったと気づくという。また、自分の親に対しても思いやり深くなる。

正直なところ、〝キャンプでの自分〟を自宅でも維持していくのは難しいらしい。自宅では家族も友人たちもテクノロジーに心を奪われているので、なかなか同化に抵抗できないのだ。

キャンプで私は数々の教訓を得た。とりわけ心に刻まれたのが、私たちはスマートフォンをあきらめる必要はないが、もっと意識的に使わなくてはならないということだ。そして、それと同じく意識的に、ときどき休憩する必要がある。認知心理学者のクリフォード・ナスが、感情を処理する脳の部位を筋肉にたとえていた——使わないでいると衰えるが、フェイス・トゥ・フェイスの会話を通して鍛えられるのだ。(4) スマートフォンなしの時間は、回復に役立つ。それが感情処理脳を鍛える時間になる。

ほとんどの人が、デバイスフリーのサマーキャンプ以外のところで会話の練習をすることになるだろう。たいていの場合、日常生活の中でテクノロジー抜きの大事な空間を守るような工夫をすることで、会話を取り戻すことになる。デバイスから離れている経験を積んでいけば、孤独を必要とするとき、相手に注意を集中する必要があるときを察知する力が、だんだんつちかわれていく。


自分自身、〝ツールに頼らない《ツールズ・ダウン》〟会話が心地よく思うようになれば、会話を求めることを覚えていくだろう。そして、他者の訴えを真剣に受け止めるようになっていく。子供が親に耳を傾けてほしいとき、教師が注意力散漫な教室に声を届かせたいとき、ビジネスの相手との重大な誤解を解こうとしているとき、友だちどうしが向き合ったとき、「話がしたい」と言えばいいのだ。

道しるべ

「次はどうすればいいのでしょう?」とよく言われる。

どんなテクノロジーも、私たちが自分の人間的価値と向き合うよう求める。人間的価値とは何かを再確認することになるので、それはいいことだ。そこからだと、次のステップや道しるべがわかりやすい。私たちは簡単な解決策を探しているわけではない。私たちが探しているのは端緒だ。

スマートフォンのもつ力を忘れない

スマートフォンはアクセサリーとは違う。人の行動ばかりか、人格まで変えるほど心理学的影響力のあるデバイスだ。無意識のうちにどこにでもデバイスを手にして行ってはいけない。スマートフォンに向かうという選択肢があると、効率上あるいは礼儀上、相手のほうに向かうべきだとわかっていても、なかなかそれができなくなってしまう。スマートフォンが存在するだけで、自分にそんなつもりはなくとも、注意力が分散しているという合図になる。すると、いろいろな意味で会話が制限されてしまう。話の聞き方や議論しようとする対象、感情的なつながりの度合いも制限される。沈黙しているスマートフォンでさえ、豊かな会話との両立は難しい。会話の妨げになるものを一掃するためには、ノートパソコンやタブレットも片づけてしまうことだ。スマートフォンから離れていることだ。

時間をかける

今後とても重要となる会話のひとつは、自分自身との会話だ。自分自身と会話するには、自分自身の声に耳を傾けることを学ばなくてはならない。最初の一歩は、それを可能にするために充分時間をかけることだ。(5)

オンライン生活によって、ひとりの人間が一日で目にするものの量が増え、それが視界を通り過ぎ去る速度が上がってきた。私たちは忙しさのあまり、ろくに考えたり生み出したり協調したりできないことが多い。質問をすればほとんど即座に答えが得られることを期待して、オンライン生活を送るようになっている。その期待に応えようとして、単純な質問ばかりするようになる。そのうちにコミュニケーションのレベルが下がり、複雑な問題に取り組むのが難しくなっていくだろう。

創造性を大事にする。時間を割いて静かな時間をつくる。自分なりの協議事項《アジェンダ》を見つけて、自分なりのペースを保つ

テクノロジーの薫陶を受けたせいで、私たちはテクノロジーによって楽になったからといっては、過敏にやりとりをするようになっている。みんながそのやりとりに悪戦苦闘している。だが、うまくやっている人たちに話を聞くと、メールの受信ボックスを空《から》にしようなどとしないのがコツなのだという。時間を決めて重要なメッセージを処理し、決して受信メールに予定を左右されないようにするのだ。

だから、親や教師や雇用主として何らかの依頼メールを受信した場合、それについて考える時間が必要だという返信をすることだ。些細なことに思えるが、これはめったに実行されていない。三十歳のあるコンサルタントが言うには、彼女の世界でそういう返信は「時代にふさわしくない」らしい。そこから私は、あらゆる領域でふさわしいという感覚を、再考すべきときではないかと考えさせられる。メールに「考え中です」と返信するのは、熟考に価値を置いているということであり、テクノロジーにせかされるからというだけであわててことを運んだりはしないということだ。メールはすばやく返事をするには適しているが、賢明な答えが返せるわけではない。

人々が画面に逃げていくのは、そこでしかマシン生活のペースに〝ついていく〟ことができない気がするからではないだろうか。ヴァネヴァー・ブッシュは一九四五年に、メメックス（記憶拡張機）が私たちを解放して、人間だけがやり方を知っている時間のかかる創造的思考をさせてくれるだろうと夢想していた。[6] それなのに私たちは、マシンにそそのかされるままスピードアップに走りすぎている。原点であるブッシュのアイデアの精神に立ち返るべきときだろう。[7]

子供たちには、できるだけ泥や粘土などの素材に触れさせるようにして、時間をかけることを覚えさせよう。実在する〝モノ〟の抵抗感が子供の想像力をかきたて、足もとの基盤につなぎとめてくれる。そういった種類の創造性は、遊び部屋や教室、公園といった場所以外のところでも刺激される。そして、創造性は一生ものだ。グーグルでは、特別にデザインされた「ザ・ガレージ」と呼ばれる作業部屋があり、そこでは従業員が有形の道具やモノを使って好きなことができる。考え方は単純で、子供と同じように大人にも遊びが必要というものだ。空間と物体によって思考やおしゃべり、新たな着想を促すだけで、家庭生活にもとりいれられそうなアイデアだ。[8]「グーグルのユーザー向けビジネス・ワークショップも英語では「digital garage」だが、ここでの「ガレージ」は従業員向けのもの」

会話のための、じゃまが入らないスペースをつくり出す

そういうスペースが、家族の日常にはどうしても必要だ。食事の席、台所、あるいは車に乗っているとき、スマートフォンを禁止する。ひどい罰のようなことにはならずに、家庭内文化の基準として定着するよう、幼いうちから子供にそういう考え方を教えるのだ。それが当たり前のことなのかもしれないと、ある四歳児の母が教えてくれた。「うちでは家族みんなが、どんな電子機器もなしでひとり静かに過ごす時間を必要としています。お互いに話をする時間を必要としています。私はドライブ中、車の中ではメールしません。だから、みんなでおしゃべりしたり、窓から外をただ眺めていたりするのにぴったりの時間になってます」

自分が注意を向けている子供に黙って付き添うのが、孤独を味わう能力を教えることになるという事実を、思い出してほしい。不必要なじゃまが入らないよう、自分を保護する環境をデザインすることだ。ひとりでも、家族や友人と一緒でもいい、デバイスを持たずに散歩に出かけよう。試しに、夜や週末などにはネットから離れているということを、習慣にとりいれてみよう。自分の子供に注意を集中してかかわるという新しい姿勢を、どうやって示していくのか、実際的に考えるのだ。その意図するところと価値観を、子供に理解してもらう必要がある。子供と一緒に公園で二時間、スマートフォンなしで過ごせないなら、計画を調整していこう。子供を公園に連れていって、一時間ほど子供に全面的な注意《フル・アテンション》を払ってみるのだ。

保護されたスペースが必要なのは、家庭ばかりではなく、学校、大学、職場でも同じことだ。大学内にWi-Fiのつながらない学習スペースやラウンジをという要求が、ますます高まっている。かつて、大学構内にひと部屋残らず接続環境を整えたとき、よもや学生たちが仲間や自分の考えに注意を払えなくなるとは思わなかった。それが、意図せずして結果に現われたのだ。オフィスでは、デジタル接続をせずに会話するた

めのスペースを設けるといい。カジュアル・フライデーと引き換えにカンバセーション・サーズデーとするのもいいだろう。その場ではみんなが互いに注意を払うものだと伝わるようなスペースを、確保しておく。そこでひと息つくのだ。

次の大きな問題として、ユニタスクを考えてみる

人生のあらゆる領域で、ユニタスクこそが効率を上げ、ストレスを減らす。

ただし、一度にひとつのことをするのは難しい。なぜなら、テクノロジーによって楽になったことよりも、短期的に生産的だと感じることよりも、ユニタスクのほうがいいと自分に言い聞かせなければならないからだ。マルチタスクは、しているだけで気分が高揚する。私たちの脳は敏速で意外なもの、ぱっと飛び込んでくる新しいものを切望している。それが人間の脆弱性なのだ。生活もテクノロジーも、その脆弱性を前提にデザインしなければ、効率の落ちる状況に身を任せることになる。

管理職、親、教育者という立場にある人たちと話していて、私はマルチタスクが効率を落とすと示す研究がしだいに知られてきていることに気づいた。だが実際には、至るところでマルチタスクが目につく。ユニタスクが生産性と創造性を高める鍵になるのにだ。会話は、ユニタスクを実践する人間ならではの方法だと言える。

自分とは意見の異なる相手に話しかける

気が散っているときと同様、偏見があっても会話はできない。最近の研究でわかったソーシャルメディア上の会話の特徴は、〝沈黙のスパイラル〟だという。人はフォロワーたちが同意しないように思える意見を、ソーシャルメディアに投稿しようとしない。(9) 誰とでもやりとりを可能にしているはずのテクノロジーが、必ずしもすべての人とやりとりさせているわけではないのだ。人々はインターネットを利用して、自分のやりとりを、意見が同じ相手とだけに限っている。そして、ソーシャルメディア利用者は、利用していない人たちに比べて、オフラインで自分の意見をあまり議論したがらない。

反対意見の持ち主と話したがらないという傾向は、フェイス・トゥ・フェイスの世界にも広がっている。最近の研究によると、全米で共和党または民主党を支持する態度を明らかにしている大学生たちも、キャンパスで見解の違う学生と政治的な問題を話し合おうとしないらしい。(10) つまり、廊下のすぐ先に住んでいる相手、同じトイレを使っている相手とも、政治談義を避けようとしているわけだ。私たちは、実世界の領域まで、オンライン上にすんなりつくり出した世界の反響室《エコールーム》にしてしまった。居心地のいい生活だとしても、何も新しいことを学ばないというリスクを冒している。

もっといいやり方があるはずだ。私たちがみずから違う意見の相手と会話する手本を示すことで、子供たちに、違う意見の持ち主とも話をするよう教えられる。原因、理由、価値といったものを自分がどう考えているか、そこから話を始めるといいと、示してみせることだ。ほんの少しでも共通する立場があれば、会話がはぐくまれていくのだから。(11)

七分ルールに従う

これはある大学一年生が私に教えてくれた、会話がどう広がっていくかわかるようになるまでには少なくとも七分かかるという観察結果から導かれた、ルールである。ルールによると、会話が展開するに任せて、七分経過するまではスマートフォンに向かわずにいなくてはならない。会話が中だるみしても、なりゆきに任せる。七分ルールはほかにも、孤独、内省、存在《プレゼンス》といったものが豊かにしてくれる人生のための、さまざまな戦略を示唆している。退屈を、自分自身の内部におもしろいことを発見する好機だと考えるようにしよう。退屈に身を任せ、連想をはたらかせてから、またもとの一連の思考や会話に戻る。私たちの頭のはたらきは、空想にふけっているときに絶好調になることがある。夢想から覚めたときに、そこから深い結びつきのあることを持ち帰っているかもしれない。

人生と同じで、会話には沈黙や退屈なときがつきものだ。同じことの繰り返しもある。まごついたり口ごもったり黙り込んでしまったり、ぶざまなところを相手に見せてしまうこともありがちだ。デジタル・コミュニケーションは、編集された人生につながっていく。未編集の人生にも価値があることを忘れてはならない。

世界をアプリケーション扱いすることを疑問視する

手にしたスマートフォンでアプリケーションがいつでも使える環境で育った世代を、心理学者のハワード・ガードナーとケイティ・デイヴィスは「アプリケーション世代」と呼んでいる。(12) それは日常生活にも、また間違いなく学歴にも巧みに処理する《エンジニアリング》感覚をもちこむ人々を、言い表わしてもいる。アプリケーション的な考え方は、この世界での行動がアルゴリズムのようにはたらくという発想から始まる。ある行動を起こすと、予測どおりの結果につながっていくはずだという発想だ。そういう論理によって、特定の学校に通って特定の成績をとり、特定の夏期講習を受け、特定の課外活動に参加すれば、アプリケーションの仕組みによって、名門大学に進学することになるというわけだ。

アプリケーション的な考え方は、友だちづきあいの中で共感の欠如となって現われる。そういう考え方の人にとって、友情とは、うまく対処するものとなる。つきあう友だちが大勢いて、ツール一式を使って友だちづきあいをこなすのだ。学校でも職場でも、アプリケーション的な考え方は創造性や革新の欠如となって現われる。いくつかの選択肢が示され、そのメニューのうちから選ぶだけになる。前出した中等学校の教師たちによると、生徒たちは友情を道具か何かのように考え、親は学校を、大学に子供を入れるためのアプリケーションだと思っているようだ。教師たちから見て、生徒たちには夢想する時間がない。自分自身の時間をつくるきっかけもない。特に何の結果も出ないようなシチュエーションもあるのだということを、学ばない。

学校で予測のつかないことに対処しなければならなくなると、アプリケーション世代はいらだち、不安になり、混乱する。仕事に就いても、やはり同じ問題が続く。前述したシリコンヴァレーの大手ソフトウェア企業、ハートテックのある新任マネージャーは、エンジニアとしての仕事を辞めて管理職をやってみようと転職してきた。「それまでの仕事を辞めたのは、予測がつくことばかりだったからです。予測のつかないシステム〔ここでは人間という意味〕相手の仕事をしたかった」。しかし、彼は昔からの習慣を連れてきている。「予測のつかないシステム相手の仕事には、本当に不慣れです。緊張して考えるのが苦手なんですよ」と、言葉を探すように言う。「人と顔をつき合わせてしっかり考えるのに慣れてなくて……会話のやりとりにですね」

彼のような苦境は、ざらにある。エンジニアから管理職になると、それまで熟達していたのとはまるで違う種類の仕事をするように要求される。彼らには、仕事の処理に対して科学的な姿勢が身についていた。探究し、世界を道具的かつ明確にとらえる姿勢だ。ところがどんな管理職でも、日々の実践で出会う仕事は、難しい判定やあいまいな状況、やっかいな会話ばかり。わかりやすく言えば、業績評価、否定的フィードバック、解雇などだ。

ハイテク企業の、ある人事担当役員が言う。「仲間内では決まり文句になっていますよ、『エンジニアは難しい会話をしない』って」。ハイテク業界で私が会話という話題をもちだすたび、さんざん聞かされたフレーズだ。

難しい会話には、共感するスキルと、そして間違いなく「緊張して考える」ことが必要になる。エンジニアにそういう会話のしかたを教えるには、かなりしっかりと指導しなければならないだろう。しかし最近では、ガードナーとディヴィスが指摘するように、予測のつくことのほうを好む考え方はエンジニア以外にも広がっている。

指導が必要なのは、エンジニアだけではない。私たちみんながどんどん道具的な人生観を受け入れるようになっていけば、私たちみんなが難しい会話に手を焼くようになる。そういう意味で、今の私たちはみなエンジニアなのだ。私たちの課題は、ほかの人たちを巻き込んで、また自分だけで、難しい会話をすることにある。

仕事にふさわしい適切なツールを選ぶ

ときとして私たちは、テクノロジーに感嘆するあまり――たとえばスマートフォンは、驚嘆すべきテクノロジーだ――ついついそれを万能のツールだと思い込んでしまう。こんなにすばらしいものなら、ひとつでそれまでにあったツール全部の代わりになりそうだと。しかし、それですませられるからというだけで会話をメールに置き換えたら、不適切なツールを選んでしまうことになる。メールはいくつかの仕事に向いているすばらしいツールではあるが、どんな仕事にも向くというわけではない。

メールやテレビ会議には、何の問題もない。また、それらをよりよいものに、もっとわかりやすく使いやすいテクノロジーにしていくというのも、正当なことである。ただ、どんなによくなったとしても、それらには本質的な限界がある。人には情緒の安定と円滑な社交のためにアイコンタクトが必要なのだ[13]。アイコンタクトの欠如は、意気消沈や孤立、公然と冷淡さを示すなど、社会病質の特徴を発現することにも結びつく。互いに目を合わせるのにツールがじゃまになるなら、そのツールは必要なときにしか使わないようにしよう。

最初に頼るツールにしてはいけない。

ひとつ確かなのは、便利なツールが必ずしも適切なツールだとはかぎらないということだ。だから、仕事の問題を手軽なメールで解決しようとして、事態をますます悪化させることがよくある。人とのつきあいを終わらせるにもメールが便利な方法となっているが、関係者全員を怒らせ、傷つけることになる。本書の執筆中に、子供の話し相手として新型ロボットが発売された。そのロボットは子供に対し、何も理解していないオブジェクトに理解を求めることを教えるだろう。

摩擦を感じるときに学ぶ

私たちは、生活の中でテクノロジーが果たす役割に葛藤をかかえる職業人たちを見てきた。ある人は、遠隔労働を推進してきたあげく、自分のいるオフィスがあまりにも静かなので、その静寂を録画して自宅にいる妻に送信していた。かと思えば、働く人たちがもっとプライバシーをほしがっているとわかっていても、建築家たちは開放型の仕事場をつくる。若手弁護士たちは、ランチを同僚たちと一緒にしない。仲間との食事に時間を割けば、生涯続くような仕事上のきずなを固めることになるのにだ。

そうした葛藤をかかえていることに気づいたら、立ち止まって考え直してみよう。自分のテクノロジーとのつきあい方は、助けになっているか、妨げになっているか？　これを新たな洞察の機会と見ることもできるのではないか？

人生の知恵を思い出す

前述したように、私たちは他者と〝二人きり〟でいることによって、孤独を味わう能力を身につけていく。そういう大事なときにテクノロジーが気を散らすのだとしたら、いかに常時接続の熱心な支持者だろうと疑問に思うだろう。子供を風呂に入れながらメールしたり、子供と一緒に浜辺を散歩しながらメールしたりしている親は、そういう行動を続けていても心穏やかでない。ある一線を越えていると察してはいるのだ。十歳の息子とキャッチボールをするときもスマートフォンを持っていくという、ある父親が言う。「自分が親父とキャッチボールしたときほど、ほめられたもんじゃありませんね」。研究を始めたばかりのころ、私は授乳中にメールする習慣がついてしまったという母親に出会った。彼女はあっさりと、「やめたいとは思っているんですけどね」と言う。孤独の共有を脅かすようなことからあとずさりするのは、人間の深いところに根ざす本能なのだろう。

孤独《ソリチュード》の共有は、私たちの基盤だ。その基盤あってこそ、私たちは自分自身にも他者にも立ち返ることができる。(14)ソローにとっては、散歩が一種の孤独の共有であり、ときには他者を連れにして歩きながら、「村を振り切る」とともに自分自身を見いだす方法だった。(15)人が自分の潜在能力を見いだそうともがくことについて論じるなかで、アリアナ・ハフィントン［《ハフィントン・ポスト》の創設者］が、ソローの言葉に共鳴する書き方をしている。このごろの私たちには、振り切るべき新種の村があるからだ。それはきっと、効率とスピードと自己暴露を要求するデジタル村だろう。

自分が注意力散漫になっているからといって、あまり手厳しい評価を下すべきではないと、ハフィントンは念を押す。ソローにも気が散ることはあった。森を散歩中、ふと気づくと仕事の問題に悩まされていることもあって、腹を立てている。「しかし、ときにはなかなか村のことを振り切れないこともある。頭の中は仕事への思いが駆けめぐり、自分の身体がいる場所に自分はいない――私はさまよっている。……いったいどうして、森の中にいるというのに森の外のことなど考えているのか？」

その疑問に対する答えはわかっている。仕事や村のことをつい考えてしまうことがあっても、ソローはたびたび散歩した。どんなに瞑想に努めようと注意力散漫になることもあるが、また心はその場に、そのときに戻って息を吹き返す。たとえ気が散っても、ソローは場所をあけてそれを待っていた。最近の私たちは、まわりも見ずに歩いていることがあまりにも多い——景色を見ず、自分の連れも見ずに、うつむいてスマートフォンに向かっている。だが、ソローにならって大事なことに立ち返ることもできるのだ。どんなテクノロジーもみな、もっと意識的に使うのだ。自分自身と他者にもっと近づく練習をするのだ。練習しても完璧にはできないかもしれない。だが、この分野では完璧が求められるわけではない。そして、実践するたび必ず、私たちの価値観、私たちの進むべき方向が肯定される。

難しい会話を避けない

私生活や職業生活ばかりでなく、公的な場でも、私たちは互いに話をするのに苦労している。特に、プライバシーと自己所有権［それぞれの人にとって自分自身の身体と能力は自分のものだということ］をめぐる新たな問題に悩まされている。

私はそれを、〝思考したくないオブジェクト〟の例にとりあげた。これらの問題には、行動と結果のあいだに、わかりやすいつながりがないのが特徴だ。危険なのは確かだが、どんなダメージを警戒しているのか、はっきりと特定しにくい。さらに、すでにダメージをこうむっているかどうかさえ、よくわからない。気持ちを逆なでする問題から、私たちは注意をどこかよそへそらしたくなる。オンライン生活に論争できる場などないことに直面しないですむよう、論争を呼びそうな発言を控えて満足しているラナのように。彼女は会話をしたくないのだ。

一般論に走らないようにすれば、難しい会話もしやすくなる。オンライン・プライバシーという問題提起では関心が起こらなくても、特定の問題ならどうだろうか——正当な理由のない通話履歴調査、国家安全保障局（NSA）によるデータ収集など。個々には非常に関心の高い問題となるだろう。(16)

私たちがオンライン・プライバシーをめぐる会話を避けてしまうのは、倫理基盤が不確実になっているように思えるせいでもある。グーグルが自分のデータを永久に保存するのは適切と思えないと訴えれば、アカウント開設にあたってグーグルにその権利を与えるという条件に同意したではないかと言われる。メールの中身を読む権利も、デジタル分身《ダブル》をつくる権利も、そうしてできたコンテンツを売る権利もだ。契約条項をきちんと読まなかったことになって、会話は力を失いはじめる。それではまるで、顧客となることに同意することによって、市民として主張できるはずの権利を放棄しているようなものだ。

しかも、デジタル分身が自分を正しく表わしていなかったり、情報入手を妨げたりしているような気がしても、抗議のしかたもわからない。[17]私たちを追跡して商品化している企業と話をするべきか？　そういう行為を規制してもよさそうな政府を相手に、会話すべきか？　しかし、政府もやはり、私たちのデータに対する権利を主張している。私たちは適切な対話相手がわからないために口を閉ざし、また、相手が私たちについていったい何を〝知って〟いるのか、私たちの権利はどうなっているのかがわからないために、口を閉ざしている。

ただし、この問題についての会話が難しいからといって、不可能というわけではない。それは必要な会話であり、もう始まっている。そのひとつが、現代におけるプライバシーという概念を考えようとする会話だ。市民はプライバシーの権利がない世界でも生きられるかというような、極端な態度で始めようとすると、「難しすぎて考えられない」と、会話が行き詰まってしまうだろう。

法曹界からの提案で、プライバシーの権利という言葉を自分自身のデータに対する制御力という言葉に移して、議論されるようになっている。このアプローチだと、私たちのデータを収集する企業には、そのデータを保護する責任がある——医師や弁護士に守秘義務があるのと同じようにだ。[18]どちらの場合も、データの利用法に対する制御力は提供者側が保持する。

また、情報公開度《トランスペアレンシー》をめぐる会話も育ってきている。自分のデータを反映して戻してくるアルゴリズムについて、私たちにはどの程度知る権利があるのか？　スマートフォンのユーザーであれば、その権利を主張することを知っておくべき新しい政治的階級に属している。

ある考えがじわじわと広がっている。私たちのデータを取得する者たちが一方の利害関係者であり、自分のデータを差し出す私たちがもう一方の利害関係者だというものだ。自分の個人情報を差し出すのは、気前のいいサービスや役に立つ提案を受けるための公正な取引だと、私たちは信じるようになってきている。公正な取引という疑わしい見解が、私たちの注意深く考える能力の足を引っぱってきたのだ。

この会話を先に進めるには、政治的な扱いにしなければならないだろう。政治的な言葉や、利害や対立を語る言葉を用いないかぎり、会話は行き詰まる――会話は費用便益分析の言葉に移行する。便利なフリーメールおよびワープロソフトと引き換えに、自分のプライバシーを進んで取り引きしようというのだろうか？だが、合衆国憲法は私たちが特定の自由を手放すことを許さない。私たちが言論の自由を売り渡したいかどうかは、私たちが〝決める〟ことではないのだ。

また、あまり技術的な詳細に先走りすぎても、会話は行き詰まる。たとえば、私は公益に格別の関心をもつ六十代のソフトウェア・エンジニアと、私たちが追跡されていると知る効果について話したことがある。「追跡はオンラインで自分の考えを進んで話す妨げになりませんか？」という私の質問に、彼は否定的に答えた。「ああいうアルゴリズムが間抜けだってことを、彼ら〔一般の人々〕は知らないのかな？　ろくなもんじゃない……何の意味もありませんよ」。私を安心させようというつもりらしい。しかし、何の安心にもならない。彼の観点からすると、私的データに対する個人の権利について議論を先送りしても大丈夫なのは、個人のプライバシーをいつも侵害しているアルゴリズムが〝それほどすぐれて〟いないからなのだ。〝それほどすぐれて〟とは、何ができるほどなのか？

オール・オア・ナッシングの考え方を避ける

デジタル世界はゼロか一かという二択の上に成り立っているが、それについての私たちの考え方まで二択になってしまってはいけない。教室でのコンピュータ、遠隔学習、大規模な組織内でのテレビ会議利用といったことを話題にするかどうかにしてもだ。ところが、そういう場にコンピュータが導入されそうになると、どこでも支持票がまとまるだけで、折衷案は姿を消してしまうのだ。

私たちの現状は複雑なため、柔軟に対処する必要がある。だが、それは難しい要求でもある。インターネットとプライバシーの問題に立ち返ると、私たちは脆弱だと感じたとき、抵抗しても無駄だという立場にひきこもるというのがありがちな反応だ。インターネット企業が自分の発言、検索、シェアを保存しているとすれば、差し出している情報はそうとう大量になるわけだから、何か特定の侵害に対して異議を唱えてもしようがないような気がしてくるのだ。至るところに監視カメラのある街に住んでいて、ある街角のあるカメラ一台に異議を唱えるようなものだと思えてくる。だから、私たちの権利がどうあるべきかという話をするのではなく、私たちが現にいやだと思っていることにルールをつくろう[19]。

あるいは、私たちの権利がどうあるべきかという話をするのではなく、厳格に対応しよう。オンラインで完全にプライバシーを守る方法を誰も考えつけないのだとしたら、オンラインを完全な開放状態にしないかぎり何も変わらないだろうという話になる。テクノロジー評論家のエフゲニー・モロゾフは、テクノロジーの進歩によるもうひとつの副産物である騒音の歴史を検証することで、二択にならない考え方を提示している。二十世紀初頭の騒音防止運動は、騒音は個人の問題だけでなく政治的な問題でもあると主張するものだった。その後、騒音防止運動は現実的な目標達成に歩み寄り、事態を変えた。モロゾフはこう言っている。「その改革運動が全面的に報われたわけではないが、騒音を政治的な問題としたことで、新世代の都市計画者や建築家たちは、それまでと建造のしかたを変えるようになった。学校や病院を閑静な地区につくり、往来との緩衝となる公園や庭園を設けたのだ[20]」

工業化が騒音を〝必要とした〟ように、情報社会はデータへの無制限アクセスを〝必要としている[21]〟。必要だからといって、ほしいものは何もかも手に入れることになるわけではない。

騒音防止運動は、工業化を逆戻りさせようとしたかったわけではない。人々が望んだのは音のない街ではなくて、人間には休息やおしゃべり、平穏が必要だということを考慮に入れた街だった。類推して私たちの現状を述べるならば、私たちが望んでいるのはソーシャルメディアの放棄ではなくて、ソーシャルメディアとの社会契約を結び直すことではないだろうか。管理がもっと透明《トランスペアレント》なものになれば、ソーシャルメディアを利用した意見交換やソーシャルメディアについての意見交換で、私たちが途方に暮れることもないだろう。そういう意見交換を始めるひとつの方法は、孤独、プライバシー、マインドスペースの必要性を政治的な問題にすることである。

さまざまな場

以上で、道のりと始め方が示された。それにしても、注意力散漫で会話が台なしになることは、あまりにも多い。夕食の席で子供たちは、自分を慈しんでくれる親の注意を文字どおり懇願する。教室では、教師がその場にいるというのに、生徒たちの顔はうつむいてスマートフォンに向く。そして私たちは、会話ではなく口論が標準という政治文化をつくり出した。私たちは、政治的に対立する相手の一理ある考えを聞くことにほとんど関心を示さない。それどころか、対立陣営の一員から同じ考えが出てくると、気まずそうに自分自身のいい考えまで却下してしまう政治家もいる。

そういう状況では、楽観的なことを思い出すのが賢明だろう。私たちは会話のできる場をとりもどすことができる。会話の相手が見つかる場所も、まだわかっている。親は子供を夕食の席で見つければいい。教師は生徒を教室で見つけ、学生を質問受付時間に見つける。職場の同僚たちは、廊下やミニキッチンや会議の場で互いを見つける。政治の世界では、私たちが議論したり行動を起こしたりするための制度がある。それを念頭に置きつつ、私たちはそこで起きている崩壊現象を見てきた。まるで会議にならない会議、デジタル化されるのを待ち受けている教室。そしてもちろん、本書前半で見てきたように、それぞれがデバイスに気をとられているせいで沈黙する、家族の食卓も。

ただ単に「スマートフォンをやめなさい」と言うのとは反対に、会話が生まれそうな場に集中し、会話を取り戻すことが重要なのは、その場こそが、その後何週間も何年も、ずっと会話の続く場になるからだ。民主主義における議会は、何世紀もかけて築かれてきた。それが荒波にもまれていても、民主主義が存在するかぎりまた別の時代、別のチャンスがめぐり来ると、私たちは期待する。なぜなら、民主主義においてある種の会話は責務だからだ。自宅で家族と囲む食事というのも、時間をかけてつくり出し、築き上げていくものだ。食事の場を築いていきながら、問題が起きても命取りにはならないということを子供に教える。今日はだめでもまた明日じっくり話をすればいいのだと。食卓は平衡感覚を養う場である。親が注意力散漫で子供のちょっとした感情の起伏を話題にしないくらい、別に害はないように思えるかもしれない。だが、犠牲になるものがあるのだ。どんなことが緊急でどんなことが緊急でないのか、どんなことなら自分だけで対処できるのかを子供が学ぶには、親の注意が力になる。親が不注意だと、子供には何もかも急を要することだらけに思えるだろう。

子供がひとりで問題をかかえているのは、緊急事態だ。大人と会話している子供は、人生の大事な一瞬に向き合い、人生への取り組み方を学んでいる。

私たちが会話を、そして会話する場を取り戻したら、次には長期的思考の重要性を再考することになる。人生は、手っとり早い解決を求める問題のようなわけにはいかない。人生とは会話であり、人は会話をする場を必要とする。バーチャル世界は確かに私たちに会話のための広いスペースをもたらし、スペースは豊かになっていく。だが、現実世界がかけがえのないものであるのは、継続性の支え方が違うからだ。現実世界は現われたり消えたりしない。人は現実世界に束縛される。簡単にログオフしたり抜け出したりはできないのだ。人はさまざまなことを乗り越えて生きていくようになる。

質問受付時間の研究室訪問に抵抗感がある学生たちが、やっとの思いで研究室に行ったところ、部屋に入っておしゃべりしていくよう指導教官にしつこく誘われたという話を、熱心に語ってくれた。ある学生が引用してみせた教官の口癖が、私の耳にこびりついている。「明日もまた来てくれるよね?」

会話の危機は、指導や助言の危機とも言える。人々は指導から遠ざかり、テクノロジーを言い訳にする。雇用主は、フェイス・トゥ・フェイスの会話でできたはずの評価を、メール任せにする。教師は、自分が教室で生徒たちに提供できるものを、六分間ビデオで表現できるものと同じと考える。親は、まるでスマートフォンがある種の世代の権利でもあるかのように、食卓ではスマートフォンをやめろと子供に言わない。もし安全だと証明されたら、ロボットのベビーシッターを喜んで受け入れそうな親も多いくらいだ。どれをとってみても、愛情や仕事について私たちが知っていることから、顔をそむけているとしか思えない。

私たちが顔をそむけるのは、無力感があるからだ。そして、孤独感をいだくと言う人も多い——フェイスブック上のプライバシーから、自分のデータが使われているのは察していても経緯と理由がよくわからないことまで、独力で考えていかざるをえないような気がするのだと。だが、私たちは一緒に考えていけばいいのだ。

公的な会話

他者の発言に寛容と心からの興味を示す公的な会話がモデルとして、私的な会話を取り戻す道ができる。会話とは宣言や箇条書きではなく、交互のやりとりや交渉その他のリズミカルな配慮によって展開していくことだと、公的な会話が教えてくれるのだ。

人は昔から、そうした公的な会話が民主主義にとってきわめて重要であることを察していた。歴史を振返ってみれば、各所に市場《いちば》や町民広場、町民集会があったし、クラブやコーヒーハウスやサロンがあったではないか。社会学者のユルゲン・ハーバーマスは、十七世紀英国のコーヒーハウスを「公共圏」の出現と結びつけている。[22] コーヒーハウスは、あらゆる階級の人々が逮捕を怖れず政治について語れる場だった。フランスの小説家アベ・プレヴォは、一七二八年にこう言っている。「なんと教訓になることとか、侯爵がひとりか二人に、準男爵、靴屋、仕立て屋、ワイン商がひとりずつ、その他同じタイプの何人かが、同じ新聞を熟読しているとは。まことにコーヒーハウスこそは……英国の自由の所在地である[23]」

もちろん、決して非の打ちどころのない公共圏というのは存在しない。コーヒーハウスにいるには暇と金が必要だった。女性は入れなかった。それでもコーヒーハウスは、政治を語り、その語り方を学ぶ場だった。評論家で政治家のジョゼフ・アディソンは一七一四年、《スペクテイター》紙の意見として、彼がコーヒーハウスで議論を楽しむのはそれが学びの場になるからだ、とはっきり述べている。「コーヒーハウスに足繁く通うようになって久しいが、私はどこよりもコーヒーハウスで向上を遂げた。そのために私が特に気をつけたのは、決して話す相手と同じ意見をもたないようにすることだ(24)」

アディソンはコーヒーハウスで、自分と意見が違う相手とだけ話そうとした。政治に関心のある学生たちが、どんなに目と鼻の先に住んでいようと、意見が違う相手と政治の話をするのを避けるのとは、大違いだ。しかし、大違いであろうがなかろうが、アディソンのイメージからは、彼が公的な会話を利用してつねに考えを変えられる状態を保っていたことがうかがえる。

公的な会話は、思想の自由のモデルにもなる。勇気や歩み寄りのモデルにもなる。じっくり考え抜く助けにもなる。

ソローは、現在に位置を占める私たちの責任について考え、「時の刻む一瞬」を活用することを語っている。その考えを表現するのに、ソローは時間を割いて熟考し、自分のステッキに刻み目まで入れている。

> 晴雨にかかわらず、昼であれ夜であれ、どんな時刻であれ、私は時の刻む一瞬《ニック・オブ・タイム》を有効に使い(25)、それをきちんと私のステッキに刻んでおきたかった。過去と未来という二つの永遠が出合うこの現在という瞬間の上に位置をさだめ、そこを踏みしめて生きたいと思ってきた。

この〝刻み目《ニック》〟は、受け継がれる遺産は何かという問題を提起する。私たちは新たな世界をつくりあげながらも、きちんと考えてみなければならない過去を象徴している。晴雨にかかわらず、ソローは自分の時を有効に使うことを選んだ。私たちにもそうするようにと勧めているのだ。

6　四つ目の椅子？

忘却の果て――機械を相手に話していると忘れていくことは何か？

友だちとか、そんな相手をつくろうとしてもまるでだめで、あきらめちゃった人もいるでしょう。そんなときロボットが話し相手になるっていうこのアイデアを聞いたら、そうですね、心のある人間みたいに、いなくなったり人のことを置いてきぼりにしたり、そういうことにはならなさそうですよね。

――十六歳女子、洗練されたＡＩであるSiriのことを聞いて

ソローは三つの椅子について語っているが、私は四つ目の椅子について考えてみようと思う。ソローが言うには、きわめて幅広い会話、きわめて深い会話をするためには、客を自然の中に連れ出すことが必要だ。彼はそれを特別の客間(1)、彼の「とっておきの部屋」と呼んでいる。私の考える四つ目の椅子は、哲学的スペースの象徴だ。ソローは自然の中に出ていけばよかったが、今の私たちには自然と、人工的な自然やバーチャル世界という私たち自身のつくった第二の自然の両方が考えられる。第二の自然の中で私たちが出会う機械は、会話のできる存在だ。その四つ目の椅子は、疑問を提示する。機械を相手に話していると、私たちは何者になるのだろうか？　と。

話をする機械といっても、就職の面接で流暢に話す訓練の相手など、あまり大それた野心をもたないものもある。だが、狙いがはるかに大きい機械もある。そういったものの多くが、今まさに舞台に登場しようと

している。私たち自身に時間や忍耐力、あるいは人材がなければ、子供や高齢者の世話をしようという〝介護ロボット〟。あるいは、人間相手に会話する代わりを務める自動精神療法プログラム。[2] 私たちに新たな何かをもたらしてくれる存在だ。

だが、まったく新しいという気はしないかもしれない。私たちはすでに、毎日気のきいたアプリケーションに接続しては、対話型のプログラムに自分の情報を入力したり、パーソナル・デジタルアシスタントから情報をもらったりしているのだから。機械に向かって話すこと、あるいは機械を通して話すことに、もはや違和感はない。今要求されているのは、新たな種類の会話、〝共感的〟つながり《コネクション》が生まれそうな会話に加わらないかということだ。

機械の側から差し出されるものは、何もない。それでも私たちは、生命のないものとのつきあい《コンパニオンシップ》を、さらには交流《コミュニオン》までをも、願ってやまない。共感をシミュレーションすることが、共感と言えるまでのものになるのだろうか？　交流をシミュレーションすることで、交流と言えるだけのものになるのだろうか？

四つ目の椅子は、ソローには思いも寄らなかったようなスペースを意味している。そしてそれは、私たちにとっての〝時の刻む一瞬《ニック・オブ・タイム》〟だ。

機械に対して話していると私たちが忘れていくことは何だろうか？　私たちは何を覚えていられるだろうか？

「人がそのなかで生きたくなるようなすばらしいコンピュータ」

一九八〇年代のはじめ、私はマーヴィン・ミンスキーの若い弟子にインタビューしたことがある。彼の話では、人工知能（AI）研究創始者のひとりであり、敬愛するミンスキーは、「人がそのなかで生きたくなるようなすばらしいコンピュータをつくろうとしている」ということだった。

そのイメージは、私の頭のなかに三十年以上のあいだ住みつづけている。

ＡＩの世界では、以前は空想だったものが平凡になった。今日、子供たちはロボットのペットやデジタル人形とともに育ち、スマートフォンでチャットするのが当たり前だと思っている。そして私たちは、〝ロボティック・モーメント〟(3)（ロボットの時代）を迎えた。私がそう称するのは、私たちのつくった機械がすぐれているという理由からではなく、私たちが機械とのつきあいを熱望しているからだ。ロボットをつくる前から、早くも私たちはロボットの相手になれるように自分自身を改造しているではないか。

昔から、ロボットに期待を寄せることは、息の長いテクノロジー楽観論の表明でもあった。状況がよくないほうへ向かっても、科学は正しいほうへ向かうはずだという、思い込みである。複雑にからみあう世界では、ロボットが期待させてくれるものはいつも、機甲部隊に援助を求めるにも似たことに思えた。ロボットは戦闘地域で人命を救助し、宇宙でも海中でも――人間にとっては危険などんな場所だろうと出向いて、活躍する。人間では無理な医療処置をやってのける。ロボットは設計や製造にも一大進歩をもたらした。

しかし、ロボットはさらなる期待を私たちにもたせようとしている。機甲部隊ならではの離れ業ばかりではなく、〝シンプルな救済〟までしてもらおうというのだ。シンプルな救済とは何か？　それが、ロボットに私たちの話し相手をしてもらおうと期待することだ。私たちの世話をすることが、ロボットの仕事となる。そして私たちは、ロボットの付き添いと会話に慰めてもらおうとする。これは本書の冒頭で述べたように、私たちの忘却の旅路における第二の停泊所である。

機械に対して話していると、私たちが忘れていくことは何だろうか？　私たちは、人間であるからこそ特別だと言える、大切なことを忘れていく。本物の会話をする意義を忘れていく。会話とはこういうものだと、まるで理解している〝かのような《アズ・イフ》〟会話ができるように、機械はプログラムされているだけだ。だから、機械に話しかけている私たちもまた、しだいに〝まるで〟会話である〝かのような《アズ・イフ》〟ものしかできなくなっていく。

シンプルな救済

ここ何十年かのあいだに、話し相手としてのロボットに対する期待の声が大きくなってきている。ほとんどの人には、具現化したロボットと話をした経験がまったくないものの、アップルのデジタル・アシスタントSiriなどを相手に、「店の場所を教えて」、「友だちをさがして」といった内容の会話をさかんにしている。しかし、Siriに「友だちをさがして」と話しかけるのなら、Siriと友だちになるという空想はすぐそこだ。そう遠くない将来、Siri、あるいはそれにそっくりのものが、親友のようでいてある意味それ以上の存在になってくれるときが来るのを心待ちにしていると、人は口をそろえて言う。いつでも話し相手になってくれる、決して怒ったりしない、決して自分の気持ちを裏切ることのない存在に。

実際、アップルのテレビコマーシャルでは当初、Siriを〝彼女〟と呼び、便利な情報入手法になる売り出し中の商品ではなく、話し相手として紹介していた。コマーシャルにはズーイー・デシャネル、サミュエル・L・ジャクソン、ジョン・マルコヴィッチら映画スターの一団が出演し、Siriが頼もしい相手役として共演したのだ。とぼけた純情娘を演じるデシャネルが天気の話をもちだし、雨の日には靴をはきたくない、お掃除もしたくないと言う。ダンスがしたい、トマトスープが飲みたい。Siriは〝相手をいい気分にさせる〟親友役を演じる。ジャクソンは、Siriお目当ての相手とのデートをめぐってジョークまじりの会話をかわす。女友だちが訪ねてくるので、ジャクソンはガスパチョとリゾットをつくっているところだ。女性を誘惑する計画について、親友のSiriと冗談を言い合うのが楽しい。マルコヴィッチは、パリだかバルセロナだかにあるアパートの一室だろうか、重厚な壁とカーテンに囲まれた部屋で、荘重な革の椅子に座り、Siriを相手に人生の意味について真剣な話をしている。Siriにユーモアのセンスがあって、彼はうれしい。

こんなふうにして私たちは、冗談を言っているように見せかけているかもしれないが、私たちの意味するところをまったく理解していない機械を相手にした、会話のしかたを教え込まれている。自分ひとりで会話を全部引き受けているのに、気にしていないのだ。

私は、Siriをテーマに、エンジニアや社会科学者たちと討論するというラジオ番組に出演したことがある。そこで、人がSiriと喜んで話をするという話題になった。人は機械に話しかけるときに抑制を解かれた気分になるという、一般的な現象のひとつだ。人は批判されることはないと思うと、うれしくなる。番組に出演していたある社会科学者が、もう少ししたらパワーアップして、ある意味口先のうまくなったSiriに精神科医も務まるようになるのではないかと発言していた。

その社会科学者には、精神科医の役を演じるSiriが人生を生きたこともないのに人の人生相談に乗るというのを、いやがっている様子はなかった。Siriが精神科医のようにふるまうことができるなら、精神科医になれると言うのだ。まるでそっくりなものと本物とのあいだの違いを誰も気にしないのであれば、機械を人間の代わりにすればいいだろう。それが〝ロボティック・モーメント〟の実用主義《プラグマティズム》だ。

しかし、〝ロボティック・モーメント〟におけるシンプルな救済、つまりロボットの友人やロボットの精神科医が暗に意味するところは、そんなシンプルな話ではまったくない。

機械はいかにも私たちを気づかっているかのように話しかけてくるが、何かに見せかけるようプログラムされているだけなのだから、人間の人生という一連の物語を知りはしない。愛や喪失、あるいはトマトスープのおいしさや雨の日にはだしで踊る喜びといった、人間ならではの問題について機械に話しかけても、機械が伝えられるのは、共感やつながりの演技だけだ。

人工知能に知ることができるのは、日程、メールの文面、映画やテレビや食べものの好みといったことだ。あるいは身体検出テクノロジーでも装着していれば、生理的マーカーからの推測によって、AIにもその人の感情の動きを知ることができるだろう。それでも、そういった感情が当人にとってどういう意味をもつのかを、機械はいっさい理解していない。

だが、その意味こそが、私たちが機械に理解してほしいことではないのか。そこから私たちは、機械が理解してくれているという幻想をかきたててしまうのだ。

脆弱性ゲーム

プログラムが今のような高性能のものでないころから、私たちは長いあいだ人工知能相手に〝脆弱性ゲーム〟をしつづけてきた。一九六〇年代にMITのジョセフ・ワイゼンバウムが書いたイライザというコンピュータ・プログラム[4]は、カール・ロジャーズの提唱した〝ミラーリング〟［相手と同じことをすること］という精神治療スタイルを借用したものだった。つまり、「どうして私は自分の母親を憎んでしょうか？」と入力すれば、イライザは「あなたは自分の母親を憎んでいるというのですね」と応える。このプログラムは、少なくともしばらくのあいだは、知性のある相手が耳を傾けてくれているという錯覚を効果的に生み出す。そのうえ、私たちはたとえ信頼に値する相手ではないとわかっていても、機械に話しかけたくなるものなのだ。これを〈イライザ効果〉と呼ぶことにしよう。

ワイゼンバウムは驚いた。みんなが（たとえば彼の秘書や大学院生たちが）イライザの認知・理解能力の限界をよくわかっていながら、それでもひとりきりになってイライザに秘密を打ち明けたがるのだ。ほとんど例外なく誰もが、人間に似たふるまいをするプログラムに人間らしい属性を投射するということを、イライザは実証してみせた。さらに、人の動きを追う、アイコンタクトする、相手の名前を覚えるといったことをする、〝社交的機械〟と呼ばれるロボットに対しては、その効果が大きくなる。[5] そして、自分のことを気にかけてくれる物知りな他者が存在するような気がしてくるのだ。二十六歳のある男性が、アイコンタクトし、顔の表情を読み取り、人間らしい声とイントネーションで話すKismet（キズメット）という名のロボットと話をした。Kismetに大いに力づけられた彼は、[6] 気づけばロボット相手にいろいろあった自分の人生を語っていたという。［このKismetの開発者はその後、パーソナルアシスタントとしても機能する初のファミリー向けロボット、JIBO（ジーボ）を開発した］

声を出す機械は私たちに格別な力を及ぼし、[7] 私たちは理解してもらったような気になる。子供はまだ子宮にいるうちから、最初は声を聞き分けて自分の母親を知るようになる。進化の過程で私たちが耳にする言語は、ほかの人間が発する言語だけだった。それが、高度な人工言語が発達して、私たちは人間の言葉と非人間の言葉とを識別しなければならない最初の人類となった。[8] 神経学的に、私たちにはその準備ができていない。長いあいだ——二十万年かそこら——人間の声だけを聞いてきたわけだから、人間の言葉と機械が発する言葉とを識別するには、大きな心的負担をともなう。私たちの脳は、言葉を聞くと話しているのは人間だととらえてしまうのだ。

そして、人間らしい顔をした機械にも、また格別のパワーがある。

人間の場合、笑顔やしかめっ面など、顔の形状によって、心的状態に作用する化学物質が放出される。私たちが行動するときも、他者が行動するのを見ているときも、ミラー・ニューロンが神経インパルスを発する。私たちは他者の顔に見えるものを感じ取る。(9) つまり、ロボットの顔に表情があれば私たちに大きな影響を及ぼすのだ。フランスの哲学者エマニュエル・レヴィナスは、顔の存在が人間の倫理的合意を教えるのだと書いている。顔は相手に対し「なんじ我を殺すなかれ」と伝えるのだ。顔の奥に何があるのかわかるよりも先に、それが殺されることなどありえない機械の顔だと知るよりも先に、私たちは顔に束縛される。そして、ロボットの顔は確かに、「なんじ我を見捨てるなかれ」と告げる——これもやはりレヴィナスの言う倫理的合意であり感情的合意であるが、私たちをとらえはしても、機械相手に私たちがそれを感じたとしても、何の意味もない。(10)

ロボットであれ画面ベースのコンピュータ・プログラムであれ、機械の顔に表情があれば、私たちは見覚えのあるものをさぐり、さぐりあてられそうに感じる世界にいることになる。顔がきっかけとなって、何も与えてはくれない対象《オブジェクト》に共感を求めてしまうのだ。

人々が社交的で感情に訴えるロボット、Kismet にはじめて出会ったころ、私はＭＩＴ人工知能研究所で働いていた。(11) Kismet が実際に言うことには意味がなかったが、それが発する音声にはぬくもりや好奇心や気づかいがあった。

Kismet のもとを訪れた人が、そのロボットが自分を理解してくれ、自分の話を〝聞いて〟くれたと感じるときもあった。技術的見地から申し分なくうまくいった場合、そこで人は共感的つながりに似た感情を覚えるのだった。いかにも理解しているかのような模倣ぶりは感動的で、演劇でも見にいくようなものだと思えば大いに楽しめるだろう。しかし私は、Kismet を現実にいる友だちのように思っている子供を見てしまった。子供たちがそのロボットに認めてもらいたいと思い、ときにはためになることを何も言ってもらえなくて希望を失うのを、見てしまったのだ。

十二歳のエステルは、会話を求めてKismetのもとへやって来た。両親が離婚して、彼女は寂しい思いをしている。Kismetと一緒にいられることで、彼女は特別な存在になったような気がしていた。彼女の話だけに耳を傾けてくれるロボット。エステルが訪れた日、彼女はKismetの顔の表情が変化するところに居合わせたが、その音声の調子はいまひとつだった。期待はずれのセッションの最後に、エステルと彼女に付き添っていた少人数の研究チームは、ロボットに会う前とあとの子供たちにインタビューする部屋に戻った。私たちがおやつとして出しておいたジュース、クラッカー、クッキーに、エステルが手を伸ばす。彼女が食べるのをやめようとしないので、とうとう私たちは、ほかの子たちにもお菓子を残しておいてあげてと頼む。すると彼女は手を止めたが、それもつかのま。彼女を放課後プログラムに戻すことになっている迎えの車を待つあいだ、またせかせかと食べはじめた。

エステルは、取り乱していた理由を話してくれた。Kismetにきらわれたからだというのだ。あのロボットは、自分と話しはじめたと思ったら、顔をそむけたと。私たちは、そういうわけではないと説明した。技術的な問題が起きたからだと。だがエステルは納得しない。彼女にしてみれば、いちばん大事な日に失敗したのだ。帰り際、エステルは在庫棚からクッキーを四箱取ってバックパックに詰め込んだ。私たちはそれを止めなかった。へとへとになった私たちは、近くのコーヒーショップに場所を変えて集まり、難しい問題に頭を悩ませた。壊れたロボットは相手の子供も壊してしまうということが、あるのだろうか?

バグだらけのWordのコピーソフトや、ほころびたラガディ・アン人形で子供を遊ばせるのが倫理上どうなのかということではない。ワープロソフトは道具として使うものだから、ある日、いつもより調子が悪かったとしたら、フラストレーションのもとにはなるが、それだけのことだ。だが、人がそれとつながることを仕向けるプログラムなら、問題は違ってくる。

壊れたKismetは、壊れた人形とどう違うのだろうか？　人形は、子供たちが動かないオブジェクトに自分自身の物語や自分自身の行動指針《アジェンダ》を投射するよう、仕向ける。しかし、〝社交的なロボット〟は子供たちの目に、ちゃんと生きていて、自分自身の行動指針をもっているように映る。子供たちは、投射《プロジェクション》という心理ではなく〝エンゲージメント（つながり）〟という心理から、人間に愛着を覚えるのと同じようにロボットに愛着を覚えるのだ。

たとえば、幼い女の子が母親の大事なクリスタルグラスを割って罪悪感をいだいているとしたら、バービー人形にお仕置きして、人形をどこかに閉じ込めておくことで自分の感情を乗り越えようとするかもしれない。この場合、人形は感情を処理するために必要な素材となる。それが投射という心理の仕組みだ。それによって、子供は自分の感情を乗り越えていく。ところが、社交的なロボットはそれ自体に心があるように思わせる。子供の目には、ロボットが顔をそむけたら、ロボットが顔をそむけたいと思ったと映る。だからこそ、子供たちはロボットの歓心を買って自分の手柄にしようと思う。愛すべき相手に自分を愛してもらおうとする。繰り返すが、子供たちは社交的なロボットと、投射ではなくエンゲージメントという心理でやりとりする。まるで人間を相手にしているように反応する。つまりは、新たに傷つく可能性があるということだ。

エステルはそうした感情を刺激する状況に対し、鬱屈した反応を示して食べものに慰めを求めたのだった。ほかにも、Kismetとの会話で失望を味わうと攻撃性の反応を示す子供たちがいた。Kismetが始めた活発な会話が理解できなかった六歳のエドワードは、Kismetの口に金属バッジや鉛筆、おもちゃのイモムシなど、ロボティクス研究室で見つけたものを手あたりしだいつっこんだ。それでも、エドワードはKismetから離れようとしなかった。Kismetに認めてもらえるチャンスを投げ出そうとしなかった。

ここで重要な問題は、壊れたロボットが危険だということではない。むしろ、こう問うべきだろう。「ロボットの調子がよかった場合は、子供たちの感情にどんな肯定的影響を与えたのだろうか?」そもそも、なぜ子供たちに機械とのつきあいを提案するのか? ひとりぼっちでいる子供にとって、会話するロボットは拒絶されていないという保証になり、信頼をゆだねる場になる。だが、子供たちに本当に必要なのは、生命のないオブジェクトが受諾をシミュレーションしてくれるという保証などではない。子供たちに必要なのは、本物の相互関係、思いやり、共感を教えてくれる人間関係だ。

したがって、問題は機械が故障したときに始まるのではない。ロボットが何の不具合もなく動いているときでも、子供たちは不当な扱いを受けていることになる。ロボットのベビーシッターの場合には、どうしてその仕事をする人間がいないのかを子供に説明しなくてはならない時点で、すでに問題がある。

機械を人間扱いする、人間を機械扱いする

こうして見てくると、皮肉なことばかりだ。機械をまるで人間とほとんど変わりがないように扱いながら、私たちは人間に対してほとんど機械相手のような接し方をする習慣を養っている。わかりやすい例を挙げると、スマートフォンをチェックするため、会話しているさなかに相手を〝一時停止〟させておくことが、しょっちゅうではないか。それに、自分に注意を払っていない相手と話すのは、理解力のない機械相手におしゃべりする準備をしているようなものだ。相手が自分に与えてくれるものが少なくなれば、機械に対して話すこともたいした格下げとは思えない。

テクノロジー記者と、二人の〝マナー相談〟コラムニストとともに、〝サイバーエチケット〟をテーマにしたパネルディスカッションに出たことがある。ほとんどの問題に対して、パネリストの意見はだいたい同じだった。家族の食卓でメールはだめ。レストランでメールはだめ。子供のスポーツイベントにノートパソ

コンは、どんなに持っていきたくても持っていってはいけない。

そこへ、会場から質問が出た。ワーキングマザーである質問者は、友だちとおしゃべりしたりメールしたりする暇がなくて、取り残されるような思いだという。「本当のところ、夜になって仕事を終えてからうちに帰るまで、〈トレーダー・ジョーズ〉［食料品スーパー］で家族のために買い出しをするときくらいしか、自分の時間がないんです。だけど、レジ係の男性が話好きで。私としてはスマホでメールやフェイスブックしてたいんですけど。私、その人を無視してもいいんでしょうか？」二人のマナー専門家がまず答えた。どちらも内容はだいたい同じ。レジの男性にはすべき仕事がある。質問者の女性にはプライバシーの権利があり、彼がサービスを提供中にメールをしてもいいというのだった。

それを聞いた私は、違和感を覚えた。子供のころ祖母と一緒に買いものに出かけると、パン屋、魚屋、青果店、食料雑貨店など、どの店でも、祖母は店員たちと親しく話をしていた。このごろでは、レジにいる人間がしている仕事は機械にでもできるだろうと、誰もがわかっている。それどころか、別のスーパーでは、買った商品を自動的にスキャンする機械がレジの仕事をこなしている。そこで、私はこう発言した。機械がその人の代わりを務めるようになるまで、きっとその人は、人に対して示される承認や尊重を求めるはずです。レジでちょっと言葉をかわすことで[12]、その人は機械にもできそうなその仕事をしている自分が、それでも人間として見られていると感じられるでしょう、と。

だが、聴衆やほかのパネリストが聞きたい答えではなさそうだった。私の発言に対する冷ややかな反応から、私はまた新たな対称性に気づいた。私たちがテクノロジーに求めるものが多くなるほど、互いに求めなくなっていくのだ。かつて、地域の店で〝好意的なサービス〟のように思えていたことが、スマートフォンに向かうじゃまをする、迷惑行為になっている。

携帯電話があるから互いに話ができるようになる、と考えていたころもあった。今ではもう、携帯電話に話しかけてもらおうとしている。Siri の新しいコマーシャルは、まさにそれだ。ある種の後見や保護が生まれるような新しい会話という幻想を表現しているようではないか。私たちは今、〝誘惑のとき〟にいる。食料品店というシンプルな場面で互いにかかわり合うのさえ不愉快や迷惑に思うほど、機械という話し相手に向かいたがっている。テクノロジーには近づいてほしいが、ロボットには、人にはひっこんでいろと言うのだ。

人は寂しがりやでありながら親密さを怖れており、ロボットを手近な存在だと感じている。そして、親密さとは何かを忘れてしまえば、私たちは喜んでロボットを話し相手にする。忘れることなど何もない子供たちは、どんなときに機械に話をするのがふさわしいかについて、新しいルールを覚えるようになる。

ロードアイランドで不動産業を営むステファニーは、四十歳。十歳になる娘のタラは完璧主義で、いつも〝いい子〟にしているし、非難されそうな気配に敏感だ。その娘が最近、Siri に話しかけはじめた。子供が Siri と話をしたがるのは、不思議でも何でもない。Siri は創意に富んだ受け答えをするので、子供たちは誰かに話を聞いてもらっているような気分になるのだ。批判を怖れているとしても、Siri 相手なら安心できる。そこで、〝非の打ちどころのない子〟の役を演じてみせている親や友だちには見せることのない怒りを、タラは Siri に向かってぶつける。ステファニーは、娘が Siri に向かってわめいているのを耳にして、こう言った。「あの子は Siri に向かって怒りを発散させているんです。はじめは普通に話しているんですが、そのうち腹が立ってくるらしくて」

ステファニーは迷う。タラが実生活で他者とかわす会話よりも「確かに正直な会話なのだから、いいことなのかもしれませんけれど」と。だが、もう少しじっくり考えてみたほうがいい。他者に見せないように自己規制している感情をタラが発見するのは、確かにいいことだ。しかし、Siri に話していると、タラは脆弱になる。自分の感情は人の手に負えないものだと考えるようになるかもしれない。ほかの人たちは、自分が完璧を装うことしか望んでいない、あるいは認めないという、現在の思い込みにとらわれつづけるかもしれない。他者が彼女の本当の気持ちを大事にしてくれることを学ばなければ、タラは人とまったく接しないほうが楽だと思うようになっていくだろう。

ロボット相手にしか〝本音を出す〟ことができなければ、タラは本当の自分を許容してくれるのはオブジェクトだけだと思い込んで育つだろう。今タラのしていることは、人とかかわる〝訓練〟になっていない。人とかかわるためにタラに必要なのは、人と信頼のきずなを結べると学ぶこと、何度も間違えながら無防備に会話をするリスクを冒していいのだと、学ぶことだ。生命のないものと話していれば、やがてそれとは違う方向に連れていかれてしまう。リスクもなければ思いやりもない世界へと。

精神療法の自動化

私たちは、人を会話に引き込み、そのうち人間のすることなら彼らにもできるような気がしてくるほど、人間らしい機械を生み出している。まさにそれを戦略にして、MITの研究グループが、クラウドソーシングにより、総合的な感情的知能を持った自動精神療法医をつくろうとしている。[13] どういう仕組みなのか? ひとりの若者が、ストレスを感じる状況なり苦しい気持ちなりを短く（一～三文程度に）記述して、コンピュータ・プログラムに入力すると考えてみてほしい。[14] それに応じて、プログラムが精神療法の作業を〝クラウドワーカー〟たちのあいだに分散させる。クラウドワーカーの仕事をするのに必要なのは、基本的英語のコマンドだけだ。

そのプログラムの書き手たちによると、精神療法の会話はいいものなのに、費用がかかりすぎて必要とする人全員には手が届かないというのが、開発の理由だという。しかし、このシステムで会話を提供していると言えるのだろうか？　ひとりのワーカーがとり急ぎ〝共感的〟な返信を送る。もうひとりが、問題文が現実をゆがめていないかチェックし、場合によっては問題を再構成するよう、あるいは状況を再検討するよう勧める。返信もやはり、四文を超えない程度の短いものだ。システムに人間は介入しているものの、その人間と話ができるわけではない。各クラウドワーカーは単に、解くべきパズルのピースをぽつんと与えられるだけだ。さらに、なんと、プログラムの書き手たちは、すでに機械として順調に機能している全過程が完全に自動化されて、ループ内に人間はただのひとりも必要なくなるだろうと期待している。

　こうした自動精神療法医や、Siriを相手にしたタラの会話、〝もっと気のきく〟Siriが自分の仕事を代行できるようになる日を楽しみにしている精神科医といった存在が、私たちの置かれた状況をよく物語っている。そのどれにも欠けているのは、精神療法において、会話はセラピストとの人間関係があってこそ治療になりうるという考えだ。セラピストと患者が会って共有《シェア》するのは、ともに人間としての人生を生きているということである。私たちはみな、かつては子供という未熟で人に依存する存在だった。誰もが成長して、親密さや次世代育成能力《ジェネラティビティ》［次世代の価値を生み出す行為に積極的にかかわって行くこと］、仕事、生きる目的といったことについての決断の場に直面する。喪失に直面する。自分の死すべき運命に思いをいたす。次の世代に何を遺してやりたいか自問する。そういった悩みをかかえて難渋するとき——どんな人生にもそういう悩みはつきものだ——同じ人間なら、どんなふうに話したらいいのかわかる。それなのに、私たちはそういうことがらをますます進んで機械と話し合うようになり、[15] ひとつの文化として自動精神療法医やiPhoneに悩みを打ち明ける子供たちになじんできてしまった。

　私が会話に対するそうした懸念を表明すると、よくある反応はこうだ。「みんな、ロボットとおしゃべりしたら楽しいだろうと言うし、絶対に失望することのない友だちをほしがっているし、人に自分の話を聞かせて気まずい思いをしたり弱みをさらけ出したりはしたくないのに、いったいどうして心配するのか？」では、この質問をひっくり返してみるといい。「いったいどうして心配にならないのか？」そういう会話を追い求めるのは、幻想を追いかけることなのに、どうして心配しないのか？　私たちにはもっと価値があると、どうして考えないのか？　それ以上のものを手に入れられると考えないのか？

ある程度のところまで、私たちはそれ以上は必要ない、機械が提供してくれるもので満足だと自分に言い聞かせている。すると、非難も気まずさも弱みも怖れなくてすむ人生が、いいものかもしれないと思えてくる。機械のおしゃべりがもたらすものが、進歩なのかもしれない——この世界でのよりよい生き方に向かう途上なのかもしれないではないか？　機械の〝会話〟は、ただないよりましなだけではなく、何よりもいいのではないだろうか？　と。

そういう仕事をする人間がいない

雑誌《ワイアード》が、「人間よりもいい」と題したカバーストーリーで、生活のあらゆる領域でロボットが人間にとって代わる、必然性と利点の両方をたたえたことがある。前提にあるのは、ロボットが人間の役割を代わって務めてくれるたび、人はもっと人間らしいことをするようになるということだ。記事の筆者は自称テクノ理想主義者のケヴィン・ケリーだが、彼の主張はこの件をめぐってもう何十年もみんなが話しているような内容の焼き直しだ。その主張は二部構成になっている。第一部、ロボットのおかげで関係性のオプションが増えることにより、私たちはもっと人間らしくなる。私たちはもう、彼らを新しい〝種《しゅ》〟とみなして関係を結ぶようになっているからだ。

第二部、どんなことであれ、人間の役割をロボットが代わりに務められるなら、定義上、それは特に人間らしい役割ではなかったのだ。そして時とともに、会話、つきあい、介護といった役割もそこに含まれるようになってきた。[17] 私たちは、どんなことならテクノロジーでは無理かというところから、人間らしさを再定義する。ただし、アラン・チューリングの言葉を借りれば、コンピュータの会話は〝イミテーション・ゲーム〟である。[18] コンピュータが私たちをだまして彼らを人間だと思い込ませたら、私たちはコンピュータに知性があると宣言する。だが、だからといってコンピュータに知性があるという意味ではない。

私は世界的な科学および工学の研究機関で働いている。つまり、私のまわりのきわめて聡明な同僚や学生たちのなかに、長年ロボットとの会話やつきあいという問題に取り組んでいる人たちがいるということだ。[19] ある学生は、二歳になる自分の娘の声を、〈My Real Baby〉という、非常に反応がよくて子供に社会性獲得スキルを教えられると吹聴されたロボット人形の声に使った。もっと最近では、また別の学生が、就職面接の練習相手として人工対話パートナーを開発した。

MITの研究者たちは、社交的なロボットが――技術が向上したらだが――教師、家事アシスタント、ひとりぼっちの子供や高齢者の親友になると考えている。特に高齢者の相手としては、ロボットの必要性が自明のこととなっている。[20] ロボット工学者たちは人口統計をもとに、「そういう仕事をする人間がいない」と説く。

人口推移のグラフの示すところは明らかだ。あまりに多い高齢者人口に対して、彼らをケアすべき若者の数が足りない。だからこそ、〝ケアリング・マシン〟と呼ばれることもある、〝ケアテイカー・マシン〟を製造する必要があると、[21] ロボット工学者たちは言うのだ。

公正を期すならば、そう話しているのはロボット学者だけではない。社交的ロボットを研究してきた過去二十年で私は、大工、弁護士、医師、配管工、教師、会社員といったロボット業界とはまったく関係のない人たちとの会話の中でも、「そういう仕事をする人間がいない」に類するせりふをたびたび耳にしてきた。そういう発言にはたいてい、「そういう仕事」に就けるのはそれに不向きな人たちだという意味がこもっている。盗みをするかもしれない、無能かもしれないし、虐待することさえあるかもしれない。機械のほうがリスクが少ないだろう、と。みんなが口々に、「自分の母親を介護してもらうんだったら、高校を中退したような人よりも、ロボットのほうがいい。老人ホームで働いてる人たちを知ってるから言うんだけど」とか、「自分の子供の世話をしてもらうんだったら、自分のしてることもちゃんとわかってない、どこかの保育所の十代の職員より、ロボットのほうがいい」などと言うのである。

では、機械との会話について話すとき、私たちの話している内容はどんなことか? 互いに対する怖れ、互いへの失望だ。私たちには共同体《コミュニティ》がない。時間がない。高校を出ていないヘルスケア・ワーカーについての懸念の表明から、自分たちに代わってケアを担ってくれるロボットをつくるという夢まで、まっすぐ進んで間一髪だ。くり返すが、私たちが〝ロボティック・モーメント〟を迎えているのは、ロボットの準備が整ったからではなく、私たちがロボットをあてにしているからだ。

十六歳のある少女は、ロボットを友だちにすることを考えてみて、自分には向かないと思うものの、ともかくいくらかはその魅力が理解できると言う。

> 友だちとか、そんな相手をつくろうとしてもまるでだめで、あきらめちゃった人もいるでしょう。そんなときロボットが話し相手になるっていうこのアイデアを聞いたら、そうですね、心のある人間みたいに、いなくなったり人のことを置いてきぼりにしたり、そういうことにはならなさそうですよね。

関係という面では、ロボットが自分を裏切る心配はないと思うようになっていきますよね、だってロボットなんだから。ずっとそばにいてくれるようにプログラムされてる。だから、このアイデアを聞いて、過去のつきあいでいつも裏切られたり捨てられたりしてきた人だったら、何も悪いことは起きないとわかってるから、ロボットとつきあうことにしようと思うこともあるでしょう。

新しい世代にも行き渡っている考え方なのだ。ロボットはリスクのない関係を提供してくれる、ロボットを友だちに、あるいはこの少女が考えたように恋人にしたら「何も悪いことは起きない」と。だがその考え方は、ロボットにつきあってもらうという〝シンプルな救済〟に、異議を唱えるにも役立つ。私たちは間違いなく第一の問題に直面するだろう。私たちがロボットと一緒に過ごす時間とは、私たちが人間と過ごさない時間にほかならない。つまり、私たちが子供と過ごさない、自分自身と過ごさない時間である。

第二の問題もある。いつでも相手になってくれるロボットとおしゃべりしていれば、決してひとりぼっちでいるような気にはならないだろうが、本物〝のような《アズ・イフ》〟会話に引き入れられているかぎり(22)、ひとりぼっちのはずだ。ロボットとの会話がうまくいって、本物の会話とは何か、なぜそれが重要なのかを私たちが忘れてしまったら、どうなるのだろう？　だからこそ私は、〝クラウドソーシング〟による自動精神療法医を大いに心配している。その道をたどっていけば、ほかにももっと機械の代役が現われて、機械が提供するものが臆面もなく〝療法〟や〝会話〟という言葉で呼ばれることになるだろうから。

ハイテク玩具――本物〝のような《アズ・イフ》〟ものと脆弱性

一九七〇年代末にコンピュータと人間を研究しはじめた私は、まず子供を対象にした。第一世代の電子的な玩具やゲーム（高性能ディスプレイ付きのもの）がちょうど大衆市場に出てきたころだ。子供たちの目に新しい玩具は、人間と同じ知性があるように見えたが、コンピュータと違って人間には感情があると、子供たちにはわかっていた。感情があるから人間は特別だった[23]。

ある十二歳の子が、こう言っていた。「人間と同じくらい頭のいいコンピュータがあって、コンピュータがたくさんの仕事をしてくれるんだけど、それでも人間にはすることがあります。これからも人間はレストランを経営したり、食べものを味わったりするでしょうし、愛し合って家族をつくり、家族で愛し合うのが人間です。教会に行くのも相変わらず人間だけなんじゃないでしょうか」。そのとおり、一九八〇年代なかばから一九九〇年代はじめごろは、あらゆる年代の人々が、思考のシミュレーションは思考かもしれないが、感情のシミュレーションは決して感情ではないし、愛情のシミュレーションは決して愛情ではない、という言い方をしていたものだ。

一九九〇年代末になって、社会がいちじるしく変貌した。コンピュータを使った製品に感情があるように見えてきた。たまごっち、ファービー、AIBO（アイボ）などのバーチャルペットが遊び相手として登場して、世話を求め、いかにも気づかってもらうことが大事といったふるまいを見せた。そして確かに、バーチャルペットの世話をする子供たちにとっては、それが大事だった。私たちは愛するものを世話して育てるようにできているが、世話したものを愛するようにもなるのだ。

愛のこもった世話というのは、一種のキラー・アプリケーション［あるハードウェアやサービスを広く普及させるほどの魅力をもったソフト］になる。バーチャルペットの世話をしたり、しつけたり慰めたりすると、私たちはそれに愛着を覚え、本物〝のような《アズ・イフ》〟ペットが、それに報いてなついてくれるかのようにふるまいだす。

子供たちが社交的ロボットに感情があると思い込むようになって、感情のある生きものだから人間は特別だと考えることは、もうなくなった。私がインタビューしたなかでも、子供たちが本物そっくりの関係に愛着を示すと言う大人は多い。そしてたいてい、「まあ、かわいいもんですよ。そのうち卒業するでしょう」と言う。しかし、そうだろうか。子供たちが無生物に愛着するというパターンを抜け出すどころか、ますます深くはまっていくという可能性のほうが、高いのではないだろうか。

本心を打ち明けられる相手として機械に向かう子供たちは、何を学んでいるのだろうか？　十五歳のある男の子は、どんな人間でも人生で経験することには限りがあるが、「ロボットには大量の物語を無制限にプログラムすることができる」と言う。だから、彼の考えでは、親友にするならロボットのほうが知恵という点でまさっている。そして、言うまでもなく信頼性でもまさっている。彼の両親は離婚していて、彼は家庭内でのけんかをさんざん見てきた。「人間ってやつは」と、彼は言う。「リスキー」なものだと。ロボットは「安全」だ。ロボットの提供してくれる信頼性というのは感情的な信頼性であって、それは彼らに感情がまったくないからこそそのものなのだが。

人工の助言者

マーヴィン・ミンスキーの弟子の言葉を思い出してほしい。今の私たちは、あの言葉と違って、人がそのなかで生きたくなるような機械ではなく、一緒に生きたくなるような機械をつくろうとしているのだ。

十七歳になるトマスは、ごく幼いころからテレビゲームを、気持ちを慰める場にしていたと言う。いわゆる「行き場」だ。トマスはモロッコから米国にやって来たとき八歳だった。父親はあとに残らざるをえなかったので、今のトマスは母親と姉と一緒に住んでいて、郊外にある私立学校へ通うには一時間以上かかる。

親戚が世界中にいるので、メールやメッセージで連絡をとり合う。母親との関係はきわめて形式的だ。いくつも仕事をかけもちしてがんばっている母親を、自分の問題でわずらわせたくないとトマスは言う。最近では、悩んだらテレビゲームのキャラクターに具体的なアドバイスをしてもらうようになったと言う。

どんなふうにするのか、トマスが説明してくれた。学友のひとりが彼に、自分が盗んだ、かなり価値のあるコレクターズカードをくれた。トマスはもらっておきたい誘惑にかられたが、お気に入りゲームのあるキャラクターが、やはり盗品をもらっていたことを思い出す。ゲームでそのキャラクターは盗品を返していた。だから自分も返したと、トマスは言う。「そのキャラクターは正しいことをしようとして、それを返した。最終的にはそれがいい結果になるんですよ。だからぼくも、『うん、それがいい。ぼくも返したほうがいいな、やっぱり』って思って」

キャラクターの行動に励まされて、トマスは盗まれたカードを正当な持ち主に返した。そのゲームはトマスが正しいことをするのに力を貸してくれたが、結果を考えもせずに盗んだらしいそのクラスメイトや、カードを返されたらトマスが盗んだのかと思ってもおかしくないクラスメイトと、何があったか、どうしたらいいのかという話をするチャンスを与えてはくれなかった。トマスは学校で、「まわりにいるのは裏切り者だらけ」のような気がすると言う。そんなつらい気持ちでいるなら、誰かに話をすれば救われるかもしれない。だが、トマスは当面そうするつもりはない。その逆で、将来はますます機械に相談相手になってもらうことが増えるだろうと言う。そういう彼に、私は胸が締めつけられる思いがする。どうして彼は人工の友情に飛びつくことになったのか？　トマスの説明によれば、オンラインでゲームをしていると、人間とプログラムの区別がつかなくなることがあるのだという。

トマスの気に入っているゲームには、〝ノンプレイヤー・キャラクター〟が大勢いる。ゲーム中の登場人物として行動するようプログラムされた、エージェントたちだ。そういうキャラクターが重要になることがある。彼らが命を救ってくれることもあれば、ときにはゲームを進めるためにキャラクターの命を救わなければならないこともある。ところが、ゲームのデザイナーたちがときどきトマスのゲーム世界をひっくり返す。ゲームのプログラマーが、自分たちがプログラムして生み出したキャラクターの役を務めるのだ。「だから、ある日出会ったキャラクターがただのプログラムだとしても、別の日にはそのキャラクターは人間だったりする。……だから、日によって、ロボットと人間をはっきり区別できないんです」

私と会ったときトマスは、プログラムを人間と間違える経験をしたばかりだった。それが大きな印象となって残っている。トゥルー（本物の）・ボット、つまりコンピュータ・プログラムが演じるキャラクターが、自分と友だちになりたがったとしたら、どんな気持ちになるだろうと思いをめぐらせる。はっきりした反対理由は見つからない。「トゥルー・ボットがほんとに頼んできて、実物の人間そっくりに行動したら、友だち扱いするんじゃないかな」と、トマスは言う。

チューリングの〝イミテーション・ゲーム〟では、コンピュータが人間とやりとりして（キーボードおよびテレタイプ経由で）、その人間に相手が人間なのか機械なのか区別できなければ、そのコンピュータには知性があるとみなされる。チューリング・テストが問題にするのは、行動、つまり人間らしく演じる能力だけだ。トマスはそういう行動主義心理学の世界に生きている。そこには、友情なのかどうかを試す〝トマス・テスト〟がある。友だちになるためには、友だちらしく、〝実物の人間〟そっくりに行動すればいいのだ。トマスは、友情の演技を友情そのものとみなしてかまわない、と明言しているのだ。もしロボットに「やあ、どうだい？　気分はどう？　何を考えてるんだい？」と聞かれたら、答えるだろうと言う。そこから、機械の友人たちがどんな性格だったら好ましいか、トマスは詳しく想像しはじめる。学校でうまくつきあえずにいるやつらとは違って、機械の友人たちは正直なはずだ。彼らとは、不安も道徳的な悩みもなくつきあっていけるだろう。「くつろげる」つきあいになりそうだと、彼は言う。

これが不良仲間にもまれてきた十七歳にとっての、「くつろげる」〝ロボティック・モーメント〟だ。トマスがプログラムを相談相手として受け入れるとしたら、それは彼が会話に求めるものを格下げして、ゲームのロボットがもたらしてくれる誠実さや友愛的関心の演技《パフォーマンス》を受け入れようとしているからなのだ。

そこでさらに問題になるのが、私たちが〝情報〟をどれほどありがたがっているかだ。二〇〇〇年代最初の十年には、デートに関することを親に話すよりも、コンピュータ・プログラムを相手にするほうがいい[24]と考える高校生が、珍しくなくなっていた。そういう高校生によると、コンピュータはどんな親でもかなわない大規模なデータベースから情報を引き出せるというのだ。しかし、デートに関しては相手の気持ちを確かめろというアドバイスが必須だろう。そのとき父親と、女の子についての会話をすれば、ついでに共感や道徳的ふるまいについて話し合う機会にもなる。父親のアドバイスがデートで役に立たなかったとしても、うまくいけばその後も父親と話すようになって、そこから学ぶことが、またときめく相手と出会ったときには役立つかもしれない。

デートについての会話を機械に〝処理〟させようとしたら、そんなふうに広がっていく会話は生まれない。生まれるはずがない。機械に会話ができるという話をすればするほど、機械が提供してくれるような情報をもたらさない人間相手の会話を、格下げする結果になりかねない。

大人も思春期の子供も、大量のデータを備え、信頼できるアルゴリズムで働く、誤りを犯すことのない〝アドバイス・マシン〟があればという話をする。人間の人生をアルゴリズムに取り組ませてよしとし、機械のアドバイスが価値基準になってしまったら、私たちが誤りを犯すことのある人間と一緒にいて安心することは、なくなってしまう。

若者たちが親でなくロボットに向かうほうがいいと話すのを聞いていると、それは親に失望させられた子供たちの声だとわかる。親がかかわりをもとうとしないと、子供は他者とあまり関係を結べなくなる。親が自分のスマートフォンにひきこもっているのは、自分の子供をないがしろにしていることから生じる不安から、逃げているように見える。そういう新しい世界では、どさくさにまぎれてケアテイカー・ロボットのひとつくらい加わったところで、たいした違いはないように思えてくる。それが解決策のようにさえ思えるかもしれない。すでに子供にかかわろうとしていない、注意力散漫な親たちにとって、ロボットは魅力的だ。ロボットならいつでもそばにいてくれるはずだから、ひとりぼっちで寂しい子供たちにもロボットは魅力的なのである。

児童期と思春期において何より重要な仕事は、他者への愛情と信頼を学ぶことだ。人間の注意、存在、そして会話を通じて、それを覚えていく。子供たちが本当に学ばなくてはならないのは、自分のために大人が安定的かつ継続的にそばにいてくれるということなのに、子供の世話をロボット任せにすることを考えているようでは、私たちはそれを忘れてしまう。

「ないよりはまし」から「何よりも優れている」へ

子供にとって、愛情のきずなと感情表現はひとつのものだ[25]。人と話しているうちに子供はやがて、声の抑揚、顔の表情、身体の動きがよどみなくまとまっていく様子を、認識するようになる。絶え間なく、流動的に。そして、人間の感情が多層的に、やはり絶え間なく流動的に浮かぶ様子を学ぶ。

子供たちには、人間の複雑な感情や相反する《アンビバレンス》感情がどう見えるのかを学ぶ必要がある。同じように複雑な自分自身の表情に対する、他者の反応も必要だ。それが、成長期に会話の中で人間が子供に与える、最も大切なものだ。ロボットには教えられない。

私たちがそうしたことをみな忘れている一方、子供たちはマシン相手に話をし、ロボットの顔に見入り、保護されていると信じて、その大切な時期を過ごしている。きわめて慎重を要する問題なのに、なぜ私たちは軽率に危険を冒そうとするのだろう?

私たちが危険を冒すのは、前述した「ないよりはまし」から「何よりも優れている」へというなりゆきの一部でもある。私たちは、「そういう仕事をする人間がいない」のだから、マシンの話し相手でもないよりはましだという、あきらめからスタートしている。まずあきらめておいてから、シミュレーションのもたらす可能性を称賛し、生きているものが提供できるものより、人工物から得られるもののほうが本当はいいかのような話を始めるのだ。子供のケアワーカーは、虐待に走るかもしれない。保育士や善意の母親にも、間違いを犯すことはあるだろう。子供たちも、AIBOのようなロボット犬のペットなら病気になることはないし、ほかに目を向けたくなったらスイッチを切ればすむと言う。それに、決定的なことだが、ロボットのペットは決して死なない。大人たちも似たような気持ちでいる。ある年配女性は、ロボット犬は「突然死んでしまったり逃げていったりして人を悲しませることはありませんものね」と言う。

この新しい接続《コネクション》文化のなかで、私たちはひとりぼっちを寂しがりながら、親密さを怖れている。人工の生きものとの〝会話〟という幻想は、ジレンマを解消し、友情を要求されないつきあいを錯覚させ、摩擦《フリクション》のない《フリー》友情を想像させてくれる。相手からの要求を、私たちは文字どおりコントロールできるのだ。

前述したように、新しい接続テクノロジーの誘引力が強いのは、いつでも話を聞いてもらえる、いつでも好きなときに注意を向けてかまわない、決してひとりきりにならずにすむという、私たちの幻想や願望に応えてくれるからでもある。そしてもちろん、言外にある、第四の幻想にも応えてくれる。決して退屈しないですむだろうという幻想だ。

人がそういう幻想を口にするとき、たいていは無意識のうちに、ロボットとの関係を言い表わしてもいる。ロボットならいつでも注意を払ってくれるだろうし、こちらの注意がどこへ向かおうとがまんしてくれるだろう。会話を中断してメールに返事をしたり電話に出たりしても、まったく気にしないでくれるだろう。ロボットなら相手を見捨てていなくなったりしないだろう——そもそも本当にそこにいたと言えるのかという問題はあるにしても。退屈については、そう、ロボットは相手のために全力をあげて退屈を過去のものにしてくれるだろう。

タラのように、自分の本当の姿や本心を見せて人間の友人にきらわれたくないからといって、フラストレーションをロボットの友人とシェアするようになると、人間どうしの友情の意味は変わってしまう。人間の友人とは、つまらないおしゃべり《スモール・トーク》をするだけになってしまうかもしれない。大言壮語《ビッグ・トーク》をしたら人を退屈させてしまうのではないかと、心配するようになるだろう。すると、大言壮語というものはもうなくなってしまう。ロボットはそれを理解しないだろうからだ。

それでも、いつかそう遠くない未来に、進歩したSiriが親友のようなものになる——ほかの人が聞いてくれないときも話に耳を傾けてくれる相手になるだろうと、期待する人は多い。その願いには、私が長年の研究で知るようになった胸の痛む真実が反映されているようだ。「誰も私の話を聞いてくれていない」という感情が、私たちとテクノロジーとの関係に大きな役割を果たしている。だからこそ、自動的に大勢の人が話を聞いてくれる、フェイスブックのページやツイッターのツイートがすごく魅力的なのだ。そして、「誰も私の話を聞いてくれていない」という感情があるから、自分を気にかけてくれるように思える機械相手に時間を過ごしたくなる。機械の提供する思いやりや会話の演技《パフォーマンス》を、喜んで額面どおりに、インターフェイスの見た目どおりに受け取ろうとするのだ。

ロボット工学者たちが見せる、人が社交的なロボットと楽しそうにかかわっている映像(26)には、芝居効果の高まった瞬間をひけらかそうとするような傾向がある。あたかも、勝ち誇っているかのようだ。やったぞ！人間を機械と楽しくおしゃべりさせられた！……しかしこれは、人間を実験材料として〝再構築〟する実験である。私たちは機械相手に真剣に本物そっくりの会話をする方法を学習しているのだ。私たちの〝遂行的《パフォーマティブ》〟な［発話することが、そこに示された行為を遂行することになること］会話が、私たちが会話と考えているものを変化させはじめる。

私たちは新しいものに慣れようとしている。だが、私たち自身も変化していく。その変化を私たちは気に入るだろうか？　それを良くしたいのだろうか？

見物人になる

研究を進める過程で、私には忘れられない〝ロボティック・モーメント〟と言える時期があった。それが私の考えを変えたからだ。

私は、高齢者の付き添い相手として設計されたロボットを、老人ホームやひとり暮らしの高齢者に届けていた。その可能性を詳しく調べたかったのだ。ある日、子供を亡くした年配の女性が赤ん坊のアザラシの形をしたロボットに話しかけているのを目にした。ロボットはその女性の目をのぞきこんでいるように見えたし、話についていっているように思えた。ロボットは彼女を慰めているのだと。研究チームの面々も老人ホームの職員たちも、すばらしいことだと思った。

その女性は、うまくふるまう機械に、自分の喪失感をわかってもらおうとしていた。私たちは脆弱だ。人間にも、本当に共感しているようなふりをすることはある。しかし、ロボットは共感できない。死に直面しないし、生を知らない。だから、女性がロボットの話し相手に慰めを見いだそうとするのを、私はすばらしいと思わなかった。私たちがその女性を見捨てたような気がしたのだ。私が社交的ロボットの研究を始めてから十五年ほどたったころのことだが、それまでで最もつらい瞬間であった。

それが私の転換点になった。研究チームやホームの職員や看護人たちの熱狂ぶりを感じたのが、きっかけとなったのだ。その場には助けになれる人が大勢いたのに、私たちはみんな離れたところに立っていた。部屋にいるのは、ひとりのお年寄りが機械ときずなを結ぶのを期待しているだけの、見物人たちでしかなくなっていた。みんなそろって、何よりも私たちが得意とすることを――互いに理解し合うこと、互いを思いやることを――アウトソーシングしようとしているように思えたのだ。

あの老人ホームにいた日、何も理解しないロボットに私たちが身を引き、傍観者の立場に追いやられたことに、私は悩んだ。あの日のことでロボットに対する印象が悪くなったのではない。自分たちに対する印象、身の上話をしようとする高齢者を私たちがどう思っているかに対する印象が悪くなったのだ。ここ何十年か、高齢者とロボットというアイデアが出てくると、高齢者はロボットと話をするようになるかということばかりが強調されてきた。ロボットが高齢者の話を促すだろうか？　ロボットにそれほどの説得力をもたせられるだろうか？　と。

だが、人生について何かを語る場合を想像するとき、年長者を語り手として想定するだけではない。年少者を聞き手にすることも、想定するものだ。それが世代間の合意と言える。そういえば、どこかの古い文化の言い習わしを聞いたことがある。若い者が不品行をすると、それは「昔話をしてくれる人がいなかった」

という意味になる、というものだ。聞くことのできないロボットを聞き手としてほめたたえるのは、年寄りの話に私たちがちっとも関心を示していないということを意味する。人間の語る物語を、その聞こえない耳で聞いてくれると請け負う機械を、私たちはつくっているのだ。

もちろん、高齢者を助けるためにロボットができることは、たくさんある。ロボットに機甲部隊の役割をしてもらえることは多い。高い棚からスープの缶詰や衣料品などを取ってくれたり、震える手で料理をするのを補助してくれれば、高齢者（あるいは病人や自宅療養者）の自立にとって大きな助けになるだろう。ロボットは、不安定な身体をベッドに横たえるのを助けられる。また、どこかに置き忘れた眼鏡を見つけ出す手伝いができる。大きな助けになることばかりだと思える。さらには、高齢者とおしゃべりするロボットも疑う余地なく助けになると言う人がいる。しかし、ここで私たちは、会話と感情的ケアの人間的特異性をじっくりと考えてみる必要があるのではないだろうか。

社交的なロボットは、〝喚起的〟オブジェクトの働きをする。自分自身について、私たちの最も深遠な価値について、内省するきっかけとなるオブジェクトだ。私たちは、自分たちが自然だとみなしている四つ目の椅子の領域にいる――もとからある自然と私たちが築いてきた、第二の自然の領域だ。ここでは、マシンとのおしゃべりから、考えざるをえない疑問が出てくる。共通する人生経験が含まれず、人間的意味の共有メモリに何ひとつ蓄えられない、それどころか人間的意味をおとしめるかもしれないやりとりに、どんな価値があるのか？　これはすぐに答えが出るような問題ではない。しかし、何度でも問いつづけるべき疑問である。

私たちがロボットとつきあうというアイデアを真剣に受け取るようになったら、こういう会話をするのも楽ではなくなる。私たちがロボットとのつきあいを新しい標準とみなすようになったら、こういう会話はなくなりはじめるだろう。

私たちは今、ロボットに仕事をしてもらうことは「ないよりまし」に決まっている、という前提で考えている。その前提に間違いがあるのだ。ケアや付き添いという問題があって、それをロボットで解決しようとすれば、友人や家族や地域の人たちと一緒に解決していくことにはならないだろう。

本物〝のような《アズ・イフ》〟ロボットの自我は、ロボットに対して演じている人〝のような《アズ・イフ》〟自我を引き出していく。それは成長途上の子供たちのためにならない。本来的に生きていこうとする大人のためにもならないのだ。また、何かというと自分の人生を語ろうとするようになった年長者向けのものにすぎないなどと言うのは、恥ずべきことだ。本物の喪失や本物の愛をたっぷり経験してきた年長者にはとりわけ、本物の人生について、喪失や愛の何たるかを理解できる相手に語る機会があってしかるべきだろう。

自分自身を見つける

私たちはそういう会話をすべき立場にある。だが私は、そういう会話が起こらないかもしれないと心配になることもある。

本書の研究を締めくくろうとしていたころ、私は大規模な国際会議に出席した。そこで、「つながるための断絶」という討論があった。心理学者、科学者、科学技術者、実業界の人たちが、デジタル時代の感情生活について考える場だ。感情的なつながりを断つ一方で、スマートフォンやゲームやソーシャルメディアに絶え間なく接続して育った若者たちのあいだで共感が欠如しているというのが、広く一致した意見だった。その会場で、そのためにテクノロジーをどう活用するかという議論がたいへん盛り上がった。人々があまり共感を示さなくなっているというなら、〝共感アプリケーション[27]〟で同情や思いやりを教えようというのだ。

暴力ではなく協調が報われるようなコンピュータゲームがあればいい、というものだった。

　私たちはテクノロジーとの問題をかかえるようになっているのだから、テクノロジーにそれを乗り越える力を借りればいいという、考え方だ。機甲部隊に救助を求めるイメージと言ってもいい。かつてロボットに身体的弱者の世話をしてもらうと夢想したように、今度はアプリケーションが私たちの感情的衰退をなんとかしてくれるだろうというのだ。私たちが互いに対して冷たくなったとしたら、アプリケーションが私たちを温めてくれるだろう。私たちが互いに耳を傾けることを忘れてしまったとしたら、アプリケーションが私たちにもっと思いやりをもつようにと教えてくれるだろう、と。しかし、テクノロジーに共感の欠如を修復してもらおうというのは、テクノロジーがなければそもそもかかえずにすんだかもしれない問題に対する、皮肉な再答弁のように思える。

　前述したように、会話をするよりもアプリケーションをつくるほうが楽なのかもしれない。食卓で子供と会話せずに自分のメールにひきこもる親たちのことを考えると、その結果として生じる感情的距離をテクノロジーで埋められるとは、とても思えないのだが。確かに、私たちを拘束しようとするのでなく、解放してくれるスマートフォンなど、私たちの脆弱性を考慮したテクノロジーをデザインするべきだとは思う。しかし、共感の欠落部分を埋めるのは人間にこそできることだと、私は考える。試験的にデバイス持ち込み禁止スペースやテクノロジーの中休みを設けて、家族の会話を取り戻そう《リクレイム・カンバセーション》としている親たちのことを考える。スマートフォンを置いて、友人や同僚にきちんと注意を払おうとする大学生や企業のCEOたちのことを考える。その時間に意識を集中して自分の内面世界を見いだす方法として、改めて瞑想がもてはやされていることを考える。人々が内省に時間を割くようになれば、自分が他者に差し出せるものをもっと深く尊重するようになるだろう。

今こそがチャンスなのだ。私たちは魔術のようなテクノロジーに夢中になっていた。だが、偉大な魔術はみなそうであるように、テクノロジーも私たちの注意をそらし、魔術師が私たちに見せたいと思うものしか目に入らないようにすることで、成功した。そろそろ注意を取り戻すときだ——孤独のため、友情のため、社会のために。

ケアリング・マシンは、互いにかかわり合うとはどういうことかという、私たちのきわめて基本的な観念をゆるがすものだ。共感アプリケーションは、私たちが完全に人間らしい状態に戻れるよう指導してくれるというが、そういう提案は私たちを忘却の果てまで追い込みかねない。何よりも人間らしい仕事を手放しておいて、もっと人間らしくなれたりするものだろうかと、私たちは問わなければならないのだ。そんなふうに委任してしまっていいのかと、再考すべきときなのだ。テクノロジーを拒否するのではなく、自分自身を見つけるべきときが、来ていると言えよう。

私たちの脆弱性に対するテクノロジーの意図せざる結果を認め、私たちにつねに備わっていた復元力を尊重する——それが私たちの時の刻む一瞬《ニック・オブ・タイム》であり、私たちの踏みしめる位置だ。修正をほどこす時間はある。そして、私たちは何者なのかを忘れずにいよう——歴史の創造物である、深い心理をもち複雑な関係を結ぶ人間なのだということを、忘れずにいよう。つくりものではない、リスキーな、フェイス・トゥ・フェイスの会話をする人間なのだということを。

原註（＊ＵＲＬは原書刊行時（二〇一五年）のもの）

共感の記録

1　二〇一五年に行われたピュー研究所の調査によれば、若い世代が携帯電話を使うのは「主に二つの理由が突出している。退屈をやり過ごすためと周囲の人をやり過ごすためだ」とのこと。Aaron Smith, "U.S. Smartphone Use in 2015," Pew Research Center for Internet, Science, and Technology, April 1, 2015,http://www.pewinternet.org/2015/04/01/us-smartphone-use-in-2015.

2　Macmillan Dictionary, Buzz-Word section, "Phubbing," http://www.macmillandictionary.com/us/buzzword/entries/phubbing.html.

3　Rachel Carson, *Silent Spring* (Boston: Houghton Mifflin, 1962)（レイチェル・カーソン『沈黙の春』青樹簗一訳、新潮社）

4　マイルズ・クロフォード監督、シャーリーン・デガスマン脚本・主演のショートフィルム、〝I Forgot My Phone（スマホを忘れた日）〟は認識を新たにするうえでの好例となるだろう。二〇一三年八月に投稿されたこの動画では次のような物語が語られ、会話離れについての訓話として見ることができる。

> ある若い女性のごく普通の一日を想像してほしい。ただひとついつもと違うのは、スマホを忘れてしまったことだ。恋人の腕の中で目を覚ますと、彼はスマホでメールを読みながら気怠げに彼女の腕を撫でている。バースデー・パーティに集まった若者たちはケーキの写真を撮るのに夢中だが、乾杯の段になると、今度はシャンパンの写真を撮ることに関心が移っている。友人たちとのランチは静か——みんながスマホを見つめているからだ。ボウリングに行ってストライクを出しても、みんなメールを打つのに忙しく、誰もハイタッチをしてくれない。彼氏とスタンダップコメディを見にクラブに出かけても、笑いのひと時を分かち合うことはできない。彼はギャグを聞きながら、〝笑いについて〟のメッセージをオンラインの友人たちとシェアすることに夢中だからだ。

　公開から半年もたたずに、この動画はおよそ四千万回視聴された。私にしてみれば、この人気は慎重な楽観主義とでもいうものを示しているように思われる。これを見た人々はこの不安を感じさせるシナリオに自分を重ね合わせるだけでなく、おそらくはスマホとの関係を考え直す準備ができているのだろう。*I Forgot My Phone* http://www.youtube.com/watch?v=OINa46HeWg8.

5　Andrew Przybyiski and Netta Weinstein, "Can You Connect with Me Now? How the Presence of Mobile Communication Technology Influences Face-to-Face Conversation Quality," *Journal of Social and Personal Relationships* (2012): 1-10, doi:10.1177/0265407512453827; Shalini Misra, Lulu Cheng, Jamie Genevie, et al., "The iPhone Effect: The Quality of In-Person Social Interactions in the Presence of Mobile Devices," *Environment and Behavior* (2014): 124, doi:10.1177/0013916514539755.

6　このフレーズはマサチューセッツ州ケンブリッジにある、がん予防に関する壁画アートに書かれたものだ。この壁画を描いた人たちは、こうして予防の原則をつくり出したのだ。Genevieve Howe, "Cambridge Mural Cries Out Against the Cancer Epidemic," *Peacework*

Magazine (March 1999), http://www.peaceworkmagazine.org/pwork/0399/039904.htm.

7 子供とデジタル文化に関する私の初期の研究については、Sherry Turkle, *The Second Self: Computers and the Human Spirit* (Cambridge, MA: The MIT Press, 2005 [1984])（『インティメイト・マシン――コンピュータに心はあるか』西和彦訳、講談社）、*Life on the Screen: Identity and the Age of the Internet* (New York: Simon and Schuster, 1995)（『接続された心――インターネット時代のアイデンティティ』日暮雅通訳、早川書房）を参照。

8 Henry David Thoreau, *Walden* (Princeton, NJ: Princeton University Press, 2004 [1854]), 140.（ヘンリー・デイヴィッド・ソロー『森の生活　ウォールデン』飯田実訳、岩波文庫、他）

9 Timothy D. Wilson, David A. Reinhard, Erin C. Westgate, et al., "Just Think: The Challenges of the Disengaged Mind," *Science 345*, no. 6192 (2014): 75–77, doi:10.1126/science.1250830.

10 たとえばある研究では、デバイスなしに五日間過ごした子供たちは対照群よりもずっと正確に顔の表情を読み取り、ビデオの役者の感情を識別していることが示された。著者らは書いている。「結果は、たとえ誰かとの交流に使われているとしても、デジタル画面を見ている時間は人間の感情の言葉によらないサインを読み取る能力を伸ばす時間を奪っていることを示すものだった」Yalda T. Uhls, Minas Michikyan, Jordan Morris, et al., "Five Days at Outdoor Education Camp Without Screens Improves Preteen Skills with Non-verbal Emotional Cues," *Computers in Human Behavior 39* (2014): 38792,doi:0.1016/j.chb.2014.05.036.

11 たとえば二〇〇六年に行われた研究では、重要な問題を話し合う相手がいないと感じているアメリカ人の数が一九八五年から二〇〇四年までに三倍になったという結果が示された。Miller McPherson, Lynn Smith- Lovin, and Matthew E. Brashears, "Social Isolation in America: Changes in Core Discussion Networks over Two Decades," *American Sociological Review 71* (2006):353–75, doi:10.1177/000312240607100301. ロバート・パットナムの*Bowling Alone* (New York: Simon and Schuster, 2001)（『孤独なボウリング』柴内康文訳、柏書房）では、アメリカの共同生活の衰退が描かれている。二〇一二年五月号の《アトランティック》誌に掲載された、ソーシャルメディアと社会的孤立を考察したスティーヴン・マルシェの記事は、"インターネット・パラドックス" についての議論を引き起こした。つながればつながるほど、われわれは孤独を感じるかもしれないのだ。"Is Facebook Making Us Lonely?" http://www.theatlantic.com/magazine/archive/2012/05/is-facebook-making-us-lonely/308930/

12 Sara Konrath, Edward H. O'Brien, and Courtney Hsing, "Changes in Dispositional Empathy in American College Students over Time: A Meta-Analysis," *Personality and Social Psychology Review 15*, no. 2 (May 2011): 180–98, doi:10.1177/1088868310377395 を参照。

13 Faria Sana, Tina Weston, and Nicholas J. Cepeda, "Laptop Multitasking Hinders Classroom Learning for Both Users and Nearby Peers," *Computers and Education 62* (March 2013): 24-31, doi:10.1016/j.compedu.2012.10.003.

14 聖書では、「Conversation（会話）」という言葉はコミュニティにおける市民としての関わりを意味していた。十四世紀中頃になっても「ともに暮らし、他者とかかわりをもつ」という意味や「社会でふさわしいふるまいをする方法」を意味する言葉であった。Dictionary.com, Online Etymology Dictionary, Douglas Harper, historian, http://dictionary.reference.com/browse/conversation.

15 本書の一次資料は会話についての数多くの会話である。まず孤独や内省についての「ひとつ目の椅子」の会話から始め、次に友情や親密さ（家族や友人、恋人との会話）の「二つ目の椅子」の会話に続ける。それから社会とのつながりである「三つ目の椅子」の会話世界に移っていく。教育や仕事、政治についての会話だ。特に断りがない限り、引用しているインタビューは二〇一〇年から二〇一五年にかけて行われた。公式記録や公的な集会から引用したとの断りがない限り、私がインタビューした人たちの氏名や訪問した施設（学校や大学、企業）の名称は変更してある。

「ひとつ目・二つ目の椅子」について考察するにあたり、十代から三十代前半の百五十人以上の若者に話を聞いた。インタビューはグループの場合も個別の場合も、家族同伴で行われた場合もある。グループインタビューはほとんどオフィスや会議室で行った。ただし、サマーキャンプで子供たちと行った「キャビンでのおしゃべり」は、十人ほどのグループに分かれ消灯前の二段ベッドで行われた。さらに、二十七人の大人と実に印象深い会話をもてた。また、中学校や高校の教職員たち――教師、カウンセラー、心理学者、学校管理者六十四人にインタビューした。少し前の事情を振り返るため、二〇〇八年から二〇一〇年までにインタビューした若者の声を参照した箇所もある。そのとき私は三百以上のインタビューをこなし、メッセージのやりとりやソーシャルメディアがまだ新しかったそれほど遠くない時代を記録した。

「三つ目の椅子」の章では高等教育や仕事に焦点を当てた。教育の節では大学教授や学校管理者、学生にインタビューをした。数十年にわたって大学で働いているあいだに交わした会話も含んでいるため、インタビューした人数をあげるのは困難だ。仕事の節では、弁護士や医師、建築家、コンサルタント、金融サービス業従事者等さまざまな職業の人に話を聞いた。ソフトウェア会社ではハートテック、デザイン会社はストッダード、コンサルティング会社ではレディラーンを訪ねたときは、エンジニアやプログラマー、財務担当役員、建築家、事務スタッフまでさまざまな職種の人たちと個別インタビューのみならず、フォーカスグループ・インタビューを行うことができた。仕事の節全体で二百二人に話を聞いた。

16 公的な場の会話では、スマートフォンとともに育った人々のあいだに新たに生まれている政治的感性に注目し、もっぱら思春期や青年期の若者のデータに立ち返っている。

私は三十年以上、頭のいい機械との会話について研究している。この研究には子供も大人も含め、数百人もの被験者が含まれている。私の以前の研究については、*Alone Together: Why We Expect More from Technology and Less from Each Other* (New York: Basic Books, 2011)［前出］を参照。

会話離れ

1 The Fletcher School, "Eric Schmidt and Jared Cohen on 'The New Digital Age,'" February 26, 2014, YouTube video, https://www.youtube.com/watch?v=NYGzB7uveh0.

2 二〇一一年一月一七日『コルベア・レポー』

3 Andrew Przybylski and Netta Weinstein, “Can You Connect with Me Now? How the Presence of Mobile Communication Technology Influences Face-to-Face Conversation Quality,” *Journal of Social and Personal Relationships* (2012): 1–10, doi:10.1177/0265407512453827.

4 Shalini Misra, Lulu Cheng, Jamie Genevie, et al., “The iPhone Effect: The Quality of In-Person Social Interactions in the Presence of Mobile Devices,” *Environment and Behavior* (2014): 124, doi:10.1177/0013916514539755. この研究は室内実験で行われた“Can You Connect with Me Now?”と同じテーマを扱っているが、自然な環境で調査を行い同様の結果が導かれた。

5 心理学者サラ・コンラスは、七十二の調査からアメリカの大学生の共感度レベルは二十年前より四十パーセント低いとする調査結果を導き出した。なかでもこの十年のあいだに著しく低下していることが認められるという。調査チームは、これはメディアを媒介したコミュニケーションが増えているためではないかとみている――「実際ではなくオンラインでこれほど長時間交流しているのであれば、共感といった人間どうしの力学は間違いなく変化するだろう」Sara Konrath, Edward H. O'Brien, and Courtney Hsing, “Changes in Dispositional Empathy in American College Students over Time: A Meta-Analysis,” *Personality and Social Psychology Review* 15, no. 2 (May 2011): 180–98, doi:10.1177/1088868310377395を参照。

6 D. A. Christakis, J. Gilkerson, J. A. Richards, et al., “Audible Television and Decreased Adult Words, Infant Vocalizations, and Conversational Turns: A Population-Based Study,” *Archives of Pediatrics and Adolescent Medicine* 163, no. 6 (June 2009):554–58, doi:10.1001/archpediatrics.2009.61.

7 この研究では予想どおり、つながっているという感情をもたらす順序はビデオチャットが二番目、音声チャットが三番目となった。L. E. Sherman, M. Michikyan, and Patricia Greenfield, “The Effects of Text, Audio, Video, and In-Person Communication on Bonding Between Friends,” *Cyberpsychology: Journal of Psychosocial Research on Cyberspace* 7, no. 2, article 1 (2013), doi:10.5817/ CP2013-2-3.

8 哲学者エマニュエル・レヴィナスは顔の存在が倫理的合意を生じさせると書いている。*Alterity and Transcendence*, Michael B. Smith, trans. (London: Athlone, 1999)(『他性と超越』合田正人他訳、法政大学出版局)参照。

9 この考えは精神分析医ドナルド・W・ウィニコットの研究で扱われている。特に“The Capacity to Be Alone(ひとりでいられる能力)” *International Journal of Psychoanalysis* 39, no. 5 (September– October 1958): 416–20を参照。

10 ブレネー・ブラウンがTEDで行った、“傷つく心の力”についてのプレゼンテーションは、TEDトークのなかでも最も視聴されたもののひとつである。二〇一〇年六月に公開されて以降、二〇一五年二月までに二千万回以上再生されている。http://www.ted.com/talks/brene_brown_on_vulnerability?language=en.

11 Mark W. Becker, Reem Alzahabi, and Christopher J. Hopwood, “Media Multitasking Is Associated with Symptoms of Depression and Social Anxiety,” *Cyberpsychology, Behavior, and Social Networking* 16, no. 2 (November 5, 2012): 132-35, doi:10.1089/cyber.2012.0291.

12 スタンフォード大学のメディア心理学者クリフォード・ナスは、二〇一三年に亡くなる前、ソーシャルメディアと共感に関する研究を行っていた。クリフォード・ナスの研究についてCNNのエリザベス・コーエンが行ったレポート、“Does Life Online Give You

'Popcorn Brain'?," CNN, June 23, 2011, http://www.cnn.com/2011/HEALTH/06/23/tech.popcorn.brain.ep/index.html を参照。マルチタスクの習慣がある人は、人の顔写真を見せられてもどんな感情をいだいているか読み取ることが難しかった。また物語を読み聞かせても、登場人物の感情を言い当てられず、登場人物の気持ちを改善するためにどうすればよいか提案することも難しかった。Clifford Nass, "Is Facebook Stunting Your Child's Growth?," *Pacific Standard*, April 23,2012, https://psmag.com/is-facebook-stunting-your-child-s-growth-7ff0568e3568#.vx3jugm84 を参照。また、Eyal Ophir, Clifford Nass, and Anthony Wagner, "Cognitive Control in Media Multitaskers," *PNAS (Early Edition)* 106, no. 37 (2009): 1-5, doi:10.1073/pnas.0903620106 も参照。

13 Roy Pea, Clifford Nass, Lyn Meheula, et al., "Media Use, Face-to-Face Communication, Media Multitasking, and Social Well-Being Among 8- to 12-Year-Old Girls," *Developmental Psychology* 48, no. 2 (2012): 327-36, doi:10.1037/a0027030.

14 たとえ電源が切られていてもテーブルの上にスマートフォンがあると「話題が変わる」という研究はプシビルスキとウェインステインによる"Can You Connect with Me Now?（「共感の記録」原註5参照）"に詳しい。前述のとおり、室内実験である"Can You Connect with Me Now?"と同じテーマを扱った二番目の研究は自然環境のなかで行われたが、同様の結果がもたらされた。目につくところにスマートフォンがあると、会話の相手に共感を覚えにくくなるという結果はこの二番目の研究で示された。Misra, Cheng, Genevie, et al., "The iPhone Effect."

15 どのような社会経済的背景に育つかで、子供が身に着ける言語能力が異なることがわかっている。それほど恵まれていない背景の出身の子供は獲得する単語数が少なく、言語処理速度も遅い。自分を表現する能力を身に着けることに取りかかるのが遅れることになる。もしあらゆる階層の親たちが会話が大切なものだと感じていなければ、すべての子供たちは言語に不足のある人生を始めることになり、言語を通して学ぶ対人関係スキルに不足が生じることになるだろう。Anne Fernald, Virginia A. Marchman, and Adriana Weisleder, "SES Differences in Language Processing Skill and Vocabulary Are Evident at Eighteen Months," *Developmental Science 16*, no. 2 (2013): 234-48 を参照。

16 これはIT専門家のリンダ・ストーンがつくった用語だ。"Continuous Partial Attention," http://lindastone.net/qa/continuous-partial-attention を参照。

17 Mark R. Dadds, Jennifer L. Allen, Bonamy R. Oliver, et al., "Love, Eye Contact, and the Developmental Origins of Empathy Versus Psychopathy," *British Journal of Psychiatry 200* (2012): 191-96, doi:0.1192/bjp.bp.110.085720.

18 このエッセイとこの一文にはいくつもの翻訳がある。たとえば、Heinrich von Kleist, *On the Gradual Production of Thoughts Whilst Speaking*, David Constantine, ed. and trans. (Indianapolis: Hackett Publishing,2004), 405.（ハインリヒ・フォン・クライスト「話しているうちに思考が徐々にまとまっていくことについて」デイヴィッド・コンスタンティン編集・訳）（『チリの地震――クライスト短編集』中に収録（「話をしながらだんだんに考えを仕上げていくこと」種村季弘訳、河出文庫））

19 実際に会話が最良の考えをもたらすことの例として、クライストはオノーレ・ミラボーがフランス革命勃発時に発した国家の権利宣言をあげている。ミラボーは対話者がいたからこそ雄弁になっていった。彼が聴衆と自分自身を興奮させていたことがわかるだろう。

20 じゃまをされたいという欲求には認知面と感情面があると指摘するのはニコラス・カーだ。「わたしたちはじゃまされたいと思っている。なぜならじゃまのひとつひとつが、かけがえのない情報をもたらしてくれるからだ。そうしたアラートを遮断してしまうのは、取り残されると感じたり、あるいは社会的に孤立するリスクを負うことなのだ」。カーは、コリイ・ドクトロウに倣い、コンピュータに向かっている状態を「中断テクノロジーの生態系につながれている」と評した。*The Shallows: What the Internet Is Doing to Our Brains* (New York: W. W. Norton, 2010), 133–34, 91（『ネット・バカ――インターネットがわたしたちの脳にしていること』篠儀直子訳、青土社）

21 Alex Kantrowitz, "John McCain Unapologetic After Playing iPhone Poker During Syria Hearing," Forbes, September 3, 2013, http://www.forbes.com/sites/alexkantrowitz/2013/09/03/john-mccain-unapologetic-after-playing-iphone-poker-during-syria-hearing/#d0812d4645b1

22 Faria Sana, Tina Weston, and Nicholas J. Cepeda, "Laptop Multitasking Hinders Classroom Learning for Both Users and Nearby Peers," *Computers & Education 62* (March 2013): 24–31, doi:10.1016/j.compedu.2012.10.003.

23 Sandi Mann and Rebekah Cadman, "Does Being Bored Make Us More Creative?," *Creativity Research Journal 26*, no. 2 (2014): 165–73. この問題の概観をつかむには、Scott Adams, "The Heady Thrill of Having Nothing to Do," *Wall Street Journal*, August 6, 2011, http://online.wsj.com/article/SB10001424053111903454504576486412642177904.html.

24 情報探索行動にかかわる脳内報酬系についてさらに知るには以下を参照。Kent C. Berridge and Terry E. Robinson, "What Is the Role of Dopamine in Reward: Hedonic Impact, Reward Learning, or Incentive Salience?," *Brain Research Reviews 28* (1998): 306–69. オンライン生活によって脳そのものがどう変化するかという大がかりな論争がニコラス・カーの『ネット・バカ』の出版をきっかけに繰り広げられている。オンラインで時間を過ごせば過ごすほど、静かな空想を楽しめなくなるという（さらに、本を深く読み込んだり真剣に会話をすることもそうだ）。

25 ナスは、アイデンティティと明確な自我を確立する上で重要な時期である八歳から十二歳の少女たちのオンライン生活を調査した。この研究成果のひとつが次の共同論文である。Pea, Nass, Meheula, et al., "Media Use, Face-to-Face Communication, Media Multitasking, and Social Well-Being Among 8- to 12-Year-Old Girls."

26 共感に関する研究を行っているサイモン・バロン＝コーエンは次の点を強調している。「共感はしばしば自己認識と密接に関連している。共感能力が高い人は他人の感情を理解することが得意なだけでなく、自分自身のふるまいを振り返ることもうまい」。"Could A Lack Of Empathy Explain Cruelty?," *Science Friday*, September 30, 2011, http://www.sciencefriday.com/segments/could-a-lack-of-empathy-explain-cruelty/ を参照。共感能力の低下は個人や社会の残酷性が原因だとするバロン＝コーエンの主張については、*The Science of Evil: On Empathy and the Origin of Cruelty* (New York: Basic Books, 2012) を参照。

27 Nass, "Is Facebook Stunting Your Child's Growth?" ポジティブな出来事よりネガティブな出来事を強く覚えている傾向の人についての考察は、Roy F. Baumeister, Ellen Bratslavsky, and Catrin Finkenauer, "Bad Is Stronger than Good," *Review of General Psychology 5*,

no. 4 (2001): 323–70, doi:10.1037//1089-2680.5.4.323. アントニオ・ダマシオらの研究によると、特定の感情――たとえば称賛や思いやり――は肉体的な痛みに対する反応よりも実際に神経レベルで処理に時間がかかるとされている。Mary Helen Immordino-Yang, Andrea McColl, Hanna Damasio, et al., "Neural Correlates of Admiration and Compassion," *PNAS 10*, no. 19 (2009): 8021–26. メディアを介したコミュニケーションの下では、相手との交流があまりに早く進み、共感を示す反応を引き起こすのが難しくなるため、この点が重要になる。この研究を主導するイモアディーノ・ヤンは元中学教師で、あるインタビューでこの結果についてこう要約している。「もしものごとがあまりにも速く進みすぎたら、他人の心理状況を思いやる経験が積み重ねられなくなり、結果的に自分自身の道徳観念に影響を及ぼすだろう」。アントニオ・ダマシオらのチームも思いやりと「デフォルト・モード・ネットワーク」、つまりひとりで考え事をしているときに活発になるのと同じ脳の領域とのあいだに、つながりがあることを発見した。美徳を称賛したり社会的もしくは心理的苦痛を思いやる気持ちは、このデフォルト・モードで処理されている。両方とも処理に時間がかかる反応であり、自分たちをグッドニュースの世界に追い立てるようなものなのだ。Rick Nauert, "Twitter Tweets, Texting May Lack Compassion," Psych Central, April 14, 2009, http://psychcentral.com/news/20 09/04/14/ twitter-tweets-texting-may-lack-compassion/5317.html).

28 Nass, "Is Facebook Stunting Your Child's Growth?"

29 この統計値は、携帯電話の使用についてノキア社の委託により二〇一三年に行われ、広く報じられた調査から引用したものだ。たとえば、"Mobile Users Can't Leave Their Phone Alone for Six Minutes and Check It up to 150 Times a Day," *Mail Online*, http://www.dailymail.co.uk/news/article-2276752/Mobile-users-leace-phone-minutes-check-150-times-day.html を参照。

30 これはフィッシャープライス社が製造したiPad用アプティヴィティ・シートと呼ばれる、ベビー用シートである。アマゾンにはこう書かれている。「一緒に成長できる赤ちゃん用シートです。心地よく、楽しく、テクノロジーの要素もあります」。この製品が世間から激しい非難を浴びたことも記しておくべきだろう。http://www.commercialfreechildhood.org/action/tell-fisher-price-no-ipad-bouncy-seats-infants.

31 マーケット担当者はこの事実を当てにしている――この数字はイプソス・メディアCT（Ipsos MediaCT）とウィキア（ウェブホスティングとウィキのファームサイト）が共同発表した報告書から取った。"Generation Z: The Limitless Generation Study of 1,200 Teen Wikia Users by Wikia and Ipsos MediaCT," PR NewsWire, March19, 2013, http://www.wikia.com/ Generation_Z:_A_Look_at_the_Technology_and_Media_Habits_of_Today's_Teens.

32 Amanda Lenhardt, "Teens, Smartphones, and Texting," Pew Research Center's Internet & American Life Project, March 19, 2012, http://www.pewinternet.org/2012/03/19/teens-smartphones-texting/

33 Amanda Lenhardt, Rich Ling, Scott Campbell, et al., "Teens and Mobile Phones," Pew Research Center's Internet & American Life Project, April 20, 2010,http://www.pewinternet.org/2010/04/20/teens-and-mobile-phones/

34 "Generation Z: The Limitless Generation Study of 1200 Teen Wikia Users by Wikia and Ipsos MediaCT," PR NewsWire.

35 これはレゴ社の調査により明らかになった。私が注目したのは二〇一四年五月にミルケン・インスティトゥートの会議で行われたサシャ・ストラウスのプレゼンテーションがきっかけである。"Capturing the 'Cool Factor' in Consumer Tech," *Currency of Ideas*, May 2014, http://currency-of-ideas.tumblr.com/post/84355392003/capturing-the-cool-factor-in-consumer-tech.

36 スタンフォード大学でトップ二十五パーセントに入る学生は、メディアを使うときはつねに四種類のメディアを使用している。Clifford Nass, "The Myth of Multitasking," narrated by Ira Flatow, *Talk of the Nation*, National Public Radio, May 10, 2013, http://www.npr.org/2013/05/10/182861382/the-myth-of-multitasking.

37 Ophir, Nass, and Wagner, "Cognitive Control in Media Multitaskers." 新たな調査によれば人口のごくひと握りの人、二パーセントの人間しかマルチタスクはできないという。残りの九十八から九十九パーセントの人間にとっては、新たなタスクをするたびにパフォーマンスが落ちるだけでなく、マルチタスクをすればするほどマルチタスクが下手になるという皮肉な結果をもたらす。Maria Konnikova, "Multitask Masters," *The New Yorker*, May 7, 2014, http://www.newyorker.com/online/blogs/mariakonnikova/2014/05/multitask-masters.html?utm_source=tny&utm_medium=email&utm_campaign=dailyemail&mbid=nl_Daily%20(173).

38 Zheng Wang and John M. Tchernev, "The 'Myth' of Media Multitasking: Reciprocal Dynamics of Media Multitasking, Personal Needs, and Gratifications," *Journal of Communication* 62 (2012): 493–513, doi: 10.1111/j.1460-2466.2012.01641.x.

39 Becker, Alzahabi, and Hopwood, "Media Multitasking Is Associated with Symptoms of Depression and Social Anxiety."

40 Pea, Nass, Meheula, et al. "Media Use: Face-to-FaceCommunication,Media Multitasking, and Social Well-Being Among 8- to 12-Year-Old-Girls."

41 ワシントン州立大学の神経科学者ヤーク・ペンスケップが考案した用語。Jaak Panskepp, *Affective Neuroscience: The Foundations of Human and Animal Emotions* (Oxford: Oxford University Press, 1998), 151. テクノロジーの使用が脳神経に与える影響について専門家以外が書いたものとしては、Emily Yoffe, "Seeking How the Brain Hardwires Us to Love Google, Twitter, and Texting. And Why That's Dangerous," *Slate*, August 12, 2009, http://www.slate.com./articles/health_and_science/science/2009/08/seeking.html を参照。

42 この示唆に富むフレーズはエミリー・カーリンとの会話で生まれたものだ。

43 Giles M. Phillips, "Are Mobile Users More Vigilant?," *Proceedings of the 2014 ACM Conference on Web Science* (2014): 289–90, doi:10.1145/2615569.2615642.

44 テクノロジー業界内でも新たな世代のデザイナーたちは、こぞってこのテーマに取り組んでいる。たとえば、フェイスブックの『いいね！』ボタンの考案者ジャスティン・ローゼンスタインや、現在グーグルで働いているトリスタン・ハリスは、私たちの注意を奪うのではなく、私たちが充実した生活を送ることを手助けするデザインを目指している。アプリケーションの成功を左右するのはデザインであり、ハリスが言うように、それは費やされた時間ではなく、「有益に費やされた時間」によって測られる。ローゼンスタインについては二〇一四年五月、http://techcrunch.com/video/do-great-things-keynote-by-justin-rosenstein-of-asana/518220046/、ハリスについては二〇一四年十二月の https://www.youtube.com/watch?v=jT5rRh9AZf4 を参照。ハリスは、「有益に費やされた時間」が「オーガニック」のように消費者が求める新たなブランド的価値観になればいいと願っている。二〇一五年四月六日、私信。

45 *Oxford English Dictionary* (Oxford University Press, 2015, http://www.oed.com). http:// www.oed.com/view/Entry/40748?rskey=URvqon&result=1&isAdvanced=false#eid.

46 大学が会話をカリキュラムに取り入れようとしている試みについては、"The University: The Social Emotional Well-Being of College Students," Aspen Ideas Festival, July 1, 2014, http://www.aspenideas.org/session/social-emotional-well-being-college-students を参照。

47 つねにつながっていないと気がすまない時代が来るはるか以前に、精神分析学者ハインツ・コフートは〝脆い人々〟——自己愛ではなく損なわれた自我によって特徴づけられる人々で、彼は自己愛性パーソナリティと呼んでいた——について書いている。彼らは他人を、コフートが呼ぶところの「自己対象」とすることで自分を支えようとする。自己対象において他人は自分の分身として体験され、それにより脆弱な心理との完璧な調和が生まれることになる。新たな通信テクノロジーのおかげで他人を自己の一部として使うことが容易になり、必要なものを他人から得るのに数えきれないほどの選択肢があるという感覚がもたらされることになった。こういう「一部」を必要とする心理については、Paul Orenstein, ed., *The Search for Self: Selected Writings of Heinz Kohut* (1950–1978), vol. 2 (New York: International Universities Press, 1978) を参照。

48 食事には非行や薬物依存を防ぐ効果がある。学業の成功も望める。この研究を概観するものとしては、Barbara H. Fiese and Marlene Schwartz, "Reclaiming the Family Table: Mealtimes and Child Health and Well-Being," Society for Research in Child Development, *Social Policy Report 22*, no. 4 (2008), http://srcd.org/sites/default/files/documents/22-4_fiese.pdf を参照。

49 皮肉交じりに会話を攻撃するこのフェイスブックの広告は、われわれの文化の一瞬を切り取って示している。《ニューヨーク・タイムズ》の全体的にまじめな論説「家族での食事は過大評価されているのか？」もそうだ。この記事は食事についてうんざりするほど聞かされた効用で始まり、当たり前のことを指摘する。肝心なのは食事ではなく、両親が「子供と時間を過ごし、子供たちの日々の暮らしについて知る」ことなのだと。著者の言いたいことはこうだ。「定期的に家族との食事の時間が取れなくても自分を責めないでほしい。子供とつながる別の方法を見つければいいのだから」

　この論説の目的は、親に対し子供とのつながりは絶対必要なことだとあらためて伝えることだ。食事のときにできないのなら、ほかのところでやればいい。行間を読むと、メッセージはこういうことのようだ。食事が大切なのはみなわかっているが、実際には一緒に食卓を囲むことは少ない、ならばほかのところでつながることを始めてもいいのではないか。確かにそのとおりだ。だが食事の機会がなくなれば、また別の場所を確保しなければならない。社会学者が食事の場で大切なのは料理ではなく会話だと主張したからと言って、食事はどうでもいいわけがない。食事は非常に大切だ。かねてから私たちの文化はその時間を家族で話し合うために確保しておいたのだから。おそらくキッチンやダイニングルームを会話のための「聖域」にすることよりも、子供たちとつながる「別の時間」があるという幻想をもつほうが簡単なのだろう——これはデジタル社会でどうすればまともな子供が育てられるか私に尋ねてくる親たちへの、最初のアドバイスだ。Ann Meier and Kelly Musick, "Is the Family Dinner Overrated?," *New York Times*, June 29, 2012, http://www.nytimes.com/2012/07/01/opinion/sunday/is-the-family-dinner-overrated.html.

50 Benjamin N. Waber, *People Analytics: How Social Sensing Technology Will Transform Business and What It Tells Us About the Future*

(Upper Saddle River, NJ: FT Press, 2015), and Benjamin N. Waber, Daniel Olguin Olguin, Taemie Kim, et al., “Productivity Through Coffee Breaks: Changing Social Networks by Changing Break Structure,” *Proceedings of the Thirtieth International Sunbelt Social Network Conference*, Trento, Italy (2010), http://papers.ssrn.com/sol3/papers.cfm?abstract_id=1586375.

51 二〇〇一年の夏、私は高等教育機関の管理者のための研修会に出席した。高等教育における「生産性」に焦点を当てた研修会だ。彼らがその問題を、自分たちのシステムの費用対効果が高いことをどう「証明」すればいいかと考えていることは明白だった。議論の中心は、オンライン講座が学生の参加や基準に応じた習得度を数値化するのにどう役立つかということだった。

52 そして中国では、マイクロソフト社がスマートフォンでチャットができる人工知能の Xiaoice（シャオアイス）を発表した。二〇一四年九月五日のあるブログ記事でこの野心的なプロジェクトの特色が明らかにされている。「彼女をチャットに加えるだけで、長時間会話を楽しめるようになります。でもシャオアイスはこれまでのチャットボットよりずっと進化しています。シャオアイスは個性をもつ洗練された話し相手です。セレブやスポーツ、金融など限定されたテーマについて話せるだけでなく、同時に思いやりやユーモアの感覚も持ち合わせています。感情分析機能を利用することで、ユーザーの反応がポジティブかネガティブかを見極めてそれに応じた言葉遣いや返答が可能です。冗談も言えるし、詩も引用できる。怪談を一緒に楽しめるし、歌詞を教えてくれたり、宝くじの当選番号を教えてくれたり、そのほかいろいろなことをしてくれます。友だちのように数百回に及ぶやり取りの会話を続けることができます……発表以来、彼女は五億にのぼる会話を行っています。誰もが感心しています……彼女の個性とユーモアに。シャオアイスはウェイボーでもっとも影響力のあるユーザーに選ばれ、現在八十五万人以上のフォロワーがいます」Ｂｉｎｇのシニアディレクター、ステファン・ウェイツのブログから。“Meet XiaoIce, Cortana’s Little Sister,” September 5, 2014, https://blogs.bing.com/search/2014/09/05/meet-xiaoice-cortanas-little-sister/.

53 たとえば、ロザリンド・W・ピカードによるこの分野における重要な研究、*Affective Computing* (Cambridge, MA: The MIT Press, 2000) を参照。

54 この点についてさらに見るには、Sherry Turkle, *Alone Together: Why We Expect More from Technology and Less from Each Other* (New York: Basic Books, 2011), 106. を参照。

55 この問題は、テクノロジー評論家エフゲニー・モロゾフの *To Save Everything, Click Here: The Folly of Technological Solutionism* (New York: Public Affairs, 2013) におけるテーマになっており、彼はこの誤った考えを解決主義《ソリューショニズム》と呼んでいる。

56 ある企業で社員に対し、平日にスマートフォンから「あらかじめ決めた休憩」をとるよう求めたケースについては、大手の国際コンサルティング会社、ボストン・コンサルティング・グループ（ＢＣＧ）のケースを参照。とりわけこのプログラムでは、業務の計画を立ててチームをサポートするのに、同僚たちやチームのメンバーと話す時間を含んでいたことが重要だった。Leslie A. Perlow, *Sleeping with Your Smartphone* (Cambridge, MA: Harvard Business Review Press, 2012).

57 たとえば、デジタルデトックス協会を見てみよう。そこでのルールはこうだ。「デジタルテクノロジーはなし。スマホもインターネットも、画面もなし。ＦＯＭＯ（見逃す恐怖）もなし」

58 "Steve Jobs didn' t let his children use iPhones and here' s why." *Inquisitr*, September, 11, 2014, http://www.inquisitr.com/1468612. アップル社のチーフデザイナー、ジョナサン・アイヴも子供たちがスマートフォンなどの画面を見る時間を制限している。Ian Parker, "The Shape of Things to Come," *The New Yorker*, February 23, 2015, http://www.newyorker.com/magazine/2015/02/03/shape-things-come を参照。

59 Sara Konrath, "Harnessing Mobile Media for Good," *Psychology Today*, December 18, 2013, http://www.psychologytoday.com/blog/the-empathy-gap/201312/harnessing-mobile-media-good.

60 このシンプルな言葉は、誰もが進んで認めたがらないものの「心では」わかっていることの一例である。その証拠として、繰り返しになるが、ブレネー・ブラウンの〝傷つく心の力〟に関するＴＥＤトークが二千万回視聴されたことがあげられる。http://www.ted.com/talks/brene_brown_on_vulnerability?language=en.

孤独

1 "Louis C.K. Hates Cell Phones," September 20, 2013, YouTube video, Conan O' Brien, posted by Team CoCo, September 20, 2013, https://www.youtube.com/watch?v=5HbYScltf1c

2 前掲。

3 Susan Cain, *Quiet: The Power of Introverts in a World That Can' t Stop Talking* (New York: Crown, 2012)（スーザン・ケイン『内向型人間の時代――社会を変える静かな人の力』古草秀子訳、講談社）

4 デフォルト・モードに関する過去三十年の研究を概観するには、Randy L. Buckner, Jessica R. Andrews-Hanna, and Daniel L. Schacter, "The Brain' s Default Network: Anatomy, Function, and Relevance to Disease," *Annals of the New York Academy of Sciences 1124* (2008): 1-38, doi:10.1196/annals.1440.011. 著者らは「デフォルト・モード・ネットワークは内面で集中するタスクを行っているときに活発になる。自伝的記憶を探ったり、将来を思い描いたり、他人の考えを想像したりといったことがらだ」と書いている。また、デフォルト・モード・ネットワークの断絶と自閉症スペクトラム障害とのあいだにつながりがある可能性についても論じている。デフォルト・モードの断絶は、「外に注意が向き、他人の考えという概念を持たない心の原因である可能性がある」としている。

5 二〇一二年の調査によれば、十二歳から十七歳の子供たちがごく普通の一日に送るメッセージ数の中央値（言い換えれば、サンプルにおける平均的なユーザーの送信数）が、二〇〇九年に五十通だったのが、二〇一一年には六十通に増加していることがわかった。十四歳から十八歳の女子に限れば、その数は百に達する。Amanda Lenhardt, "Teens, Smartphones & Texting," March 19, 2012, Pew Research Center for Internet, Science, and Technology, http://www.pewinternet.org/2012/03/19/teens-smartphones-texting/

6 Donald W. Winnicott, "*The Capacity to Be Alone,*" *The Maturational Processes and the Facilitating Environment: Studies in the Theory of Emotional Development* (London: The Hogarth Press and the Institute of Psycho-Analysis, 1965), 32.

7 Henry David Thoreau, *Walden* (Princeton, NJ: Princeton University Press, 2004 [1854]), 136.（ヘンリー・デイヴィッド・ソロー『森の生活　ウォールデン』前出）

8 たとえば、Kalina Christoff, Alan M. Gordon, Honathan Smallwood, et al., "Experience Sampling During fMRI Reveals Default Network and Executive System Contributions to Mind Wandering," *Proceedings of the National Academy of Sciences 106*, no.21 (May 26, 2009): 8719-24, doi:10.1073/pnas.0100234106, また、「心をさまよわせる」研究の概要については、John Tierney, "Discovering the Virtues of Mind Wandering," New York Times (June 28, 2010), http://www.nytimes.com/2010/06/29/science/29tier.html?pagewanted=all&_r=0, また、Josie Glausiusz, "Devote to Distraction," *Psychology Today*, March 1, 2009, https://www.psychologytoday.com/articles/200903/devoted-distraction. を参照。

9 市民道徳にまで高めた、私たちの社交性に対する熱情について知るには、スーザン・ケイン『内向型人間の時代』を参照。

10 『内向型人間』のなかで、スーザン・ケインは驚くべき話を語っている。ブレインストーミングや一緒に集まってアイデアを生み出すことをほめそやす行為は一九四〇年代にアレックス・F・オズボーンが始め、*Your Creative Power* (New York: Scribner, 1948)（『創造力を生かす』豊田晃訳、創元社）にまとめられた。キース・ソイヤーは、*Group Genius: The Creative Power of Collaboration* (New York: Basic Books, 2007)（『凡才の集団は孤高の天才に勝る——「グループ・ジーニアス」が生み出すものすごいアイデア』金子宣子訳、ダイヤモンド社）のなかで、オズボーンの研究について論じている。ブレインストーミングはより多くのアイデアを生み出すものの、より多くの悪いアイデアももたらす。参加者はグループの一部であることを感じるために悪いアイデアに同調してしまうのだ。

11 CDC（アメリカ疾病対策センター）の統計によれば、五歳以下の子供の致命的でないけがの件数は二〇〇七年から二〇一〇年までに十二パーセント増加している。その前の十年間は減少していたのに対して急激な増加である。Ben Worthen "The Perils of Texting While Parenting," *Wall Street Journal*, September 29, 2012, http://www.wsj.com/articles/SB10000872396390444772404577589683644202996

12 エリク・エリクソン *Identity and the Life Cycle* (New York: W. W. Norton, 1980 [1952])、（『アイデンティティとライフサイクル』西平直訳、誠信書房）、*Childhood and Society* (New York: Norton, 1950)（『幼児期と社会』仁科弥生訳、みすず書房）

13 たとえば「構成主義」の流れをくむ、MITのシーモア・パパートの認識学習グループの周辺で行われた、子供たちにプログラミングを学ばせる活動を参照。その立ち位置についての古典的な表明はパパートの *Mindstorms: Children, Computers, and Powerful Ideas* (New York: Basic Books, 1980)（『マインドストーム——子供、コンピューター、そして強力なアイデア』奥村貴世子訳、未來社）に詳しい。構成主義の考えを受け継いだ活動はMITメディアラボ内のライフロング・キンダーガーテン・グループで続いており、MITのミッチェル・レズニックによるScratchというプログラミング言語の開発につながった。http://scratch.mit.edu/info/research

14 Winnicot, "The Capacity to be Alone" 29-37

15 これこそ孤独を必要とする思考だ。自分が自分自身とする会話なのだ。Hannah Arendt, *The Origins of Totalitarianism* (New York: Harcourt Brace Jovanovich, 1974), 174.（ハンナ・アーレント『全体主義の起源』大久保和郎他訳、みすず書房）

16 Paul Tillich, *The Eternal Now* (New York: Scribner, 1963), 17–18.（パウル・ティリッヒ『永遠の今』茂洋訳、新教出版社）

17 「愛情深く信頼できる親の世話がなく、それを補うものが何もなければ、われわれはその後死ぬまで孤独に向かって突き進むことになるはずだ。それだけでなく、孤独は人を気分屋にし、自分に自信がなく、怒りっぽく、悲観的で、内向的で、批判にすぐにカッとなる人間にしてしまうだろう」Judith Schulevitz, "The Science of Loneliness: How Isolation Can Kill You," *New Republic*, May 13 2013, https://newrepublic.com/article/113176/science-loneliness-how-isolation-can-kill-you.

18 Sy Safransky, ed., *Sunbeams: A Book of Quotations* (Berkeley, CA: North Atlantic Books, 1990),42 から引用。

19 Rainer Maria Rilke, *Letters to a Young Poet*, Stephen Mitchell, trans. (New York: Vintage Books, 1984 [1929]), 54（ライナー・マリア・リルケ『若き詩人への手紙』高安国世訳、新潮文庫）

20 Reed Larson, "The Emergence of Solitude as a Constructive Domain of Experience in Early Adolescence," *Child Development* 68, no.1 (1997): 80-93.

21 ここで楽観的な考えをもつ理由を示したいと思う。現在、瞑想や"マインドフルネス"の実践に対する関心が増しており、個人のみならずビジネスの場でも次々と導入されている。それ自体が人々や組織が孤独を受け入れる能力を高めたいと思っていることの表れだ。ビジネス界におけるマインドフルネスへの強い関心については、David Gelles, *Mindful Work* (New York: Houghton Mifflin, 2015)（デイヴィッド・ゲレス『マインドフル・ワーク——「瞑想の脳科学」があなたの働き方を変える』岩下慶一訳、NHK出版）や、David Hochman, "Mindfulness—Getting Its Share of Attention," *New York Times*, November 1, 2013, http://www.nytimes.com/2013/11/03/fashion/mindfulness-and-meditation-are-capturing-attention.html を参照。

22 https://zenhabits.net/creative-habit/ を参照。

23 ケインはこう続けている。「自分の仕事場は適度にプライバシーが保たれていると感じているのは、高い成果をあげているプログラマーでは六十二パーセントであるのに対し、成果の低いプログラマーのうちそう感じているのは十九パーセントにすぎなかった。特に必要もなくじゃまをしに来る人がいると答えたのは、成果の低いプログラマーの七十六パーセントに及んだ一方、成果の高いプログラマーでそう答えたのは三十八パーセントだった。Cain, *Quiet*, 84.（ケイン『内向型人間の時代』）

24 David Comer Kidd and Emanuele Castano, "Reading Literary Fiction Improves Theory of Mind," *Science 342*, no. 6156 (October 18, 2013): 377–80, doi: 10.1126/science.1239918. P. Matthijs Bal and Martijn Veltkamp, "How Does Fiction Reading Influence Empathy? An Experimental Investigation on the Role of Emotional Transportation," *PLOS ONE*, January 30, 2013, doi:10.1371/journal.pone.0055341.

25 ペンシルヴェニア大学の心理学者アンジェラ・ダックワースは、研究の結果、成功に必要なのは「真のグリット（やり抜く力）」だという考えを世に広めた。Angela Lee Duckworth and Lauren Eskreis-Winkler, "True Grit," *Association for Psychological Science Observer* 26, no.4(2013), http://www.psychologicalscience.org/observer/true-grit#.WH4YTmy7rJw

26 ウィニコットは子供の「ひとりでいられる能力」に注目した学者として知られている。Winnicott, "The Capacity to Be Alone," 29-37. を参照。退屈に関するウィニコットの見解を巧みに説明している力作は、Adam Phillips, *On Kissing, Tickling, and Being Bored:*

Psychoanalytic Essays on the Unexamined Life (Cambridge, MA: Harvard University Press, 1998), 69.

27 Natasha Dow Schüll, *Addiction by Design* (Princeton, NJ: Princeton University Press, 2012), 173.

28 Alexis Madrigal, "The Machine Zone: This Is Where You Go When You Can't Stop Looking at Pictures on Facebook," *The Atlantic*, July 31, 2013, http://www.theatlantic.com/technology/archive/2013/07/the-machine-zone-this-is-where-you-go-when-you-just-cant-stop-looking-at-pictures-on-facebook/278185/.

29 Mihaly Csikszentmihalyi, *Flow: The Psychology of Optimal Experience* (New York: Harper, 2008 [1990]).（ミハイ・チクセントミハイ『フロー体験　喜びの現象学』今村浩明訳、世界思想社）

30 The Fletcher School, "Eric Schmidt and Jared Cohen on 'The New Digital Age,'" YouTube video, February 28, 2014, https://www.youtube.com/watch?v=NYGzB7uveh0.

31 Henri Poincaré, "Mathematical Creation," *The Monist 20* no. 3 (1910): 321-35.

32 ワシントン大学情報学部のコンピュータ科学者にして哲学者のデイヴィッド・レヴィは、ポアンカレの洞察の体系化に取り組んでいる。科学者や芸術家、哲学者たちの記録をひもときながら、ゆっくりと時間をかけた取り組みと、創造的なものが生まれる「ひらめきの瞬間」との関連について研究してきた。

レヴィによれば、哲学者たちは素早い、決まりきった思考と、時間をかけた深い思索とをずいぶん前から区別しているという。さらに彼はその速いか遅いかの区別をめぐって、「理性」（とりとめのない思考）と「悟性」（単純に見ること）を区別していた中世のスコラ哲学者までさかのぼり、（「定まった溝に沿って」行われる）論理的思考と慎重で創造的な思考との区別をしていたヴァネヴァー・ブッシュまでたどっている。David Levy, "No Time to Think: Reflections on Information Technology and Contemplative Scholarship," *Ethics and Information Technology* 9, no. 4 (2007): 237–49, doi:10.1007/s10676-007-9142-6. を参照。

33 Jonathan Schooler, cited in Josie Glausiusz, "Devoted to Distraction," *Psychology Today*, March 1, 2009, https://www.psychologytoday.com/articles/200903/devoted-distraction.

34 マギー・ジャクソンの *Distracted: The Erosion of Attention and the Coming Dark Age* (New York: Prometheus Books, 2008) は、私たちの気もそぞろな生活を支える心理的かつ社会的基盤に言及している。特に pp. 45–127 を参照。また、Emily Yoffe, "Seeking How the Brain Hardwires Us to Love Google, Twitter, and Texting. And Why That's Dangerous," *Slate*, August 12, 2009, http://www.slate.com/articles/health_and_science/science/2009/08/seeking.html. を参照。

35 Jonathan Schooler, cited in Glausiusz, "Devoted to Distraction."

36 エリク・エリクソン『アイデンティティとライフサイクル』、『幼児期と社会』（前出）

37 William Deresiewicz, "Solitude and Leadership: If You Want Others to Follow, Learn to Be Alone with Your Thoughts," *American Scholar*, March 1, 2010, http://Theamericanscholar.Org/Solitude-And-Leadership/#.Vdf1b-Erhx4.

1 たとえば、哲学者チャールズ・テイラーが精神分析学者なら内在化された対象と呼ぶものの概念をどうとらえているか考えよう。「私たちは自身のアイデンティティを、時には苦闘の末に、自身にとって重要な他者が私たちのなかに見たいものとの対話を通してしか確立できない。たとえ彼ら――たとえば両親など――を超えて成長し、彼らがわれわれの生活から消えてしまっても、生きている限り彼らとの会話は続いていく」Charles Taylor, *Multiculturalism: Examining the Politics of Recognition* (Princeton, NJ: Princeton University Press, 1994 [1992]), 37.（チャールズ・テイラー『マルチカルチュラリズム』佐々木毅他訳、岩波書店）

2 このフレーズを初めて使ったのは文化人類学者ナターシャ・ダウ・シュールで、彼女は今、文化人類学の立場から自己追跡について研究を進めている。*Keeping Track: Personal Informatics, Self-Regulation, and the Data-Driven Life* (New York: Farrar, Straus and Giroux, forthcoming 2017).

3 シェリー・タークル『接続された心――インターネット時代のアイデンティティ』（前出）。また、Amy Bruckman, "Identity Workshops: Emergent Social and Psychological Phenomena in Text-Based Virtual Reality," unpublished essay (Media Lab, Massachusetts Institute of Technology, 1992), ftp://ftp.cc.gatech.edu/pub/people/asb/papers/identity-workshop.ps を参照。

4 監視されていると思っただけで、自尊心が低下し、不安や鬱状態を引き起こすことがある。したがって、プライバシーを放棄すればするほど、幸せを感じなくなるのは驚くことではない。Kate Murphy, "We Want Privacy but Can't Stop Sharing," *New York Times*, October 4, 2014, https://www.nytimes.com/2014/10/05/sunday-review/we-want-privacy-but-cant-stop-sharing.html?_r=0。社会的浸透理論で示されるのは、プライバシーが守られたフェイス・トゥ・フェイスの世界で親密さにつながる自己開示の相互パターンである。このパターンはインターネットで破壊されたが、新しい習慣が生まれている。Irwin Altman and Dalmas Arnold Taylor, *Social Penetration: The Development of Interpersonal Relationships* (New York: Holt, 1973) を参照。ところが、プライバシーが少なくなっても、人は脱落するのを恐れてソーシャルメディアにとどまろうとする。そしていったんソーシャルメディアに参加してしまうと、自己開示を行う本来のペースが乱れてしまう。オンラインで多くのことをシェア「しすぎ」だと心配するものの、それが新しい習慣だからそうしている。一方でポスト・スノーデン時代に入り、より慎重さを見せはじめる人が出てくるなど、アメリカ人のオンラインでのふるまいにも変化が生まれはじめている。Rainie and Mary Madden, "Americans' Privacy Strategies Post-Snowden," Pew Research Center for Internet, Technology, and Society, March 16, 2015,http://www.pewinternet.org/2015/03/16/americans-privacy-strategies-post-snowden/ を参照。

5 Jamie Bartlett, "Brand You: Why Facebook and Twitter Are Deliberately Turning Us into Narcissists," *The Telegraph*, December 27, 2013, http://blogs.telegraph.co.uk/technology/jamiebartlett/100011912/why-facebook-google-and-twitter-are-deliberately-turning-us-into-narcissists. フェイスブックだけではない。グーグルやツイッターも似たような要素を提供している――やはりBGMつきで。

6 二〇一四年の終わりに〝year in review（今年のまとめ）〟機能に対する反応が話題になった。ウェブデザイン・コンサルタントで作家のエリック・メイヤーはその年の六月に六歳の娘を失った。フェイスブックからコラージュを受け取ったとき、彼は言葉を失った。娘の写真が真ん中に配置され、そのまわりに色とりどりの風船が浮かび、アニメの男女が楽しそうに踊っていたからだ。メイヤーはこうブログに書いている。「この不用意なアルゴリズムの残酷さは圧倒的多数のケースで働くコードの結果であり、パーティでの自撮り写真やヨットから眺めた鯨の潮吹き、別荘から望むマリーナの眺めを見せつけて、ユーザーにその年圧倒された出来事を思い起こさせる。だが私たちのなかには、愛する者を失ったり、長期間入院していたり、離婚や失業、その他さまざまな苦難のときを過ごし、この一年を振り返りたくないと思う人もいるかもしれない」

　メイヤーはシンプルな改善策を提案した。フェイスブックは、ユーザーが望んでいることが確認できるまで動画をつくるのを待つこと。ユーザーにこのアプリを使うよう「強要」しないことだ。「プレビューを見たいかどうか聞けばいい――ただのイエスかノーかの質問だ……そのユーザーが一年を振り返ってみたいと思っているかどうか、正確に予測することはできないかもしれないが、それを望んでいるかどうか礼儀正しく――親身になって――尋ねることはまったく難しくないはずだ」フェイスブック側は謝罪した。メイヤーはブログの最後でユーザーたちのことをもっと考えるようテクノロジー業界に呼びかけている。その訴えは本書のより大きなテーマと重なる部分がある。「もしわれわれの業界でひとつ、たったひとつ直すことができるとしたらそれはこういうことだ――故障モード、エッジケース［特別な問題を含む可能性がある状況］、最悪のシナリオについての認識を深め、考慮すること」http://meyerweb.com/eric/thoughts/2014/12/24/inadvertent-algorithmic-cruelty.

7　フェイスブックは十周年の特別プロジェクトとしてこのキュレーション機能を公開した。このようなキュレーション機能だけに特化したアプリケーションも存在する。たとえばTimehopというアプリは、ユーザーに一年前の写真を送って当時何をしていたのかを教えてくれる。「あなたのタイムカプセル」という触れ込みだ。あなたが「過去の最高の瞬間を親友と祝える」ように、この情報を「われシェアする、ゆえにわれあり」という感性の文脈のなかに落とし込むのだ。詳しくはhttps://timehop.com/を参照。

8　もちろん、自己を量化することに熱心な人々もいる。どのようなムーブメントにも言えることだが、関与のレベルは人によって異なる。単にモバイルアプリでエクササイズプログラムを動かし、減量プログラムを続けるのに役立てている人もいれば、装置に記録されたデータをミーティングなどに持っていって分析してもらう人もいる。さらに完璧な追跡装置を開発し、自身について徹底的に考えるための手段として利用する人もいる。

9　テクノロジー評論家のエフゲニー・モロゾフは、この自己のモデルという不透明な問題について述べている。もしアウトプットを生み出すアルゴリズムが理解できなければ、「必ずしもその人格の全体的な理解につながることにならない」と。Evgeny Morozov, interviewed by Natasha Dow Schüll, Public Books, 2013, http://www.publicbooks.org/interviews/the-folly-of-technological-solutionism-an-interview-with-evgeny-morozov. また、Gideon Lewis-Kraus, "Numerical Madness," *Harper's*, September 2013, http://harpers.org/archive/2013/09/numerical-madness/3/ も参照。

10　750Wordsはテキスト分析システムRegressive Imagery Dictionaryを使用してユーザーの心理状態を読み取っている。http://www.kovcomp.co.uk/wordstat/RID.html を参照。

11 Evgeny Morozov, *To Save Everything, Click Here: The Folly of Technological Solutionism* (New York: Public Affairs, 2013).

12 Natasha Dow Schüll, interviewing Morozov for Public Books.

13 モリスらのチームによる研究例は、Margaret Morris, Quasi Kathawala, Todd K. Leen, et al., "Mobile Therapy and Mood Sampling: Case Study Evaluations of a Cell Phone Application for Emotional Self-Awareness," *Journal of Medical Internet Research 12*, no. 2 (2010), doi:10.2196/jmir.1371, また、Margie Morris and Farzin Guilak, "Mobile Heart Health: Project Highlight," *IEEE Pervasive Computing 8*, no. 2 (2009), doi:10.1109/ MPRV.2009.31 などがある。

14 マーガレット・E・モリス、二〇一四年七月三日、私信。

15 Tara L. Kraft and Sarah D. Pressman, "Grin and Bear It: The Influence of Manipulated Facial Expression on the Stress Response," *Psychological Science 23*, no. 11 (2012):1372-78, doi:10.1177/0956797612445312.

16 ヴィクトリア朝の終わりに自己検閲が避けられるようになったのは、そもそも精神分析療法として行われる会話がフェイス・トゥ・フェイスの会話を避けるようになったことが理由のひとつにある。分析家が患者の背後にすわっていれば、患者は心に浮かんだことをそのまま話しやすくなり、分析家のほうも言葉を超えて自由に心をさまよわせることができるというわけだ。セッションで分析家は注意を自由に漂わせて患者の一連の連想をたどっていく。これは患者と分析家の両方の無意識に働きかけることを助けることになる。

17 Adam Phillips, *On Kissing, Tickling, and Being Bored: Psychoanalytic Essays on the Unexamined Life* (Cambridge, MA: Harvard University Press, 1998).

家族

1 育つ社会経済的背景によって子供が身に着ける言語能力が異なるという研究を思い起こしてほしい。それほど恵まれていない背景の出身の子供は獲得する単語数が少なく、言語処理速度も遅い。彼らは自己表現の能力を身に着けることに取りかかるのが遅れることになる。Anne Fernald, Virginia A. Marchman, and Adriana Weisleder, "SES Differences in Language Processing Skill and Vocabulary Are Evident at Eighteen Months," *Developmental Science 16*, no. 2 (2013): 234–48.

2 二〇一四年七月二日、私信。

3 調査対象の五十五人の大人のうち電話を使っていなかったのは十六人で、子供と電話で何かをしていたのは四人だった。Jennifer Radesky, Caro- line J. Kistin, Barry Zuckerman, et al., "Patterns of Mobile Device Use by Caregivers and Children During Meals in Fast Food Restaurants," *Pediatrics 133*, no. 4, doi:10.1542/peds.2013-370. ファストフード店の中には、テーブルにタッチスクリーン式のタブレットを埋めこんでいる店がある。客はこのタブレットから注文でき、そのあと子供がゲームに使えるという戦略だ。この改革の結果、店はほぼ静寂に包まれることになった。客は料理を注文するのに店員と話す必要がなくなり、この調査が示すように、すでに世話をする者と子供たちとはあまり会話をしていない。

4 Edward Tronick, Heidelise Als, Lauren Adamson, et al., "The Infant's Response to Entrapment Between Contradictory Messages in Face-to-Face Interaction," *Journal of the American Academy of Child Psychiatry* 17, no. 1 (1978): 1–113, doi:10.1016/S0002-7138(09)62273-1. また、Lauren B. Adamson and Janet E. Frick, "The Still Face: A History of a Shared Experimental Paradigm," *Infancy* 4, no. 4 (October 1, 2003): 451–73, doi:10.1207/S15327078IN0404_01 を参照。

5 James Swain, Sara Konrath, Carolyn J. Dayton, et al., "Toward a Neuroscience of Interactive Parent-Infant Dyad Empathy," *Behavioral and Brain Sciences* 36, no. 4 (2013): 438–39, doi:10.1017/S0140525X12000660.

6 Nicholas Carr, *The Shallows: What the Internet Is Doing to Our Brains* (New York: W. W. Norton, 2010), 33.（ニコラス・カー『ネット・バカ――インターネットがわたしたちの脳にしていること』前出）

7 メアリアン・ウルフの読書や脳の可塑性の扱いについては、*Proust and the Squid: The Story and Science of the Reading Brain* (New York: Harper, 2007)（『プルーストとイカ――読書は脳をどのように変えるのか？』小松淳子訳、インターシフト）を参照。ニコラス・カーはウルフの研究に刺激を受け、「グーグルに依存する心」をより広く模索することになった。ウルフの最近の研究について取材したものは、Michael S. Rosenwald, "Serious Reading Takes a Hit from Online Skimming, Researchers Say," Washington Post, April 6, 2014, https://www.washingtonpost.com/local/serious-reading-takes-a-hit-from-online-scanning-and-skimming-researchers-say/2014/04/06/088028d2-b5d2-11e3-b899-20667de76985_story.html?utm_term=.3bf90583ce2f を参照。

8 こういう「家族団欒」の場面で使われると、コンピュータも家族をひとつにまとめることができる。Wii――テレビ画面をバーチャルなテニスコートやボーリングのレーン、ゴルフコースに変えるゲーム機――の人気は、家族や友人と一緒に遊べることが理由のひとつにあげられる。同様にスクリーンを使用するとはいえ、ひとりひとりが自分のスマートフォンで自分の世界に入り込むレスリーの家の「連鎖反応」とは大きく異なる。

9 エリク・エリクソン『幼児期と社会』（前出）

10 私が訪れたのは二〇一三年夏。キャンプで私が話をしたのは十四歳か十五歳の思春期の子供たちで、およそ十人一組のグループ六つにインタビューした。もちろんこの「ベッドでのおしゃべり」は特殊な状況下で行われた。参加者たちは一カ月に及ぶセッションの初めにスマートフォンを預けている。したがって、彼らは少なくともその期間はスマートフォンなしで過ごすことを自分で決めた子供たちなのだ。

11 "Louis C.K. Hates Cell Phones," YouTube video, *Conan O'Brien*, posted by Team CoCo, September 20, 2013, https://www.youtube.com/watch?v=5HbYScltf1c.

12 たとえば、Sherry Turkle, *Alone Together* (New York: Basic Books, 2011). また、John Hamilton, "The World Wide Web," Kim Leary, "Cyberplaces," and Marsha Levy-Warren, "Computer Games," in *The Inner History of Devices*, Sherry Turkle, ed. (Cambridge, MA: The MIT Press, 2008) を参照。

13 Jean Lave and Etienne Wegner, *Situated Learning: Legitimate Peripheral Participation* (Cambridge, UK: Cambridge University Press,

1991)（ジーン・レーヴ、エティエンヌ・ウェグナー『状況に埋め込まれた学習——正統的周辺参加』佐伯胖訳、産業図書）

14 この家庭では、より大きなプライバシーの問題を示す疑問が持ち上がっている。これには再び触れるつもりだ。4章を参照。

友情

1 *Macmillan Dictionary*, Buzz-Word section, "Phubbing," http://www.macmillandictionary.com/us/buzzword/entries/phubbing.html.

2 二〇一二年までにピュー研究所が行った調査によれば、十代の六十三パーセントが毎日誰かと携帯メールのやり取りをしていた。これは日常的に行うコミュニケーションの形態のうち最も頻度の高いものであり、携帯電話で話をする（三十九パーセントが毎日している）、学校の外で誰かと会う（三十五パーセント）、SNSでメッセージをやり取りする（二十九パーセント）、インスタントメッセージを送る（二十二パーセント）、固定電話で話をする（十九パーセント）、PCメールを送る（六パーセント）などが続く。Amanda Lenhart, "Teens, Smartphones & Texting," Pew Research Center's Internet & American Life Project, March 19, 2012, http://www.pewinternet.org/2012/03/19/teens-smartphones-texting. 二〇一五年には、十代の若者の八十八パーセントが携帯電話かスマートフォンを使用しており、そのうちの九十パーセントが毎日メッセージをやり取りしていた。Lenhart, "Teens, Social Media & Technology Overview 2015," Pew Research Center's Internet, Science, and Technology Project, April 9, 2015, http://pewinternet.org/2015/04/09/teens-social-media-technology-2015.

3 この場合、受信者はメッセージを保存することができるが、送信者側にその通知がいくことになる。

4 研究によれば、他人の写真や投稿を受動的にフォローしている人は、積極的に記事や写真を投稿する人とは反対に、羨望や孤独を感じやすいことがわかった。たとえば、Edson C. Tandoc, Patrick Ferrucci,and Margaret Duffy, "Facebook Use, Envy, and Depression Among College Students: Is Facebooking Depressing?" *Computers in Human Behavior* 43 (2015): 139–46, doi:10.1016/j.chb.2014.10.053を参照。フェイスブックと不幸に関する研究のあらましについては、Maria Konnikova, "How Facebook Makes Us Unhappy," *The New Yorker*, September 10, 2013, http://www.newyorker.com/tech/elements/how-facebook-makes-us-unhappy を参照。

5 David Riesman, *The Lonely Crowd, Revised Edition: A Study of the Changing American Character* (New Haven, CT: Yale University Press, 2001 [1950]).（デイヴィッド・リースマン『孤独な群衆』加藤秀俊訳、みすず書房）

6 二〇一二年、ピュー研究所は、アメリカの十代の四人にひとりが（ただの携帯電話とは異なる）スマートフォンを持っているとする報告書を発表したが、二〇一三年には所有率が十代の半分にまで上昇した。二〇一五年、同研究所は十代の八十八パーセントがなんらかの携帯電話を使用し、七十三パーセントがスマートフォンを所有していることを確認した。二〇一二年の数字については、Amanda Lenhart, "Cell Phone Ownership," Pew Research Center's Internet & American Life Project, March 19, 2012, http://www.pewinternet.org/2012/03/19/cell-phone-ownership/ を参照。二〇一三年の数字については、Mary Madden, Amanda Lenhart, Maeve Duggan, et al., "Teens and Technology 2014," Pew Research Center's Internet & American Life Project, March 13, 2013を、二〇一五年の数字については、Lenhart, “Teens, Social Media, and Technology Overview 2015.” をそれぞれ参照。

7 ソンタグは、自分の言葉は十九世紀の詩人ステファヌ・マラルメが残した警句、「今日、あらゆるものは本になるために存在している」を改訂したものだと書いている。Susan Sontag, *On Photography* (New York: Picador, 2001 [1973])（スーザン・ソンタグ『写真論』近藤耕人訳、晶文社）

8 グーグルグラスはウェアラブル端末の一種で、使用者の視野に直接メッセージを表示させることができる。スマートブレスレットの一例を見るには http://www.usemagnet.com を参照。

9 Andrew Przybylski and Netta Weinstein, “Can You Connect with Me Now? How the Presence of Mobile Communication Technology Influences Face-to-Face Conversation Quality,” *Journal of Social and Personal Relationships* (2012): 1–10, doi:10.1177/0265407512453827. また、Shalini Misra, Lulu Cheng, Jamie Genevie, et al., “The iPhone Effect: The Quality of In-Person Social Interactions in the presence of Mobile Devices,” *Environment and Behavior* (2014): 124, doi:10.1177/0013916514539755. を参照。

10 最近の研究によれば、使用基準に関する認識が同じである限り、携帯電話の使用が人間関係に悪影響を及ぼすことはないと考えられていることがわかった。社会ではより厳しいルールが守られているとしても関係ない。自分たちがともに従うルールを理解しているかが肝心なのだ。Jeffrey Hall, Nancy Baym, and Kate Miltner, “Put Down That Phone and Talk to Me: Understanding the Roles of Mobile Phone Norm Adherence and Similarity in Relationships,” *Mobile Media & Communication 2*, no. 2 (May 1, 2014): 134–53, doi:10.1177/2050157913517684. しかしながら、この研究ではひとつ疑問が解決されないままになっている。会話の途中で友人に電話に出る「許可」を与えたとしても、あるいはそのことで気を悪くしたりしないと言ったとしても、自己申告制の調査ではわからない形で関係は変化しているかもしれない。たとえば、“Can You Connect with Me Now?” や “The iPhone Effect” では、目に入る場所に携帯電話があるだけで話す内容に変化があることが明らかにされた。これらの研究によれば、友人が会話を中断して電話をかけてもあなたは怒らないかもしれないが、会話の性質が変わらないとは言えないことを示している。

11 友情をそのように考えることはアプリケーションとしてとらえているようなものだ。この感覚について、ハーバード大学の発達心理学および教育学の教授ハワード・ガードナー、ワシントン大学情報学部の教授ケイティ・デイヴィスが *The App Generation: How Today's Youth Navigate Identity, Intimacy, and Imagination in a Digital World* (New Haven, CT: Yale University Press, 2013) のなかで論じている。ガードナーとデイヴィスは、「アプリ依存」と「アプリ対応」とを分けて考えている。何が可能なのかアプリによって決められると感じたり、アプリで解決できる問題にしか取り組まないとすれば、それはアプリ依存といえる。一方で、重要なことに集中できるよう時間を節約するためや、新しいことを始めるための出発点としてアプリを使うならば、アプリに対応していると言えるだろう。ガードナーとデイヴィスは、若者たちがアプリ依存の傾向を示しているのではないかと懸念している。

12 Keith Wilcox and Andrew T. Stephen, “Are Close Friends the Enemy? Online Social Networks, Self-Esteem, and Self-Control,” *Journal of Consumer Research 40* (November 27, 2012), doi:10.1086/668794.

13 Sara H. Konrath, William J. Chopik, Courtney K. Hsing, et al., “Changes in Adult Attachment Styles in American College Students

"Over Time: A Meta-Analysis," *Personal Social Psychology Review* (2014): 1–23, doi:10.1177/1088868314530516.

14　テクノロジーを使って日常生活を記録する実験はさまざまに行われてきた。MITメディアラボのスティーヴ・マンは、一九八〇年代半ばからウェアラブルデバイスを装着し、毎日の生活を記録し続けている。マンの目的は——自身の身のまわりの観察をすることで——観察の記録を発表することと、コンピュータと記憶に関する実験を行うことだった。この実験については、Steve Mann, with Hal Niedzviecki, Digital Destiny and Human Possibility in the Age of the Wearable Computer (New York: Random House, 2001) を参照。サッド・スターナーもMITメディアラボのサイボーググループの一員であるが、Remembrance Agent、つまりパソコンのデスクトップ（現在はモバイル端末）に常駐してユーザーの活動を記録するだけでなく、次に見るものの提案をしてくれるツールの開発に取り組んでいる。Bradley J. Rhodes and Thad Starner, "Remembrance Agent: A Continuously Running Personal Information Retrieval System," *Proceedings of the First International Conference on the Practical Application of Intelligent Agents and Multi-Agent Techology* (PAAM '96), 487–95, http://www.bradley-rhodes.com/Papers/remembrance.html を参照。

これらのアイデアはウェアラブルカメラやマイクロフォンを使うことにより生活の一部始終を記録したいと考えていたゴードン・ベルに採用され、ジム・ゲメルの協力を得てマイライフビッツの開発につながった。Gordon Bell and Jim Gemmell, "A Digital Life," *Scientific American* 296, no. 3 (March 2007): 58–65, https://www.scientificamerican.com/article/a-digital-life/ を参照。ベルとゲメルは、このプロジェクトに関する対談形式の本を出版している。*Total Recall: How the E-Memory Revolution Will Change Everything* (New York: Dutton, 2009)（『ライフログのすすめ——人生の「すべて」をデジタルに記録する！』和泉恵美子訳、早川書房）。グーグルグラスはこの積年にわたるテクノロジー界の夢を具現化したものである。

15　グーグルはグーグルグラスのプロジェクトを中止したが、グラス「探検家《エクスプローラー》」といわれるベータ・テスターへの販売は行われた。私はさまざまな話からグラスが共感の人口装具、共感の補助、共感の指導者として役立てるのではないかという感触を得た。グラスエクスプローラーのひとり、二十六歳の男性は、マイノリティに対し暴力をふるった人間にグラスを渡して、被害者の視点から人種差別的な暴力がどう見えるかわからせればいいのではないかと語った。彼は、暴力や大虐殺、被害者や犯人についてや、相手の立場に立って考えることを話し合う〈Facing History and Ourselves〉のようなプログラムがあるのは知っていた。だがこのテクノロジーは「そういうもの」より効果的だと考えている。なぜか？「見ることは聞くことより強力です。近頃の人は文字に飽きていて、見るほうがいいと思っている。長い物語は好きじゃないんです」。彼の言うとおり、かつて私たちは長い会話によって共感や道徳観をはぐくむことができると考えていたが、今後はこの近道を利用するようになるかもしれない。共感マシンだ。私たちの人種的かつ経済的に分断された社会が見失っているのは、暴力を当事者として見る視点なのだろうか。それともそれは簡単にテクノロジーで補えるものなのだろうか。私はグラスエクスプローラーたちの前向きな姿勢に心を動かされた。そのテクノロジーは驚くべきものであり、彼らは深刻な問題にそれを役立てたいと思っている。だがテクノロジーを手にしたところで、人間のすべての仕事に役立つわけではない。いくつかの仕事にはすでに適切なテクノロジーが存在しているかもしれないからだ。それは人との会話である。

16　グーグルグラスのユーザーのあいだでは、この技術が自閉症スペクトラム障害やアスペルガー症候群の人たちの支援に役立てられるのではないかという期待が高まっている。グーグルグラスがあれば、一度で完全に理解できなかったやり取りや会話を何度も何度も繰り返すことができるからだ。

17 Mark R. Dadds, Jennifer L. Allen, Bonamy R. Oliver, et al., "Love, Eye Contact, and the Developmental Origins of Empathy Versus Psychopathy," *British Journal of Psychiatry 200* (2012): 191–96, doi:0.1192/bjp.bp.110.085720.

18 Daniel Siegel, cited in Mark Matousek, "The Meeting Eyes of Love: How Empathy Is Born in Us," http://www.psychologytoday.com/blog/ethical-wisdom/201104/the-meeting-eyes-love-how-empathy-is-born-in-us.

19 千住淳。Kate Murphy, "Psst. Look Over Here," *New York Times*, May 16, 2014, https://www.nytimes.com/2014/05/17/sunday-review/the-eyes-have-it.html からの引用

20 これは心理学者サラ・コンラスが七十二の研究から集めた証拠をもとに、アメリカの大学生の共感能力が二十年前と比べて四十パーセント低下していることを明らかにした論文から引いた数字である。彼女は特に過去十年の落ち込みが激しいことに注目している。Sara Konrath, Edward H. O'Brien, and Courtney Hsing, "Changes in Dispositional Empathy in American College Students over Time: A Meta-Analysis," *Personality and Social Psychology Review 15*, no. 2 (May 2011): 180–98, doi:10.1177/1088868310377395 を参照。

21 この議論におけるもっとも説得力のある言説は、インターネット研究者ダナ・ボイドがSNSとティーンエイジャーに関して記した著作のなかにあった。danah boyd, *It's Complicated: The Social Lives of Networked Teens* (New Haven, CT: Yale University Press, 2014)（ダナ・ボイド『つながりっぱなしの日常を生きる——ソーシャルメディアが若者にもたらしたもの』野中モモ、草思社）

22 Plato, *Phadedrus*, Christopher Rowe, trans. (New York: Penguin Classics, 2005)（プラトン『パイドロス』藤沢令夫、岩波文庫）

23 Rowan Williams, "The Paradoxes of Empathy," *Tanner Lectures on Human Values*, Cambridge, MA, April 8–10, 2014.

24 William Deresiewicz, "Faux Friendship," *Chronicle of Higher Education*, December 6, 2009, 2014, http://www.chronicle.com/article/Faux-Friendship/49308/

25 Mihaly Csikszentmihalyi, *Flow: The Psychology of Optimal Experience* (New York: Harper Perennial Modern Classics, 2008 [1990]),186.（ミハイ・チクセントミハイ『フロー体験　喜びの現象学』（前出））

26 Henry David Thoreau, *The Writings of Henry David Thoreau*, Bradford Torrey, ed., Journal IV, May 1, 1852–February 27, 1853 (Boston: Houghton Mifflin and Company, 1906), 397.

27 Csikszentmihalyi, *Flow*, 189.（チクセントミハイ『フロー体験』）（前出）

恋愛関係

1 Sara H. Konrath, William J. Chopik, Courtney K. Hsing, et al., "Changes in Adult Attachment Styles in American College Students over Time: A Meta-Analysis," *Personal Social Psychology Review* (2014): 1–23, doi:10.1177/1088868314530516.

2 Barry Schwartz and Andrew Ward, "Doing Better but Feeling Worse: The Paradox of Choice," *Positive Psychology in Practice* (New York: John Wiley and Sons, 2004). 私の考察は選択とそこから生まれるストレスについてのシュワルツの分析に倣っている。彼が語る力学がデートの話題のインタビューに反映されていることに気がついた。

3 （前掲）108–110.

4 近年私たちは、より小さい家族や共同体のなかで暮らすようになっている。すでに述べたように、一九八五年から二〇〇四年までのデータを比べた研究によると、アメリカ人が重要なことを話せる相手の数は三分の一近く減少している。重要な話ができる相手が誰もいないと答えた人は二倍以上に増えていた。信頼できる相手は家族でもそうでない場合もどちらも減少していて、家族でない相手とのつながりの減少が最大だった。Miller McPherson, Lynn Smith-Lovin, and Matthew E. Brashears, "Social Isolation in America: Changes in Core Discussion Networks over Two Decades," *American Sociological Review 71*, no. 3 (June 1, 2006): 353–75, doi: 10.1177/000312240607100301 を参照。

5 Sheena Iyengar and Mark R. Lepper, "When Choice Is Demotivating: Can One Desire Too Much of a Good Thing?" *Journal of Personality and Social Psychology 79*, no. 6 (December 2000): 995–1006, doi:10.1037//0022-3514.79.6.995.

6 社会学者のジェレミー・バーンホルツによれば、人はオンライン上での絶え間ないコミュニケーションの息苦しさから逃げるために、いわゆる執事の嘘——予定管理の戦略だ——に頼ることがあるとしている。たとえば、言い寄ってくる男性とメールをしたくないとき女性はこう返信することがあるかもしれない。「今話せないの。映画に来てるから」たとえば、Lindsay Reynolds, Madeline E. Smith, Jeremy P. Birnholtz, et al., "Butler Lies from Both Sides: Actions and Perceptions of Unavailability Management in Texting," in *Proceedings of the 2013 Conference on Computer Supported Cooperative Work* (2013): 769–78, doi:10.1145/2441776.2441862 を参照。

7 真剣につきあっている相手のいる十八歳から二十九歳までの携帯電話保有者のうち四十二パーセントが、一緒にいるときに携帯電話のせいでパートナーの注意が散漫になっていることがあると答えている（すべてのカップルのうち二十五パーセントがそう答えた）。Amanda Lenhart and Maeve Duggan, "Couples, the Inter- net, and Social Media," Pew Research Center' s Internet & American Life Project, February 11, 2014, http://www.pewinternet.org/2014/02/11/couples-the-internet-and-social-media/. 二〇一五年のイギリスの調査によれば、携帯電話利用者の四分の一がセックスの最中に電話に出たことがあるとしている。http://www.yourtango.com/201165808/shocking-stat-25-percent-people-answer-phone-during-sex. アメリカでは、二〇一三年に行われたハリス社による調査で、十八歳から三十四歳の二十パーセントがセックスの最中に電話に出たことがあると回答した。http://www.cbsnews.com/news/cell-phone-use-during-sex-believe-it/

8 Tao Lin, *Taipei* (New York: Vintage Contemporaries Original, 2013), 241.

9 たとえば、iPhone 向けの〝Marriage Fight Tracker〟などがある。

10 これはアイデンティティとインターネットに関する私の以前の研究テーマだった。私は十年以上にわたり、オンラインでアバターをつくる人々について研究した。タークル『接続された心——インターネット時代のアイデンティティ』（前出）

11 デジタルメディアによって促進される依存について――そしてそれが恋愛関係に与える影響については、Jeffrey K. Hall and Nancy K. Baym, "Calling and Texting (Too Much): Mobile Maintenance Expectations, (Over)dependence, Entrapment, and Friendship Satisfaction," *New Media & Society 14*, no. 2 (March 1, 2012): 316–31, doi:10.1177/1461444811415047 を参照。

教育

1 Anant Agarwal, cited in Jeffrey R. Young, "The New Rock-Star Professor," *Slate*, November 6, 2013, http://www.slate.com/articles/technology/future_tense/2013/11/udacity_coursera_should_celebrities_teach_moocs.html.

2 Carrie B. Fried, "Laptop Use and Its Effects on Student Learning," *Computers and Education 50* (2008): 906–14, doi:10.1016/j.compedu.2006.09.006.

たとえ作業能率が悪化していなくても、時間が長くかかってしまう。

3 Eyal Ophir, Clifford Nass, and Anthony D. Wagner, "Cognitive Control in Media Multitaskers," *Proceedings of the National Academy of Sciences* (2009), doi:10.1073/pnas.0903620106.

4 Deborah R. Tindell and Robert W. Bohlander, "The Use and Abuse of Cell Phones and Text Messaging in the Classroom: A Survey of College Students," *College Teaching 60*, no. 1 (January 2012): 1–9, doi:10.1080/87567555.2011.604802.

5 Faria Sana, Tina Weston, and Nicholas J. Cepeda, "Laptop Multitasking Hinders Classroom Learning for Both Users and Nearby Peers," *Computers and Education 62* (March 2013): 24–31, doi:10.1016/j.compedu.2012.10.003.

6 "AT&T Commercial—It's Not Complicated, 'Dizzy,'" YouTube video, posted by CommercialCow, February 4, 2013, https://www.youtube.com/watch?v=yYaSl_VgqbE.

7 Zadie Smith の *NW: A Novel* (New York: Penguin Press, 2013) の謝辞

8 Katherine N. Hayles, "Hyper and Deep Attention," *Profession* (2007): 187–99.

9 Ibid., 195

10 Ibid., 196.

11 The Fletcher School, "Eric Schmidt and Jared Cohen on 'The New Digital Age,'" YouTube video, February 28, 2014. https://www.youtube.com/watch?v=NYGzB7uveh0.

12 Eric Schmidt and Jared Cohen, *The New Digital Age: How Technology Is Reshaping the Future of People, Nations, and Business* (New York: Knopf, 2013).（エリック・シュミット、ジャレッド・コーエン『第五の権力――Ｇｏｏｇｌｅには見えている未来』櫻井祐子訳、ダイヤモンド社）

13 Philip J. Guo, Juho Kim, and Rob Rubin, "How Video Production Affects Student Engagement: An Empirical Study of MOOC Videos,"

Proceedings of the First ACM Conference on Learning @ Scale Conference (2014), doi:10.1145/2556325.2566239.
　エデックス edX における 2013 年 11 月 13 日の Philip J. Guo のブログポスト、"Optimal Video Length for Student Engagement" も参照のこと。
https://www.edx.org/blog/optimal-video-length-student-engagement#.U71MsxZFFBW.

14 Michael S. Rosenwald, "Serious Reading Takes a Hit from Online Scanning and Skimming, Researchers Say," *Washington Post*, April 6, 2014, http://www.washingtonpost.com/local/serious-reading-takes-a-hit-from-online-scanning-and-skimming-researchers-say/2014/04/06/088028d2-b5d2-11e3-b899-20667de76985_story.html.

15 ウルフは、潜在的な可能性がいかに失われていくか、発達的な観点から論じている。「テキストの表面上の意味にとどまらないものを分析、推論し、あらたな見解を生み出す能力は長年の訓練の結果だ。専門的な知識をもつ大人の読み手として深く、さまざまな方向に理解が広がっていく読み方をし、また、その処理を脳が行うのに時間は、ミリ秒単位のときもあれば、何年もかかるときもある。あらかじめプログラムされた設定がない状態の脳で、こういった読み取り回路をつくりあげることに関して言えば、私たち（年配の読み手）の多くが形成したものを未熟な読み手も同じように形成できるという遺伝的な保証はどこにもない。読み取り回路の可塑性こそが、アキレスのかかとでもある。時間をかけて形成され、実際に読んでいるときに充分実装される場合もあるが、そうでなければ、それが形成される期間の初期において、あるいは形成されたあとも、潜在的に利用できる認知資源のごく一部が実行されている場合にショートしてしまうことも考えられる。なぜなら私たちは文字どおり、そして生物学的な意味においてもさまざまな方法で情報を読み取るので、どう読むか――そして、それから何を吸収するか――は、読んだものの中身と、どんなデバイスを使ったかに大きく影響されるのだ」
　Maryanne Wolf, "Our 'Deep Reading' Brain: Its Digital Evolution Poses Questions," Nieman Reports, Summer 2010, http://www.nieman.harvard.edu/reports/article/102396/Our-Deep-Reading-Brain-Its-Digital -Evolution-Poses-Questions.aspx.
　脳の可塑性についてウルフは明確な不安を覚えたという。「知的努力をますます必要とせず、それを受けることもないデジタル情報が瞬時に、また過剰に供給されることで、まだ若い（そして年配の）読者の多くは、読んでいるもののなかに何層にも重なっているかもしれない意味を熟慮する時間も、動機ももてなくなる。私はそれを深く憂慮する。集中することを削ぐものはさまざまな形で遍在しているが――脳は本来、目新しいものに惹かれがちだ――それは、情報を最も理解しやすい最大公約数的な概念にまで減じようとする考え方の一因となる。短くてキャッチーなサウンドバイトやテキストバイト、そして思考を停止させるマインドバイトは、じっくり考えるよりも次の新しい情報に気を取られたり惹かれたりして、目の前にある情報を忘れてしまう現在の文化を反映している」
　Maryanne Wolf and Mirit Barzillai, "The Importance of Deep Reading," *Educational Leadership* 66, no. 6 (March 2009): 32-37, http://www.ascd.org/publications/educational-leadership/mar09/vol66/num06/The-Importance-of-Deep-Reading.aspx.

16 John Palfrey and Urs Gasser, *Born Digital: Understanding the First Generation of Digital Natives* (New York: Basic Books, 2010).

17 インターネットについての研究者、ダナ・ボイドは、今や最も重要なスキルは物事そのものを知ることではなく、物事を調べる方法を知っていることだと主張する。つまり、情報の不足を補うものとしてスマートフォンをつねに携帯すべきだという。

danah boyd, "Participating in the Always-On Lifestyle," in *The Social Media Reader*, Michael Mandiberg, ed. (New York: New York University Press, 2012) を参照。スマートフォンの検索で見つけたものは、点と点をつなぐことで物事を理解するのを可能にするとボイドは言う。「〝創造性〟とは、単一の作業に集中するより、新たな結びつきをつくる能力によって形成される」。私が会って話を聞いた教育者たちは別の見方を示した。それによれば、あらかじめ興味をもって〝自分のもの〟にした素材を持っていることが重要だという。〝関係のあるものを調べ〟さえすればそれでよいというのは、自分が何を探しているのかわかっていることを意味するが、創造的なプロセスにおいては、そうではない場合がしばしばだ。手にした素材を加工するには時間が必要だが——それは、〝わざわざ検索しなくても知っている〟ことがあって、初めて可能となる。

18 この点については、イェール大学で統計学とコンピュータ・サイエンスを教えるエドワード・タフツの業績を参考にした。

Edward R. Tufte, *The Cognitive Style of PowerPoint: Pitching Out Corrupts Within* (Cheshire, CT: Graphics Press, 2006 [2003]).

19 Robert W. Clowes の "The Cognitive Integration of E-Memory," *Review of Philosophy and Psychology* 4, no. 1 (2013): 107–33, doi:10.1007/s13164-013-0130-y を参照。

また、アニー・マーフィー・ポールが週一のニューズレターで学びの科学について語った文章についても参照。"Your Two Kinds of Memory: Electronic and Organic," The Brilliant Report, August 6, 2014, http://anniemurphypaul.com/2014/08/your-two-kinds-of-memory-electronic-and-organic.

20 Randall S. Edson, Thomas J. Beckman, Colin P. West, et al., "A Multi-Institutional Survey of Internal Medicine Residents' Learning Habits," *Medical Teacher 32*, no. 9 (2010): 773–75, doi: 0.3109/01421591003692698.

前掲のアニー・マーフィー・ポールのブログでも引用されている。

21 ジェニファー・フィリップスの研究チームは専門的な知識と意思決定の関係について記している。「専門家と言われる人たちは、職人的な人や初心に比べてより深く広い知識ベースをもっている。みずからの専門分野で起こることとの関係性や原動力について、しっかり理解している……。要するに、より多くのファクトやディテールを知っているのだ」。

Jennifer K. Phillips, Gary Klein, and Winston R. Siek, "Expertise in Judgment and Decision Making: A Case for Training Intuitive Decision Skills," *Blackwell Handbook of Judgment and Decision Making*, Derek J. Koehler and Nigel Harvey, eds. (Malden, MA: Blackwell Publishing, 2004), 297–315.

フィリップスたちは、〝事実に基づく知識〟というカテゴリーは、John Anderson の〝宣言的知識〟に対応するものだと指摘している。宣言的知識については、John Anderson, *The Architecture of Cognition* (Cambridge, MA: Harvard University Press, 1983) を参照。

22 Jerome Kassirer, "We Should Encourage Browsing," *British Medical Journal 342* (2011), doi:http://dx.doi.org/10.1136/bmj.d2182.

Curtis A. Olson, "Focused Search and Retrieval: The Impact of Technology on Our Brains," *Journal of Continuing Education in the Health Professions 32*, no. 1 (2012), doi:10.1002/chp.21117 についても参照。

23 前掲 Paul, "Your Two Kinds of Memory: Electronic and Organic" で引用されている。

24 Nicholas Carr, *The Shallows: What the Internet Is Doing to Our Brains* (New York: W. W. Norton, 2010), 197（ニコラス・カー『ネット・バカ――インターネットがわたしたちの脳にしていること』（前出））

25 この教室で起こったことは、授業でノートをとるのにコンピュータを使うことについての研究でも立証されている。パソコンでノートをとる人たちは速記官のようなものになってしまい、授業の中身そのものに意識を集中して参加するのが難しくなるというのだ。手書きでノートをとるという〝効率の悪さ〟にも美徳がある。何を書き、何を省くのか、自分で決めなければならないからだ。

　Pam Mueller and Daniel M. Oppenheimer, "The Pen Is Mightier than the Keyboard," *Psychological Science* 25, no. 6 (2014), doi:10.1177/0956797614524581.

26 二〇一一年九月、スタンフォード大学はコンピュータ・サイエンスのクラス三つをオンラインに公開した。まずはセバスチャン・スランとピーター・ノーヴィグの〈Introduction to AI〉ついでアンドルー・ンが教える〈Machine Learning〉だ。通常の授業では、この科目は四百人の学生が履修登録するが、オンライン授業では十万人が履修登録した。二〇一二年一月までにンと同僚のダフネ・コラーは、Coursera（コーセラ）という会社をこの授業のスピンオフとして立ち上げた。ほどなく、オンラインの教育用ソフトウェアの開発を目的として、スタンフォード大学やペンシルヴェニア大学、プリンストン、ミシガン大学などと提携関係を結んだ。それからまもなく、MITはハーバード大学とオンラインのコンソーシアム、エデックス edX を発足させ、カリフォルニア大学バークレー校やカリフォルニア工科大学、シカゴ大学やコーネル大学などもそれに加わった。二〇一四年夏までには、エデックスは五十校以上の教育機関が、コーセラには八十校以上が参加している。

27 Laura Pappano, "Massive Open Online Courses Are Multiplying at a Rapid Pace," New York Times, November 2, 2012, http://www.nytimes.com/2012/11/04/education/edlife/massive-open-online-courses-are-multiplying-at-a-rapid-pace.html.

28 MOOCは、学問について知ることができるユニークな環境としてもてはやされている。指導に関する変更や修正はいかなるものであれ、同時に何十万人もの学生を対象に試すことができる。だがもちろん、教育法に関する変化で試すことができるのは、MOOCにおいて起こりうるものだけだ。

29 オンライン教育を推進する動きには二つのグループが含まれる――オンライン教育は、教師を教壇から解放することによってより多くの対話を教室に生み出すと考える人々と、教師とは研究をする専門職で、〝機械的な手順で行える〟教える仕事はマシンに替わってもらったほうが効率的だと考える人々だ。二〇一二年のある日、MITでMOOCについて考察したとき、オンライン教育にとても積極的なあるプレゼンターは、コンテンツを学生に示すのはマシンが教授に取って代わることができると言ったが、マシンが学生の質問に応答できるかどうかは理解していなかった。彼にとってMOOCの未来は、この人工知能の開発にかかっていた。MOOCに参加したいと思う学生と話をするには、いくら教授がいても足りるということはない。

30 スタンフォード大学総長のジョン・ヘネシーは、スタンフォード大学とシリコンヴァレーの関係についての《ニューヨーカー》の記事において、オンライン教育は津波のように圧倒的な影響を及ぼしていると述べた。

Ken Auletta, "Get Rich U," The New Yorker, April 30, 2012, http://www.newyorker.com/reporting/2012/04/30/120430fa_fact_auletta?currentPage=all.

31 Seymour Papert, "You Can't Think About Thinking Without Thinking About Something," *Contemporary Issues in Technology and Teacher Education* 5, no. 3 (2005): 366–67.

32 現在進行中のこのコミュニティについては、以下のURLを参照。hour25.heroesx.chs.harvard.edu。

33 リサーチの責任者、シャナ・スミス・ジャガーズはコロンビア大学のコミュニティカレッジ・リサーチセンターでアシスタント・ディレクターを務めている。彼女はヴァージニア州とワシントン州のコミュニティカレッジの学生と教授陣を対象に、オンラインのみの学習と、実際に顔を合わせての学習とを比較した。それによると、ヴァージニアでは学生の三十二パーセントが、単位として認定されるオンラインの授業を不合格になったか履修放棄した。一方、実際にキャンパスに通って履修する授業では、不合格または放棄した学生は十九パーセントだったという。Shanna Smith Jaggars, cited in Geoffrey A. Fowler, "An Early Report Card on Massive Open Online Courses," *Wall Street Journal*, October 8, 2013. http://www.wsj.com/articles/SB10001424052702303759604579093400834738972.

34 Shanna Smith Jaggars, cited in Fowler, "An Early Report Card."

35 Andrew Ng, cited in Emma Green, "What MOOCs Can't Teach," *The Atlantic*, December 16, 2013, http://www.theatlantic.com/education/archive/2013/12/what-moocs-cant-teach/282402.

　アンドルー・ンはMOOCの経験を次のように総括している。「さまざまな人と混じり合う学習機会よりもオンラインのみの学習を選ぶのは、お勧めしない」(Fowler, "An Early Report Card" にて引用されている)

36 Lawrence Summers, "The Future of X: Lawrence Summers on Higher Education," *The Atlantic*（ビデオ）, July 9, 2012, http://www.theatlantic.com/video/index /259430/the-future-of-x-lawrence-summers-on-higher-education.

37 Daphne Koller, "The Online Revolution—Learning Without Limits," YouTube video, posted by CCNMTL, April 17, 2013, https://www.youtube.com/watch?v=Fc8Yl094KOA.

38 なかには、オンラインでの講義のほうが好きだという学生がいる。その場のテーマからはずれた質問をしたり、とにかく話したいがためだけに口を開く学生がいないからだ。しかし、気後れする心を克服するのに加えて、こういうスキルは教室に実際に行って学ぶべきものだ。

39 Nwadiuto Amajoyi, "Can Online Courses Replace Classrooms?," *SF Gate*, February 15, 2013, http://www.sfgate.com/opinion/article/Can-online-courses-replace-classrooms-4283110.php.

40 物理学者は講義のなかで〝現実効果〟をつくりだそうと躍起になる。なぜ、彼らは現実効果を生み出そうとするのか？　科学の歴史における創造性に富んだ動きが起こった瞬間を具現化しようとしているのだ。何か誤りをおかしたり、道を間違えたりしたら、そこまで戻って訂正を行い、新しい何かと出会うことになる。これがリアルタイムで起こる様子を学生たちに見てほしいと教授陣は思っているのだ。アマースト大学の物理学教授、アーサー・ザイアンスは、何が科学における創造性に富んだ瞬間で、何がそうでないのかを突き止めようとしている。「科学においてどのように発見がなされるのか、人々は誤解している。新たな発見に向けて計算して科学者が進んでいると思われているようだが、実際にはそんなふうに物事は進まない。一心に計算にうちこみ、とことん研究し、一連のデータをしげしげと眺めて時間を過ごすかもしれないが、ひらめきはあるとき、一瞬にして訪れるものだ」

〝Holding Life Consciously,〟 narrated by Krista Tippett, *On Being*, National Public Radio, November 10, 2011, http://www.onbeing.org/program/holding-life-consciously/transcript/293.

41 Louis Bucciarelli, MOOC Thread Commentary I,（未発表の草稿、二〇一四年）

ブッチャレッリはこう書いている。「この体験から何を学んだか？ 私は文献を読み、講義のビデオを見て、独創的なコメントだと思うものを書いて反応したが、どの程度よかったんだろう？ 衝動的で知ったかぶりにすぎず、史実に基づいていない、さんざん言い尽くされたことだった？ わからないね。誰も、何も批評してくれなかった。それに、誰か同級生が私のことを褒めたり非難したりしたとしても——その価値がわかるわけないだろう？ 何が必要なのかはあきらかだ——教師からの反応だよ……ＭＯＯＣがもつアキレスのかかとはそこだ。ＭＯＯＣに参加登録している多くの機関は、教授陣やスタッフとのやりとりを通してのリアルな学習機会を学生が体験するのをじゃましているように見える……情報としての知識は、オンライン上でどれほど巧妙かつ印象的にもっともらしく提示されたとしても、若者の教育における推進力ではない。大事なのは、経験豊富な教師の指導のもとで、学生自身がその場に何を持ってくるか、授業で扱う題材とどう関わるかなのだ。ネット上での討議用のフォーラムは学生たちに書き込みを促し、モニタに現れる語り手の顔は啓蒙的かもしれないが、学生が本当に何かを学ぼうと思うなら、彼ら自身が授業に何を貢献したか、それを考えてみるよう刺激を受けることが必要だ。批判的な思考や、何度もじっくり考えること（そして書き直しや修正）を勧めるという意味で、教師は必要不可欠な存在である」

42 プロジェクト・アテナの体験とその授業についての詳細は、Sherry Turkle, *Simulation and Its Discontents* (Cambridge, MA: The MIT Press, 2009) を参照。

43 Richard Pollak, *The Creation of Dr. B.*(New York: Simon and Schuster, 1997.

44 すでに、学生役を務める人間を置いた状態でのオンライン授業が試みられている。彼らが何も学んでいないとしても、見た目もいい〝学生役〟のいるクラスを眺めているほうが楽だ。その一例が、ハーバード・ビジネス・スクールのクレイ・クリステンセンのビデオ収録された授業。〝学生たち〟は、教授が複雑で理解しづらいことを言ったときには困惑した顔を見せ、彼がわかりやすく説明したらうなずき、彼が説明しようと何かしたときには興味をかき立てられた表情をするよう指示されている。

Jerry Useem, 〝Business School, Disrupted,〟 *New York Times*, May 31, 2014, http://www.nytimes.com/2014/06/01/business/business-school-disrupted.html.

45 MIT, 〝MacVicar Day 2013,〟 MIT Video, March 17, 2013, http://video.mit.edu/watch/mac-vicar-day-13993.

46 本文中では、正体を明らかにして発言することの重要性を指摘したが、インターネットでの匿名性は、所属するコミュニティでは身の安全が守られていない、または守られていないと感じる人が自分の思想を最大限に表現するのに重要だということも尊重しておきたい。

47 Lauren Berlant and Lee Edelman, "Sex, or the Unbearable: Lauren Berlant and Lee Edelman in Conversation About Their New Book" (discussion, Tufts University, Somerville, MA, February 28, 2014).

48 授業とはこのようにあるべきだと、誰もが考えるわけではない。興奮を示す生体反応を教育上の成功と等しいものとみなす人にとっては、授業における実験の結果は期待以下に思われるだろう。〝感情の動きやためになる経験、注意力などに対する興奮〟を示す指数として、皮膚伝導反応を測るリストバンドを一週間、学生のグループに着用してもらった。学習やラボでの実験、宿題をしているあいだは規則的な強い山形の波形が記録されるが、二つの活動のあいだは平坦な数値を示したという――授業に出席することと、テレビを見ているときだ。
Eric Mazur, et al. "Blended Models of Learning: Bringing Online to On-Campus," MIT, March 21, 2013, citing Ming-Zher Poh, N. C. Swenson, and R. W. Picard, "A Wearable Sensor for Unobtrusive, Long-Term Assessment of Electrodermal Activity," *IEEE Transactions on Biomedical Engineering* 57, no. 5 (May 2010): 1243–52, doi:10.1109/TBME.2009.2038487.

49 Daniel Kahneman and Vernon L. Smith, "Daniel Kahneman—Biographical," in *Les Prix Nobel* (The Nobel Prizes), 2002, Tore Frängsmyr, ed. (Stockholm: Nobel Foundation, 2003).
　全文は、次のウェブサイトを参照。http://www.nobelprize.org/nobel_prizes/economic-sciences/laureates/2002/kahneman-bio.html.

50 Amos Tversky and Daniel Kahneman, "Judgment Under Uncertainty: Heuristics and Biases," *Science 185* (1974): 1124–31.

51 Adam F. Falk, "In Defense of the Living, Breathing Professor," *Wall Street Journal*, August 28, 2012, http://online.wsj.com/news/articles/SB10000872396390444327204577615592746799900.

52 MIT, "MacVicar Day 2014," MIT TechTV（ビデオ）, March 14, 2014 http://techtv.mit.edu/collections/duevideos /videos /28190-macvicar-day-2014.

53 質問受付時間に学生が相談に来ないという不満は、MITに限ったものではない。この状況を打破する方法は、最終的な成績をつけてもらうために教授のオフィスを訪れるのを義務とするしかない、と教授陣は考えている。

54 Laura Vivienne and Jean Rhodes, "Someone Who 'Gets' Me: Adolescents' Perceptions of Relational Engagement with Key Adults"（査読中の草稿、二〇一四年）

仕事

1 すでに述べたとおり、この節で言及される企業や団体、機関の名称は変えてある。人名についても同様である。

2 リスターの言う何気ない会話とは〝ウォータークーラー効果〟と呼ばれるものの一部。これは社会的なつながりと情報共有が組み合わさったもので、職場で実際に一緒にいることによって成り立っている。ベン・ウェイバーが開発したソシオメトリック・バッジ――社会的な場における生産性や、各人がどこにいたかを記録する――は、休憩のためにみなが集まる場がもつ力を表している。つまり、同僚間の会話ややりとりは実際に生産性を向上させるのだ。

　Benjamin N. Waber, Daniel Olguin Olguin, Taemie Kim, et al., "Productivity Through Coffee Breaks: Changing Social Networks by Changing Break Structure," *Proceedings of the Thirtieth International Sunbelt Social Network Conference*, Trento, Italy (2010), http://papers.ssrn.com/sol3/papers.cfm?abstract_id=1586375.

　Benjamin N. Waber, *People Analytics* (New Jersey: FT Press, 2013). も参照のこと。

3 前掲。

4 Lynn Wu, Benjamin N. Waber, Sinan Aral, et al., "Mining Face-to-Face Interaction Networks Using Sociometric Badges: Predicting Productivity in an IT Configuration Task," *Proceedings of the International Conference on Information Systems* (2008), http://papers.ssrn.com/abstract=1130251.

5 "Presence vs. Productivity: How Managers View Telecommuting," narrated by Neil Conan, *Talk of the Nation*, National Public Radio, February 27, 2013, http://www.npr.org/2013/02/27/173069965/presence-vs-productivity-how-managers-view-telecommuting.

6 レディラーン社では、労働市場において高い俸給を得ている従業員を低い俸給の者に置き換えることによって、企業の合理化を図ろうとしている。そのため、ほとんどのチームはメンバーが世界各地に散らばる結果となり、スカイプでの意思疎通が必須となっている。

7 Gretchen Gavett, "What People Are Really Doing When They're on a Conference Call," Harvard Business Review, August 19, 2014, http://blogs.hbr.org/2014/08/what-people-are-really-doing-when-theyre-on-a-conference-call/?utm_source=Socialflow&utm_medium=Tweet&utm_campaign=Socialf low.

8 Giles M. Phillips, "Mobile Users Are More Vigilant than Situated Users," in *Human-Computer Interaction*, Part III, HCI 2014, LNCS 8512, Masaaki Kurousu, ed. (Switzerland: Springer International Publishing, 2014): 166–77.

9 Eyal Ophir, Clifford Nass, and Anthony D. Wagner, "Cognitive Control in Media Multitaskers," *Proceedings of the National Academy of Sciences* (2009), doi:10.1073/pnas.0903620106.

10 Faria Sana, Tina Weston, and Nicholas J. Cepeda, "Laptop Multitasking Hinders Classroom Learning for Both Users and Nearby Peers," *Computers and Education 62* (March 2013), 24-31, doi:10.1016/j.compedu.2012.10.003.

11 ラタンの経験は珍しいことではない。一二一五人を対象に世界規模で行われたある調査では、六十六パーセントがひとつのことに集中できないと答え、七十パーセントが戦略的あるいは創造的な思考に費やす時間を定期的にもてずにいると答えているが、一度にひとつの作業に集中するという人の二十パーセントは、そうでない人にくらべて五十パーセント増しで仕事量をこなしている。この調査を行った研究者たちは、思考時間の損失に最大の影響を及ぼしているものにデジタル技術の台頭をあげている。なぜなら、情報や依頼が入ってくると「昼夜を問わずいつでも、それを読んで返答しなければならない気がするから」だ。調査結果については以下を参照。

Tony Schwartz and Christine Porath of the Energy Project, "Why You Hate Work," *New York Times*, May 30, 2014, http://www.nytimes.com/2014/06/01/opinion/sunday/why-you-hate-work.html.

Harvard Business Review と共同した研究の詳細については、以下を参照。

Tony Schwartz, Christine Porath, "The Power of Meeting Your Employees' Needs," *Harvard Business Review*, June 30, 2014, https://hbr.org/2014/06/the-power-of-meeting-your-employees-needs.

12 James Hamblin, Katherine Wells, and Paul Rosenfeld, "Single-Tasking Is the New Multitasking," *The Atlantic* (video), June 19, 2014, http://www.theatlantic.com/video/index/373027/singletasking-is-the-new-multitasking.

13 声のトーンや口調、しぐさの伝達（好き嫌いや感情、態度のコミュニケーションに注目する）に関する研究において、心理学者のAlbert Mehrabian は「7—38—55 のルール」を見つけ出した。同じ部屋にいる場合、言葉が感情の伝達に占める割合は七パーセント、声のトーンや口調が占める割合は三十八パーセント、ボディランゲージが占める割合は五十五パーセントだという。

Albert Mehrabian, *Silent Messages: Implicit Communication of Emotions and Attitudes* (Belmont, CA: Wadsworth, 1981).

14 ビジネス理論家のクレイ・クリステンセンは、企業が長期的な健全性を保つには革新が重要だという。創造的で根本的な変化のためにはデータが必要だが、考えて話し合うための時間も必要だというのだ。短期的結果のことばかり心配しすぎてはいけない。目先のことばかり考えている企業はすでに成功している物事にリソースを配分しがちになり、そこに革新の入る余地は存在しない。クリステンセンの表現を用いれば、会社が革新の発生を難しくしているのは、それが最も起こりそうな場所を破壊しているからだ、とトリップは感じている。その場所とは、毎日ともに働き、問題やその解決方法についてともに毎日話し合う人々のあいだに存在する関係だ。会社は短期的な決算結果に反応したため、クリステンセンの言うところの〝市場を創り出す〟変化、真の違いをもたらすような変化を得ることはおそらくないだろう。

Clayton Christensen, "The Capitalist's Dilemma," *Harvard Business Review*, June 2014, http://hbr.org/2014/06/the-capitalists-dilemma/ar/1. を参照のこと。

15 従業員の会社内での交流との関連で生産性を測る研究がある一方、学術的な活動の引用回数が著者たちの物理的な距離の近さとどう関係するかを追った研究もあり、距離が近いほど協力関係も強くなることが示された。

Kyungjoon Lee, John S. Brownstein, Richard G. Mills, et al., "Does Collocation Inform the Impact of Collaboration?" *PLOS ONE* 5, no. 12 (2010), doi:10.1371/journal.pone.0014279. を参照のこと。

16 Waber, Olguin, Kim, et al., "Productivity Through Coffee Breaks."

17 〝単に費やされる時間 vs 有効に費やされた時間〟とは、人類に貢献するテクノロジーを構築するために消費者と業界が新たに連合する関係について、グーグルにいたトリスタン・ハリスが語った際に用いたフレーズ。二〇一四年にブリュッセルで開催されたＴＥＤのプレゼンテーションにおいてハリスは、聴衆の手のなかにあるスマートフォンをスロットマシンになぞらえた。そのマシンには、集中を妨げられるか、機会を逃すという不安に苛まれるという二つの嘆かわしい選択肢しかないと。

https://www.youtube.com/watch?v=jT5rRh9AZf4.

18 Abraham Verghese, "Treat the Patient, Not the CT Scan," *New York Times*, February 26, 2011, http://www.nytimes.com/2011/02/27/opinion/27verghese.html?pagewanted=all, and "Culture Shock—Patient as Icon, Icon as Patient," *New England Journal of Medicine* 359, no. 26 (2008): 2748–51, doi:10.1056/NEJMp0807461.

19 Robert Wachter, *The Digital Doctor: Hope, Hype, and Harm at the Dawn of Medicine's Computer Age* (New York: McGraw-Hill, 2015). を参照

20 医療書記という職業が生まれたことについては次を参照。
　Katie Hafner, "A Busy Doctor's Right Hand, Ever Ready to Type," *New York Times*, January 12, 2014, http://www.nytimes.com/2014/01/14/health/a-busy-doctors-right-hand-ever-ready-to-type.html.

21 物事のペースを落とそうという主張については次を参照。
　David Levy, "No Time to Think: Reflections on Information Technology and Contemplative Scholarship," *Ethics and Information Technology* 9, no. 4 (2007): 237–49, doi:10.1007/s10676-007-9142-6.

22 二〇一五年一月、"退屈がすばらしいものを生む"という運動がニューヨークを拠点に始まった。これは、さまざまな側面での日々のスマートフォンの使用を中断しようというもので、何千という人々がこぞって参加した。すばらしいものは退屈な時間から生み出されるが、スマートフォンを手にしていると、人々はあえて退屈になろうとはしないという仮定がきっかけになっている。この運動が与えた最大のインパクトは、私たちの感性がいかにスマートフォンに左右されているかという認識が高まったことだ、と主催者たちは評価している。http://www.wnyc.org/series/bored-and-brilliant.
　つまり、志向性（意識が外界のあるものに向けられているということを意識する、人間の脳や心の働き）こそが、この運動が与えたインパクトだ。

23 間仕切りのないオフィスフロアにおける社会的、心理学的、経済的影響に関する研究の概要については、次を参照。
　Maria Konnikova, "The Open-Office Trap," *The New Yorker*, January 7, 2014.

24 プログラマーの生産を最大化するためには、じゃまされずにひとりになれるスペースが大切だという衝撃的な発見を思い出してみよう。スーザン・ケインはこのようにまとめている。「最も優れた業績を残した人たちの六十二パーセントは、自分たちの作業空間はある程度ひとりになれる環境だと答えているのに対して、業績が最悪だった人たちのなかではわずか十九パーセントだった。用もないのに他人にじゃまされることが多いと答えたのは、業績が最悪だった人たちの七十六パーセントだったが、優秀な結果を残している人のなかではわずか三十八パーセントだった」
　Susan Cain, *Quiet: The Power of Introverts in a World That Can't Stop Talking* (New York: Crown, 2012), 84. ケイン『内向型人間の時代』（前出）

25 グロリア・マークの研究チームによる職場環境での注意力に関する研究結果については、次を参照。

Rachel Emma Silverman's “Workplace Distractions: Here's Why You Won't Finish This Article,” *Wall Street Journal*, December 11, 2012, http://www.wsj.com/articles/SB10001424127887324339204578173252223022388.

マークの研究結果には経営者や金融アナリスト、ソフトウェア開発者も含まれるのは意義深い。シルバーマンの論文はまた、企業が強制的に集中力を高めようと取り入れた方針についてもまとめている。メールをすべて廃止したり、創造的な思考のための特別な時間をもうけた会社もある。ある事例では、メールが許されない時間をもうけ、その間は創造的な思考にあてる時間とするというところもある。

マークの〝作業の中断に関する科学〟についての参考文献については次を参照。http://mail.free-knowledge.org/references/authors/gloria_mark.html.

26 Laura Dabbish, Gloria Mark, and Victor Gonzalez, “Why Do I Keep Interrupting Myself? Environment, Habit and Self-Interruption,” CHI 2011, *Proceedings of the SIGCHI Conference on Human Factors in Computing Systems* (New York: ACM Press): 3127–30, https://www.ics.uci.edu/~gmark/Home_page/Research_files/CHI%202011%20Self-interruption.pdf.

27 Leslie Perlow, “Predictable Time Off: The Team Solution to Overcoming Constant Work Connection,” *Fast Company*, May 2012, http://www.fastcompany.com/1837867/predictable-t ime-team-solution-overcoming-constant-work-connection.

Perlow, *Sleeping with Your Smartphone: How to Break the 24/7 Habit and Change the Way You Work* (Cambridge, MA: Harvard Business Review Press, 2012).も参照のこと。

28 ビジネスシーンにおける場合も含めて、ひとりになることとその重要性についてはケイン『内向型人間の時代』を参照。

公的の場

1 Keith Hampton, Lee Rainie, Weixu Lu, et al., “Social Media and the ‘Spiral of Silence,’” Pew Research Center for Internet, Technology, and Society, August 26, 2014, http://www.pewinternet.org/2014/08/26/social-media-and-the-spiral-of-silence.

2 Anthony Wing Kosnerは、Forbes.com内のブログでこの件について、形勢を一変させる模範例として記している。

“12 Lessons from KONY 2012 from Social Media Power Users,” *Forbes* (blog), March 9, 2012, http://www.forbes.com/sites/anthonykosner/2012/03/09/12-lessons-from-kony-2012-from-social-media-power-users.

3 “KONY 2012,” YouTube video, posted by Invisible Children, March 5, 2012, https://www.youtube.com/watch?v=Y4MnpzG5Sqc.

4 政治的行為を促すソーシャルメディアがもつ理想的な（しかし非現実的な）可能性をもてはやすのはシャーキーだけではないが、マルコム・グラッドウェルは、Clay Shirky's *Here Comes Everybody* (New York: Penguin Press, 2008)（クレイ・シャーキー『みんな集まれ！：ネットワークが世界を動かす』岩下慶一訳、筑摩書房）を〝ソーシャルメディアで展開される運動のバイブル〟と言っている。

Malcolm Gladwell, “Small Change: Why the Revolution Will Not Be Tweeted,” *New Yorker*, October 4, 2010, http://www.newyorker.

com/magazine /2010/10/04/small-change-3.

コニーの逮捕を目的としたビデオは批判的な報道も受けた。この運動は〝スラックティビズム（怠け者のアクティビズム）〟にすぎない、つまり、アクティビズム（積極的行動主義）を、アクティビズムに携わっているという感情に変えてしまった、というものだ。これについては次を参照のこと。

Michael Deibert, “The Problem with ‘Invisible Children: Kony 2012,’” Huffington Post, March 7, 2012, http://www.huffingtonpost.com/michael-deibert/joseph-kony-2012-children_b_1327417.html.

Kony2012を批判した文献については、下記のブログポストに要約されている。

Eleanor Goldberg, “Invisible Children, Group Behind ‘Kony 2012,’ Closing Because of Funding Issues,” *Huffington Post*, December 16, 2015, http://www.huffingtonpost.com/2014/12/16/invisible-children-closing_n_6329990.html.

5 Mark Pfeifle, cited in Gladwell, “Small Change.”

6 前掲。

7 グラッドウェルは、年に一度会うか連絡をとる程度の薄いつきあいの人と一緒にできることを軽視しているわけではない。“Small Change”ではスタンフォード大学の社会学者マーク・グラノベッターの研究を引用し、「新しいアイデアや情報の源としていちばん大きいのは、友だちではなく、単なる知り合いのほうだ」という研究結果を挙げている。

Mark Granovetter, “The Strength of Weak Ties,” *American Journal of Sociology* 78, no. 6 (1973): 1360–80, http://www.jstor.org/stable/2776392.

しかし、公民権運動は危険な流血沙汰になってからも成果をあげた。「何が人々をこういうアクティビズムに携わらせたのか？」という問いに対する答は、グラッドウェルによれば、Freedom Summer movement［ミシシッピ州でできるだけ多くのアフリカ系アメリカ人を選挙人名簿に登録させようとした組織的活動］に関わり続けた人と、脱落した人を比較した研究にあるという。活動に留まり続けた人はおそらく、ミシシッピに行こうというなかに個人的に近しい友人がいたのだろう。“Small Change”においてグラッドウェルは、リスクの高いアクティビズムは〝強いつながり〟の現象だと結論づけている。

8 グラッドウェル、“Small Change.”

9 アメリカ合衆国憲法修正第四条は、市民がその所有物を不合理に捜索および押収されることがあってはならないと規定している。この修正条項は市民の書物や文書についても適用されるのだが、書物や文書がデジタル化された今日、それらは格好の的ではないだろうか？

10 Evgeny Morozov, “The Death of the Cyberflâneur,” *New York Times*, February 4, 2012, http://www.nytimes.com/2012/02/05/opinion/sunday/the-death-of-the-cyberf laneur.html?pagewanted=all&_r=0.

11 エドワード・スノーデンによって《ワシントン・ポスト》紙に提供された、傍受された会話のキャッシュメモリについて書かれた批評記事では、「アカウントの所有者十人のうち九人は……意図された監視対象ではなく、政府機関がほかの誰かを狙ってしかけたわなにかかっただけ」だったと暴露している。

Barton Gellman, Julie Tate, and Ashkan Soltani, "In NSA-Intercepted Data, Those Not Targeted Far Outnumber the Foreigners Who Are," *Washington Post*, July 5, 2014, http://www.washingtonpost.com/world/national-security/in-nsa-intercepted-data-those-not-targeted-far-outnumber-the-foreigners-who-are/2014/07/05/8139adf8-045a-11e4-8572-4b1b969b6322_story.html.

12 あなたがいるのは新しい種類の空間だ。その感じを表現するため〝ハイパーパブリック〟という言い方が用いられている。Harvard's Berkman Center for Internet and Society は二〇一一年六月に "Hyper- Public: A Symposium on Designing Privacy and Public Space in the Connected World" というシンポジウムを開催した。http://www.hyperpublic.org. には、バックグラウンド情報や会議のビデオ映像がある。

二〇一五年五月にNSA（国家安全保障局）が行った捜索――具体的には個人に関する膨大なデータ収集――のなかには違法なものがある、と連邦控訴裁判所が評決を下した。この分野における法律は動きが速く、こういった問題に関してわれわれの立ち位置を考え直すべきときだという私の推測にも一致しているように思われる。

Charlie Savage and Jonathan Weisman, "NSA Collection of Bulk Call Data Is Ruled Illegal," *New York Times*, May 7, 2015.

13 Michel Foucault, *Discipline and Punish*, Alan Sheridan, trans. (New York: Pantheon Books, 1977 [1975]).（ミシェル・フーコー『監獄の誕生――監視と処罰』田村俶訳、新潮社）

14 Rob Horning, "No Life Stories," *New Inquiry*, July 10, 2014, http://thenewinquiry.com/essays/no-life-stories, a review of Marc Andrejevic's *Infoglut: How Too Much Information Is Changing the Way We Think and Know* (London: Routledge, 2013).

15 Zeynep Tufecki, "Engineering the Public: Big Data, Surveillance, and Computational Politics," First Monday 19, no. 7 (2014), http://firstmonday.org/ojs/index.php/fm/article/view/4901/4097.

16 Eli Pariser, *The Filter Bubble: How the New Personalized Web Is Changing What We Read and How We Think* (New York: Penguin Press, 2013). このトピックについては、Rob Horning, "No Life Stories" も参照のこと。

インターネットがどの程度まで二極化するか、それは重要でリサーチ可能なトピックだ。本書が出版されるころには、フェイスブックのリサーチャーたちが行った研究結果が《サイエンス》誌に発表されているだろう。それによると、フェイスブックのニューズフィードの分極化効果は言われているほど大きなものではなく、ニューズフィードに表示される記事の二十九パーセント近くはユーザー自身のイデオロギーと相容れない見解を示しているという。

Eytan Bakshy, Solomon Messing, and Lada Adamic, "Exposure to Ideologically Diverse News and Opinion on Facebook," *Science*, May 2, 2015. doi:10.1126/science.aaa1160.

この研究では主に、「ニューズフィードに表れるものを決めるアルゴリズムは結局、フェイスブックによって決定されるので、フェイスブックによって変えられることが可能だ」という、希望の持てる調査結果の脆弱性を論じている（ごく最近フェイスブックは、タイムラインに何が現れるかに関してユーザーにより大きな権限を与えた――透明性を目指そうとする興味深い企業決定だが、簡単にひっくり返される可能性も含んでいる)。フェイスブックのニューズフィードに表示されるものの多様性についてのこの研究は、ほかの研究結果とも意見交換を行っている。そのなかのひとつがピュー研究所が行った二〇一四年の研究で、われわれはオンラインではみずからが賛成できる意見を読み、フォロワーが聞きたいと思う内容を投稿する——つまり〝沈黙の螺旋(同調を求める周囲からの圧力によって沈黙を余儀なくされていく)〟というのだ。

Keith Hampton, Lee Rainie, Weixu Lu, et al., "Social Media and the Spiral of Silence," Pew Research Center's Internet & American Life Project, August 26, 2014, http://www.pewinternet.org/2014/08/26/social-media-and-the-spiral-of-silence.

17 Jonathan Zittrain, "Facebook Could Decide an Election Without Anyone Ever Finding Out," *New Republic*, June 1, 2014, http://www.newrepublic.com/article/117878/information-fiduciary-solution-facebook-digital-gerrymandering.

18 Allan Bloom, *The Closing of the American Mind* (New York: Simon and Schuster, 2008 [1987]), 249.

19 Sara M. Watson, "Data Doppelgängers and the Uncanny Valley of Personalization," *The Atlantic*, June 16, 2014, http://www.theatlantic.com/technology/archive/2014/06/data-doppelgangers-and-the-uncanny-valley-of-personalization/372780.

われわれは、社会哲学者ジル・ドゥルーズが〝dividual(分人)〟と呼ぶものになりつつある。分人とは、新たな市場で売買、交換される可能性をもつ多数のデータからなる実在であることを意味していて、記録された好みや履歴、嗜好の集合体でもある。この新たな状況において方向がわからずに確信がもてなくなったとしても当然だ、とドゥルーズは言う。なぜなら、われわれはいままで、分人だったことは一度もないのだから。

Gilles Deleuze, "Postscript on the Societies of Control," *October* 59 (1992): 3–7, http://jstor.org/stable778828.

20 Karl Marx, Capital, Volume 1: *A Critique of Political Economy* (New York: Penguin Classics, 1992 [1867]).(カール・マルクス『資本論』今村仁司ら訳、筑摩書房、他)

21 Watson, "Data Doppelgängers."

22 前掲。その調査は彼女の年齢層の女性全員を対象にしていた、とワトスンも理解するに至った。

23 こう嘆くワトスンは、二〇一四年にピュー研究所が行ったプライバシーとインターネットに関する調査の回答者に似ている。プライバシーが充分ではないと思っているが、それについてどうしたらいいのかはわからないと彼らはいう。フェイスブックやツイッター、LinkedInのようなSNSサイトを使う人の八十パーセントは、そのサイトで共有される情報にアクセスしてくる広告主や企業について懸念をもっている。彼らの三分の二は、そういった広告主を政府がもっと規制すべきだと考えている。

Mary Madden, "Public Perceptions of Privacy and Security in the Post-Snowden Era," Pew Research Center's Internet & American Life Project, November 12, 2014, http://www.pewinternet.org/2014/11/12/ public-privacy-perceptions/.

24 Watson, "Data Doppelgängers."

25 ザッカーバーグはチャーリー・ローズとのインタビューのなかでこう語ったと、モロゾフが"The Death of the Cyberflâneur"で言及している。モロゾフの記事は下記の論文で引用されている。

Neil M. Richards, "The Perils of Social Reading," *Georgetown Law Journal 101*, no. 689 (2013): 691, http://ssrn.com/abstract=2031307.

26 前掲。

27 Molly Sauter, "Curiosity, Being Yourself, and Being Bad at Things," *Odd Letters: The Online Home of Molly Sauter* (blog), December 5, 2013, http://oddletters.com/2013/12/05/curiosity-being-yourself-and-being-bad-at-things.

28 Hampton, Rainie, Lu, et al., "Social Media and the `Spiral of Silence.' "

29 Richards, "The Perils of Social Reading."

30 認知レベルにおいては、明確に定義されていない問題を人々が善悪の判断に関する問題として関心をもつのは、ほぼ不可能だ。これが気候変動――「複雑かつ大規模で、意図せずに引き起こされる問題」――についてどのように当てはまるか、研究者たちは探っている。

Ezra M. Markowitz and Azim F. Shariff, "Climate Change and Moral Judgment," *Nature Climate Change 2* (2012): 243–47, doi:10.1038/nclimate1378.

Matthew C. Nisbet, "Communicating Climate Change: Why Frames Matter for Public Engagement," *Environment: Science and Policy for Sustainable Development 51*, no. 2 (2009): 12–23, doi:10.3200/ENVT.51.2.12-23. についても参照のこと。

31 ティーンエイジャーが、自分の属するコミュニティの他者や両親からプライバシーを守るための戦略については、以下を参照のこと。

ダナ・ボイド『つながりっぱなしの日常を生きる』(前出)

32 典型的な例として挙げられるのは、カーネギー・メロン大学でコンピュータ・サイエンスを教えるラターニャ・スウィーニーが性別や生年月日、郵便番号だけを用いて、当時マサチューセッツ州知事だったウィリアム・ウェルドの診療記録を再び特定した、一九九七年の一件である。

"No Silver Bullet: De-Identification Still Doesn't Work" (unpublished), http://randomwalker.info/publications/no-silver-bullet-de-identification.pdf.

最近のほかの研究では、多くの個人的特徴――性的志向や民族性、宗教や政治に関する見解なども含む――は、フェイスブックの『いいね!』程度のもので予測可能だと示されている。

Michal Kosinski, David Stillwell, and Thore Graepel, "Private Traits and Attributes Are Predictable from Digital Records of Human Behavior," *Proceedings of the National Academy of Sciences 110*, no. 15 (2013): 5802–5, doi:10.1073/pnas.1218772110, cited in Zeynep Tufecki, "Engineering the Public: Big Data, Surveillance, and Computational Politics," *First Monday 19*, no. 7 (2014), http://firstmonday.org/ojs/index.php/fm/article/view/4901/4097.

33 Patrick Tucker, "If You Do This, the NSA Will Spy on You," *Defense One*, July 7, 2014, http://www.defenseone.com/technology/2014/07/if-you-do-nsa-will-spy-you/88054/?oref=d-topstory.

Sean Gallagher, "The NSA Thinks Linux Journal Is an `Extremist Forum'?" ArsTechnica, July 3, 2014, http://arstechnica.com/

security/2014/07/the-nsa-thinks-linux-journal-is-an-extremist-forum/. についても参照のこと。

34 Zittrain, "Facebook Could Decide an Election Without Anyone Ever Finding Out," *New Republic*, June 1, 2014, http://www.newrepublic.com/article/117878/information-fiduciary-solution-facebook-digital-gerrymandering.

35 Adam D. I. Kramer, Jamie E. Guillory, and Jeffrey T. Hancock, "Experimental Evidence of Massive-Scale Emotional Contagion Through Social Networks," *Proceedings of the National Academy of Sciences of the United States of America 111*, no. 24 (2014): 8788–90, doi:10.1073/pnas.1320040111. この問題を包括的に論じた資料としては、次を参照。"Everything We Know About Facebook' s Secret Mood Manipulation Experiment," *The Atlantic*, June 28, 2014, http://www.theatlantic.com/technology/archive/2014/06/everything-we-know-about-facebooks-secret-mood-manipulation-experiment/373648.

36 二〇一五年四月のエドワード・スノーデンとのインタビューのあいだ、コメディアンでもあるテレビ番組司会者のジョン・オリヴァーは〝物に寄り添って考える〟という戦略を実行した。政府に盗聴されていると聞かされてもアメリカ人にはピンとこないが、ネット上に公開あるいはメールやテキストに添付した陰部のJPEGファイルを見る権利が政府にあるかどうかという問題については深い関心を寄せる、とスノーデンに話したのだ。オリヴァーはネット上にアップした自身の生殖器の写真をもってインタビューに臨み、スノーデンに尋ねた。どの監視プログラムが、オリヴァーのありのままの姿を見ていいという法的な口実を政府に与えるのか？

"John Oliver Interviews Edward Snowden," *Last Week Tonight with John Oliver*, HBO, April 6, 2015, https://www.youtube.com/watch?v=XEVlyP4_11M.

37 あなたの家を監視するようなグーグルのサービスを使うことについて、CEOのエリック・シュミットは「気に入らないなら、使うな」という立場をとっている。

The Fletcher School, "Eric Schmidt and Jared Cohen on 'The New Digital Age,'" YouTube video, February 28, 2014, https://www.youtube.com/watch?v=NYGzB7uveh0.

シュミットはまた、プライバシーを支配されるのを心配するよりも、個人が行動を制御せよという発言をアメリカの民放テレビ局CNBCのインタビューでしている。そのときの映像は下記で視聴可能。

Ryan Tate, "Google CEO: Secrets Are for Filthy People," *Gawker*, December 4, 2009, http://gawker.com/5419271/google-ceo-secrets-are-for-filthypeople.

シュミットの発言に似た見解はこれより以前に、スコット・マクネリがサン・マイクロシステムズのCEOだった際、Jiniというネットワーク技術の体系を発表するプレス向けイベントで語った言葉があり、こちらもよく引用されている。"You have zero privacy anyway. Get over it.（いずれにせよ、プライバシーなんてまるでないんだ。慣れてくれよ）〟。この出来事は広くマスコミで取り上げられている。一例として、下記を参照のこと。

Sally Sprenger, "Sun on Privacy: Get Over It," *Wired*, January 26, 1999. http://archive.wired.com/politics/law/news/1999/01/17538.

38 私が最初にこの主張を展開したのは自著の *Alone Together* において。時が経つにつれて、その緊急性はますます増してきた。
Sherry Turkle, *Alone Together: Why We Expect More from Technology and Less from Each Other* (New York: Basic Books, 2011).

時の刻む一瞬

1 John Sawhill, cited in E. O. Wilson, *The Future of Life* (New York: Knopf, 2002), vi.
2 Henry David Thoreau, *Walden* (Princeton, NJ: Princeton University Press, 2004 [1854]), 141.（『森の生活　ウォールデン』前出）
3 Yalda T. Uhls, Minas Michikyan, Jordan Morris, et al., “Five Days at Outdoor Education Camp Without Screens Improves Preteen Skills with Nonverbal Emotional Cues,” *Computers in Human Behavior 39* (2014): 387–92, doi:0.1016/j.chb.2014.05.036.
4 Clifford Nass, “Is Facebook Stunting Your Child’ s Growth?,” *Pacific Standard*, April 23, 2012.
5 このテーマについて書かれたものとしては、下記などを参照。
David Levy, “No Time to Think: Reflections on Information Technology and Contemplative Scholarship,” *Ethics and Information Technology 9*, no. 4 (2007): 237–49, doi:10.1007/s10676-007-9142-6.
6 Vannevar Bush, “As We May Think,” *Atlantic Monthly*, July 1945, 101–6, http://www.theatlantic.com/magazine/archive/1945/07/as-we-may-think/303881.
7 この点において、アリアナ・ハフィントンは人との対話を勧め、擁護している。
Arianna Huffington, *Thrive: The Third Metric to Redefining Success and Creating a Life of Well-Being, Wisdom, and Wonder* (New York: Harmony, 2014).
8 “Go Inside Google Garage, the Collaborative Workspace That Thrives on Crazy, Collaborative Ideas,” *Fast Company* (video), http://www.fastcompany.com/3017509/work-smart/look-inside-google-garage-the-collaborative-workspace-that-thrives-on-crazy-creat.
9 この研究では驚くことに、SNSの利用者は非利用者に比べると、自分の見方や意見をオフラインでも議論したがらないということも示されている。
Keith Hampton, Lee Rainie, Weixu Lu, et al., “Social Media and the `Spiral of Silence,’ ” Pew Research Center’ s Internet & American Life Project, August 26, 2014, http://www.pewinternet.org/2014/08/26/social-media-and-the-spiral-of-silence. I have noted that a new study by Facebook scientists, published in
Science, challenges the strength of this effect. Eytan Bakshy, Solomon Messing, and Lada Adamic, “Exposure to Ideologically Diverse News and Opinion on Facebook,” Science, May 2, 2015. doi:10.1126/science.aaa1160.
10 Rebecca Ellen Turkle Willard, “The Irrelevant Opposition: Reference Groups in the Formation of Political Attitudes Among Partisan College Students” (undergraduate dissertation, Harvard College, 2014).

11 共通の基盤や一致点が少しでもあれば、会話は成立する。そのためには、本質的な内容を話し合う代わりにデータを持ち込む習慣を捨てるといいかもしれない。これまで以上に、データは私たちを欺くものになっているからだ。現在は非常に多くのデータが存在するので、ありとあらゆる見解を支持する相関的研究を行うことが可能だ。広く知られているように、最近の相関的研究では、知能とカーリーフライ（らせん状に型抜きしたポテトを揚げたもの）を好むことには関連があるとされている。しかし、この相互関係には——これは、しっかりした論拠のある会話にとってビッグデータが脅威となっている現れなのだが——根拠や仮説、理論が欠けている。要するに、充分なデータがあればどんなことでも論証可能だと示しているにすぎないのだ。

Michal Kosinski, David Stillwell, and Thore Graepel, "Private Traits and Attributes Are Predictable from Digital Records of Human Behavior," *Proceedings of the National Academy of Sciences 110*, no. 15 (2013): 5802–5, doi:10.1073/pnas.1218772110.

12 Howard Gardner and Katie Davis, *The App Generation: How Today's Youth Navigate Identity, Intimacy, and Imagination in a Digital World* (New Haven, CT: Yale University Press, 2013).

13 たとえば、下記を参照のこと。

Atushi Senju and Mark H. Johnson, "The Eye Contact Effect: Mechanisms and Development," *Trends in Cognitive Sciences 13*, no. 3 (January 3, 2009): 127–34, doi:10.1016/j.tics.2008.11.009, and Laura P.nk.nen, Annemari Alhoniemi, Jukka M. Lepp.nen, et al., "Does It Make a Difference If I Have Eye Contact with You or with Your Picture? An ERP Study," *Social Cognitive and Affective Neuroscience 6*, no. 4 (September 1, 2011): 486–94, doi:10.1093/scan/nsq068.

14 この点についてセバスチャン・ユンガーが触れている。彼は海外での戦闘に従事した年月の意味について探ろうと、帰還した兵役経験者のグループと話し合った経験がある。ユンガーは長い距離を彼らとともに歩き、胸のうちを吐露してもらうようなつらい会話をしながらも、それぞれは独りでいることを共有した。ユンガーたちはアメリカを横断するほど歩いた。「三百マイル、四百マイル歩きながら、戦争やそれが与える影響、そして、戦争が終わるとなぜ、あれほど多くの若者たちがそれを恋しいと思ったのかについて、話し合った」。

Gisele Regato, "A 300 Mile Walk to Talk About War," WNYC News, October 23, 2014, http://www.wnyc.org/story/300-mile-walk-talk-about-war.

15 歩くことは西洋的な瞑想法のひとつで、誰かと一緒にいながらもひとりひとりは豊かな孤独を味わう時間だと、アダム・ゴプニックは下記の記事で述べている。"Heaven's Gaits: What We Do When We Walk," *The New Yorker*, September 10, 2014, http://www.newyorker.com/magazine/2014/09/01/heavens-gaits. この記事は、Frédéric Gros, *A Philosophy of Walking*, John Howe, trans. (New York: Verso, 2014 [2009]). を批評している。グロスは「パンや昼の光のように、孤独もまた分け合うことができる」と語っている。

歩くのは「村を振り払う」ひとつの方法だというソローのコメントは、もともとは《アトランティック》誌（一八六二年六月一日）のエッセイ "Walking" において初出で、アリアナ・ハフィントンによって *Thrive*, 100 に引用されている。こちらでは、シリコンヴァレーの企業経営者ニロファー・マーチャントについても引用されている。マーチャントは、すわってミーティングするより歩きながら会議をする。じゃまをする電話はそこには存在しない。マーチャントは「歩きながら会議をして、有言実行する」と語っている。

Nilofer Merchant, "Got a Meeting? Take a Walk," TED mainstage, February 2013, http://www.ted.com/talks/nilofer_merchant_got_a_meeting_take_a_walk?lan
guage=en.

ハフィントンの引用によれば、《ニューヨーク・タイムズ》の記事でマーチャントはさらにこう述べている。「誰かと並んで歩いていると、問題や状況に文字どおり、ともに向かい合っている感じがする。それが好きだ……歩きながらのミーティングではメールをチェックしたりツイッターしたりできないのがいい。自分のまわりで起こっていることに目を光らせるようになり、五感が研ぎ澄まされて、オフィスでの会議では得られない何かを得ることになる――真の満足感だ」

David Hochman, "Hollywood' s New Stars: Pedestrians," August 16,
2013, http://www.nytimes.com/2013/08/18/fashion/hollywoods-new-stars-pedestrians.html?pagewanted=1&_r=2.

16 ある調査結果によると、モバイル機器でのコミュニケーションに関するプライバシーの問題について興味関心があると答えたのは、一八〜二四歳の年齢層ではわずか三十五パーセントだが、四十歳以上でも、その割合はわずかに高い程度だった。

"Can Data Become a New Currency?," *Amdocs Survey*, 2013,
http://www.amdocs.com/vision/documents/survey-highlights.pdf.

だが、特定の監視活動――「将来のテロ攻撃を防ぐために必要だと公的機関が言えば、政府は全員のメールやほかのオンライン活動について監視すべきだと思いますか?」――について尋ねられると、五十二パーセントの人は反対だと回答する。

"Majority Views NSA Phone Tracking as Acceptable Anti-Terror Tactic," Pew Research Center for the People and the Press, June 10, 2013, http://www.people-press.org/files/legacy-pdf/06-10-13%20PRC%20WP%20Surveillance%20Release.pdf.

17 Sara M. Watson, "Data Doppelgängers and the Uncanny Valley of Personalization," *The Atlantic*, June 16, 2014, http://www.theatlantic.com/technology/archive/2014/06/data-doppelgangers-and-the-uncanny- valley-of-personalization/372780.

18 Jack Balkin, "Information Fiduciaries in the Digital Age," Balkinization (blog), Yale Law School, March 5, 2014, http://balkin.blogspot.com/2014/03/information-fiduciaries-in-digital-age.html, cited in Jonathan Zittrain, "Facebook Could Decide an Election Without Anyone Ever Finding Out," *New Republic*, June 1, 2014, http://www.newrepublic.com/article/117878/information-fiduciary-solution-facebook-digital-gerrymandering.

19 ある調査で、フェイスブックのユーザーを対象に、ニューズフィードに表示されるものとされないものがどのように決められるかを明らかにした。半数以上の人は、自分たちのニューズフィードがキュレーションされていると知らない状態で調査に参加した。彼らは、友だちがフェイスブック上で言ったことはすべてフィードに表示されると思っていて、キュレーションには反対していた。しかし追跡調査によると、キュレーションに関する〝好ましくない〟ルールの存在をいったん知ってしまうと、彼らにとって誤りを正すことはキュレーションを自分たちの思いどおりになるようにするのと同義になったという。つまり、フェイスブックのすることを予測しようとしたのだ。システムを操るにはいろいろな方法がある。注目されるようにブランド名を投稿メッセージのなかにあげてもいいし、家族が投稿した記事をいつも『いいね！』することで、その家族からの投稿がニューズフィードに表示されるのを増やすということもできる。

この点については、Christian Sandvig, Karrie G. Karahalios, and Cedric Langbort, "Uncovering Algorithms: Looking Inside the Facebook Newsfeed," Berkman Luncheon Series, Harvard Law School, Cambridge, MA, July 21, 2014 を参照。

ビデオ映像全編は下記で視聴可能。

http://cyber.law.harvard.edu/interactive/events/luncheon/2014/07/sandvigkarahalios.

また、Tarleton Gillespie が danah boyd との個人的なやりとりを引用した下記も参照のこと。

"The Relevance of Algorithms," *Media Technologies: Essays on Communication, Materiality, and Society*, Tarleton Gillespie, Pablo J. Boczkowski, and Kirsten A. Foot, eds. (Cambridge, MA: The MIT Press, 2014).

20 Evgeny Morozov, "Only Disconnect," *The New Yorker*, October 28, 2013, http://www.newyorker.com/magazine/2013/10/28/only-disconnect-2.

21 テクノロジーとそれが要求するものについては、ブルーノ・ラトゥールの研究を参考にした。*Science in Action: How to Follow Scientists and Engineers Through Society* (Cambridge, MA: Harvard University Press, 1999 [1987]); Aramis, or *the Love of Technology*, Catherine Porter, trans. (Cambridge, MA: Harvard University Press, 2002 [1996]).

22 Jürgen Habermas, *The Structural Transformation of the Public Sphere: An Inquiry into a Category of Bourgeois Society* (Cambridge, MA: The MIT Press, 1991 [1962]). Cited in Steven Miller, *Conversation: A History of a Declining Art* (New Haven, CT: Yale University Press, 2007), 91.

23 前掲, 90.

24 前掲, 91.

25 Henry David Thoreau, *Walden* (Princeton, NJ: Princeton University Press, 2004 [1854]), 17.（『森の生活　ウォールデン』前出）

忘却の果て

1 Henry David Thoreau, *Walden* (Princeton, NJ: Princeton University Press, 2004 [1854]), 141.（『森の生活　ウォールデン』前出）

2 就職の面接試験の練習については下記を参照。

Mohammed (Ehsan) Hoque, Matthieu Corgeon, Jean-Claude Martin, et al., "MACH: My Automated Conversation coacH," http://web.media.mit .edu/˜mehoque/Publications/13.Hoque-etal-MACH-UbiComp.pdf.

自動化された心理療法士については下記を参照。人の手によるデータ入力がまだ必要だが、そういったシステム上の限界ができるだけ早期に排除されるよう、期待されている。

Rob Morris and Rosalind Picard, "Crowdsourcing Collective Emotional Intelligence," *Proceedings of CI* 2012, http://www.robertrmorris.org/pdfs/Morris_Picard_CI2012.pdf.

社会的かつ感情面でも充分に仕事を任せられ、いつもそばにいてくれるコンパニオンを目指すロボットがどんなものか、Jibo（ジーボ）を見てみよう。社会性を備えたロボットを生み出すロボット工学の分野で有数の研究者、シンシア・ブリジールによって開発されたものだ。http://www.myjibo.com.

3 〝ロボティック・モーメント〟についてのより詳しい議論については、下記を参照。

Sherry Turkle, *Alone Together: Why We Expect More from Technology and Less from Each Other* (New York: Basic Books, 2011), 23–147.

4 ワイゼンバウムのイライザについての原論文は、一九六六年に書かれた。

Joseph Weizenbaum, "ELIZA: A Computer Program for the Study of Natural Language Communication Between Man and Machine," *Communications of the ACM 9*, no. 1 (January 1966): 36–45.

その十年後、ワイゼンバウムは自著 *Computer Power and Human Reason: From Judgment to Calculation*（ジョセフ・ワイゼンバウム『コンピュータ・パワー——人工知能と人間の理性』秋葉忠利訳、サイマル出版会）で、人工知能の計画についてかなり批判的な立場をとっている。イライザにまつわる経験にほとほと懲りたのだ。

5 社会性を備えたロボットを生み出すロボット工学の概観については、この分野を大きく牽引する以下の二つの著作を参照のこと。

Rodney Brooks, *Flesh and Machines: How Robots Will Change Us* (New York: Pantheon, 2002)

Cynthia Breazeal, *Designing Sociable Robots* (Cambridge, MA: The MIT Press, 2002).

6 感情型ロボット Kismet とのこのやりとりについては、下記を参照。

MIT CSAI, "Kismet and Rich," MIT AI video, http://www.ai.mit.edu/projects/sociable/movies/kismet-and-rich.mov.

7 Anthony DeCasper, "Of Human Bonding: Newborns Prefer Their Mothers' Voices," *Science 208*, no. 4448 (1980): 1174–76, doi:10.1126/science.7375928.

8 ジュディス・シュレヴィッツは、本書中で挙げたものも含めて、私たち人間が機械の発話に無防備であるという事実をいろいろ集めて紹介している。下記を参照のこと。

Judith Shulevitz, "Siri, You're Messing Up a Generation of Children," *New Republic*, April 2, 2014, http://www.newrepublic.com/article/117242/siris-psychological-effects-children.

9 概要については以下を参照。

Giacomo Rizzolatti, Laila Craighero, "The Mirror-Neuron System," *Annual Review of Neuroscience 27* (2004): 169–92, doi:10.1146/annurev.neuro.27.070203.144230.

10 Emmanuel Levinas, "Ethics and the Face," *Totality and Infinity: An Essay on Exteriority*, Alphonso Lingus, trans. (Pittsburgh, PA: Duquesne University Press, 1969).

11 筆者は、Kismet や Cog（ヒューマノイド・ロボット）を設計した中心人物であるシンシア・ブリジールやブライアン・スキャセラティと共同で、こういった社会性を備えたロボットに対する子供の反応を研究したことがある。その詳細については下記を参照のこと。
Turkle, *Alone Together*, 84–101.

12 こういう世間話はちょっとした思いやりを示す行動というだけではなく、人々をより明るい気持ちにするものだ、と研究結果でも示されている。
Nicholas Epley and Juliana Schroeder, "Mistakenly Seeking Solitude," *Journal of Experimental Psychology: General*, オンラインでは、二〇一四年に先行発表されている。http://dx.doi.org/10.1037/a0037323.

13 システムの説明については以下を参照。
Morris and Picard, "Crowdsourcing Collective Emotional Intelligence."

14 センテンス（文）は三つまでという制限は、テクノロジーの限界のためにわれわれが会話をより単純な形にまとめ、それを欠陥ではなくメインとしてまた組み直すさまを表す一例だ。自動精神療法プログラムの作成者は「相談内容のエントリーをセンテンス三つまでに制限することで、われわれはユーザーがストレス要因をほかには影響されない個別のものに分けて考えるのを助けている。それに、短いエントリーのほうが読むのも簡単で、オンラインで相談にのっているワーカーにとってもより処理しやすいものとなる」（前掲）と言う。

15 これは、トークセラピー（話し合い療法）を求める人も、それを提案する専門医も減少しているという状況下で明らかになってきた。また、セラピストが提供するものに対する期待の内容も変わってきている。かつては、私たちが生まれた場所や家族、現在の生活状況についての詳細をセラピストは知りたがるものだと考えられていた。しかし現在では、薬で気持ちが楽になるならそれで充分だと思われがちで、専門家への相談や診察も電話かスカイプで、となることが多い。もちろん、ここに挙げたものにはすべて役割がある。そちらのほうが有用、あるいは必要だという場合も多い。
Gardiner Harris, "Talk Doesn't Pay, So Psychiatry Turns Instead to Drug Therapy," *New York Times*, March 5, 2011, http://www.nytimes.com/2011/03/06/health/policy/06doctors.html?ref=health.
ペンシルヴェニア大学の研究者、スティーヴン・C・マーカスは、近年の心理療法（サイコセラピー）の衰退について立証している。Steven C. Marcus and Mark Olfson, "National Trends in the Treatment for Depression from 1998 to 2007," *Archives of General Psychology* 67, no. 12 (2010): 1265–73, doi:10.1001/archgenpsychiatry.2010.151. また、Mark Olfson and Steven C. Marcus, "National Trends in Outpatient Psychotherapy," *American Journal of Psychiatry* 167, no. 12 (2010): 1456–63, doi:10.1176/appi.ajp.2010.10040570. も参照のこと。
しかし、私たちは新しいものに熱狂しがちで、手近にあるものはあっという間に慣習化される。直接対面している存在がもっている力をすぐに忘れがちだ。ジリアン・アイザックス・ラッセルはイギリスで訓練を受け、現在アメリカで開業している精神分析医だが、コンピュータを利用した精神分析療法を行い、遠く離れた中国やイギリス、中米在住の患者を診察している。彼女は自身の経験をこのように記している。「この三年間で、あまり数は多くないが、中国在住の人を対象に遠距離診察をしている同業者たちと会って話をした。最初は異文化間の領域にかかわる問題を話し合っていたが、そのうち、コンピュータという手段そのものの限界へと関心は移っていった。」彼女の著作は、その場に実際に存在すること（プレゼンス）を強く擁護し、精神分析療法において直接会って話をする場合にできることと、インターネットを通じてできることは同等だと考える人には反論する内容となっている。Gillian Isaacs Russell, *Screen Relations: The Limits of Computer-Mediated Psychoanalysis* (London: Karnac Books, 2015).

オンラインでうまく伝わらないもののなかに、治療経験の一部である身体的体験がある。私たち（患者）はどこか一部を取り上げられるのではなく、全体を含めてひとりの人間として治療に臨む。それは療法士のほうも同じだ。それゆえ療法士は、患者の話を聞いていると、患者の話したとおりの身体的体験をすることがあると言う。眠くなったり、頭や背中が痛くなったり、吐き気を覚えたりするというのだ。こうした身体的体験は、逆転移と言われるものの一部だ。逆転移とは、身体と心のつながりを示す反応のことで、よく見られる。精神分析中心のセラピーでは、療法士はこういった身体的な感覚をまた言葉に戻すのが職務だと感じている。それは専門的な立場からの解釈・説明で、今そこで起こっていることを、患者にとって有益になることを願って組み替えるという介入を行っているのだ。この点については、次を参照。Patrick Miller, *Driving Soma: A Transformational Process in the Analytic Encounter* (London: Karnac Books, 2014).

16 Kevin Kelly, "Better than Human: Why Robots Will—and Must—Take Our Jobs," *Wired*, December 24, 2012, http://www.wired.com/2012/12/ff-robots-will-take-our-jobs/all.
コンピュータ・サイエンスの研究者、ディヴィッド・レヴィは、ロボットにも人類の配偶者となる機会を与えるべきだと述べている。

17 *Love and Sex with Robots: The Evolution of Human-Robot Relationships* (New York: HarperCollins, 2007). この著作は筆者の個人的なお気に入りだ。一九八四年刊行の *The Second Self: Computers and the Human Spirit* (Cambridge, MA: The MIT Press, 2005 [1984]).（前出）でケーススタディとしてとりあげたハッカー、アンソニーに捧げられており、〝純粋な救済〟文学の域にまで高められているからだ。話し相手もなく孤独なアンソニーは人間相手の恋愛が苦手なので、恋人代わりになるロボットをありがたく思うだろう、とレヴィは考えた。筆者が読んだ限りにおいても、アンソニーは親密な関係をもちたいと強く思っているようだった。アンソニーは世界に対して苦労しているが、自分もその一員になりたいと思っている。レヴィはアンソニーの〝問題〟をロボットで解決しようと一足飛びに考えたという点において、的を外しているような気がする。アンソニーがもっている可能性を伸ばす代わりに、機械を人間の代わりにせよとレヴィは提案しているのだ。

ディヴィッド・レヴィの *Love and Sex* は、ケヴィン・ケリーの《ワイアード》のカバーストーリーを補完する内容のように思われる。レヴィにとって、ロボットを恋人代わりにするのはアンソニーを貶めることではない。ケリーの記事では、（恋人の代わりという）務めを果たすロボットをアンソニーが受け入れるのなら、それは当然、人間だけがすべき務めではないということになる。

18 Alan Turing, "Computing Machinery and Intelligence," *Mind 59* (1950): 433–60.

19 リジン・アリヤナンダ、ロドニー・ブルック、シンシア・ブリジール、アーロン・エドシンガー、コリー・キッドそしてブライアン・スキャセラティなど、研究成果やロボット、アイデアを惜しまずに共有してくれた同僚たちに心からの感謝を捧げる。

20 サービス業でロボットに人間の肩代わりをさせる経済的なメリットについては、議論がある。

Zeynep Tufecki, "Failing the Third Machine Age," The Message, Medium, 2014, https://medium.com/message/failing-the-third-machine-age-1883e647ba74.

21 Timothy W. Bickmore and Rosalind W. Picard, "Towards Caring Machines," in CHI 04 *Extended Abstracts on Human Factors and Computer Systems* (New York: ACM Press, 2004). などを参照。

筆者はParo（パロ）について研究したことがある。タテゴトアザラシの赤ちゃんの形をしたロボットで、お年寄りの話し相手として開発された。パロの宣伝素材では、男女ともにお年寄りがパロと一緒に朝食をとり、テレビを見て、スーパーへ買い物に連れていったり、夜の外食に出かけたりする様子が収められている。パロとの生活についてインタビューされると、そばにいてくれてうれしいとか、本物のペットより世話が楽だとか、決して死ぬことはないとわかっているのがいいという答えが返ってきた。パロについてのウェブサイトはwww.parorobots.com. パロについては下記を参照。Sherry Turkle, William Taggart, Cory D. Kidd, et al., "Relational Artifacts with Children and Elders: The Complexities of Cybercompanionship," *Connection Science 28*, no. 4 (2006): 347–61, doi:10.1080/09540090600868912. Cory D. Kidd, William Taggart, and Sherry Turkle, "A Sociable Robot to Encourage Social Interaction Among the Elderly," *Proceedings of the 2006 IEEE International Conference on Robotics and Automation* (2006): 3972–76.

22 本文中のこの文脈での〝のような《ァズイフ》〟という用語は、ヘレン・ドイッチュの〝as-if personality（〜であるかのような人格）〟と同じ意味で用いている。Helene Deutsch, "Some Forms of Emotional Disturbance and their Relationship to Schizophrenia," *Psychoanalytic Quarterly 11* (1962): 301–21.

23 コンピュータ・オブジェクトや、生き生きしている状態についての問題、本文中のこの文脈において人間を「特別」にしているものは何か、については、Turkle, *The Second Self*. を参照（前出）。生き生きしている状態についての研究は、コンピュータに関わる対象の第二世代とともに続行され、以下の書籍において詳しく述べられている。Turkle, *Life on the Screen: Identity in the Age of the Internet* (New York: Simon and Schuster, 1995).（前出）筆者の研究は、子供たちの答えそのものよりもその背後にある理由づけのほうに重点を置いているが、Jean Piaget, *The Child's Conception of the World*, Jean Tomlinson and Andrew Tomlinson, trans. (Totowa, NJ: Littlefield, Adams, 1960). から着想を得た。

24 Turkle, *Alone Together*, 50–52. を参照（前出）。

25 極めて幼いころから子供は、自分の面倒を見てくれる人たちの表情から感情に関するフィードバックをもらっている。母親が〝無表情〟で黙ったままだと、乳児は不安になり、母親の関心を引こうとできることはすべて行うが、それがうまくいかないと失望して働きかけをやめ、甲高い声を出したり、抑えがきかずに暴れたりすることが研究でわかっている。話しかけを行わない母親は異常な母親で、異常行動を引き起こす母親でもある。 Edward Tronick, Heidelise Als, Lauren Adamson, et al., “The Infant’s Response to Entrapment Between Contradictory Messages in Face-to-Face Interaction,” *Journal of the American Academy of Child Psychiatry 17*, no. 1 (1978): 1-113, doi:10.1016/S0002-7138(09)62273-1. Lauren B. Adamson and Janet E. Frick, “The Still Face: A History of a Shared Experimental Paradigm,” *Infancy 4*, no. 4 (October 1, 2003): 451-73, doi:10.1207/S15327078IN0404_01. 実験の様子については、下記で視聴可能。 “Still Face Experiment: Dr. Edward Tronick,” YouTube video, posted by “UMass Boston,” November 30, 2009, https://www.youtube.com/watch?v=apzXGEbZht0.

26 Kismet との典型的なやりとりの様子は下記を参照。
“Kismet and Rich,” MIT AI video, http://www.ai.mit.edu/projects/sociable/movies/kismet-and-rich.mov.

27 たとえば、ウィスコンシン大学のリチャード・J・デヴィッドソンはビル・アンド・メリンダ財団の支援を受け、思いやりから共感まで、さまざまなスキルを教えるためのゲームを開発中だ。携帯ゲーム機でプレイできるこのゲームの告知については、以下を参照。
Jill Sakai, “Educational Games to Train Middle Schoolers’ Attention, Empathy,” *University of Wisconsin-Madison News*, May 21, 2012, http://www.news.wisc.edu/20704.
センターの活動については下記を参照のこと。
http://www.investigatinghealthyminds.org/cihmProjMeditation.html.
マインドフルネス・トレーニング（今現在において起こっている内面的な経験および外的経験に注意を向けるためのもの）がカリキュラムの大半を占めている。

謝辞

本書で私は、現代社会で抜け落ちていると思われるもの、つまりフェイス・トゥ・フェイスによる会話についての研究を紹介した。前もって準備しない会話、制限をつけない会話、時間のかかる会話である。ここに書かれている内容を知ることによって、ここには書かれていないことを知ることができるだろう。現代の会話を調査するため、私はさまざまな人たちに、何を話しているのか、誰と話をしているのか、どんなふうに話しているのかを聞いてまわった。この問いに答えるため、多くの人はノートパソコンを開いたりスマートフォンを操ったりして、彼らの最近のやりとりを教えてくれた。だが、実際に話を聞きたいのだという私の願いにも、彼らは親切に対応してくれた。会話に関する私の議論は、フェイス・トゥ・フェイスで人と話すことをベースにしているのだが、多くの人たちが、それはたやすいことでないと認めている。それでも協力してくれたことに対し、心から感謝したい。

このプロジェクトに関して、私は長期にわたり二人の研究仲間から協力を得た。学生と若者へのインタビューに関してはエミリー・カーリンが、ビジネス界でのインタビューに関してはエリカ・ケズウィンが、手助けをしてくれた。多くの場合において、私の議論の足場は彼らとのインタビューから成り立っている。そして、さらなるインタビューが、私たちの見つけたものを解釈するうえで、計り知れないほど役に立ってくれた。

カーリンはまた、このプロジェクト全体を通じての研究助手であった。彼女は私が読む研究用資料の領域を広げてくれただけでなく、対話のパートナーとしてもベストの相手だった。同じく研究仲間であるケリー・グレイも、二〇〇一年にMITイニシアチブで〈テクノロジーと自己〉の研究を始めて以来、そのすばらしい感覚とアイデアにより、私が物事や思考について理解する上での支えとなってくれた。グレイはまた、そうした研究の結果として本を生み出す際にも、重要な存在であった。本書はその六冊目であるが、すべての本がグレイの恩恵をこうむっている。

また、以下の人たちに感謝を捧げたい。このプロジェクトの成り立ちを支えてくれた、カティンカ・マトスン、スーザン・ポラック、ナンシー・ローゼンブラム、メリリン・サロモン、ナターシャ・シュル、スーザン・シルベイ、そしてダニエル・スターンとスーザン・スターン。執筆中に有用なコメントをくれた、メル・ブレイク、ロジャーズ・ブルベイカー、ジャクスン・ダヴィドウ、エイミラ・エルトニー、エミリー・グランドジーン、アリス・カーツ、ハーブ・リン、ネリー・メンサ、クリス・マイアー、スタン・ロゴウ、ベンジャミン・シャーマン、エリザベス・シス、そしてロダンシ・ヴァードゥーリとセオドラ・ヴァードゥーリ。示唆に富む会話をかわす相手となってくれた、リチャード・ギグリオとダイアン・ヘッサン。このプロジェクトに実際的な支援と新しいアイデアを惜しみなく与えてくれた、友人のジーン・ローズ。学術的な意見交換として最高の会話をしてくれた、ポール・ライター。……その会話のあとには新たな疑問と新たなアイデアが湧いてきたものだ！　そして、デジタル時代のロマンスについて会話をしてくれた、アジズ・アンサリ。孤独と共感と携帯電話についての詩を引用する許可をくれた、ルイ・C・K。進行管理について、あらゆる著者が理想とする適切かつていねいなバックアップをしてくれた、ジュディス・スピッツァーとランディン・ミラー。細部まで気をくばってくれるスピッツァーは、私が小さな紙切れに書きつけて行方不明になった厄介な引用文を、きわどいタイミングで見つけてくれたのだった。ペンギン・プレスの担当編集者ヴァージニア・スミスが私の最初の草稿に対してくれた返事の手紙には、今でも感謝している。その手紙が、次に何をすべきかという方向性をはっきりと示してくれたのだった。原稿の段階でヴェロニカ・ウィンドホルツがくれた論評も、私にとって大切な贈り物だった。アンドルー・チェン博士とレスリー・ファン博士にも、深い感謝を。偏頭痛の起きそうな二人の粘り強い研究のおかげで、私もこの本の作業に粘り強くあたることができた。

そして、初期の草稿を厳しくかつ建設的な編集者の目で読んでくれた、娘のレベッカ。彼女は最終原稿も読み、私の著者としてのレベルを上げてくれた。私は愛らしい娘を育てたつもりだったが、同時に恐れを知らぬ編集者も育ててしまったらしい。

マサチューセッツ工科大学（MIT）と私の科学技術社会論（STS）講座は、このプロジェクトを進める上ですばらしい環境となった。STSのセミナーである〈テクノロジーと会話〉の生徒たちは、私が本書を書くときに一種の共鳴板となってくれた。そのクラスの生徒たち（および二〇一〇年から二〇一五年までの、会話に心を奪われた教授と過ごしたすべての生徒たち）に、感謝したい。願わくば、彼らのアイデアを私がいかに真剣にとらえていたかを、わかってもらえんことを。

このプロジェクトを進めながら、私は毎日、ある皮肉な思いにとらわれていた。会話からの逃避について書いているのに、この本は私に対し、私の人生において最も記憶に残る会話をもたらしているのではないかということだ。

二〇一五年五月、ボストンにて

シェリー・タークル

訳者あとがき

著者シェリー・タークルは臨床心理学者だが、一九七八年にMIT（マサチューセッツ工科大学）に移って以来、一貫してデジタルテクノロジーと人間の関係を研究してきた。研究を始めてもうすぐ四十年になるわけである。その間に彼女は、次のような著書、編書（単行本）を刊行してきた。

Psychoanalytic Politics: Jacques Lacan and Freud's French Revolution (1978)
The Second Self: Computers and the Human Spirit (1984)……『インティメイト・マシン――コンピュータに心はあるか』西和彦訳、講談社、一九八四年刊
Life on the Screen: Identity in the Age of the Internet (1995)……『接続された心――インターネット時代のアイデンティティ』日暮雅通訳、早川書房、一九九八年刊
Evocative Objects: Things We Think With (Ed., 2007)
Falling for Science: Objects in Mind (Ed., 2008)
The Inner History of Devices (Ed., 2008)
Simulation and Its Discontents (2009)
Alone Together: Why We Expect More from Technology and Less from Each Other (2011)
Reclaiming Conversation: The Power of Talk in a Digital Age (2015)……本書

このうち二冊目の *The Second Self* と三冊目の *Life on the Screen*、そして八冊目の *Alone Together* が、彼女の〝三部作〟と言われる。三作目は未訳のままであるが、それぞれのタイトルを直訳してみると、『第二の自己――コンピュータと人間の心』『画面上の人生――インターネット時代のアイデンティティ』『一緒にいるのにひとりぼっち――なぜわれわれはテクノロジーに多くを期待し、人間どうしには期待しないのか』となる。

一作目ではコンピュータゲームで遊ぶ子供やハッカー、プログラマー、人工知能研究者などへのインタビューを元に、新しい世代がコンピュータとどう関わり、自己や心について新しい観念を作り上げているかを論じた。二作目ではインターネットに接続されたパソコンとオンラインゲームを中心に、オンライン上でいくつものアイデンティティをもちバーチャルライフを楽しむネットワーカーの心が、どのようにかたちを変えつつあるのかを分析した。ここまでは、テクノロジーが人間の生活にもたらす恩恵を語り、肯定的にとらえていたと言っていいだろう。

だが三部作の最後で、彼女は現在のデジタルカルチャーに対して否定的となる。「画面上の人生」を楽しむスタイルは、本当の意味のものではなかった、メッセージのやりとりでネットの楽しさを享受していたのではなく、つながっている「ふり」としていたのだと。生《なま》で会うのをめんどうがって表面的なコミュニケーションをとりあっていただけなのだ。人間とコミュニケーションをとるロボットの話、メールやSNSによるケータイ文化……二部構成の見出しがそれぞれ、「ロボットの時代《ロボティック・モーメント》：孤独《ソリチュード》のなかの新たな親密さ《インティマシー》」と「ネットワークにつながる：親密さ《インティマシー》のなかの新たな孤独《ソリチュード》であると聞けば、本書の読者なら内容の想像がつくと思う。本書の「四つ目の椅子？」の章にある「この新しい接続《コネクション》文化の中で、私たちはひとりぼっちを寂しがりながら、親密さを怖れている」という表現を思い出してほしい。

そう、つまり三部作が完結してから四年後に出された本書は、*Alone Together* の話をさらに押し進め、会話の問題に特化したものと言えるのだ。電話（会話）を嫌い、書き直すことのできるテキストメッセージでしか気持ちを伝えられない中学生や、フェイスブックに書き込むとき自分をクールに見せてしまう者、生身の人間に対する興味の変遷、ひとりきりになることができないことの弊害、そして〈ゴルディロックス効果〉や『われシェアする、ゆえにわれあり』……*Alone Together* の話題と多くの共通点をもちながら、本書がユニークな視点からうまくまとめられているのは、ヘンリー・ソローの三つの椅子を構成のかなめとしているからだろう（奇しくも今年二〇一七年はソローの生誕二百年にあたる）。

また、『会話の再生――デジタル時代における話《トーク》のパワー』という原題からは一種の危機感を感じるが、本書を読まれた方はおわかりのとおり、スマホやアプリそのものの否定ではない。むしろ、そうしたデバイスや進化の著しいロボット、人工知能に依存せず、うまく利用し共存するという方向性を考えている本と言えるだろう。

シェリー・タークルは一九四八年ニューヨーク生まれでハーバード大学卒。臨床心理学者であり、現在はＭＩＴで科学技術社会論の教授をしている。*Alone Together* は現在のところ未訳だが、その内容に関してはＴＥＤ（ニューヨーク市に本部があり、カナダのバンクーバーで毎年大規模な世界的講演会を主催している非営利団体）におけるタークルの講演「つながっていても孤独？」の日本語字幕付き版を、次のサイトで視聴することができる。https://www.ted.com/talks/sherry_turkle_alone_together?language=ja

なお、人工知能研究の草分けでＭＩＴメディアラボを創設したシーモア・パパート（昨二〇一六年に八十八歳で死去）は、タークルの元配偶者。

二〇一七年二月

日暮雅通

シェリー・タークル（Sherry Turkle）
一九四八年ニューヨーク生まれ。ハーバード大学卒。臨床心理学者で、マサチューセッツ工科大学（MIT）科学技術社会論の教授。著書に『インティメイト・マシン――コンピュータに心はあるか』（講談社）、『接続された心――インターネット時代のアイデンティティ』（早川書房）などがある。

日暮雅通（ひぐらし・まさみち）
一九五四年千葉市生まれ。英米文芸、ノンフィクション翻訳家。訳書はタークル『接続された心』（早川書房）、ラインゴールド『新・思考のための道具』（パーソナルメディア）、マクドナルド『マッキンゼー』（ダイヤモンド社）、アーサー『テクノロジーとイノベーション』（みすず書房）など多数。

Reclaiming Conversation
The Power of Talk in a Digital Age
By Sherry Turkle

一緒にいてもスマホ
SNS と FTF

2017 年 2 月 28 日　第一刷印刷
2017 年 3 月 10 日　第一刷発行

著　者　シェリー・タークル
訳　者　日暮雅通

発行者　清水一人
発行所　青土社

〒 101-0051　東京都千代田区神田神保町 1-29　市瀬ビル
［電話］03-3291-9831（編集）　03-3294-7829（営業）
［振替］00190-7-192955

印刷・製本　シナノ印刷
装丁　竹中尚史

ISBN978-4-7917-6969-8　Printed in Japan